JUBILÄUMSBAND
HEYNE VERLAG

HEYNE BÜCHER

In derselben Reihe
erschienen außerdem als Heyne-Taschenbücher:

Spannung · Band 50/1
Fantasy · Band 50/5
Thriller · Band 50/6
Heiteres · Band 50/7
Liebe · Band 50/8
Unheimliches · Band 50/9
Europäische Erzähler des 20. Jahrhunderts · Band 50/10
Action · Band 50/13
Erotik · Band 50/15
Deutsche Erzähler des 20. Jahrhunderts · Band 50/17
Agenten · Band 50/18
Klinik · Band 50/19
Witze · Band 50/20
Horror · Band 50/21
Crime · Band 50/25
Das endgültige Buch der Sprüche und Graffiti · Band 50/26
Amerikanische Erzähler des 20. Jahrhunderts · Band 50/27
Hochspannung · Band 50/28
Schicksal · Band 50/30
Sinnlichkeit · Band 50/31
Schocker · Band 50/33
Noch mehr Witze · Band 50/34
Zukunftsabenteuer · Band 50/37
Super-Thriller · Band 50/38
Das Buch der Sprüche und Graffiti · Band 50/39
Lust · Band 50/40
Mord · Band 50/42
Englische Erzähler des 20. Jahrhunderts · Band 50/43
Der Versicherungs-Ratgeber · Band 50/45
Top Secret · Band 50/46
Beschwingt & heiter · Band 50/47
Superhorror · Band 50/48
Frauen · Band 50/49
Sex · Band 50/50
Deutsche Erzähler des 19. Jahrhunderts · Band 50/52
Sehnsucht · Band 50/53
Ratgeber Versicherung · Band 50/54
Begierde · Band 50/56
Körner, Sprossen, Keime · Band 50/57
Horror Pur · Band 50/58
Glück muß man haben · Band 50/59
Schweizer Erzähler · Band 50/60
Leidenschaft · Band 50/61
Männerwitze · Band 50/62
Super-Spannung · Band 50/63
Russische Erzähler · Band 50/64
Zauber der Leidenschaft · Band 50/65
Super-Sex · Band 50/67
Ärzte · Band 50/68
Immer fröhlich immer heiter · Band 50/69
Ratgeber Auto · Band 50/70
Alptraum · Band 50/71
Bürosprüche · Band 50/72
Louisiana · Band 50/74
Samurai · Band 50/76

HEYNE
JUBILÄUMS
BAND

OBSESSION

Vier ungekürzte
erotische Romane

WILHELM HEYNE VERLAG
MÜNCHEN

HEYNE JUBILÄUMSBÄNDE
Nr. 50/77

Quellenhinweis

H. B. Gilmour, EINE VERHÄNGNISVOLLE AFFÄRE / Fatal Attraction

Aus dem Amerikanischen übersetzt von Alexandra v. Reinhardt, Sonja Hauser und Sepp Leeb
(Der Titel erschien bereits in der Allgemeinen Reihe mit der Bd.-Nr. 01/6990)

Robert van Ackeren, DIE VENUSFALLE

(Der Titel erschien bereits in der Allgemeinen Reihe mit der Bd.-Nr. 01/7826)

Maud de Belleroche, BEKENNTNISSE

(Der Titel erschien bereits in der Allgemeinen Reihe mit der Bd.-Nr. 01/7967)

Wolfgang Fienhold, DIE FLAMBIERTE FRAU

(Der Titel erschien bereits in der Allgemeinen Reihe mit der Bd.-Nr. 01/6198)

Printed in Germany 1993
Umschlagillustration: Bildarchiv Engelmeier, München
Umschlaggestaltung: Atelier Ingrid Schütz, München
Satz: (1440) IBV Satz- und Datentechnik GmbH, Berlin
Druck und Bindung: Elsnerdruck, Berlin

ISBN 3-453-06253-1

Inhalt

H. B. Gilmour

Eine verhängnisvolle Affäre

1

Gallagher unterbrach das Studium der juristischen Akte und ließ seine Blicke über den Rand der Lesebrille hinweg durch den Raum schweifen. Schuberts Vierte Symphonie drang durch die Kopfhörer in vollendeter Harmonie an seine Ohren und erfüllte ihn mit tiefer Zufriedenheit. Vielleicht lag es an der großartigen Musik, daß die alte Wohnung auf der West Side von New York, die Beth und er im Laufe der Jahre mit großem Aufwand und viel Hingabe instand gesetzt und eingerichtet hatten, ihm an diesem Abend geradezu perfekt erschien. Die Fenstersimse und Türrahmen aus Eichenholz, die sie unter unzähligen Schichten von Lack und Farbe entdeckt hatten, erstrahlten in mattem Glanz. Die Wände, die sie abgespachtelt, mit Sandpapier geschliffen, verputzt und tapeziert hatten, waren jetzt so gut wie glatt. Jedes der buntzusammengewürfelten Möbelstücke in dem geräumigen, gemütlichen Wohnzimmer hatte seine eigene Geschichte, war mit irgendwelchen Erinnerungen verknüpft.

Der Rollschreibtisch in der Ecke stammte noch aus Dan Gallaghers Studentenzeit. Der bequeme Lehnstuhl war vor neun Jahren die erste gemeinsame Anschaffung gewesen, die Beth und er sich in einem Anfall von Leichtsinn geleistet hatten. Über die massive Lehne beugte sich – anmutig wie ein Schwanenhals – die originelle schwarze italienische Lampe von Bloomingdale's, die Beth ihm letztes Jahr zum Vatertag geschenkt hatte, geschmückt mit einer Schleife, an der zwei Opernkarten hingen.

Überall standen Fotos von Beth – auf dem Beistelltisch neben dem Sofa, auf dem Plattenschrank, auf dem Mahagoniklavier und auf dem Kamin, der nie funktioniert hatte; sie lächelte verträumt oder lachte übermütig in die Kamera, voller Energie und Vitalität, humorvoll und zärtlich.

Und da war auch Beth selbst – ein bezauberndes mädchenhaftes Persönchen, das sich in einer Ecke des Sofas rekelte. Neben ihr kauerte ihre fünfjährige Tochter; Ellen starrte fasziniert auf die Mattscheibe, und Dan Gallagher lächelte kopfschüttelnd über ihr entrücktes Gesicht im silbrigen Licht des Fernsehers.

Er hatte hier doch alles, was er sich nur wünschte. Warum nur in drei Teufels Namen trugen sie sich mit dem Gedanken umzuziehen? Warum wollten sie an diesem Wochenende zu Beths Eltern fahren, um sich in Westchester ein Haus anzusehen?

Man soll das Glück nicht herausfordern.

Mein Gott, dachte Gallagher, wie komme ich jetzt nur auf diese Platitüde? Man soll das Glück nicht herausfordern... Das klingt ja wie eine der Redensarten meiner Mutter!

Er bewegte seine Hand vor den Augen seiner Tochter hin und her, um ihr die Sicht auf den Bildschirm zu nehmen. Sein Versuch, ihre Aufmerksamkeit abzulenken, blieb jedoch völlig erfolglos – mit einem geistesabwesenden Stirnrunzeln beugte sie einfach ihren Kopf etwas zur Seite.

Gallagher kapitulierte lächelnd und konzentrierte sich erneut auf die Schubertsymphonie und auf sein Aktenstudium.

Beth sprang plötzlich auf und eilte durchs Zimmer, stolperte über die Schnur der Kopfhörer und lachte Dan mit nachsichtigem Kopfschütteln zu.

Er nahm ihren vertrauten Geruch wahr, hatte einen Augenblick lang ihre straffen nackten Schenkel und den knappen Baumwollslip im Blickfeld. Obwohl er diesen schlanken, muskulösen Körper mit der samtigen sonnengebräunten Haut nun schon seit über zehn Jahren bewundern konnte, verlor er für ihn nie an Reiz. Ihr ausdrucksvolles Gesicht mit dem sinnlichen Mund und den strahlenden Augen faszinierte ihn stets aufs neue, ob es nun Leidenschaft, Nachdenklichkeit oder überschäumende Lebensfreude widerspiegelte. Und er liebte ihre wilde kastanienbraune Lockenmähne, die sie inzwischen nicht mehr zu bändigen versuchte.

Mein Gott, wie glücklich bin ich doch, ging es Gallagher plötzlich durch den Kopf.

Im nächsten Moment verspürte er eine unerklärliche Unruhe, eine abergläubische Furcht. Er fühlte sich so schuldbewußt, als hätte er die Mauer einer Kathedrale mit Farbe beschmiert.

Warum macht Zufriedenheit die Menschen so nervös, fragte er sich. Warum folgt auf ein Glücksgefühl sofort ein angstvoller Schauder?

»Du solltest dich jetzt lieber fertig machen, Liebling«, riet Beth, »sonst kommen wir noch zu spät.«

»Er kann dich doch nicht hören, Mommy«, rief Ellen ihr nach, ohne ihre Augen vom Bildschirm zu wenden.

Das Telefon läutete.

»Das hat mir gerade noch gefehlt!« murmelte Beth, zögerte kurz, schrie ›Dan‹ und setzte ihren Weg ins Bad fort.

Beim zweiten Klingeln warf Ellen einen flüchtigen Blick zu ihrem Vater hinüber. Beim dritten Klingeln rappelte sie sich seufzend von dem Sofa auf, lief über die Polster, beugte sich über die Armlehne und hob einen der Kopfhörer etwas an.

»Daddy, Telefon!« brüllte sie ihm ins Ohr.

Dan zuckte erschrocken zusammen.

»Oh, danke, Schätzchen«, murmelte er und hastete auf Socken zum Apparat, bekleidet mit Unterhose, weißem Oberhemd und Krawatte.

Ellen kicherte und warf sodann einen mitfühlenden Blick auf Quincy, den großen goldfarbenen Labrador der Familie, über den ihr Vater gerade gestolpert war. Im nächsten Moment schlug sich Dan heftig eine Zehe an und knurrte vernehmlich ›Scheiße‹. Schulterzuckend sprang Ellen vom Sofa hinunter und lief ins Bad, um ihrer Mutter beim Schminken zuzuschauen.

Dan rieb sich mit schmerzverzerrtem Gesicht den Fuß, während er den Hörer abnahm. Es war Hildy, die wissen wollte, was Beth zu der Buchparty anziehen würde.

Hildys Mann, James P. Lawrence, war Dans Arbeitskollege bei Miller, Goodman & Hurst. Hildy war lebhaft, heiter, schlank und hübsch. Jimmy hatte mindestens fünfzig Pfund Übergewicht und sehr viel Köpfchen. Er war ein patenter Kerl mit geradezu umwerfendem Sinn für Humor, dazu noch gutmütig und verträglich, und es war hauptsächlich sein Verdienst, wenn Dan nach einem anstrengenden Zwölfstundentag in der Kanzlei das Gefühl hatte, höchstens acht Stunden gearbeitet zu haben.

»Wird es eine elegante Veranstaltung sein?« fragte Hildy.

»Na, du weißt doch, wie diese Art von Partys sind«, erwiderte Dan. »Es geht um Busineß, weiter nichts.«

»Gewiß doch, Gallagher«, neckte sie ihn. »Busineß, weiter nichts. Aber vergiß nicht, daß Jimmy sich auf Familienrecht spezialisiert hat. Ich weiß, was man zu einer Gerichtsverhandlung anzieht. Aber für glanzvolle Veranstaltungen bist eher du zuständig. Deshalb wollte ich wegen heute abend Beth um Rat fragen.«

Dan lachte, erkundigte sich lautstark bei seiner Frau im Bad und gab ihre Auskünfte getreulich an Hildy weiter.

»Sie zieht das schwarze Kostüm an... Ihr sollt nicht zu spät kommen... Das sind Beths Worte, nicht meine... Ja, sie findet, daß dein rotes Kleid genau das richtige ist. Okay, bis nachher. Wiedersehn, Hildy.«

Er spähte ins Bad. Beth putzte sich gerade die Zähne und hatte noch nicht bemerkt, daß Ellen mit ihrem Make-up spielte.

»Wo ist mein blauer Anzug?« erkundigte sich Dan auf dem Weg ins Schlafzimmer. »Hast du ihn heute von der Reinigung abgeholt?«

Sie mußte erst ihren Mund ausspülen, bevor sie antworten konnte.

»Er hängt an der... Scheiße!«

»Wo?«

»Ellen, bitte!« rief Beth. »Du sollst doch nicht mit meinen

Schminksachen spielen. Schau mal, wie du jetzt aussiehst, Schätzchen!«

Diesen Anblick konnte sich Dan nicht entgehen lassen. Beth versuchte, ihrer Tochter den Lippenstift vom Gesicht zu wischen. Er grinste. »Der Anzug?«

Es klingelte an der Wohnungstür.

»O nein! Das muß Christie sein. Wie spät ist es?« Beth richtete sich hastig auf und warf dabei eine Cremedose um, die auf dem Boden zerbrach.

»Verdammte Scheiße!« rief sie. »Er hängt an der Tür, Dan. Paß auf, Schätzchen, hier sind überall Glassplitter«, warnte sie Ellen. »O Scheiße, Scheiße, Scheiße! Dan, komm bitte mal her. Ich habe die Hände voll Creme. Dein Anzug hängt an der Tür. Ellen, Schätzchen, laß Christie herein, okay?«

»Okay«, sagte Ellen vergnügt und watschelte in ihrem langen T-Shirt barfuß den Korridor entlang, wobei sie munter trällerte: »Scheiße, Scheiße, Scheiße!«

Das riesige japanische Restaurant mit seiner eleganten Ausstattung in lackiertem Schwarz war überfüllt. Robbins & Hart, das Verlagshaus, dessen juristische Interessen Dan vertrat, hatte das Lokal für diesen Abend gemietet, um die Werbetrommel für ein neues Buch zu rühren. Die Tische waren weggeräumt worden, damit die Gästeschar und die Medienvertreter Platz finden konnten. Die beiden Bars im Erdgeschoß sowie die dritte auf der Empore waren von dichten Menschentrauben umlagert. Die Scheinwerfer eines Kamerateams von ›Entertainment Tonight‹ tauchten die Empore in grelles Licht. Aus langer Erfahrung zog Dan daraus sofort den Schluß, daß jemand – ob nun Verleger, Agent oder Autor – gute Beziehungen zur TV-Achse Hollywood – New York hatte und genügend einflußreiche Leute, Starlets und Reporter eingeladen worden waren, um bei ›Entertainment Tonight‹ mit einem Film von höchstens zehn Sekunden oder auch nur mit einem Standfoto erwähnt zu werden.

Kellnerinnen in Kimonos zwängten sich mühsam durch das Getümmel und balancierten hoch über ihren Köpfen Tabletts mit Horsd'œuvres – Kaviar, Sushi und Sashimi, gedünstetes Gemüse und Shrimps. Gierige Hände griffen nach den Speisen, noch mehr aber nach den überaus begehrten Getränken.

Am Eingang hatten Robbins & Hart einen kleinen Schreibtisch aufstellen lassen, an dem zwei attraktive junge Verlagsangestellte – verschiedenen Geschlechts, aber mit gleichen Pferdeschwänzen – die Einladungen mit computergespeicherten Gästelisten verglichen. Dan reichte seine Einladung dem jungen Mädchen, das jedoch kaum einen Blick darauf warf, weil es Beth fasziniert anstarrte. »O Gott, Sie spielen doch in ›The Young and the Restless‹ mit, stimmt's? Sie sind Diedre.«

Beth schenkte ihr ein betörendes Lächeln. »Nein, ich muß Sie leider enttäuschen. Ich bin keine Schauspielerin.«

»Gallagher«, sagte Dan. »Dan und Diedre ...«

»Er macht nur ein Späßchen.« Beth versetzte ihrem Mann einen leichten Rippenstoß. »Dan und *Beth* Gallagher.«

Auch der junge mann musterte Beth nun bewundernd von Kopf bis Fuß. »Mein Gott, was für ein tolles Kostüm!« rief er.

Sie sieht fantastisch aus, dachte Dan, während sie sich zur Treppe durchkämpften. Beth hatte ihre Haare hochgesteckt. Ihr elegantes schwarzes Kostüm brachte ihre Figur voll zur Geltung. Unter der Jacke verbarg sich ein trägerloses Top.

Bevor Dan ihr jedoch ein Kompliment machen konnte, winkte ihm einer der Hausjuristen von Robbins & Hart zu.

»Hallo, Chuckie«, rief er dem schmächtigen jungen Mann zu, »spielst du am Freitag Ball? Wir sind schwer in der Bredouille und können jeden Anwalt gebrauchen ...«

Ein älterer Mann, dem seine Sonnenbräune gut zu Gesicht stand, schlug ihm kräftig auf den Rücken.

»Hey, Ezra, wie schön, dich zu sehen«, sagte Dan enthusiastisch. »Wir treffen uns ja nächste Woche bei Gericht ... am Mittwoch, wenn ich mich nicht irre.«

Beth drückte seinen Arm, als sie sich mitten ins größte Gewühl stürzten. »Mein Gott, was siehst du heute abend elegant aus!« flüsterte sie ihm zu.

Er stupste sie mit seiner Nase zärtlich in den Nacken.

»Sitzt meine Frisur noch einigermaßen?« lachte sie.

»Du siehst hinreißend aus, du duftest verführerisch, und deine Frisur ist super!«

»Und du hast eine kalte Nase!« Sie drehte sich um und schob ihm ein Horsd'œuvre in den Mund. Dan brachte unverständliche Laute hervor, schluckte den Happen hinunter und setzte zu einer schlagfertigen Antwort an. »Du kennst doch die Volksweisheit: ›Kalte Nase, warm...‹ – hmmm, hmmm...«

Er verstummte mitten im Wort, weil er Bob Drimmer auf sich zukommen sah.

»Warm – hmmm, hmmm? Was heißt das?« fragte Beth schelmisch.

Dan räusperte sich noch einmal und setzte sein liebenswürdiges maskenhaftes Geschäftslächeln auf. Sie reagierte sofort und schenkte dem sich nähernden Unbekannten ihrerseits ein strahlendes Lächeln.

»Hi, Bob«, sagte Dan. »Wie geht's?«

Bob Drimmer, der Geschäftsführer von Robbins & Hart, hatte sich zu ihnen durchgekämpft. Er trug eine große Halskrause aus Gips. Seine Augen schweiften unruhig umher, während er Dan die Hand schüttelte. Er schien sich bereits zu überlegen, wen er als nächsten begrüßen mußte.

»Ich freue mich, daß Sie kommen konnten, Dan. Es tut mir leid, daß ich für morgen eine Konferenz ansetzen mußte. Ich weiß, daß Sie Ihren freien Samstag opfern müssen, aber wir haben wirklich eine schlimme Krise.«

»Schon gut. Ich habe mir die Akte angesehen und ein paar Notizen gemacht. Einige Fragen müssen natürlich noch geklärt werden, aber das ist weiter kein Problem. Darf ich vorstellen? Meine Frau Beth – Bob Drimmer.«

»Guten Abend«, sagte Beth.

Drimmers Augen kamen für einen Augenblick auf ihrem Gesicht zur Ruhe, glitten kurz zu ihrem Dekolleté hinab und wieder nach oben. Seine besorgte Miene entspannte sich etwas, und er errötete vor Vergnügen.

Dan räusperte sich. »Dort drüben ist Hildy.«

Beth folgte seinem Blick und entdeckte Hildy, die ihnen über ein Meer von Köpfen hinweg zuwinkte. Beth winkte erfreut zurück.

»Ich hoffe, Sie mögen Sushi«, sagte Bob Drimmer.

»Leidenschaftlich gern«, versicherte Dan.

Drimmer wandte sich Beth zu. »Es hat mich sehr gefreut, Sie kennenzulernen«, erklärte er, bevor er sich entfernte.

»Das glaube ich ihm sogar aufs Wort«, kommentierte Dan trocken.

Beth griff nach seiner Hand, und sie bahnten sich ihren Weg zu Hildy und Jimmy.

»Wer war denn der Kerl mit dem originellen Halsschmuck?« erkundigte sich Jimmy.

»Bob Drimmer von Robbins & Hart.«

»Mit dem du morgen geschäftlich verabredet bist?«

»Was hat er denn mit seinem Hals gemacht?« wollte Beth wissen.

»Er hat mit seiner Frau geschlafen«, erwiderte Dan todernst.

Sie fiel immer auf seine Märchen herein, so auch jetzt. »Tatsächlich?« flüsterte sie bestürzt. Erst als sie sah, daß Hildy mit den Augen rollte, begriff sie, daß sie ihrem Mann wieder einmal auf den Leim gegangen war. »Dan, du elender Schuft!«

Er hob die rechte Hand. »Ich schwöre dir, es ist die reine Wahrheit.«

Jimmy kam seinem Freund eifrig zu Hilfe. »Du müßtest erst seine Frau sehen – man mußte sie auf einer Bahre wegtragen.«

»Liebe tut eben weh«, stellte Hildy lachend fest.

»Was zu trinken gefällig?«

»Weißwein, bitte.«

Jimmy deutete mit dem Kopf auf die Menschenmenge, die sie von der Bar trennte. »Es wird Schwerstarbeit sein, Gallagher«, sagte er und klopfte Dan auf die Schulter. »Aber jemand muß sie nun einmal erledigen, und du bist der richtige Mann dafür. Du hast mein volles Vertrauen! Bring mir einen Wodka on the Rocks mit.«

»Das könnte dir so passen! O nein, du kommst jetzt schön brav mit.«

Hildy und Beth gaben den Versuch, ihren Männern zu folgen, schon nach wenigen Schritten auf, und als Dan sich suchend nach ihnen umdrehte, sah er sie im Gewühl fröhlich miteinander plaudern und lachen.

Ein geschickter Kellner schlängelte sich, ein Tablett mit Getränken hoch über dem Kopf, durch die Menge. Jimmys dicker Arm schoß wie ein Raubvogel vor und bekam ein Glas Champagner zu fassen. Er drehte sich triumphierend nach Dan um, der nichts ergattert hatte. Aber sein Glück war nur von kurzer Dauer. Als er das Glas gerade zum Mund führen wollte, stieß ein rücksichtsloser Zeitgenosse ihn im Vorbeigehen mit dem Ellbogen an, und der Champagner ergoß sich über seine Hemdbrust.

»Besten Dank!« rief Jimmy sarkastisch.

Dan reichte ihm lachend sein Taschentuch.

»Verdammt!« Jimmy wischte ohne allzu großen Erfolg an dem durchnäßten Hemd herum. »Sag mal, zu welchem wichtigen kulturellen Anlaß sind wir eigentlich hier versammelt?«

»Ein neues Handbuch für Körperbeherrschung.«

»O nein«, stöhnte Jimmy, »nicht *noch* eines!«

»Dieses hier ist aber ganz neuartig. Von einem Japaner verfaßt. Es basiert angeblich auf alten Samurai-Techniken. Da oben ist er übrigens.« Dan deutete auf die Empore, wo der Autor vor einem Tisch mit seinen dekorativ angeordneten Büchern die prominentesten Gäste begrüßte.

»Was fehlt ihm denn? Ist dieses ständige Kopfnicken und Verbeugen ein Tick?«

»Nein, eine alte Halsübung.«

»Ach so«, sagte Jimmy und verbeugte sich sofort.

Sie vergnügten sich einige Minuten lang damit, nach Samurai-Art zu nicken und sich zu verbeugen, bis Dan diese Alberei schließlich beendete, indem er seinem Freund leicht auf die Stirn klopfte. »Jetzt wird's allmählich Zeit für Mundübungen, und dazu brauchen wir etwas zu trinken, findest du nicht auch?«

»Hai!« Jimmy verneigte sich tief. »Hallo, schöne Frau!« rief er sodann einer auffallend attraktiven Blondine in einem raffinierten schwarzen Seidenkleid zu, das ihre Formen prächtig zur Geltung brachte. Sie hatte eine helle Haut, wilde krause Haare und ein rassiges Gesicht. Unter den dichten schwarzen Wimpern hervor schleuderte sie aus ihren grünen Augen einen eisigen Blick auf Jimmy, der sich theatralisch an die Brust griff. »O mein Gott! Ein Dolchstoß! Wenn Blicke töten könnten, wäre es jetzt um mich geschehen!«

Dan schüttelte den Kopf. »Ausgezeichnet, Jimmy. Wie ich sehe, hast du deine schauspielerische Begabung noch nicht verloren. Eine großartige Gestik. Mein Kompliment!«

»Hör mal, die Kleine ist scharf auf mich«, lachte Jimmy, der über die seltene Gabe der Selbstironie verfügte. »Hast du nicht gesehen, wie sie mich förmlich mit ihren Blicken verschlungen hat? Keine Spur von Stolz. Ich hasse Frauen, die so leicht zu erobern sind.«

Zehn Minuten später hatten sie endlich die Bar erreicht. Nach einem gemeinsamen Drink machte sich Jimmy mit zwei Gläsern Weißwein auf den beschwerlichen Rückweg zu Beth und Hildy, während Dan sich mühsam zur Herrentoilette durchkämpfte. Arthur Ashley, einer der Seniorenpartner von Miller, Goodman & Hurst, stand an einem der Pissoirs.

»Hi, Arthur!«

»Sind Sie das, Gallagher?«

»Ja«, sagte Dan. »Wie geht's?«

Arthur Ashley war eine eindrucksvolle Persönlichkeit. Trotz seines ungezwungenen Auftretens wirkte er stets würdevoll. Sogar noch an einem Pissoir, dachte Dan.

»Gut«, erwiderte Arthur. »Haben Sie immer noch vor, aufs Land zu ziehen?«

»Wir ziehen es in Erwägung.« Dan tat so, als wäre es nicht weiter wichtig. In Arthurs Gegenwart war er unwillkürlich zurückhaltend, vielleicht weil dieser Mann für seine berufliche Zukunft so wichtig war.

»Ich habe es auch einmal versucht – etwa vier Jahre lang, in Hartsdale.«

»Und?«

Arthur zuckte mit den Schultern. »Ich habe das ewige Pendeln nicht ausgehalten. Die Züge waren immer brechend voll. Ich hätte damit warten sollen, bis man mir die Partnerschaft antrug.« Er warf Dan über die Schulter hinweg einen bedeutungsvollen Blick zu.

»Also dann, bis später, Arthur«, sagte Dan.

Auf dem Rückweg zur Bar dachte er aufgeregt darüber nach, was dieser Blick und die Worte besagen mochten. Es hatte sich fast so angehört, als wollte Arthur damit sagen: *Ich hätte es so wie Sie machen sollen, Sie schlauer Bursche.* Erwog man etwa in der Chefetage, ihm die Partnerschaft anzubieten? Entspann dich, Junge, sagte sich Gallagher. Vergiß es. Zerbrich dir nicht den Kopf über Arthurs geheimnisvolles Gerede.

Aber das war leichter gesagt als getan. Er bestellte sich an der Bar ein Glas Champagner. Arthurs Andeutung beschäftigte seine Gedanken jedoch weiterhin so sehr, daß er blind für seine Umgebung war und um ein Haar das Glas jener Blondine umgeworfen hätte, die Jimmy eine so eisige Abfuhr erteilt hatte.

Sie stand dicht neben ihm. Ihre nackte Schulter preßte sich gegen sein Jackett. Ihr leichtes Parfüm war ihm angenehm vertraut. In einem ihrer großen Gagatohrringe hatten sich Haare verfangen. Die Steine funkelten wie schwarze Diamanten und warfen faszinierende Schatten auf ihre bleiche Haut.

Dan grinste einfältig, als sich ihre Blicke trafen. Sie schenkte ihm ein überraschend warmes Lächeln. Er wandte instinktiv seine Augen ab. »Sie hören von mir kein einziges Wort«, neckte er sie. »Bitte beachten Sie, daß ich Sie nicht einmal ansehe.«

»War es so schlimm?« Ihre Stimme klang so, wie er es sich vorgestellt hatte – weich, voll, selbstsicher, und sie traf genau den richtigen leicht entschuldigenden Ton, weder zu zerknirscht, noch zu forsch, untermalt von leisem Lachen.

»Ich will es mal vorsichtig ausdrücken«, sagte er. »Ich war heilfroh, daß jener Blick nicht mir galt.«

»Ich hasse es eben, wenn Männer sich so plumpe Annäherungsversuche herausnehmen.«

Er hätte ihr gern zugestimmt, aber das wäre ihm wie ein Verrat an seinem Freund vorgekommen. Sie lächelte immer noch. »Ach, Jimmy ist eigentlich ganz in Ordnung«, murmelte er. »Ein bißchen unsicher... wie wir alle...«

Eine Gesprächspause entstand. Sie betrachtete ihn mit unverhohlenem Interesse, und das schmeichelte ihm, denn sie sah wirklich fantastisch aus. Sie mußte in den Dreißigern sein, konnte es sich jedoch ohne weiteres leisten, ein so figurbetontes elegantes Kleid zu tragen.

»Ich heiße Dan Gallagher«, stellte er sich schließlich vor.

Sie reichte ihm eine wohlgeformte kühle Hand. »Alex Forrest«, sagte sie mit einem kräftigen Händedruck.

»Alex...«, wiederholte er und räusperte sich. »Was machen Sie in diesem Tollhaus?«

»Ich arbeite bei Robbins & Hart. Als Lektorin.« Ihr betörendes Lächeln enthüllte strahlend weiße Zähne. »Und Sie?«

»Ich bin bei Miller, Goodman & Hurst beschäftigt und erledige den ganzen juristischen Kram für Ihren Verlag. Wie kommt es, daß ich Sie dort noch nie gesehen habe?«

Sie nippte an ihrem Champagner. »Ich bin dort erst seit einigen Wochen«, erklärte sie ruhig.

Als hätte er ein telepathisches Signal empfangen, blickte Dan plötzlich auf und sah, daß Beth am anderen Ende des Saals mit Hildy und Jimmy in der Nähe der Tür stand. Sie winkte ihm zu und gab ihm mit Gesten zu verstehen, daß sie alle drei aufbrechen wollten.

Dan machte ihr ein Zeichen, daß er gleich komme, und entschuldigte sich achselzuckend bei Alex. »Ich muß jetzt gehen.«

»Ist das Ihre Frau?« fragte sie lächelnd und leicht amüsiert.

»Ja.«

»Dann sollten Sie sich jetzt lieber beeilen«, meinte sie mit leichter Ironie.

»Wir sehen uns bestimmt irgendwann«, sagte er. »Es freut mich sehr, Ihre Bekanntschaft gemacht zu haben.«

Und das stimmt in diesem Fall tatsächlich, dachte Dan Gallagher, während er sich mühsam einen Weg zu Beth und seinen Freunden bahnte. Es war immerhin sehr schmeichelhaft für das eigene Ego, das Interesse einer bezaubernden rassigen Frau erregt zu haben, die anderen Männern so deutlich die kalte Schulter zeigen konnte. Armer Jimmy!

Es war wirklich ein sehr befriedigendes Gefühl.

2

Er sah sie am nächsten Tag wieder.

Es war ein warmer Samstag im September, der sonnig begann und neblig endete, mit regennassen Straßen und Dunstwolken, die aus den Gullys aufstiegen...

Frühmorgens hatte Dan alle Hände voll zu tun, bis er Beths und Ellens Gepäck sowie Ellens Fahrrad im Kombiwagen verstaut und den jaulenden Quincy aus dem Auto gezerrt hatte.

Ellen wollte, daß der Labrador sie zu den Großeltern begleitete. Beth wollte, daß Ellen ihren Kaugummi ausspuckte und endlich einstieg. Und Dan hoffte von ganzem Herzen, daß Beth sich nicht in das erste Haus verliebte, das der Immobilienmakler ihr zeigen würde.

»Leg dich um Gottes willen nicht fest, falls dir eines gefällt«, warnte er sie, »sonst können wir nicht mehr um den Preis handeln.«

»Ellen, hast du einen neuen Kaugummi?« fragte Beth, ohne auf seinen Rat einzugehen.

»Du weißt ja, daß wir uns dieses Haus nicht leisten können«, rief Dan ihr in Erinnerung.

»Aber es ansehen kostet schließlich nichts, oder? Weißt du, es ist ganz in der Nähe vom Haus meiner Eltern, nur ein Stück die Straße hinauf...«

»Ein weiterer Grund, es nicht zu kaufen!« neckte er sie.

In Wirklichkeit hatte er Beths Eltern sehr gern. Sie waren wirklich die typischen ›braven schwer arbeitenden Bürger‹, wie sie im Buche standen. Allerdings hatte ihre Plackerei sich besser ausgezahlt als die der meisten anderen Leute ihres Schlages. Beths Vater, Howard Rogerson, bezeichnete sich bescheiden als alten Werbetexter, obwohl er der Inhaber der Agentur gewesen war, bevor er sich in den Ruhestand zurückgezogen hatte. Beths Mutter war Anfang der fünfziger Jahre ein ziemlich bekanntes Fotomodell und Covergirl gewesen. Auf den ersten Blick hatte Dan Gallaghers Familie große Ähnlichkeit mit den Rogersons. Aber es gab doch Unterschiede zwischen ihnen. Die Rogersons lebten mit Vorliebe in Vororten, die Gallaghers waren eingefleischte Großstadtmenschen. Dan war in Manhattan aufgewachsen. Sein Vater Frank war Journalist, der viel auf Reisen ging und nur selten bei seiner Familie war. Aber das traf in gewisser Weise auch auf Howard Rogerson zu, der zwölf Stunden am Tag hart gearbeitet hatte und dessen gesellschaftliches Leben sich darin erschöpft hatte, Kunden zu unterhalten.

Dans Mutter Lilly war nicht so schön wie Joan Rogerson, und sie war viel verletzlicher – obwohl sie ihm in seiner Kindheit sehr stark und glücklich vorgekommen war. Er vermutete, daß sie die Scheidung nie richtig verwunden hatte. Immerhin war sie damals schon fast fünfzig gewesen. Wenn die endgültige Trennung von ihrem Mann ihr auch nicht das Herz gebrochen hatte, so hatte sie danach doch ihren Lebensmut verloren.

Sie lebte jetzt in Nordkalifornien, in der Nähe von Dans älterer Schwester, die ebenfalls geschieden war. Sein Vater lebte mit seiner vietnamesischen Geliebten in Paris.

»Das möchte ich überhört haben«, sagte Beth, während sie sich ans Steuer des Kombiwagens setzte.

»Was denn?«

»Dieses dumme Gerede über meine Eltern. Aber jetzt mal ganz im Ernst, Liebling – du brauchst dir wirklich keine Sorgen zu machen. Ich habe das Haus ja noch nicht einmal gesehen. Vielleicht gefällt es mir überhaupt nicht.«

»Ich liebe dich«, sagte er impulsiv.

Sie sah ihn mit schiefgelegtem Kopf ganz verblüfft an und schenkte ihm sodann ein betörendes Lächeln.

»Das freut mich«, erwiderte sie. »Wir werden dich vermissen. Du vergißt doch nicht, mit Quincy spazierenzugehen? Tut mir leid, Quincy«, fügte sie, an den Hund gewandt, hinzu, der an seiner Leine zerrte und auf den Rücksitz zu klettern versuchte.

»Er will uns begleiten, Mommy.«

»He, und was ist mit mir?« rief Dan. »Ich möchte euch auch begleiten. Trotzdem siehst du mich nicht jaulen und die Polster zerkratzen – jedenfalls *noch* nicht.«

»Ach, du!« Ellen zwinkerte ihm nun übermütig zu.

Er küßte sie und Beth zum Abschied.

»Ich wünsche dir viel Erfolg bei dieser Konferenz«, rief Beth und warf ihm eine Kußhand zu.

Ellen winkte aus ihrem Fenster. »Wiedersehn, Daddy.«

»Grüß Oma und Opa von mir, Kleines!«

Und dann waren sie fort, und Dan und Quincy machten einen Morgenspaziergang im Central Park.

Gegen Mittag zogen die ersten Wolken auf, und als Dan Gallagher nachmittags zu seiner Konferenz bei Robbins & Hart aufbrach, war der Himmel wolkenverhangen. Dan hatte zu Fuß durch den Park zum Verlagsgebäude gehen wollen, verzichtete nun aber vorsichtshalber darauf. Er holte aus dem Flurschrank einen von dem halben Dutzend kleiner schwarzer Schirme, von denen er im Laufe der Jahre mindestens die dreifache Menge bei den Nigerianern erstanden hatte, die beim ersten Regentropfen mit ihrer Ware an jeder Ecke von Manhattan auftauchten.

Er fuhr mit einem Taxi bis zur Ecke Fifth Avenue und 53rd Street und betrat das Verlagsgebäude, während die Sonne einen aussichtslosen Kampf gegen die Wolken ausfocht.

Bob Drimmer und sein Assistent Bill, der Leiter der Abteilung für Public Relations sowie einige Hausjuristen tranken im Konferenzraum Kaffee und ließen sich dazu Windbeutel schmekken, während Drimmers britische Sekretärin Melissa gelbe Notizbücher und frisch gespitzte Bleistifte bereitlegte.

Sie begrüßte Dan auf ihre liebenswürdige, wenn auch ziemlich formelle Art, mit einem ›Mr. Gallagher‹ und einem freundlichen Nicken.

»Miß Simmons«, neckte Dan sie.

»Melissa«, verbesserte sie ihn. »Wirklich, das ist mir lieber.«

»Dan«, sagte er, obwohl er wußte, daß sie trotzdem bei der Anrede ›Mr. Gallagher‹ bleiben würde.

»Hallo, Dan«, rief Drimmer und hob kaum merklich den Kopf, durch die Halskrause stark in seiner Bewegungsfreiheit beeinträchtigt.

Dan kannte alle Anwesenden. Sie begrüßten sich, und jeder wollte von dem Neuankömmling wissen, ob es schon regnete.

»Es tut mir wirklich leid, daß ich Ihr Wochenende verderben muß«, entschuldigte sich Drimmer. »Bitte sagen Sie das auch Ihrer reizenden Frau. Ich hoffe, daß sie mir nicht allzusehr zürnt.«

Dan grinste, weil ihm einfiel, wie beeindruckt Drimmer auf der Party von Beth gewesen war. »Kein Problem, sie ist Kummer dieser Art gewöhnt. Wie geht's Ihrem Hals? Etwas besser?«

»Fragen Sie mich lieber nicht!« Drimmer schüttelte mühsam den Kopf. »Henry ist nicht in der Stadt, deshalb habe ich Alex Forrest gebeten, ihn heute bei der Sitzung zu vertreten. Hat jemand sie gesehen?« Er schielte in die Runde.

Der Name kam Gallagher zwar irgendwie bekannt vor, aber er brachte ihn nicht mit einer Frau in Verbindung, bis Melissa sagte: »Sie ist unterwegs.« Und selbst dann fiel bei ihm der Groschen immer noch nicht, daß es sich um die attraktive Blondine von der Party handelte.

»Während wir auf sie warten«, sagte er und suchte sich einen besonders dicken Windbeutel heraus, »könnten Sie uns doch eigentlich erzählen, was Sie mit Ihrem Hals angestellt haben, Bob.«

Seine teilnahmsvolle Frage löste bei den Anwesenden unterdrücktes Lachen, Räuspern und Hüsteln aus.

»Ach, es hört sich wirklich komisch an.« Drimmer versuchte wieder, den Kopf zu schütteln, zuckte aber vor Schmerz zusammen. »Ich habe Geranien gepflanzt«, fuhr er erbittert fort.

Dan konnte sich nur mit großer Mühe das Lachen verbeißen. In diesem Augenblick betrat jedoch Alex Forrest den Raum. Dan erkannte sie auf den ersten Blick. Ihr strahlendes Lächeln verriet ihm, daß sie genauso freudig überrascht war wie er selbst.

Er trug ein altes Sportsakko und Cordjeans. Sie hingegen war genauso elegant gekleidet wie am Vorabend. Unter der engen Jacke ihres weißen Zweiteilers hatte bestimmt keine Bluse mehr Platz.

»Entschuldigen Sie bitte die Verspätung«, sagte sie. »Ich habe noch rasch sämtliche Unterlagen geholt.«

»Dan, das ist Alex Forrest, unsere neue Lektorin.«

»Wir kennen uns bereits«, erklärte Gallagher.

Sie reichte ihm die Hand, und er erhob sich zur Begrüßung ein wenig von seinem Stuhl. »Hallo! Freut mich, Sie wiederzusehen. Hi, Bill.« Sie nickte allen geschäftsmäßig zu.

»Also dann, können wir?« eröffnete Drimmer die Konferenz. »Okay, Dan...«

»Okay, es geht also um folgendes... Sie wollen einen Roman veröffentlichen, in dem ein Senator aus New Jersey vorkommt, der – vornehm ausgedrückt – ein ziemlich flottes Leben führt. Ein Kongreßabgeordneter aus Ohio behauptet nun, die Romanfigur sei mit ihm identisch, und er hat eine einstweilige Verfügung gegen die Publikation erwirkt.«

»Aber um Himmels willen«, fiel Drimmer ihm ins Wort, »dieser Kongreßabgeordnete hat eine Glatze, während unser Romanheld Haare hat; außerdem stammt er aus einem ganz anderen Staat... Sie müssen das begreifen – wenn wir diese Bücher nicht verkaufen dürfen, sitzen wir ganz schön in der Tinte.«

»Nun, das ist alles schön und gut«, entgegnete Dan achselzuckend, »aber wenn ich vor Gericht beweisen soll, daß etwaige Ähnlichkeiten zwischen dem Senator im Roman und diesem Abgeordneten aus Ohio rein zufällig sind, muß ich die Wahrheit wissen. Also, mal ganz im Vertrauen – hatte die Autorin nun ein Verhältnis mit dem Herrn aus Ohio oder nicht?«

Drimmer nagte nervös an seiner Unterlippe, dann schielte er zu Alex hinüber und gab ihr mit einem leichten Nicken zu verstehen, daß sie das Geheimnis preisgeben dürfe.

»Ja, sie hatte eine Liaison mit ihm«, gab Alex mit einem charmanten Lächeln zu, »aber... sie hatte auch Affären mit sehr vielen anderen Politikern. Jeder dieser Männer könnte behaupten, ihr als Vorlage für ihre Romanfigur gedient zu haben. Sie schwört aber, daß dieser Senator eine fiktive Gestalt ist. Ich habe soeben mit ihr telefoniert.«

»Und Sie glauben ihr?« fragte Gallagher.

Sie überlegte kurz, während sie ihm wieder zulächelte. »Ja«, sagte sie schließlich, »ich glaube ihr.«

Dan biß ein großes Stück von seinem Windbeutel ab und dachte über die Sachlage nach. Als er wieder aufsah, gab sie ihm durch Zeichensprache zu verstehen, daß er Sahne auf der Nasenspitze hatte. Er wischte sie mit einer Papierserviette ab und grinste sie dankbar an.

»Gut«, sagte Drimmer, »die Karten liegen jetzt also offen auf dem Tisch. Was glauben Sie, Dan, wie lange es dauern wird, bis diese verdammte einstweilige Verfügung aufgehoben werden kann? Uns verstauben nämlich 25 000 Exemplare dieses Romans in einem Auslieferungslager.«

Donner untermalte die weitere Besprechung über die beste Vorgehensweise. Später klopfte Regen an die getönten Fensterscheiben des Konferenzraums, und die zischenden Geräusche des Verkehrs auf den nassen, glatten Straßen drangen – wenn auch gedämpft – bis zu ihnen hinauf.

Als Dan schließlich aus dem Verlagsgebäude herauskam, goß es in Strömen. Er holte den Taschenschirm aus seinem Aktenkoffer und spannte ihn auf. Aber schon nach wenigen Schritten in Richtung Bordstein erwies es sich, daß dieses billige Ding einem heftigen Windstoß nicht gewachsen war.

Die Stangen klappten um und zerrissen die dünne Bespannung.

»Verdammter Mist!« fluchte er vor sich hin und sah im gleichen Moment Alex Forrest.

Sie stand etwa einen halben Meter von ihm entfernt an der Gehsteigkante und hielt gelassen Ausschau nach einem Taxi. Der Wolkenbruch konnte ihr nichts anhaben, denn ihr Schirm war ein stabiles, zuverlässiges Modell. Dan hätte jede Wette darauf abgeschlossen, daß es ein Markenartikel von Abecrombie's oder Hunting World war.

Sie kam lachend auf ihn zu. »Made in Taiwan?« erkundigte sie sich teilnahmsvoll, wenn auch leicht ironisch.

Er grinste verlegen, doch dann gewann sein Sinn für Humor die Oberhand. »Keine abfälligen Bemerkungen, wenn ich bitten darf. Solche Schirme sind sehr schwer aufzutreiben... Sonderanfertigungen, sozusagen... Nicht lachen!« Mit diesen Worten warf er das unbrauchbare Ding in einen Abfallkübel und hielt sich als notdürftigen Regenschutz seinen Aktenkoffer über den Kopf, während er nach einem Taxi ausspähte.

»Oh, ich glaube, da hinten kommt eines!« rief Alex.

»Los, Mann, Tempo!« Dan schwenkte seinen Arm wie einen Pumpenschwengel, um den Fahrer auf sich aufmerksam zu machen. »Bitte, halt an... halt an!«

Sie reckten hoffnungsvoll ihre Hälse, aber der Chauffeur schaltete seine ›Dienstfrei‹-Leuchtschrift ein und brauste an ihnen vorüber.

»O nein, das gibt's doch nicht!« jammerte Alex.

»Kaum zu glauben, was?«

Der Regen prasselte immer stärker auf sie herab. Völlig durchnäßt, meinte Dan schließlich: »Ich glaube, es ist hoffnungslos, weiter auf ein Taxi zu warten. Haben Sie Lust, irgendwo etwas zu trinken, bis es aufhört zu gießen?«

Sie hängte sich bei ihm ein. »Das ist eine gute Idee. Kommen Sie.«

Gallagher hatte eigentlich ein Bier trinken wollen, ging aber bereitwillig auf Alex' Vorschlag ein, zusammen eine kleine Karaffe Wein zu bestellen, zumal das Restaurant, in das sie ihn geführt hatte, sichtlich zu einer gehobenen Kategorie gehörte.

Die Wände waren holzgetäfelt, der Raum wurde durch dicke Glasplatten in gemütliche Nischen unterteilt, die Messinglampen spendeten warmes Licht, und überall standen üppige Blumenarrangements – etwas zuviel des Guten, für Dans Geschmack. Das prächtige Gebinde am Ende der polierten Mahagonibar mußte mindestens so groß wie Ellen sein. Aber ansonsten war es zweifellos ein einladender Ort, elegant, kühl und trocken. Seine Begleiterin paßte sehr gut hierher, wie er zugeben mußte.

Ein völlig durchnäßter Mann hastete fluchend von der Straße

herein. »Ein furchtbares Sauwetter«, stellte Alex gelassen fest und leerte ihr Glas.

Gallagher warf einen Blick auf die Uhr hinter der Bar. Es war fast sechs. Um diese Zeit ein Taxi finden zu wollen, wäre selbst dann ein hoffnungsloses Unterfangen, wenn es nicht in Strömen regnen würde. Alle waren irgendwohin unterwegs. Die meisten Leute hatten ihre Einkäufe inzwischen erledigt und es genauso eilig, nach Hause zu kommen, wie die Matronen, die aus den Nachmittagsvorstellungen der Kinos und Theater kamen. Auch die verschiedenen Veranstaltungen, die samstags an den Kulturstätten der Großstadt für Kinder stattfanden, waren jetzt beendet – die Einführungskonzerte im Lincoln Center, die Führungen durch die Kunstmuseen, die Vorträge im Museum of Natural History, die faszinierenden Erklärungen des Sternenhimmels im Planetarium sowie die unzähligen Kurse für jedes nur denkbare Hobby. Kurz gesagt – samstags gegen sechs schien die ganze Stadt auf den Beinen zu sein und nach einem Transportmittel zu suchen.

Dan hatte Beth versprochen, daß er versuchen wollte, abends nach Mt. Kisco nachzukommen. Er sollte sich jetzt eigentlich auf den Heimweg machen, Quincy ausführen und dann sehen, daß er zum Bahnhof kam. Vom Grand Central fuhren bis Mitternacht regelmäßig Züge nach Mt. Kisco ab. Gleich darauf fiel ihm ein, daß sie samstags sogar noch länger verkehrten, daß er sich also nicht zu beeilen brauchte.

»Soll ich noch eine Karaffe bestellen?« fragte er, während er die letzten Tropfen in ihr Glas goß.

»Gern.« Sie warf einen Blick auf ihre Armbanduhr. »Ich sterbe vor Hunger«, sagte sie. »Müssen Sie zu einer bestimmten Zeit irgendwo sein?«

»Nein... Möchten Sie etwas essen?«

Sie bejahte lächelnd und sprang von ihrem Barhocker. »Ich muß nur noch schnell telefonieren«, erklärte sie.

Dan blickte ihr nach und gestand sich leicht verwirrt ein, daß er von ihr beeindruckt war – von ihrer Figur, von dem leichten Sommerkostüm, von ihrer blonden Lockenmähne, von ihrem geschmeidigen Gang. Und es erfüllte ihn mit törichtem Stolz, daß ihr viele Blicke folgten – bewundernde von seiten der Männer, neidische von seiten der Frauen. Alex Forrest... Er gefiel ihr, das war nicht zu übersehen. Sie strahlte zwar nicht viel Wärme aus, aber sie war eine gute Gesprächspartnerin, lebhaft und vielseitig interessiert, und – sie war verdammt sexy!

Er hatte nichts Besonderes vor, und es war ein trister regnerischer Samstagabend.

Beth war mit Ellen bei ihren Eltern. Vermutlich saßen die beiden jetzt aneinandergekuschelt auf dem Sofa am Erkerfenster, mit Blick auf den See, und Beth las der Kleinen eine Geschichte vor. Vielleicht halfen sie aber auch Joan, die eine leidenschaftliche Köchin war, bei den Vorbereitungen zum Abendessen.

Dan hatte plötzlich Sehnsucht nach ihnen. Er griff automatisch in seine Tasche und suchte nach Kleingeld, um sie anrufen zu können.

Er änderte jedoch seine Absicht, weil ihm einfiel, daß Beth ihm möglicherweise begeistert erzählen würde, sie hätte das ideale Haus gefunden. Er war sich nicht ganz sicher, ob er wirklich in Westchester leben wollte. Und was mochten Arthurs Andeutungen nur zu bedeuten gehabt haben? Beklommen gestand er sich ein, daß er Veränderungen haßte, daß sie ihm angst machten. Er hatte hier, in New York City, wo er sein ganzes bisheriges Leben verbracht hatte, doch alles, was er sich wünschte.

Man soll das Glück nicht herausfordern...

Alex kam aus der Telefonzelle zurück. Er bezahlte den Wein und sagte dem Oberkellner, daß sie zu Abend essen wollten.

Das Restaurant begann sich zu füllen. Das Stimmengewirr wurde lauter. Sie saßen einander an einem gemütlichen Tisch für zwei Personen in Fensternähe gegenüber. Dan betrachtete den Regen, der noch immer nicht nachgelassen hatte.

»Es ist ein faszinierender Beruf, nicht wahr?« fragte Alex plötzlich.

»Die Rechtswissenschaften?«

Er wandte seinen Blick vom Fenster ab und sah sie an. Sie nickte. Sie wirkte jetzt entspannt und freundlich, und Dan hatte plötzlich das Gefühl, als würde er sie schon lange kennen. Sie war nicht leicht zu beeindrucken, aber eine ausgezeichnete Zuhörerin. Sie nickte an den richtigen Stellen, lächelte beifällig, wenn er seine Ideen darlegte, lachte bereitwillig.

Ihre unerwartete Wärme und ihr sichtliches Bemühen, auf seine Interessen einzugehen, versetzten ihn in gute Laune, und nun erwachte in ihm der Ehrgeiz, sich als glänzender Unterhalter zu präsentieren. Er überlegte, welche seiner Lieblingsgeschichten er zum besten geben könnte.

»Was war der seltsamste Fall, den Sie je hatten?« fragte Alex und lieferte ihm damit das ideale Stichwort für eine seiner wirkungsvollsten Anekdoten.

»Mein seltsamster Fall? Nun, das sonderbarste Anliegen, das jemals an mich herangetragen wurde, war zweifellos, als meine Eltern beschlossen hatten, sich scheiden zu lassen – meine Mutter bat mich damals nämlich, sie anwaltschaftlich zu vertreten.«

»Nein!«

Er lachte. »Kaum zu glauben, was?«

»Sie wollen mich wohl auf den Arm nehmen«, sagte Alex.

Gallagher war jetzt ganz in seinem Element. »Ich dachte auch erst, daß sie nur Spaß macht. Und wissen Sie, was sie zu mir gesagt hat? ›Warum sollte es nicht mein voller Ernst sein? Du weißt schließlich am besten, was für ein dummes Arschloch dieser Kerl ist...‹«

»Nein, das gibt's doch gar nicht!«

»Doch, Ehrenwort. ›Du hast diese Ehe ja 29 Jahre lang aus nächster Nähe miterlebt‹, hat sie gesagt. Können Sie sich das vorstellen – meine eigene Mutter?«

»Und was haben Sie gemacht?«

Dan warf einen kurzen Blick auf die Straße hinaus. Der Regen ließ endlich nach, aber dafür zog dichter Nebel auf. »Nun«, er lächelte Alex zu, »ich konnte meine Mutter ja nicht so einfach abweisen. Deshalb habe ich mich mit einer Formalität aus der Affäre gezogen.«

Sie lachte. Ihr Lachen gefiel ihm. Er liebte Frauen, die häufig lächelten und auch laut lachen konnten.

Ein Hilfskellner räumte den Tisch ab. Dan lehnte sich in seinem Stuhl zurück, um ihn nicht zu behindern.

Sobald sie wieder ungestört waren, fragte Alex gespannt: »Was war das für eine Formalität?«

»Ich habe ihr erklärt, daß ich kein Spezialist für Familienrecht sei – was übrigens den Tatsachen entspricht. Nun, sie hat diese Ausrede zum Glück geschluckt.«

»Sie erzählen Märchen...«

»Ich wünschte, dem wäre so«, sagte er kopfschüttelnd. »Wer könnte eine solche Geschichte erfinden?«

Alex nahm sich eine Zigarette. Er gab ihr Feuer und versuchte sodann erfolglos, einen Kellner herbeizuwinken.

»Das bedarf offenbar einer speziellen Begabung, die mir völlig abzugehen scheint«, sagte er selbstironisch, als er geflissentlich übersehen wurde. »Dies hier ist mein Lieblingsrestaurant. Wie Sie sehen, bin ich hier ein sehr geschätzter Gast.«

»Ohne jeden Zweifel«, pflichtete sie ihm todernst bei.

»Oh, hallo, Fräulein!«

»Beim weiblichen Geschlecht haben Sie anscheinend mehr Erfolg«, kommentierte Alex, als eine Kellnerin sich bereitwillig näherte.

»Möchten Sie Kaffee?« fragte Dan seine Begleiterin. Sie nickte, und er bestellte zwei Tassen Kaffee.

Alex beobachtete ihn lächelnd und bot ihm eine Zigarette an.

Er lehnte dankend ab. »Wissen Sie, es ist schon komisch«, sagte er, »uns Anwälten vertrauen die Menschen – genau wie den Ärzten – ihre intimsten Geheimnisse an.«

Er wollte nach dieser Einleitung eine jener saftigen Geschichten zum besten geben, die Jimmy Lawrence als Scheidungsspezialist oft erlebte. Selbstverständlich, ohne Namen zu nennen. Nur die schier unglaublichen Tatsachen, die eine Frau völlig schamlos in allen Einzelheiten ausgewalzt hatte. Und wie sie dann mitten in ihrem Pornoroman innegehalten und Jimmy gefragt hatte, was eigentlich mit seinen Ohren los sei. Jimmy hatte ihr natürlich nicht sagen können, daß ihre Enthüllungen ihm die Schamröte ins Gesicht trieben und speziell seine Ohren so zum Glühen brachten, als hätte er einen schweren Sonnenbrand. Aber Dan kam nicht dazu, dieses Histörchen an den Mann zu bringen, denn Alex ging auf das bisher Gesagte ein.

»Diskretion gehört wohl zu den Grundvoraussetzungen Ihres Berufes.«

»Das stimmt.«

»Und – sind Sie es?« fragte sie lächelnd.

»Was?«

»Diskret.«

»Oh«, murmelte er ironisch, »ich bin überaus diskret.«

»Ich auch«, erklärte sie in nüchternem Tonfall, blickte ihm dabei aber tief in die Augen.

Die Bedienung servierte den Kaffee. »Sahne?« fragte sie Alex.

»Schwarz«, erwiderte Alex kalt, ohne ihren Blick von Dan zu wenden.

Auch er lehnte die Sahne dankend ab.

Alex schien erleichtert, als die Kellnerin sich entfernte. Sie schüttelte den Kopf, als Dan ihr Zucker anbot, und sah schweigend zu, wie er seinen Kaffee süßte.

Dan fiel plötzlich kein neues Gesprächsthema mehr ein. Ihre stummen Blicke verwirrten ihn mehr, als er zugeben wollte. Sie sah so ausgeglichen, so zufrieden aus. Ihre hellgrünen Augen glitten über sein Gesicht. Ein heiteres Lächeln spielte um ihre Mundwinkel. Sie machte einen wunschlos glücklichen Eindruck.

»Wissen Sie, was mich wirklich wundert?« Er räusperte sich kräftig. »Darf ich Sie etwas fragen? Ich verstehe nicht... ich meine... Sie waren frei... am Samstagabend... Wie kommt es, daß Sie keine Verabredung hatten... eine so attraktive Frau wie Sie...«

»Ich *hatte* ein Rendezvous«, antwortete sie mit ihrer vollen, etwas rauchigen Stimme, und er mußte plötzlich daran denken, wie sie auf der Party dicht neben ihm an der Bar gestanden hatte, wie ihre nackte Schulter seinen Ärmel berührt hatte, wie reizvoll ihr Parfüm gewesen war...

»Ich habe es abgesagt«, fuhr sie fort. »Deshalb mußte ich vorhin telefonieren.«

Dan fühlte sich geschmeichelt, und das hatte sie mit ihrem Geständnis zweifellos auch bezweckt. Er konnte ein zufriedenes Lächeln nicht ganz unterdrücken.

Es entging ihr nicht, und sie fragte mit leisem Lachen: »Schmeichelt es Ihnen?«

Er suchte nach einer geistreichen Antwort, entschied sich schließlich aber doch dafür, freimütig zuzugeben: »Nun ja, unangenehm ist es zumindest nicht.«

»Wo ist eigentlich Ihre Frau?«

Ihre Frage kam so völlig überraschend, daß er sich fast an seinem Kaffee verschluckte. »Meine Frau?« stammelte er. »Sie ist... sie ist auf dem Land... übers Wochenende... sie... sie besucht ihre Eltern...«

»Und Sie sitzen hier...«, begann sie kühl.

Er hob die Hand, so als wollte er seine Unschuld beteuern, aber Alex vollendete ungerührt ihren Satz. »... Sie ungezogener Junge!«

»Wir haben zusammen zu Abend gegessen. Ist das etwa ein Verbrechen?«

Sie lächelte. »Bis jetzt noch nicht.«

Allmächtiger Himmel, dachte Gallagher. Er versuchte, ihrem Blick standzuhalten, aber er verlor diesen Wettkampf und starrte statt dessen auf die glatte, zarte Haut, die zwischen dem tiefen V-Ausschnitt ihrer Kostümjacke zum Vorschein kam und so erregend auf ihn wirkte, als wäre er noch ein unerfahrener Schuljunge, der zum erstenmal fasziniert den Brustansatz einer Frau bestaunt.

»Wird es denn eines sein?« fragte er bewußt leichthin. Es war immerhin möglich, daß sie nur mit ihm spielen wollte, daß er zuviel in die Sache hineininterpretierte.

»Ich weiß nicht«, antwortete sie. »Was glauben *Sie?*«

»Ich glaube...« Er sah ihr lächelnd in die Augen und erkannte, daß sie keineswegs nur mit ihm spielte. Sie meinte es völlig erst. Sie begehrte ihn. Sein Körper begriff das noch vor seinem Verstand und reagierte entsprechend. »Ich glaube, das wird von Ihnen abhängen.«

Alex nickte. »Nun... ich kann es noch nicht sagen. Ich habe mich noch nicht ganz entschieden.« Sie hielt seinem Blick stand und lächelte ihm vage zu.

»Zumindest sind Sie erfreulich ehrlich«, murmelte er.

»Wir fühlten uns auf der Party zueinander hingezogen, das steht fest. Und Sie sind heute nacht allein.« Sie zog an ihrer Zigarette und stieß den Rauch langsam aus. Ihr offenes, selbstsicheres Lächeln wirkte entwaffnend. »Wir sind erwachsene Menschen«, fuhr sie fort.

Gallagher nickte. »Lassen wir uns die Rechnung bringen.«

3

Als sie das Restaurant verließen, fuhr gerade ein Taxi vor. Zwei Männer und eine Frau stiegen aus. Alex und Dan nahmen auf dem Rücksitz Platz. Der Chauffeur war – dem Namen auf seiner Zulassung nach zu schließen – ein Grieche, der eine Rasur dringend nötig gehabt hätte. Alex gab ihm eine Adresse an, und er brauste los, von seinen Fahrgästen durch eine gläserne Schutzwand getrennt, die zum Glück auch die blechernen Klänge aus seinem am Rückspiegel baumelnden kleinen Transistorradio dämpfte.

Der Wagen rumpelte mit Höchstgeschwindigkeit über die schlechten Straßen voller Schlaglöcher. Dan und Alex tauschten auf ihrem Rücksitz verstohlene Blicke, lachten und schüttelten über sich selbst die Köpfe.

Er hatte seine Jacke auf den Schoß gelegt, um gewisse verräterische Anzeichen zu verbergen. Ihre Nähe erregte ihn. Er spürte durch den Hosenstoff hindurch ihren warmen Schenkel. Der seidige Ärmel ihres weißen Kostüms streifte seinen nackten Arm.

Alex holte eine Zigarette aus ihrer Handtasche und reichte ihm ihr Feuerzeug.

»Wo in aller Welt wohnst du nur?« fragte er. »Ich habe noch nie etwas von dieser Straße gehört.«

Sie griff nach seinem Handgelenk, um die Flamme an ihre Zigarette zu führen. »Im Schlachthofviertel«, antwortete sie und hielt seine Hand etwas länger als notwendig fest, während sie ihm lächelnd in die Augen sah.

Er lachte.

Die Straßen glänzten vom Regen, und in den Pfützen spiegelten sich die Neonlichter der Großstadt.

Alex warf den Kopf zurück, während sie mit geblähten Nasenflügeln den Rauch ausstieß. Der Anblick dieses schmalen Streifens heller Haut an ihrem Hals brachte Dan schier um den Verstand. Er konnte nur mit Mühe dem Verlangen widerstehen, sich auf sie zu stürzen, seine Lippen auf diese Stelle zu pressen, seine Zunge über die zarte Haut gleiten zu lassen.

Sie ertappte ihn dabei, daß er hastig seine Jacke geschickt drapierte, und lächelte ihm zu.

»Im Schlachthofviertel?« Gallagher schüttelte ungläubig den Kopf.

Ein plötzliches Überholmanöver des Taxifahrers schleuderte Alex gegen Dan. Ihre Jacke verrutschte etwas. Sie trug keinen BH. Ihre Brüste waren üppig, perfekt geformt und leicht sonnengebräunt.

Sie berührte seinen Arm. Ein süßer Schmerz durchfuhr ihn, als er ihre Fingerspitzen auf seiner Haut spürte.

Ein Schweißtropfen rann ihr langsam über das Dekolleté. Dan verfolgte ihn mit Blicken, bis er zwischen ihren Brüsten verschwand. Sein Sakko schien lebendig geworden zu sein. Er räusperte sich und zog es mit verlegenem Lachen wieder zurecht.

Alex Forrest legte ihre Hand auf die seinige, und er hatte das Gefühl, als läge sie direkt auf dem Organ, das seine Hose zu sprengen drohte.

Gallagher ergab sich. Er lehnte seinen Kopf an die Rückenlehne und schloß die Augen. Was immer sie auch tun würde – er war damit einverstanden.

Sie schien seine Gedanken gelesen zu haben, denn sie führte seine Hand an ihre Brust, preßte sie auf eine Stelle dicht unterhalb des Halses, dirigierte sie sodann tiefer, schob sie in ihren Ausschnitt. Er spürte ihre schweißnasse zarte Haut unter seinen Fingern und verlor die Beherrschung. Mit einem Stöhnen umschlang er ihre schlanke Taille, vergrub sein Gesicht zwischen ihren Brüsten, leckte die salzige Flüssigkeit auf. Ihr Atem ging immer heftiger und wurde zu einem Keuchen, als er an ihren Brustwarzen zu saugen und zu nagen begann.

Die halsbrecherische Geschwindigkeit und die rücksichtslose Fahrweise des Taxichauffeurs harmonierten jetzt völlig mit Dans Erregungszustand. Alex ließ ihre Finger durch seine dichten Haare gleiten, zerrte daran, zerkratzte seine Kopfhaut mit ihren langen Nägeln.

»Dan ...« Er hörte das unterschwellige Lachen in ihrer heiseren Stimme. »Wir sind da. Hörst du ... Dan!«

»O mein Gott!« murmelte er und warf sich in den Sitz zurück.

Alex beugte sich vor. »Bitte halten Sie vor dem Haus dort auf der linken Seite an«, wies sie den Fahrer an.

»Um Himmels willen«, sagte Gallagher, »wo sind wir hier?«

Er folgte ihr wie ein Hündchen in ein schäbig aussehendes Hochhaus. Der Aufzug, ein uralter Metallkäfig, bewegte sich quietschend im Schneckentempo nach oben. Dan lehnte sich an die Eisenstäbe. Alex trat zwischen seine gespreizten Beine und preßte ihren Körper an den seinigen. Sein Glied wurde sofort wieder steif.

Sie führte ihn einen engen, dunklen Korridor entlang. Ihr Wohnungsschlüssel lag auf einer Gasuhr neben ihrer Tür versteckt. Das geräumige Apartment stand in krassem Gegensatz zu dem düsteren Gebäude und entsprach schon eher seinen Vorstellungen von einer passenden Umgebung für Alex. Es war sparsam, aber sehr geschmackvoll möbliert. Hohe Regale voller Bücher und Schallplatten dienten als Raumteiler. Sie nahm ihn bei der Hand und zeigte ihm die Küche, die eine Treppenstufe höher lag als die übrige Wohnung. »Ich mache uns rasch Kaffee«, sagte sie. »Schau dich inzwischen ruhig hier um.«

Er tat, wie ihm geheißen, und erkundete als erstes, daß ihr Bett vor einer Ziegelwand stand. Eine hübsche Lampe. Bücherstapel auf dem Beistelltischchen. Telefon auf dem Fußboden. Im Wohnbereich interessierten ihn besonders ihre Schallplatten und Kassetten. Eine gute Sammlung. Sehr viele Opern. Sein Vater hätte bestimmt seine Freude an Alex gehabt.

Er blieb vor der Stufe zur Küche stehen und beobachtete sie, während sie unter fließendem Wasser etwas abspülte. Sie schien seine Blicke auf ihrem Rücken zu spüren, denn sie drehte sich nach ihm um und sah ihn über die Schulter hinweg an. Ihre wilden blonden Locken umrahmten ihr leicht gerötetes Gesicht. Sie lächelte ihm zu. Ihre grünen Augen glitten zärtlich über sein Gesicht, über seinen Körper. Sie zogen ihn magisch an.

Auf dem Herd begann das Kaffeewasser zu kochen. Er stellte im Vorbeigehen die Gasflamme kleiner.

»Danke«, sagte Alex.

Er trat dicht an sie heran. Sie schlang ihre Arme um seinen Hals, preßte sich wie im Fahrstuhl dicht an ihn und rieb sich an seinem Körper.

Das Wasser lief immer noch ins Becken. Dan beugte sich etwas vor, um den Hahn zuzudrehen. Alex war zwischen ihm und der Spüle eingezwängt. Er spürte ihre muskulösen Schenkel. Ihr Bauch war straff und rund. Sie preßte ihren Unterleib an ihn, schloß die Augen. Ihr Gesicht mit den geblähten Nasenflügeln spiegelte wilde Wollust wider.

Sie provozierte ihn mit ihren Hüften, rieb sich an seinem steifen Penis. Er vergaß das Wasser, packte sie bei den Haaren und zog daran, bis sie den Rücken wölbte und den Kopf zurückbog, so daß er – wie im Taxi – ihren langen weißen Hals sehen konnte. Er biß spielerisch in ihre Kehle. Er ließ seine Zunge über ihre salzige Haut gleiten, vom Schlüsselbein hoch bis zum Kinn. Sie erschauderte und klammerte sich noch fester an ihn. Er fuhr mit der Zunge über ihr Kinn, berührte ihre Lippen. Er küßte sie zuerst ganz sanft, aber sie schnappte nach seiner Zunge und begann daran zu saugen. Daraufhin küßte er sie mit rasender Leidenschaft, biß sie in Lippen und Zunge.

Alex keuchte und bebte am ganzen Leibe. Als er sie fast grob hochhob und auf den Rand der Spüle setzte, stöhnte sie auf. Ihr enger Rock war ihr hinderlich. Sie zerrte daran, um ihre Beine freizubekommen. Gallagher schob den Stoff hoch und zog ihren Slip herunter.

Sie knöpfte mit zitternden Händen ihre Jacke auf. Er streifte sie ihr von den Schultern, und sie drückte seinen Kopf auf eine ihrer Brüste. Während sie sich aus den Jackenärmeln herausarbeitete, saugte er an ihrer Brustwarze, fühlte, wie sie in seinem Mund anschwoll und steif wurde. Er biß leicht hinein. Alex preßte ihre Brust immer fester an sein Gesicht, bis er ihre Brustwarze mit den Zähnen packte und mit aller Kraft daran saugte. Sie beugte sich zurück, stützte sich mit den Händen am hinteren

Rand des Spülbeckens ab und drehte dabei aus Versehen den Hahn voll auf. Sie fing etwas Wasser in der hohlen Hand auf und besprengte damit sein Gesicht. Sie schlang ihre Beine um seine Hüften, und er mußte ihr zwischen die Schenkel greifen, um seinen Hosenreißverschluß öffnen zu können. Sie rieb sich an seiner Hand, während er seine Hose herunterzuziehen versuchte. Er packte sie am Gesäß und zog sie vom Spülbecken weg. Sie umklammerte ihn mit Armen und Beinen. Seine Hose, die wie eine Ziehharmonika um seine Knöchel hing, drohte ihn ständig zu Fall zu bringen, aber irgendwie gelang es ihm doch, das Bett zu erreichen. Sie ließen sich darauf fallen, Gallagher strampelte sich endlich von seiner Hose frei und drang wild in Alex ein. Sie wälzten sich ineinander verschlungen auf dem Bett und rollten immer näher an die Kante heran, bis sie beim Orgasmus schließlich auf dem Boden landeten, wo sie zunächst einmal lachend liegenblieben, völlig erschöpft.

Schließlich zogen sie sich wieder aufs Bett hoch. Dan keuchte immer noch, und auch Alex atmete heftig, brachte aber lächelnd hervor: »Das war fantastisch...!«

Er fühlte sich so kraftlos, daß er nicht einmal die Augen öffnete, sondern nur murmelte: »Gott sei Dank!«

Sie lagen nebeneinander und ruhten sich etwas aus. Als sie wieder gleichmäßig atmen konnten, schmiegte sich Alex in seinen Arm. »Fühlst du dich unternehmungslustig?« fragte sie.

Gallagher lachte. »Was schwebt dir denn vor?«

»Hättest du Lust, tanzen zu gehen?«

Er starrte sie ungläubig an. Sie lächelte und setzte sich auf. Sie meinte es völlig ernst.

Eine Dreiviertelstunde später hüpften sie im Rhythmus eines ohrenbetäubenden African Beat ausgelassen herum, umgeben von Tänzern, die diese Beschäftigung sichtlich sehr ernst nahmen. Alex' Gesicht war schweißüberströmt, und die Bluse, die sie frisch angezogen hatte, klebte an ihrer Haut und war stellenweise fast durchsichtig.

»Du bist ein toller Tänzer!« brüllte sie, um den Lärm zu übertönen.

Ihre Brüste zeichneten sich unter dem nassen dünnen Stoff so deutlich ab, als wäre sie nackt. Dan konnte sogar die dunklen Brustwarzen deutlich erkennen.

»Was?« rief er, ohne seine Blicke von diesen wippenden Brüsten abzuwenden.

»Ach, nichts weiter«, schrie sie heiser und entblößte lachend für einen Moment eine Brust.

Dan sah sich rasch um. Niemand hatte etwas bemerkt. Es waren eben ernsthafte Tänzer. Alex hatte es für ihn getan. Nur für ihn.

Der Morgen dämmerte schon am Horizont, als sie den Tanzklub verließen. Die Nachtluft war herrlich. Die Straßen waren menschenleer und glänzten nach dem Regen.

Sie gingen ein Stück weit zu Fuß und nahmen dann ein Taxi zu Alex' Wohnung. Gallagher schlief auf dem Rücksitz sofort ein. Als sie ihn weckte, griff er automatisch in seine Hosentasche, um den Fahrer zu bezahlen. »Laß nur, ist schon erledigt«, sagte Alex.

Sie zog ihn bei der Hand aus dem Wagen und führte ihn die Stufen ins Haus hinauf. Während sie auf den Aufzug warteten, küßte sie ihn zart. Ihre Lippen schmeckten nach Regen. Nach Gischt. Salzig, kühl und feucht.

Dans Baumwollhemd war genauso naß wie ihre Seidenbluse. Sie schmiegte sich an ihn. Durch die dünnen Stoffe hindurch ihre straffen Brüste zu fühlen war fast noch erregender, als wenn sie ganz nackt gewesen wäre. Er legte seine Arme um sie, und sie taumelten müde in den großen Fahrstuhlkäfig.

Gallagher lehnte sich gegen die Wand. Die Metallkabel quietschten und surrten. Langsam stieg der Aufzug empor, eine Etage nach der anderen glitt gleichmäßig vorbei, fast so, als wanderte das Bild eines riesigen Fernsehers.

Alex drückte sich zärtlich an ihn und strich ihm sanft über den Arm. Er schloß die Augen. Sie küßte ihn auf die Lider, auf den Adamsapfel. Ihre Zunge glitt behende seinen Hals hinab bis zur Brust. Ihre Hände streichelten ihn – seinen Brustkorb, seinen Bauch und schließlich seine Leistengegend. Sie knöpfte sein Hemd auf und leckte an seinen Brustwarzen. Sie schob ihre Hand in seine Hose und berührte ihn mit den Fingerspitzen.

Gallagher stöhnte auf, als Alex Forrest seinen Gürtel öffnete und seinen Penis sanft mit der Handfläche zu reiben begann. Die Reaktion blieb nicht aus. Sie packte fester zu, schloß ihre Hand zur Faust. »Allmächtiger Himmel!« keuchte er lustvoll. Plötzlich drückte sie mit ihrer freien Hand auf den Halteknopf, und der Aufzug blieb mit einem Ruck stehen.

Gallagher hörte, daß irgendwo im Haus eine Tür ins Schloß fiel. Er hörte Schritte, die sich dem Fahrstuhl näherten. Alex kniete vor ihm nieder und zog seine Hose herunter.

Ein Mann kam in Sicht. Die Korridore waren dunkel, der Aufzug war vergleichsweise hell beleuchtet. Sie waren in dem Metallkäfig den Blicken ausgesetzt. Alex mußte den Mann ebenfalls gehört haben, mußte wissen, daß er sie entgeistert anstarrte. Aber das schien sie nicht zu stören. Sie nahm sein zuckendes Glied in den Mund, saugte frenetisch daran, und er wand sich stöhnend im grellen Licht der nackten Glühbirne.

Blindlings tastete er nach dem Knopf, um den Fahrstuhl wieder in Gang zu setzen, fand ihn, drückte heftig darauf. Der Fahrstuhl glitt langsam nach oben. Dan packte Alex bei den Armen, stellte sie grob auf die Beine und preßte sie gegen die Wand. Sie hielt sich an den Eisenstäben fest, während er ihre Bluse aufriß und an ihrem Reißverschluß herumfummelte. Sie schrie leise auf, als er in sie eindrang und ihre Schenkel an seine Hüften drückte. Der ganze Metallkäfig vibrierte, und der Schacht hallte von ihren wilden Bewegungen, ihrem Keuchen und Stöhnen wider.

Vor ihrer Wohnungstür hatte Alex Mühe, ihren Schlüssel auf

der Gasuhr zu finden, weil sie immer noch am ganzen Leibe zitterte. Sie gab Gallagher den Schlüssel. Er stützte sich mit einer Hand am Türrahmen ab und öffnete die Tür.

Helles Tageslicht weckte ihn in Alex' Bett. Sie schlief noch. Er schrieb ihr einige Zeilen, legte den Zettel auf den Beistelltisch neben ihrem Bett und verließ leise ihr Apartment.

Quincy hob den schweren Kopf von den Pfoten, als er hörte, daß der Schlüssel sich im Schloß drehte. Der große Hund hatte dicht vor der Tür geschlafen. Dan hörte ihn schon von draußen freudig mit dem Schwanz gegen den Boden schlagen und mit seinen starken Krallen auf dem Parkett kratzen.

»Ja, Quincy, guter Junge«, sagte Dan und kraulte dem Hund liebevoll den Kopf. »Ja, wir gehen gleich spazieren.« Er warf einen Blick auf den Anrufbeantworter. Der Anzeiger blinkte. »Wir gehen sofort, mein Braver. Ja, wir gehen gleich«, versprach er.

Er ließ das Band zurücklaufen und drückte auf den Wiedergabeknopf. Es klickte einige Male, dann hörte er Beths Stimme. *Hallo, wo bist du denn abgeblieben? Ich habe schon mehrmals versucht, dich zu erreichen. Ich gehe jetzt schlafen. Rufst du mich bitte morgen früh an?*

Der vertraute Klang ihrer Stimme rückte alles wieder zurecht, gab ihm das Gefühl, nach Hause gekommen zu sein. Im Taxi war ihm beklommen zumute gewesen, so als wüßte er nicht so recht, wohin er eigentlich unterwegs war und warum. Vielleicht hatte die ungewohnte Stille der Großstadt an diesem frühen Sonntagmorgen zu seinem Unbehagen beigetragen. Vielleicht war Schlafmangel die Ursache jenes verwirrenden Gefühls von Entwurzelung gewesen. Oder der Alkohol. Obwohl er nicht übermäßig viel getrunken hatte, fühlte er sich verkatert.

Er spulte das Band zurück und löschte Beths kurze Nachricht. Dann ging er ins Schlafzimmer und zog sich aus.

Er betrachtete einen Augenblick lang das Foto von Beth und

Ellen, das auf seinem Nachttisch stand. Er liebte Beths Gesicht. Er vermißte sie plötzlich und bedauerte, daß er ihre auf Band gesprochenen Worte gelöscht hatte. Er hätte ihrer Stimme gerne noch einmal gelauscht. Bald, tröstete er sich. Er würde sie anrufen. Aber zunächst brauchte er eine lange heiße Dusche.

4

»Hallo? Oh, hallo, Dan!« rief Beths Mutter lebhaft. Ihre Herzlichkeit war nicht gespielt. »Wir hatten dich gestern abend erwartet.« Das Hallen in der Leitung verriet Dan, daß sie das kabellose Telefon benutzte.

»Ja, ich weiß. Tut mir leid, aber ich hab's einfach nicht mehr geschafft. Wo bist du? Im Garten?«

»Nein, mein Lieber«, erwiderte Joan Rogerson. »Ich bin im Gewächshaus. Ist die Verbindung sehr schlecht?«

Er sah sie deutlich vor sich, mit Gartenhandschuhen und Sonnenbrille, das kabellose Telefon in einer Hand, einen lehmigen Spaten in der anderen. »Nein, nein, ich kann dich wunderbar verstehen«, beruhigte er sie lächelnd.

»Beth und Ellen sind mit Howard im Garten. Ich glaube, sie spielen Fußball«, berichtete Joan. »Jedenfalls haben sie einen Fußball mitgenommen. Ellen sitzt auf Howards Schultern. Sie scheinen sich großartig zu amüsieren, was immer sie da auch treiben mögen. Es ist wirklich ein Jammer, daß du nicht kommen konntest, Dan. Wir wollten, daß du dir dieses Haus einmal ansiehst. Es ist ganz in unserer Nähe. Und ich weiß ja, wie gut dir diese Gegend hier gefällt...«

»Ich schau's mir an, sobald ich es irgendwie einrichten kann.«

Die Gegend war wirklich sehr schön. Herrlich, um ganz ehrlich zu sein. Westchester. Mt. Kisco. Aber es war in erster Linie das Heim der Rogersons, das Dan stets bewundert hatte. Das

Haus, in dem Beth aufgewachsen war. Er wußte noch genau, wie beeindruckt er davon gewesen war, als er es zum erstenmal gesehen hatte – mein Gott, das war jetzt schon zwölf Jahre her! Beth hatte damals gewünscht, daß er ihre Eltern kennenlernte.

»Bleib am Apparat, mein Lieber«, sagte Joan Rogerson. »Ich rufe Beth.«

Beeindruckt hatte ihn bei jenem ersten Besuch nicht nur das Haus als solches mit seinen Erkerfenstern, mehreren offenen Kaminen, einer ›Frühstücksecke‹ und der bezaubernden Lage am See. Beths Zuhause hatte ihm auch sehr viel über die Studentin am Sarah Lawrence College verraten, in die er verliebt war; die ganze Atmosphäre in diesem Haus hatte ihm bestätigt, was er von Anfang an angenommen hatte – daß Beth Anne Rogerson ein warmherziger, liebevoller und zuverlässiger Mensch und die richtige Frau für ihn war.

»Hallo!« rief Beth atemlos, und er wußte, daß sie den Rasen hinaufgerannt war, der zum See hin abfiel. »Wo bist du denn abgeblieben?« erkundigte sie sich.

»Oh, ich habe nach der Konferenz noch mit Bill zu Abend gegessen«, murmelte er verlegen.

»Du hörst dich so an, als hättest du einen Kater!«

»Aber nein«, verteidigte er sich hastig. »Mir geht es ausgezeichnet.«

Er hörte im Hintergrund die Stimme seiner Schwiegermutter. »Ellen, paß auf!« rief sie. Was mochte die Kleine nur treiben?

»Wie geht es Bill?« erkundigte sich Beth, die sich um ihre Tochter offenbar keine Sorgen machte.

»Na ja… so wie immer«, sagte Gallagher obenhin. »Du kennst ihn ja.«

»Ist er noch mit diesem Mädchen zusammen?«

»Gestern abend war er es jedenfalls nicht.« O Gott, in welch dumme Lage er sich gebracht hatte! »Ich nehme an, daß es zwischen ihnen aus ist. Er schien nicht darüber sprechen zu wollen.«

»Kommst du mit deiner Arbeit gut voran?«

»O ja, ich bin schwer am Schuften«, beteuerte er.

Beth lachte. »Du Ärmster... Hör mal, im Kühlschrank steht noch ein Rest Spaghetti mit Tomatensauce, falls du Hunger bekommen solltest.«

»Okay«, sagte Gallagher. »Und wie geht's Ellen?«

»Glänzend. Sie tobt nach Herzenslust herum. Ich hoffe nur, daß Dad es überlebt... Ich weiß nicht so recht, wie ich es dir sagen soll, Liebling...«

Dan machte sich auf das Schlimmste gefaßt.

»Sie wünscht sich ein Kaninchen«, flüsterte Beth.

Er lachte erleichtert. »O nein, kein Kaninchen!« rief er. »Liebling, wenn wir nicht aufpassen, haben wir bald die reinste Arche Noah beisammen. Gib ihr einen Kuß von mir und versprich ihr nichts, okay?« Sie fehlte ihm plötzlich sehr – sie und auch Ellen. »Wann kommst du nach Hause?«

»Na ja... es sind gewisse Komplikationen eingetreten.«

»Inwiefern? Was ist los?«

»Es gibt da ein Problem mit dem Haus...«

»Ist es schon verkauft?« fragte er hoffnungsvoll.

»Haha, sehr komisch! Nein, aber wir können es erst heute am Spätnachmittag besichtigen, Liebling, und du weißt ja, daß ich bei dem starken Rückreiseverkehr am Sonntagabend nicht gern unterwegs bin. Deshalb möchte ich lieber erst morgen früh fahren.«

Er war enttäuscht. »Und was ist mit Ellen? Muß sie nicht in die Schule?«

»Sie ist fünf Jahre alt. Was versäumt sie schon groß – etwa Trigonometrie?«

»Na ja, okay«, kapitulierte er widerwillig. »Dann sehen wir uns also morgen abend, wenn ich von der Arbeit komme.«

»Ciao, mein Schatz.«

»Fahr vorsichtig, ja?« Er wollte das Gespräch noch nicht beenden, aber ihm fiel nichts mehr ein. »Ich wünsch' dir einen schönen Tag... Ich liebe dich«, fügte er noch hinzu, bevor er auflegte. Er stand noch da und starrte das Telefon an, als es klingelte. Überzeugt davon, daß es Beth war, die zurückrief, weil sie etwas vergessen hatte, nahm er den Hörer ab.

»Was ist los?« rief Alex Forrest. »Ich bin gerade aufgewacht, und du warst nicht da. So etwas hasse ich wie die Pest!«

Seine erste Reaktion bestand in irrationaler Furcht. »Hast du denn meinen Zettel nicht gefunden?« fragte er in jenem ruhigen Ton, zu dem er sich immer zwang, wenn er zutiefst beunruhigt war.

»Welchen Zettel?« Alex zündete sich eine Zigarette an. Dan hörte, wie sie den Rauch inhalierte, und im ersten Moment dachte er, sie hätte geseufzt. Dann stieß sie den Rauch aus, und er erkannte das Geräusch. Sie war also nicht deprimiert oder gar verzweifelt, sondern rauchte einfach. Er war erleichtert, geradezu dankbar.

»Ich habe dir einen Zettel auf den Tisch neben deinem Bett gelegt.«

Gleich darauf sagte sie: »Oh... wie lieb von dir. Aber ich dachte, wir würden den heutigen Tag zusammen verbringen.«

Hatte er ihr das versprochen? Gallagher konnte sich nicht mehr daran erinnern. Vielleicht hatte er doch zuviel getrunken. »Ich habe eine ganze Menge zu arbeiten«, sagte er.

»Warum kommst du nicht einfach her? Ich werde uns etwas zu essen kochen.«

Sein Blick fiel auf Quincy. »Ich muß mich um den Hund kümmern. Er ist seit gestern mittag nicht mehr aus dem Haus gekommen. Ich kann ihn heute nicht schon wieder den ganzen Tag allein lassen.«

»Das ist nun wirklich kein Problem«, lachte Alex. Ihre Stimmung schien sich merklich gebessert zu haben. »Bring den Hund doch mit. Ich liebe Tiere... Und ich bin eine fantastische Köchin.«

Ihr Lachen war ein wirkungsvolles Überzeugungsmittel. Ihm fiel plötzlich keine Ausrede mehr ein. »Ich... also...«, stammelte er, »du kannst mir glauben, Alex... ich käme wirklich sehr gern, aber...«

»Weißt du, was wir machen? Du arbeitest jetzt ein paar Stunden und kommst anschließend hierher. Wir können ja auch spät zu Mittag essen.« Sie hörte sich jetzt wieder vernünftig und ausgeglichen an.

»Okay... Vielleicht... Wenn ich es zeitlich einrichten kann...«

Aber Alex ließ nicht locker. »Oder«, fuhr sie fröhlich fort, so als sei ihr soeben die Lösung aller Probleme eingefallen, »du kannst auch hier arbeiten. Ich werde dich nicht stören.« Ihre Stimme klang jetzt wieder weich und voll, und jenes selbstsichere leise Lachen, das so verführerisch war, schwang darin mit. »Ich werde ein ganz braves Mädchen sein, Dan, das verspreche ich dir.«

Er hatte plötzlich das Bild vor Augen, wie sie im Aufzug vor ihm gekniet hatte. Lachend sagte er: »Du gibst wohl niemals auf, was?«

Alex stimmte in sein Lachen ein. »Du müßtest dich doch eigentlich geschmeichelt fühlen.«

Sie hatte recht. Er fühlte sich wirklich geschmeichelt, und das sagte er ihr auch.

»Also?«

»Also gut. Aber zuerst werde ich zu Hause einige Stunden arbeiten. Dann muß ich mit dem Hund im Park spazierengehen...«

»Okay«, rief Alex glücklich. »Ich werde um eins am Parkeingang bei der 81st Street auf dich warten!«

Er konnte sich nicht auf seine Arbeit konzentrieren. Die Wohnung war viel zu ruhig, viel zu leer. Gegen Mittag war er heilfroh, daß er aus dem Haus gehen konnte.

Alex saß auf einer Parkbank und fütterte einige bettelnde Eichhörnchen mit Erdnüssen. Er hatte sie noch nie in legerer Freizeitkleidung gesehen. Er stellte fest, daß sie fast den gleichen Geschmack wie Beth hatte. Sie trug eine helle Cordjacke über einem dunklen hochgeschlossenen T-Shirt, verblichene Jeans, die in Knöchelhöhe mehrmals umgekrempelt waren, und bequeme weiche Schuhe. Diese sportliche Aufmachung stand ihr ausgezeichnet. Sie sah darin jünger aus. Ihre wilden Locken waren mit Hilfe einer Haarspange gebändigt, und sie hatte kaum Make-up verwendet.

Ihr Gesicht wirkte weicher, verletzlicher. Sie strahlte förmlich, als sie ihn sah. Sie warf ihre restlichen Nüsse den Eichhörnchen hin, die jedoch auseinanderstoben, als sie aufsprang und sich bei Dan einhängte.

»Ja, wen haben wir denn hier?« fragte Alex und bückte sich, um Quincys Kopf zu kraulen.

Sie beschleunigten ihre Schritte, denn der Labrador hatte es eilig, zum Weiher zu kommen, wo er immer ohne Leine herumlaufen und sich austoben durfte.

Alex klopfte auf die Tasche von Dans Baseballjacke, die von Quincys Ball ausgebeult wurde. »Damit solltest du mal zum Arzt gehen«, sagte sie mit schelmischem Lächeln.

Dan befreite den Hund von der Leine. »Es ist wirklich nichts Schlimmes«, versicherte er.

Ihre hellgrünen Augen funkelten ausgelassen. Sie drückte zärtlich seinen Arm. Ihr Glück war unübersehbar, fast berauschend. Dan wußte intuitiv, daß sie wie auf Wolken schwebte, weil er bei ihr war und sie diesen Tag gemeinsam verbringen konnten. Er wollte sich nicht den Kopf darüber zerbrechen, warum ihr das so viel bedeutete. Es war jedenfalls ein sehr angenehmes Gefühl, so begehrt zu sein.

»Ah, das kann man nie so genau wissen«, scherzte sie. »Es gibt Momente, da fühlt man sich fantastisch, glaubt sich am Ziel aller Wünsche...«

Gallagher holte lachend den Ball aus seiner Tasche. »Schon kuriert!«

Alex schnappte sich den Ball. »... und im nächsten Moment fliegt man voll auf die Schnauze!« Sie warf den Ball in hohem Bogen von sich.

Quincy geriet völlig außer Rand und Band und jagte bellend hinterher. Er fing ihn beim zweiten Aufprall auf, tobte mit dem Spielzeug im Maul eine Weile herum, trottete schließlich zu seinem Herrn zurück und legte ihm den Gummiball zu Füßen.

Alex rannte ein Stück zurück. »Hierher!« rief sie. Dan warf ihr den Ball zu, und Quincy sauste wieder los.

Sie spielten wie ausgelassene Kinder, schleuderten den Ball wild durch die Gegend, versuchten ihn im Flug aufzufangen, prallten zusammen, stolperten über den Hund, der sie mit begeistertem Gebell umkreiste. Zweimal rannte Quincy mit dem Ball im Maul davon und blieb zwischendurch stehen, bis sie ihn fast eingeholt hatten, um das Spiel interessanter zu gestalten.

Schließlich klemmte sich Alex den Ball unter die Achsel und sprintete los, so als wollte sie eine Olympiamedaille gewinnen. Quincy und Dan nahmen die Verfolgung auf, doch der Labrador erwies sich als schneller. »Los, Quincy, zeig's ihr!« brüllte Dan. Der Hund sprang an Alex hoch und brachte sie aus dem Gleichgewicht. Der Ball flog aus ihrer Achselhöhle. Dan fing ihn auf und rannte damit im Kreis herum, Quincy dicht auf den Fersen.

Gallagher warf Alex den Ball zu, aber der herumtollende Hund bemerkte es nicht und setzte weiterhin seinem Herrn nach.

»Hierher, Quincy! He, ich hab' ihn! Hol ihn dir, mein Junge!« rief Alex.

Quincy kam mit großen Sätzen auf sie zugesprungen.

»Oh ... o Gott!« keuchte sie erschöpft, und dementsprechend kraftlos fiel auch ihr nächster Wurf aus.

Dan fing den Ball mit einem gekonnten Hechtsprung auf,

rannte noch einige Schritte und brach plötzlich in die Knie. Er griff sich an die Brust und sank langsam zu Boden.

Alex' Lachen erstarb jäh. Erschrocken rannte sie auf ihn zu. »Dan...«

Er lag regungslos da. In panischer Angst fiel sie neben ihm auf die Knie und schüttelte ihn leicht. Er reagierte nicht. »Dan?« flüsterte sie. »Dan, kannst du mich hören? O mein Gott...«

Sie legte ihr Ohr an seine Brust, um festzustellen, ob sein Herz noch schlug. »O mein Gott!« murmelte sie immer wieder.

Er schlug langsam die Augen auf.

»Dan?« flüsterte sie.

Er zwinkerte ihr zu. »Angeschmiert!«

Alex fuhr fast aus der Haut. »Du Mistkerl!«

»Dein Gesicht!« lachte er. »Du hättest nur mal dein Gesicht sehen sollen!«

Sie wurde bleich vor Zorn. Tränen traten ihr in die Augen. »Das war ganz beschissen von dir«, sagte sie leise.

Dan setzte sich auf. »He, tut mir leid. Ich hab' doch nur Spaß gemacht.«

Alex starrte in die Ferne. »Mein Vater starb an einem Herzschlag, als ich sieben Jahre alt war«, erklärte sie mit tonloser Stimme. »Es passierte direkt vor meinen Augen.«

Er schüttelte bestürzt den Kopf, kam sich ganz erbärmlich vor. »Alex, es tut mir schrecklich leid, wirklich... Das ist furchtbar.« Er wußte nicht, was er sagen, was er tun sollte. »Ich möchte mich entschuldigen. Wenn ich das gewußt hätte, hätte ich nie...«

Sie hörte sich sein verlegenes Gestammel mit eisiger Miene an. Plötzlich begann sie schallend zu lachen.

Er war völlig perplex, bis ihm schließlich ein Licht aufging. »Was?« murmelte er einfältig. »Dein... dein Vater... er ist nicht an Herzschlag gestorben? Er lebt?«

»Er ist gesund und munter und lebt in Phoenix«, sagte sie triumphierend.

»Allmächtiger Himmel!« Dan schüttelte reumütig den Kopf. »Jetzt hast du's mir aber gegeben, Junge, Junge!« Er war völlig verwirrt und schwankte zwischen Ärger, Verlegenheit und Erleichterung. »Aber ich hab's nicht besser verdient.«

Er betrachtete sie, so als könnte ihm das helfen, sich über seine verworrenen Gefühle klarzuwerden. Sie wich seinem Blick aus und senkte den Kopf, straffte sich aber gleich darauf und schaute ihm lächelnd in die Augen. Wir sind jetzt quitt, schien dieses Lächeln zu besagen. Vielleicht hieß es aber auch: Sei nicht unfair zu mir.

Gegen drei fielen lange Schatten über den Park, und die Luft wurde allmählich kühl. Sie fuhren mit einem Taxi zu Alex' Wohnung. Quincy saß zwischen ihnen und wedelte aufgeregt mit dem Schwanz.

Als Alex am Ziel ausstieg, folgte der Hund ihr vertrauensselig, ohne sich zu vergewissern, ob sein Herr mitkam. Dan schüttelte den Kopf. Der Apfel fällt nicht weit vom Stamm, dachte er. Aber in der fremden Wohnung wurde Quincy dann doch mißtrauisch. Er strich ruhelos umher, schnüffelte in alle Ecken, spähte unter die Möbelstücke.

Alex zog ihre Jacke aus und legte eine Kassette in den Recorder ein. Dann lief sie in die Küche. Dan stellte erfreut fest, daß sie eine Oper ausgewählt hatte. Er war in der richtigen Stimmung für erhabene, mitreißende Musik.

Madame Butterfly.

Urplötzlich überkam ihn eine tiefe Melancholie und ein beklemmendes Gefühl der Einsamkeit. Er warf einen Blick aus dem Fenster und erwartete fast, daß sich der Himmel verfinstert hatte und ein Unwetter tobte. Aber dem war nicht so. Die Finsternis kam aus seinem Unterbewußtsein.

Erst jetzt fiel ihm auf, wie unruhig Quincy war. Er rief den Hund zu sich, kraulte ihm den Kopf und tätschelte ihm den Bauch.

Alex kam ins Zimmer. Sie hatte eine Schürze umgebunden und machte einen aktiven und glücklichen Eindruck. Sie lächelte ihm strahlend zu, ging zum Kassettenrecorder und drehte die Lautstärke voll auf.

»Wir wollen doch etwas *hören!*« schrie sie.

Die überwältigende Klangfülle vertrieb Gallaghers Schwermut. Wie schön, mit jemandem zusammen zu sein, der laute Musik genauso genießt wie ich, dachte er.

»Ich hoffe, du ißt gern Spaghetti«, rief Alex, während sie in die Küche zurückeilte. »Eine Spezialität des Hauses!«

»Paßt gut zur Oper«, sagte er.

Quincy gähnte, drehte sich einige Male im Kreis und legte sich endlich hin. »Braver Junge!« Dan klopfte ihm zärtlich auf den Rücken. Dann trat er ans Fenster und blickte über die niedrigen Dachgiebel zum Fluß hinüber.

Alex brachte Teller, Bestecke und Stoffservietten herein, stellte alles auf dem Eßtisch in Fensternähe ab und kehrte in die Küche zurück. Dan begann den Tisch zu decken, aber sie rief ihm zu, er brauche sich um nichts zu kümmern, sondern solle sich einfach entspannen. Falls sie Hilfe benötigen sollte, würde sie es ihm schon sagen.

Er setzte sich folgsam hin und zog die New York Times unter Quincy hervor. Es war die Samstagsausgabe. Er legte die Füße hoch, blätterte in der Zeitung und lauschte der Musik, jetzt wieder vollkommen zufrieden.

Alex brachte ihm eine Flasche Wein und einen Korkenzieher. Er öffnete die Flasche und füllte zwei Gläser. Dann schlenderte er in die Küche, wo sie eifrig am Wirken war. »Das riecht köstlich«, sagte er, nachdem er ihr eine Weile zugesehen hatte.

Sie drehte sich nach ihm um, eingehüllt in den Dampf aus dem kochenden Wasser für die Spaghetti, und strich sich mit dem Handrücken eine Haarsträhne aus der Stirn. Wieder lächelte sie ihn strahlend an, und dieses Lächeln besagte: *Das alles bewirkst nur du.*

Dan begriff plötzlich, daß seine Gegenwart für sie alles veränderte. Die Musik, der Dampf in der Küche, der hübsch gedeckte Tisch mit dem silbernen Kerzenleuchter, dem Blumenstrauß und den Leinenservietten – das alles würde Alex nichts bedeuten, wäre er nicht hier.

Gallagher hätte sich eigentlich geschmeichelt fühlen müssen, aber statt dessen stieg ein gewisses Unbehagen in ihm auf. Trotzdem erwiderte er ihr Lächeln.

»Kann ich sonst noch etwas helfen?« fragte er.

»Nein«, antwortete Alex, »ich möchte doch nur, daß du dich hier ganz wie zu Hause fühlst. Du kannst auch gern eine andere Kassette oder Schallplatte hören.«

»Nein, ich liebe ›Madame Butterfly‹.«

»Tatsächlich?« Sie war sichtlich darüber erfreut. »Es ist meine Lieblingsoper.«

Er brachte ihr ein Glas Wein. »Meine auch«, sagte er.

Wie alt war er gewesen, als sein Vater ihn zu ›Madame Butterfly‹ mitgenommen hatte? Fünf oder sechs? Jedenfalls noch sehr klein. Etwa in Ellens Alter. »Es war die erste Oper, die ich je gehört oder – besser gesagt – gesehen habe«, erzählte er. »Mein Vater hat mich in die alte Met mitgenommen, als ich etwa fünf Jahre alt war.«

»Hast du denn überhaupt etwas vom Inhalt verstanden?« fragte Alex erstaunt.

»O ja, jedenfalls in groben Zügen.« Einen Augenblick lang wurde er wieder melancholisch.

Alex beobachtete ihn aufmerksam. Er lächelte ihr zu. »Ich hatte begriffen, daß der amerikanische Seemann mit dem japanischen Mädchen zusammenlebte... Aber im letzten Akt, als er sie verläßt – mein Vater erklärte mir, daß sie Selbstmord begehen würde, und da bekam ich solche Angst, daß ich mich unter dem Sitz verkroch.« Er verstummte und lauschte der Musik. »Hör mal«, sagte er plötzlich, »das ist die Stelle.«

Sie nickte stumm.

»Eigenartig«, murmelte er nach kurzem Schweigen.

»Was?«

»Mir ist gerade eingefallen ... das war eine der ganz seltenen Gelegenheiten, daß mein Vater wirklich nett zu mir war ... damals, als er mich in ›Madame Butterfly‹ getröstet hat.«

Er schüttelte den Kopf und lächelte ihr wieder zu. Mein Gott, dachte er, sie sieht ja so aus, als würde sie gleich weinen. Er trank hastig einen Schluck Wein, weil er das Gefühl hatte, sich wie ein Narr benommen zu haben. Die Musik hatte diese uralten Erinnerungen in ihm wachgerufen. Das war verständlich. Aber warum in aller Welt hatte er sie Alex anvertraut?

Die Anteilnahme, die ihr im Gesicht geschrieben stand, war ihm peinlich.

»Tut mir leid«, murmelte sie verlegen.

Dan goß den letzten Rest Wein in Alex' Glas.

Die letzten Strahlen der untergehenden Sonne fielen ins Zimmer. In diesem rötlichen Zwielicht beendeten sie ihr Mahl. Alex' Gesicht war nachdenklich, fast traurig geworden.

Sie merkte weder, daß er ihr Glas noch einmal gefüllt hatte, noch daß er sie betrachtete, bis er schließlich behutsam fragte: »Woran denkst du?«

Sie zuckte leicht zusammen und schüttelte lächelnd den Kopf. »Ich überlege, warum alle interessanten Männer verheiratet sind.«

Das Wörtchen ›alle‹ verletzte seine Eitelkeit, obwohl er wußte, daß das albern war. Hatte er sich wirklich eingebildet, etwas Besonderes zu sein?

»Vielleicht macht gerade das sie für dich so interessant«, sagte er. »Die Tatsache, daß du sie nicht haben kannst.«

»Wie lange bist du schon verheiratet?«

»Neun Jahre.«

»Hast du Kinder?« Sie stützte die Ellbogen auf dem Tisch auf und legte ihr Kinn auf die Handflächen.

»Ja«, antwortete Dan, »eine fünfjährige Tochter.«

Sie lächelte sehnsüchtig. »Hört sich gut an.«

»Ja, ich bin ein glücklicher Mensch.«

»Was machst du dann hier bei mir?«

Er errötete heftig und zupfte nervös an seinem Kragen. »Puh«, brummte er mit einem verlegenen Lachen, »du kannst aber Fragen stellen!«

»Es interessiert mich wirklich.« Sie setzte sich wieder aufrecht hin und fuhr mit einem Finger über den Rand ihres Weinglases. »Sieh mal, ich fand die letzte Nacht einfach herrlich. Ich würde dich gern wiedersehen. Ist das so schrecklich? So unverständlich?«

»Nein«, erwiderte Gallagher sanft. »Aber ich glaube nicht, daß es möglich ist, Alex. Das alles ist für mich sehr ungewohnt... Ich habe meine Frau nämlich nie zuvor betrogen.«

»Es ist eigenartig... Ich habe das Gefühl, dich so gut zu kennen.« Sie seufzte. »Ich will einfach wissen, woran ich bin.«

Dan legte seine Serviette auf den Tisch, räusperte sich und zwang sich, ihr offen ins Gesicht zu sehen. Er hatte plötzlich starkes Herzklopfen. »Du bist eine wunderbare Frau«, begann er. Sie starrte ihn mit trüben Augen an. Sie wußte im voraus, was er jetzt sagen würde. Sie kannte dieses Gerede. Sie hörte es nicht zum ersten Male. »Aber ich bin nun einmal verheiratet. Ich weiß nicht, was ich sonst noch sagen könnte.«

»Na ja... mein übliches Glück!« sagte sie mit bitterem Lächeln, prostete ihm ironisch zu und leerte ihr Glas. Es gelang ihr nicht, ihre Enttäuschung zu verbergen.

Es war an der Zeit für ihn zu gehen. Aber er brachte es nicht übers Herz – oder vielleicht fehlte ihm auch nur der Mut –, sich einfach vom Tisch zu erheben und eine Entschuldigung zu murmeln. Er fühlte sich dieser neuen Situation nicht gewachsen. Schließlich konnte er sich ja nicht einfach mit den Worten verabschieden: *Es hat Spaß gemacht. Danke.*

Alex Forrest wirkte mit einem Male sehr niedergeschlagen.

Die Selbstsicherheit, Kraft und Lebensfreude, die er an ihr so bewundert und auf die er sich verlassen hatte, zerrannen vor seinen Augen. Er schob abrupt seinen Stuhl zurück, und sie zuckte zusammen, als hätte er sie geschlagen. »Du willst doch nicht schon gehen?« fragte sie erschrocken.

Er ging zu ihr hinüber und strich ihr sanft übers Haar. »Alex...«, begann er hilflos.

Sie griff nach seiner Hand und bedeckte sie mit Küssen. Sie sprang auf, schlang ihre Arme um seinen Hals und schmiegte sich an ihn. »Ich hasse es, Abschied nehmen zu müssen«, murmelte sie. »Ich kann es kaum verkraften. Es ist so unfair, Dan. Ich meine... ich kenne dich. Ich habe das Gefühl, dich wirklich gut zu kennen. Das stimmt doch, nicht wahr? Ich weiß es!«

»Ja, natürlich«, versuchte er sie zu beruhigen.

»Ja«, wiederholte sie flüsternd. Ihre Hände glitten liebkosend über seinen Körper. »Ich werde dies hier vermissen... und das... und das auch... Ich werde dich so vermissen... so sehr...«

Er nahm sie bei den Schultern und hielt sie auf Armeslänge von sich ab. »Du lieber Himmel!« lachte er.

Sie sah ihn schelmisch an. »Was ist denn los?« fragte sie unschuldsvoll.

Aber sie wußte natürlich genau, was los war. Sein Körper hatte auch diesmal sofort auf ihre Berührungen reagiert. Sie hob abwehrend die Schultern. »Du tust mir weh«, sagte sie leise.

Gallagher konnte sich nicht entschließen, sie loszulassen.

»Du darfst mir weh tun, wenn es dir Spaß macht«, fuhr Alex fort. »Ich möchte noch einmal mit dir schlafen. Du kannst mit mir machen, was du willst, was immer dir Freude bereitet. Du darfst mir auch weh tun, wenn du möchtest, Dan, aber das überlasse ich ganz allein dir.«

Er ließ sie los.

Sie führte ihn zu ihrem Bett.

5

Gallagher war nackt, als er aufwachte. Nur das Laken bedeckte seinen Körper. Alex lag auf den Ellbogen gestützt neben ihm und sah zärtlich auf ihn herunter.

Das Abendlicht wurde langsam matter und warf sinnliche Schatten durchs Fenster. Einen Augenblick lang wußte er nicht, wo er war. Er sah auf die Armbanduhr.

»Scheiße!« rief er aus und schwang die Beine aus dem Bett.

»Was hast du denn vor?« fragte Alex erstaunt.

Er zog sein Hemd an. »Ich muß gehn.«

»Aber warum? Ich hab' gedacht, du hast gesagt, sie kommt erst morgen wieder zurück –«

»Sieh mal«, meinte er geduldig, »ich muß ein paar Sachen erledigen. Ich muß heim.«

»Weißt du … mir gefällt das einfach nicht«, erwiderte sie verärgert.

»Was gefällt dir nicht?«

Sie setzte sich auf und zog das Laken dichter an ihren Körper. »Daß du jedesmal gleich wegläufst, wenn wir uns geliebt haben.«

Er sah sie an. Sie meinte es ernst. Es lag sogar etwas fast manisch Verzweifeltes in ihrer Stimme. Gallagher seufzte. »Alex…«, sagte er sanft und versuchte, irgendwie die Spannung zu beseitigen, die sich aufgebaut hatte. »Egal ob ich jetzt gehe oder erst am Morgen: Ich muß trotzdem weg.«

Er wandte ihr den Rücken zu, um ins Bad zu gehen, und knöpfte sein Hemd zu.

»Jedenfalls wirst du nicht jetzt gehen!« rief sie wie ein trotziges Kind. Plötzlich packte sie sein Hemd.

Er war so verblüfft, daß er stehenblieb. »Das ist doch …« Was wollte er eigentlich sagen – lächerlich, kindisch, peinlich? Sie hielt ihn am Hemd fest. Sie meinte es ernst, und sie hatte Kraft.

»Hör auf«, meinte er und versuchte immer noch, sich unter Kontrolle zu halten. »Verdammt noch mal, Alex, hör auf damit!«

Plötzlich riß sein Hemd mit lautem Ratschen. Er konnte es einfach nicht glauben. Was, zum Teufel, ging hier vor? Er wirbelte zu ihr herum. »Was ist los?« fragte er wütend. »Was soll das?«

Sie schien genauso überrascht wie er und genauso wütend. »Tut mir leid«, meinte sie sarkastisch.

»Was ist los mit dir? Sei vernünftig, ja?«

»Ich – vernünftig? Was? – Na danke, mach's gut, ruf mich nicht an, ich ruf' dich an.«

Sein Gesicht war rot vor Zorn. Er schenkte dem Riß in seinem Hemd keine Beachtung und knöpfte es weiter zu. »Du hast alles über mich gewußt«, meinte er, »ich hab' nichts verschwiegen. Ich hab' gedacht, es wär' alles klar zwischen uns.«

Sie warf ihm einen wütenden Blick zu. »*Was* war klar zwischen uns?« fragte sie ihn herausfordernd.

Er zog seine Hose an. »Die Gelegenheit hat sich ergeben, und wir haben sie ergriffen. Wir sind doch erwachsen, oder?« meinte er und zog den Gürtel stramm.

»Was soll das denn heißen?« fragte Alex.

»Ich hab' gedacht, wir könnten ein bißchen Spaß zusammen haben.« Das klang lahm, sogar in seinen Ohren.

»Nein«, erwiderte sie mit unterdrücktem Zorn in der Stimme. »Du hast geglaubt, *du* könntest ein bißchen Spaß haben. Du hast doch dabei keine einzige Sekunde an mich gedacht.«

»Das ist Quatsch!...«, wehrte er sich. »Du hast gewußt, wie die Abmachung aussieht.«

Sie sah ihn voller Wut an. »Welche Abmachung?« fragte sie dann verächtlich.

Gallagher setzte sich auf die Bettkante und zog langsam seine Schuhe an. »Schau, Alex.« Er versuchte, an ihren Verstand zu appellieren. »Ich mag dich. Wirklich. Ich meine, wenn ich nicht schon mit jemand anderem zusammen wäre... zu 'ner andren Zeit und an 'nem andren Ort... Daß wir dann...« Was wollte er denn eigentlich sagen? Er war müde, erschöpft. »Ich bin gebunden«, meinte er schließlich.

»Versuch bitte nicht, dich zu rechtfertigen. Das ist jämmerlich. Wenn du mir einfach sagen würdest, ich soll abhauen, hätt' ich bedeutend mehr Respekt vor dir.«

Gallagher sah sie ruhig und entschlossen an. »Na schön: also hau ab«, sagte er.

»Okay... Und du –« Sie holte aus und stieß ihn mit dem Fuß von der Bettkante. »Raus hier!« Dann kletterte sie aus dem Bett und rannte aus dem Zimmer.

Gallagher blieb einen Augenblick lang auf dem Boden sitzen und starrte auf die Tür. Dann schüttelte er den Kopf. Er kam sich vor wie ein Trottel. Und er war immer noch wütend. Sein Herz klopfte wild.

Er hörte, wie Alex in der Küche herumklapperte. Sie schluchzte. Er saß da und dachte, daß er eigentlich zu ihr hinübergehen und versuchen sollte, sie irgendwie zu beruhigen. Er hörte ihr verkrampftes, stoßweises Schluchzen.

Noch immer durchfuhren kräftige Adrenalinschübe seinen Körper. Er war jetzt zu aufgebracht, um ihr zu helfen. Er war auch zu durcheinander. Was, zum Teufel, war bloß passiert? Wie war nur aus dem Spaß so schnell Ernst geworden? Vielleicht hatte sie recht. Vielleicht hatte nur er gedacht, daß sie miteinander Spaß haben würden... War es das? Hatte er das wirklich gedacht? Spaß? Nein. Eigentlich nicht. Erregung? Abenteuer? O Gott.

Gallagher stand auf. Er wischte sich Hemd und Hose ab. Vielleicht war's besser so, versuchte er sich einzureden, als er ins Bad ging, um sich zu waschen. Die Strafe folgte auf dem Fuß, und damit war die Sache erledigt. Sünde. Vergeltung. Ein Tritt in den Arsch. Das ist es dann.

Alex stand über die Spüle in der Küche gebeugt, als Gallagher hereinkam. Sie trug nur ein T-Shirt. Er räusperte sich, um sie nicht zu erschrecken. Sie hörte ihn, und es glitt ihr etwas aus der Hand, das mit metallischem Klappern auf die Arbeitsfläche fiel.

»Also, ich geh' jetzt«, meinte er leise.

Alex drehte sich um. Sie lächelte, aber sie sah furchtbar aus. Ihre Augen waren ganz rot vom Weinen. Sie heißt die Hände hinter dem Rücken, wie wenn sie sich damit an der Arbeitsfläche abstützen mußte.

»Warum kommst du nicht wenigstens her und verabschiedest dich noch richtig...«, meinte sie. Ihre Stimme kippte um. Sie klang heiser und rauh vor Weinen. »Ja?« fragte sie. »Laß uns Freunde bleiben.«

Gallagher bewegte sich vorsichtig und fast gegen seinen Willen auf sie zu. Eigentlich wäre er lieber weggerannt. Es war ihm unheimlich, wie sie aussah. Ihr Lächeln wirkte künstlich und gezwungen. Ihre Lippen zitterten. Ihre fahlgrünen Augen flakkerten nervös.

Als er nur noch einen knappen halben Meter von ihr entfernt war, schoß sie auf ihn zu und legte die Arme um ihn. Er wich unwillkürlich zurück, doch sie hielt ihn fest. Sie küßte ihn. »Tut mir leid, daß ich dich so durcheinandergebracht hab'«, meinte sie, völlig außer Atem.

»Ist schon gut«, erwiderte Dan.

Alex küßte ihn noch einmal, diesmal heftiger. Sie hielt sein Gesicht zwischen ihren Händen und küßte ihn auf den Mund. Dann ließ sie ihn los und trat einen Schritt zurück. Sie lächelte nun wieder, ganz als ob sie etwas geschafft hätte, als sie ihn küßte. Ihre Augen blitzten triumphierend, als Dan sich mit der Hand über die Wange fuhr.

»Deine Hände sind ja ganz naß«, meinte er und wischte sich dabei übers Gesicht.

Dann sah er seine Hand an. Sie war blutverschmiert. Er verstand das Ganze nicht. Er schaute Alex fragend an. Ihr Lächeln verschwand. Sie hob die Arme vors Gesicht und streckte ihm dann ihre Handgelenke entgegen. Sie lachte hysterisch, während das leuchtendrote Blut aus den tiefen, häßlichen Schnitten an ihren Gelenken strömte.

»Mein Gott!« stöhnte Dan entsetzt. »Mein Gott!« Er packte sie und zog sie zur Spüle. Er ließ kaltes Wasser über die Schnitte laufen. Alex zuckte vor Schmerz zusammen. Ihr irres Gelächter verwandelte sich in Tränen. »Laß sie unter dem Wasser, verdammt noch mal«, drang er in sie.

»Es tut mir leid... es tut mir ja so leid!« schluchzte Alex.

»Hast du 'nen Erste-Hilfe-Kasten?«

Sie schüttelte den Kopf. Ihr Körper wurde von einem Weinkrampf geschüttelt. »Nein«, meinte sie mit rauher Stimme.

Er fing an zu zittern. Er spürte, wie er langsam drohte, die Gewalt über sich zu verlieren. Er legte einen Arm fest um Alex' verkrampften Körper. Mit der anderen Hand hielt er ihre Gelenke unters Wasser. »Alex, hör mir zu. Hast du Verbandszeug? Hast du irgendwas, was ich als Verband verwenden kann?« Er lehnte sie gegen die Spüle und sagte ihr, daß sie sich festhalten solle. Er stürzte in ihr Schlafzimmer, riß alle Türen auf und durchsuchte ihre Kommode verzweifelt nach etwas, was er als Verband benutzen konnte. Schließlich fand er ein weißes Hemd und begann, es in Streifen zu reißen.

Er verband ihre Handgelenke und führte sie ins Bad. Sie setzte sich neben die Wanne, hielt die verbundenen Gelenke im Schoß, hatte den Kopf gesenkt und ergab sich völlig seinen Versuchen, ihr zu helfen. Sie war über und über mit Blut verschmiert. Sogar ihr hübsches, blondes Haar war verklebt.

Dan kauerte vor ihr und überprüfte noch einmal die Verbände, ob sie nicht zu eng waren.

»Wir müssen ins Krankenhaus, Alex. Vielleicht mußt du genäht werden.«

»Nein«, flüsterte sie. »Ich bin schon in Ordnung. Wirklich. Mir geht's gut.«

Er legte einen Finger unter ihr Kinn und hob ihren Kopf, um

ihr in die Augen schauen zu können. Er sah sie fragend an. Alex wandte das Gesicht ab.

»Bitte schau mich nicht so an«, bat sie ihn. »Warum schaust du mich so an?«

Er sah, wie ihr wieder die Tränen in die Augen traten und wie sie dagegen ankämpfte.

»Warum, Alex? Kannst du mir sagen, warum? Warum bist du so unglücklich?«

Sie sah ihn an. Sie wollte etwas sagen, aber brach in Tränen aus. Schließlich hörte er sie durch ihr ersticktes Schluchzen hindurch sagen: »Ich fühl' mich so *allein*.«

Diese Worte brachen aus ihr hervor wie ein langgezogenes Heulen aus grauer Vorzeit, wie ein fürchterlicher Urschrei. Alex vergrub ihr Gesicht in ihren verbundenen Händen und begann hemmungslos zu weinen.

Dan hielt sie im Arm und strich ihr übers Haar.

»Manchmal«, stieß sie hervor, »manchmal... komme ich heim... und... sitze einfach nur da. Und dann spür' ich diese *Beklemmung*. Ich hab' dann das Gefühl, daß ich nicht mehr atmen kann...! Es tut mir so leid...«

»Nein«, meinte er und wiegte sie in seinen Armen, »es muß dir nicht leid tun. Es ist schon in Ordnung.«

Alex liefen die Tränen übers Gesicht. Dan hielt sie fest und versicherte ihr immer wieder, daß es ihr nicht leid tun mußte.

Ein wenig später brachte er sie ins Bett. Er hob ein Kissen auf, das auf den Boden gefallen war, holte eine Decke aus ihrem Schrank und legte sie über sie. Sie sagte ihm, daß sie Schmerzmittel im Arzneischrank habe. Gallagher ging zurück ins Bad und holte ein paar davon. Als er die Tür des Schränkchens schloß, beging er den Fehler, in den Spiegel zu schauen, und erblickte darin das Bild seines eigenen harten Gesichtes. Der Mann im Spiegel war nicht mehr derselbe, den er noch am Morgen nach dem Duschen darin gesehen hatte. Der war froh gewesen, daheim zu sein, und hatte sich darauf gefreut, Beth anzurufen, einen geruhsamen Sonntag zu verbringen und ein paar Dinge aufzuarbeiten... Gallagher hatte plötzlich das eisige Gefühl, daß er diesen Mann vielleicht nie mehr wiedersehen würde.

»Dir geht's wieder besser, wenn du ein bißchen schläfst«, sagte er zu Alex. Er setzte sich neben sie aufs Bett und sah ihr zu, wie sie die Pillen schluckte. Sie legte sich zurück und sah jetzt sehr blaß aus. All die schützenden Mauern, die sie um sich aufgebaut hatte, waren nun in sich zusammengefallen. Sie wirkte jetzt nackt und verletzlich. »Ich bleib' heute nacht hier«, sagte er.

»Das mußt du nicht. Mir geht's schon wieder gut.«

»Nein«, meinte er, »ich will aber.«

Sie versuchte zu lächeln.

»Ist schon in Ordnung«, sagte er. »Ich bin drüben im andern Zimmer, wenn du mich brauchst.«

»Danke, daß du so lieb zu mir bist«, sagte Alex mit müder Stimme.

Er strich ihr das Haar aus dem Gesicht. »Schlaf jetzt, ja?« Er stand auf und schaltete die Nachttischlampe aus. Alex drehte sich um und zog die Beine an. Sie sah klein und jung aus in ihrem Bett.

Gallagher lief eine Weile in der Wohnung auf und ab, Quincy immer hinter sich. Er kraulte den Hund geistesabwesend und klopfte ihm ein paarmal auf den Rücken. Als er schließlich am Eingang beim Telefon stehenblieb, legte sich Quincy unter eine große Zimmerpalme ganz in der Nähe.

Dan wählte die Nummer der Rogersons. Beth nahm den Hörer ab, und er sprach mit gesenkter Stimme. Er wollte Alex nicht stören und auch nicht, daß sie ihn belauschte.

»Wie geht's dir?« fragte er und versuchte angestrengt, seine Stimme lebhaft klingen zu lassen. »Hast du mich grade angerufen?«

»Nein.«

»Ah«, meinte er zögernd. »Ich hab' nämlich geduscht... und da hat das Telefon geklingelt. Ich hab' gedacht, vielleicht bist du's.«

Sie verneinte und unterdrückte dabei ein Gähnen.

Gallagher sah auf die Uhr. Es war noch erstaunlich früh. Er hatte das Gefühl, daß es schon ein Uhr nachts war. Dabei war es noch nicht mal halb zehn.

»Tja, wie geht's euch denn? Habt ihr 'nen schönen Tag gehabt?«

»Wir haben uns das Haus angeschaut«, antwortete sie und wurde dabei ein wenig munterer.

»Ja? Und...« Gallagher ging mit dem Telefon zur Tür von Alex' Schlafzimmer. Er sah zu ihr hinein. Er wußte nicht, ob sie schlief. Sie hatte die Augen zwar geschlossen, aber er war sich nicht sicher. Vielleicht hörte sie zu.

Er trug das Telefon leise wieder zum Eingang zurück, während er Beth zuhörte, die aufgeregt von dem Haus berichtete. »Ja, ja...«, meinte er und wandte Alex' Tür den Rücken zu. »Du weißt, daß ich nichts dagegen habe, versteh mich da nicht falsch. Es ist bloß eine Frage des Geldes.«

»Ich weiß«, antwortete sie, wie immer der gute Kumpel. »Wenn wir's uns nicht leisten können, dann können wir's uns eben nicht leisten. Und was machst du gerade?«

Er wollte es ihr sagen. Er wünschte sich verzweifelt, mit Beth reden zu können. Sie war der einzige Mensch, dem er völlig vertraute. Aber er konnte es ihr nicht sagen. Gallagher fühlte sich elend, als ihm plötzlich klar wurde, daß die Person, die ihm helfen konnte, gleichzeitig genau diejenige war, mit der er seinen Schmerz nicht teilen konnte.

»Nicht viel«, meinte er zärtlich. »Ich glaub', ich mach' mir 'nen Happen zum Essen und hau' mich dann früh in die Falle. Ich bin todmüde.« Er rieb sich die Augen und war überrascht, als er feststellte, daß er weinte.

»Bis morgen«, sagte Beth.

»Gut, Liebes. Ich liebe dich.«

»Ich dich auch«, erwiderte sie.

Er wollte nicht auf Wiedersehen sagen. »Gut, also...«, meinte er.

Beth sagte: »Gute Nacht, Liebling«, und legte auf.

Danach schaute er noch einmal nach Alex. Sie schlief jetzt tief und fest. Er sah das an ihrem regelmäßigen Atmen. Gallagher ging langsam in die Küche. Spüle, Arbeitsfläche und Boden waren voller Blut. Er hob das Messer auf, mit dem sie sich verletzt hatte, warf es in die Spüle, krempelte die Ärmel hoch und machte sauber. Gallagher schaute noch einmal zu ihr hinein und lief dann im Wohnzimmer hin und her. Die Kassette mit *Madame Butterfly* steckte noch immer im Recorder. Er wollte sie herausnehmen und wegräumen. Er griff danach und zögerte dann, als er sich an dieses merkwürdig melancholische Gefühl erinnerte, das die Musik vor ein paar Stunden in ihm geweckt hatte, wie sie den Schrecken aus seiner Jugend wieder wachgerufen hatte. Das riesige, finstere Gebäude der Oper. Die verzweifelte Frau auf der Bühne.

»Was ist los, Papi?« hatte er damals jene harte Silhouette neben sich gefragt. »Warum ist die Frau denn so traurig?«

»Weil er sie verläßt.«

»Aber warum, Vati?«

»Sch«, hatte sein Vater gesagt, »schau lieber zu. Sie bringt sich jetzt gleich um.«

»Nein!« war Gallagher herausgeplatzt. Er hatte die Hände über die Ohren gehalten und geschrien:

»Nein!«

»Dan«, hatte sein Vater mit harter Stimme geflüstert.

Aber Gallagher hatte zu weinen begonnen. Scham und Schrecken hatten ihn unter seinen Sitz getrieben. Aber er schämte sich nicht so sehr dafür, daß er weinte oder seinen Vater in Verlegenheit brachte, sondern vielmehr dafür, daß er die arme Butterfly nicht retten konnte.

Jene Scham, jener Schrecken, vor denen er sich vor dreiunddreißig Jahren versteckt hatte, holten ihn in dieser Nacht wieder ein.

Gallagher ließ die Kassette, wo sie war. Er setzte sich erschöpft aufs Sofa. Er versuchte wieder, die *Times* zu überfliegen, um auf andere Gedanken zu kommen. Vergangenheit und Gegenwart verschwammen vor seinem geistigen Auge. Sein Leben als Erwachsener und die Alpträume seiner Kindheit waren nun plötzlich austauschbar geworden. Er blätterte in der Zeitung und schlief nach einer Weile ein.

Irgendwann nach Mitternacht stand er auf, ging ins Schlafzimmer und legte sich angezogen neben Alex aufs Bett, jedoch ohne die Decke zurückzuschlagen. Dort erwachte er in der Mordendämmerung. Er stand leise auf und trat ans Fenster. Der Fleischmarkt unten war bereits in vollem Gange.

Dan beugte sich über das Bett. »Alex?« Er rüttelte sie sanft.

Sie öffnete die Augen. Sie brauchte ein paar Sekunden, bis sie ihn richtig wahrnahm, und lächelte schwach.

»Wie geht's dir?« fragte er.

»Ich bin okay.«

»Tut's weh?«

Sie drehte ihre Handgelenke und zuckte zusammen. »Ein bißchen«, meinte sie.

Er nickte. »Gut. Ich muß jetzt gehn, Alex.«

»Rufst du mich mal an?« fragte sie schläfrig. »Du mußt nicht, wenn du nicht willst.«

»Nein, nein. Ich ruf' dich an. Wenn du mir versprichst, daß du zum Arzt gehst.« Er beugte sich über sie und küßte sie auf die Stirn. »Mach's gut«, sagte Gallagher.

»Du auch«, erwiderte Alex.

Gallagher blieb an der Tür stehen und sah noch einmal zu ihr zurück. Sie drehte sich um und schlief wieder ein.

Er kam gegen halb sechs nach Hause. Er duschte und rasierte sich, schlug das Oberbett zurück und brachte die Laken in Unordnung, bis sie so aussahen, als hätte er darin geschlafen. Er packte seinen Aktenkoffer und war schon fast draußen, als er sich an die Spaghetti erinnerte. Er hastete in die Küche zurück, nahm den Topf Spaghetti aus dem Kühlschrank und gab sie Quincy, der sie ganz auffraß und schnüffelnd nach einer weiteren Portion suchte, bevor Gallagher wieder an der Tür war.

Als er mit dem Taxi zum Büro fuhr, wurde ihm klar, daß er nicht nur Beth hatte schützen wollen, als er das Bett in Unordnung brachte und Quincy die Spaghetti gab. Nicht nur Beth und Ellen. Es war sein eigener verdammter Arsch, den er retten wollte, sein eigenes Lebens, das ohne sie nichts bedeutete.

Er hatte noch kaum mit dem Fall Rogers vs. Winitsky angefangen, als Martha einen kurzen Blick in sein Büro warf.

»Was machen Sie denn hier?« fragte die Sekretärin. »Es ist acht Uhr früh.«

Dan sah von seiner Arbeit auf und schob die Lesebrille hoch, die ihm auf die Nasenspitze gerutscht war. »Ich sitz' ganz schön in der Scheiße, Martha«, meinte er. »Ich soll um zwei vor Gericht erscheinen, und ich bin noch ziemlich hinten nach. Tun Sie mir einen Gefallen, sagen Sie alle Termine ab und rufen Sie Drimmer an – sagen Sie ihm, es geht alles klar, und ich treff' ihn um zwei.«

Martha zog die Augenbrauen hoch und sah ihn kritisch an. »Um zwei«, wiederholte sie und ging wieder hinaus. »Na schön.«

Gallagher nahm die Brille ab und rieb sich den Nasenrücken. Er sah aus wie ein Gespenst. Das hatte er an Marthas Gesichtsausdruck gemerkt. Aber ihre Anwesenheit, sogar ihr strenger Blick erschienen ihm heute morgen über die Maßen angenehm. Sie sah ganz normal aus – einfach seine ganz alltägliche, sechsundvierzigjährige, fröhlich-zynische Sekretärin. Eben Martha. Heute morgen war das ein umwerfend schönes Gefühl, wieder in der Mühle zu stecken, im ganz alltäglichen Leben, bei der ganz alltäglichen Martha.

Der Morgen ging dahin. Er aß seinen Mittagsimbiß am Schreibtisch, arbeitete Post auf und erledigte wichtige Telefonate. Dann eilte er zum Gericht, um dort Bob Drimmer zu treffen. Henry war bei ihm. »Tut mir leid, daß ich's am Samstag nicht mehr geschafft hab'«, sagte er zu Gallagher. »Ich hoffe, daß dir meine neue Assistentin was genutzt hat.«

Dan nickte. Er fragte sich, wo sie jetzt gerade war. Wahrscheinlich nicht bei der Arbeit, sondern schlief noch. Er dachte, daß er sie vielleicht morgen anrufen sollte. Bloß, um herauszufinden, ob sie tatsächlich zum Arzt oder ins Krankenhaus gegangen war. Bloß, um sicherzugehen, daß sie in Ordnung war.

Er sagte sich, daß er sie anrufen mußte. Vielleicht am nächsten Tag.

Er konnte es gar nicht erwarten, nach Hause zu kommen.

Als Gallagher endlich das Büro verließ, war es draußen schon dunkel. Er war recht müde. Die Stimme seiner Tochter, die er hörte, als er den Schlüssel aus der Tür zog, weckte jedoch seine Lebensgeister wieder.

»Papi!« Ellen sauste den Flur hinunter und sprang ihm in die Arme, bevor er Zeit hatte, seinen Mantel auszuziehen.

»Na«, meinte Gallagher lachend, »wie geht's denn meinem Wonneproppen?« Er küßte sie auf ihre runden Bäckchen, packte sie ungeschickt und machte sich mit ihr auf in die Küche.

Ellen plapperte unentwegt, während sie den Flur hinuntergingen. »Es war toll!« erklärte sie mit großen Augen und völlig außer Atem. »Ich bin mit Opa spazierengegangen, und wir haben Häschen gesehen, und Sally ist ihnen immer hinterhergelaufen, aber sie hat keine gefangen und...«

»Toll«, sagte Gallagher. »Aber jetzt mal ein bißchen langsam, El. Ich versteh' ja kein Wort von dem, was du mir da erzählst.«

Beth wartete mit einem breiten Lächeln auf den Lippen in der

Küche auf sie. Ellen wand sich aus seinen Armen. »Aber Papi, ich möchte ein Häschen...«, sagte sie.

Gallagher spürte, wie sich ihm die Kehle zuschnürte, als er Beth sah. Erst als er ihr gegenüberstand, wurde ihm klar, wie müde und emotional aufgewühlt er war.

»Hallo, Liebling«, sagte er.

Er hatte das Gefühl, daß er gleich weinen mußte. Ein dicker Kloß saß ihm in der Kehle. Er räusperte sich und seufzte. »Hallo, Liebes«, sagte er sanft. »Du hast mir wirklich gefehlt.«

Ellen zerrte am Griff seines Aktenkoffers. Seit ein paar Monaten trug sie ihn immer zum Schreibtisch, wenn er nach Hause kam. Gallagher gab ihn ihr, und sie trug ihn mit geschwellter Brust davon.

»Du Lügner«, schalt Beth ihn.

»Doch, wirklich«, sagte er und nahm sie in die Arme. Er küßte sie zärtlich, vergrub sein Gesicht in ihren Haaren und hielt sie ganz fest, als er merkte, daß ihm die Tränen kamen. »Ich hab' dich sehr vermißt«, sagte er. Der süße, saubere Duft ihres Shampoos und ihr gepuderter Nacken waren Balsam auf seine Wunden. Gallagher lachte wie ein übermüdetes Kind und küßte sie noch einmal.

»Hey«, sagte Beth und grinste vor Überraschung und Entzükken. »Vielleicht sollte ich öfter mal weggehen.«

Nach dem Essen zeigte Ellen ihrem Vater einen neuen Kartentrick, den sie gelernt hatte, und Beth räumte den Tisch ab. Dan saß auf dem Boden, der kleine Beistelltisch stand zwischen ihm und seiner Tochter. Beim Anblick ihrer winzigen Hände, die sich abmühten, die Karten zu mischen, schüttelte er den Kopf voller Bewunderung.

Er war ganz verrückt nach diesen perfekten kleinen Händen, diesen zarten, klebrigen Fingerspitzen mit den Nägeln, die jetzt einen Schokoladenrand hatten. Er erinnerte sich noch daran, wie sehr ihn die Hände seiner Tochter beeindruckt hatten, als er sie zum erstenmal sah; an die winzigen Fäuste, die er aus den schützenden Fäustlingen befreite, in denen sie sich verfangen hatten – Babyfäuste, in denen ein Kiesel wie ein Findling gewirkt hätte.

»Jetzt nimm 'ne Karte«, sagte Ellen und hielt ihm das Spiel hin.

Beth schlenderte ins Wohnzimmer und legte Dan die Hände auf die Schultern.

»Irgend 'ne Karte?« fragte er Ellen.

Sie runzelte die Stirn und war so mit dem Problem beschäftigt, daß sie dabei die Zunge herausstreckte. Sie warf ihrer Mutter einen Blick zu, die nickte.

»Ja«, meinte Ellen erleichtert.

Dan zog eine Karte, während Beth weiter den Tisch abräumte. »Wo hat sie das denn gelernt?«

»Opa hat's mir gezeigt!« sagte Ellen. »Oma ist natürlich zu alt dafür.«

Völlig in ihre Aufgabe vertieft, begann sie die Karten in Reihen auszulegen, während Dan sie voller Freude beobachtete.

»Soll ich dir die Karte zeigen?« fragte er sie.

»Nein.« Jetzt war sie in ihrem Element. Ein klares und bestimmtes Nein. »Du legst sie wieder zurück.«

»Das ist wieder einer von diesen Tricks, die lang dauern... das seh' ich schon«, meinte Dan. »Die sind mir die liebsten«, versicherte er Ellen. Dann fragte er Beth: »Also... Wie war's?«

Sie war gerade auf dem Weg zurück in die Küche und hatte einen Stapel Geschirr in den Händen. »Wie war was?« rief sie über die Schulter zurück.

»Na komm schon. Ich bin doch ein großer Junge. Ich werd' schon damit fertig.«

Ellen lehnte sich über den Tisch, um ihm etwas ins Ohr zu flüstern. Dan beugte sich zu ihr, um zuzuhören. »Da gibt's auch einen Hasenstall«, vertraute ihm seine Tochter an.

Dan verzog das Gesicht zu einer komischen Grimasse. »O nein, igittigitt«, sagte er.

Beth kam nun mit zwei großen Bechern Kaffee herein und setzte sich neben ihn. Daß er sich an die Kehle griff und dabei gurgelnde Laute hervorstieß, kam ihr offensichtlich nicht ungewöhnlich vor.

»Sie hat's gesagt«, stieß er röchelnd hervor. »Sie hat das Wort mit ›H‹ ausgesprochen.«

»Was soll ich sagen«, meinte Beth ruhig, »es ist einfach ideal.«

»Papi! Ist sie in dieser Reihe?«

Dan, der sich mittlerweile wie im Todeskampf wand, schielte zu ihr hinüber. Er öffnete ein Auge und warf einen kurzen Blick auf die Karten auf dem Tisch. »Nein«, sagte er.

»Also ... wann fährst du dann hoch und schaust dir die Sache an?« fragte Beth unvermittelt. »Bloß einfach so?«

»Ist das die richtige Reihe?« Ellen deutete darauf.

»Nein«, meinte Dan. »Wie wär's gleich morgen früh?« fragte er Beth.

»Dan!« rief sie aus und machte vor Überraschung und Aufregung einen kleinen Luftsprung.

»Papi. Welche Reihe?«

»Die da, Liebes«, sagte Dan und sah Beth dabei über die Schultern an.

»Ist das dein Ernst?« Sie konnte sich vor Freude kaum zurückhalten.

»Ja«, meinte er grinsend. »Das ist mein Ernst – wenn du mich bis eins wieder in die Stadt zurückfährst.«

Er war so glücklich, daheim zu sein, wieder bei ihnen.

»Warte mal, das stimmt nicht. Ich hab' 'nen Fehler gemacht.« Ellen grunzte verärgert. »Ach Mensch. Jetzt muß ich wieder ganz von vorn anfangen!« Sie sammelte die Karten ein.

Dan grinste nur, denn ihm war das recht. Ihm war's auch recht, wenn es noch die ganze Nacht dauerte.

6

Ein klarer, frischer Dienstagmorgen brach an. Sie brachten Ellen zur Schule und fuhren dann den Saw Mill Parkway weiter nach Westchester. Das Sonnenlicht drang durch die Bäume entlang der Straße. Der Herbst hatte gerade erst begonnen, die Blätter waren noch nicht verfärbt. Durch den Regen, der während des Wochenendes herniedergegangen war, war das Grün der Blätter üppiger und voller geworden.

Gallagher hatte das Gefühl, als trage ihn das Wetter, das es so gut mit ihnen meinte, und der unwiderstehliche Charme, den der Herbst auf dem Lande ausstrahlt, hinweg und als verschworen sich beide gegen ihn. In Manhattan wich er ständig dem Abfall auf der Straße aus, ohne darüber nachzudenken. Jetzt jedoch störte ihn plötzlich schon eine zusammengeknüllte Zeitung, die über die Straße geweht wurde. Er war nur ein knappe Stunde von der Stadt entfernt zum Landadligen geworden.

Nachdem sie in Mt. Kisco angekommen waren, empfing sie die Grundstücksmaklerin mit zwei Styroporbechern voll frischem Kaffee und bot ihnen an, sie in ihrem Mazda zu dem Haus zu fahren. Sie entschieden sich jedoch für ihren eigenen Wagen. Sie folgten ihr in dem silberfarbenen Volvo auf sonnendurchfluteten, baumbestandenen Landstraßen. Und Dan spürte, wie er sich von all dem einnehmen ließ – von dem sanften, hügeligen Land, den gepflegten Häusern mit den bemoosten Steinmauern, Birken und dichten Kiefern.

»Da ist es«, sagte Beth. »Man muß es natürlich erst ein bißchen herrichten...«

Gallagher sah ein kleines, zweistöckiges Holzhaus, das weiß gestrichen war und von dem die Farbe schon an manchen Stellen abblätterte. Davor eine altmodische Veranda und daneben eine Doppelgarage. Für sich genommen wenig beeindruckend. Aber in dieser Lage, an einem sanft ansteigenden Hügel, von dem sich ein grandioser Blick auf die offene Landschaft bot, dachte Dan und versuchte dabei, ein Grinsen zu unterdrücken, hatte es schon etwas von einem Traumhaus.

Beth nahm ihn bei der Hand und zog ihn hinein. Ihre Schritte hallten auf den blanken Dielen des leeren Hauses wider. Durch die großen Fenster strömte Licht herein. Dan schaute sich um und war sichtlich beeindruckt.

»Und?« fragte Beth, die sich ziemlich sicher war, das Spiel gewonnen zu haben.

Bea Murdoch, die Grundstückmaklerin, wartete im Vorraum. Sie strahlte Gallagher an. Er zwinkerte ihr zu. »Es ist ganz okay«, sagte er zu Beth und unterdrückte dabei seine Begeisterung.

»Okay?! Was soll das heißen: ›Okay‹?« Er konnte ihr nichts vormachen. »Es ist fantastisch«, korrigierte sie ihn.

»Pst«, ermahnte er sie und führte sie von Mrs. Murdoch weg zu der rustikalen alten Küche mit der Anrichte und den geräumigen Schränken. »Fantastisch«, stimmte er zu und legte ihr den Arm um die Taille. »Es ist großartig, einfach großartig.«

»Denk dir nur, was wir alles sparen können, wenn wir nicht in New York wohnen«, meinte sie aufgeregt. »Und ich kann als Lehrerin arbeiten, wenn ich erst mal mein Zeugnis in der Tasche habe.«

»Ja«, erwiderte Dan skeptisch. »O ja.«

»Nein, wirklich.« Sie führte ihn durch die Küche ins Eßzimmer mit dem gemauerten Kamin, der Holzvertäfelung und dem Eichenboden. Dann gingen sie weiter in das großzügige Wohnzimmer.

»Die High-School hier am Ort ist ausgezeichnet«, rief Bea Murdoch ihnen nach. »Meine eigenen Kinder sind auch dorthin gegangen.«

»Siehst du?« meinte Beth und drückte ihn liebevoll an sich.

»Das ist wirklich 'ne tolle Gegend für Kinder hier«, fuhr die Maklerin fort.

»Ja, das glaube ich Ihnen«, erwiderte Dan. Sie waren jetzt wieder im Vorraum. »Könnten wir...?« fragte er und deutete dabei auf die Treppe.

»Aber gerne. Gehn Sie ruhig rauf«, meinte sie, »ich warte hier unten auf Sie.«

Beth führte ihn nach oben, zeigte ihm dabei Geländer, Scheuerleisten, Decke und andere ganz weltliche Dinge, als wäre sie ein Touristenführer in der Sixtinischen Kapelle. In ihrer Erregung klang sie wie Ellen, dachte Gallagher. Und sie sah auch wie Ellen aus. Strahlend vor Begeisterung und Zukunftsplänen.

Er folgte ihr von Raum zu Raum, und dabei wurde sein Widerstand immer schwächer, und seine Einwände klangen immer weniger überzeugend, obwohl er versuchte, vernünftig zu sein, sich zurückzuhalten und nicht so zu wirken, wie er sich eigentlich schon fühlte, nämlich bekehrt, wie ein schaulustiger, höchst beeindruckter Pilger.

»Wir müßten es aber erst noch herrichten«, warf er ein.

»Das könnten wir aber alles selber machen. Wir könnten Malerpartys veranstalten.«

»Malerpartys?« Er grinste und schüttelte den Kopf über sie. »Beth, du machst mich ganz nervös.«

Sie küßte ihn leicht auf den Mund und wirbelte dann herum. »Schau dir mal das hier an«, rief sie, eilte schon wieder davon und zog eine Leiter herunter, die in einen Speicherraum führte.

Das gab den Ausschlag. Er war jetzt wieder ein Junge. Er nahm sie bei der Hand und zog sie hinter sich her die Treppe hinauf in einen großen, sonnigen Raum. »Mensch! Schau mal!« Gallagher lachte. »Das ist ja fantastisch! Das ist einfach großartig!«

Sie gingen über den glatten Holzfußboden und spähten aus den beiden Fenstern in dem schrägen Dach. Die Decke war nur zwischen den Balken vergipst, so daß das herrlich alte Holz noch zu sehen war. Der Umbau war wirklich gelungen.

»Wäre das nicht ein tolles Spielzimmer?« meinte Beth.

Dan hörte jetzt auf, sich zu verstellen. Er war nun völlig von dem Haus eingenommen. »Was soll das heißen: Spielzimmer? Das wird meine Höhle!«

Sie machte einen kleinen Luftsprung vor Freude und klatschte dabei in die Hände. »Ich hab' doch gewußt, daß dir's gefallen würde!« Dann umarmte sie ihn.

»Und wie wär's, wenn wir ein Babyzimmer draus machen?« fragte er mit lüsternem Blick. Er drückte sie fest an sich und wackelte dabei mit den Augenbrauen. Dann gab er ihr einen langen Kuß, drückte sie zu Boden und tat so, als wolle er sie vergewaltigen.

Beth wehrte sich lachend. »Das hab' ich schon gemacht«, kicherte sie. »Dan, hör auf...«

Es gelang ihr, ihm ein Bein zu stellen. Sie fielen zusammen mit lautem Knall zu Boden. Sie lachte und gab ihm auch einen Kuß. Und plötzlich preßten sich ihre Körper gegeneinander, sie grinsten einander an und atmeten heftig. »Warum taufen wir den kleinen Racker eigentlich nicht gleich hier?« flüsterte Dan ihr ins Ohr.

»Ist alles in Ordnung da droben?«

Beth vergrub ihr Gesicht an seiner Schulter, um ihr Lachen zu ersticken.

»Ja, danke«, rief Dan zu Mrs. Murdoch hinunter. »Alles in Ordnung... Nicht wahr?« fragte er Beth.

Gegen eins waren sie wieder in der Stadt. Beth setzte ihn bei seinem Büro ab. Er beugte sich in den Wagen zurück, um ihr einen Kuß zu geben, und löste damit ein heftiges Gehupe und ungeduldiges Pfeifen aus.

Gallagher ergab sich in sein Schicksal, winkte ihr noch einmal zu und eilte in das Gebäude. Im Aufzug ertappte er sich dabei, wie er eine außerordentlich attraktive junge Frau anstarrte. Er zwang sich, nicht mehr hinzusehen. Statt dessen schaute er die Wand an, dann seine Füße und schließlich ein Baby im Kinderwagen, das ihn – so erschien es jedenfalls Dan – einen Augenblick lang schüchtern betrachtete und sich dann gelangweilt abwandte.

Er war bester Laune. Er stieg aus dem Aufzug und ging mit großen Schritten den Flur hinunter. Dann begrüßte er die Vorzimmerdame. Sie reichte ihm einen Stoß mit telefonischen Nachrichten. »Ist Martha schon wieder aus der Mittagspause zurück?« fragte er, während er sie überflog.

»Gerade eben.«

Er lächelte und sah zu ihr auf. Sie nickte ihm zu. Er folgte ihrem Blick. Alex Forrest saß im Vorraum.

Gallagher hatte das Gefühl, als hätte man ihm einen Schlag in den Magen versetzt. Irgendwie gelang es ihm, noch ein wenig von dem Lächeln zu retten, das dahinzuschwinden drohte.

Sie begrüßten einander kurz, und er warf schnell einen Blick über die Schulter hinüber zu Eunice, die sie voller Neugier beobachtete. Irgend etwas an seinem Gesichtsausdruck brachte sie dazu wegzusehen. Er hatte das Gefühl, daß er nicht so locker wirkte, wie er wollte.

Alex sah ein wenig streng aus in ihrem gutgeschnittenen dunklen Kostüm und viel schöner, als er sie in Erinnerung hatte.

Er wollte sich nicht erinnern.

Sie wirkte nicht gerade sehr selbstsicher. Aus irgendeinem Grunde half ihm das ein wenig.

»Ich hoffe, ich komme nicht ungelegen. Ich war gerade hier in der Gegend…«, begann sie.

Noch bevor sie aufgehört hatte zu sprechen, hatte er schon begonnen, den Kopf zu schütteln. Nein, nein, natürlich kam sie nicht ungelegen. Sein Kopf bewegte sich, ohne daß er darüber nachdachte, er lächelte ganz automatisch und gab sich locker und ungezwungen. Dann bat er sie in sein Büro.

Sie gingen nebeneinander her den Flur entlang und lächelten dabei beide nervös.

Jimmy Lawrence rief ihm eine Begrüßung zu, als sie an der geöffneten Tür seines Büros vorbeikamen. Jimmy lief gerade auf dem Teppichboden seines Arbeitszimmers hin und her und diktierte dabei Molly, seiner Sekretärin, etwas. Er hatte einen Bürogummi ums Handgelenk geschlungen und spielte geistesabwesend damit. Dan blieb ganz automatisch stehen und schaute einen Augenblick zu ihm hinein. Alex hielt ebenfalls inne.

»Bist du nachher in deinem Büro?« fragte Jimmy. »Ich muß da noch was mit dir durchgehen.«

»Na klar«, antwortete Dan.

Jimmy musterte Alex mit neugierigem Blick. Einen Moment schien er verwirrt. »Kennen wir uns nicht?« fragte er und zielte dabei mit dem Gummibändchen auf sie. »Haben wir uns nicht schon mal irgendwo gesehn?«

»Kann ich mir nicht vorstellen«, erwiderte Alex kühl und ging weiter.

»Brrr«, meinte Jimmy und zog seinen Hemdkragen hoch, als Dan wegeilte. »Eigentlich ist sie ganz wild nach mir«, vertraute er Molly an. »Sie ist bloß so abweisend, damit Gallagher sich nicht ganz so ausgebootet vorkommt.«

»Ja, richtig«, hörte Dan Molly noch sagen, als er den Flur zu seinem Büro weiter entlangging.

Martha sah vom Schreibtisch hoch. Dan lächelte sie an und führte Alex an ihr vorbei in sein Büro. Er spürte, wie Marthas Blick ihm ein Loch in den Rücken bohrte. Er sah sich um, und tatsächlich starrte sie ihn mit schräggelegtem Kopf und einem leisen, faszinierten Lächeln auf den Lippen an, ganz als ob sie ihn etwas gefragt hätte und nun auf eine Antwort wartete.

Dan schloß die Tür hinter sich.

Er durchquerte das Zimmer, ging zu seinem Schreibtisch und setzte sich auf seinen Drehstuhl aus Leder. Dann bot er Alex den Stuhl auf der anderen Seite des Schreibtisches an. »Nimm doch Platz«, meinte er mit einem Gefühl der Unsicherheit wegen dieser gespannten, förmlichen Atmosphäre.

Sie bedankte sich und lächelte ihn an. Für sie war die Situation genauso unbehaglich wie für ihn. Sie sah auf ihren Schoß und ihre Hände herab, die mit den Handschuhen herumspielten, und er ertappte sich dabei, wie er auf ihre Gelenke starrte. Sie wurden von den langen Ärmeln ihrer schwarzen Jacke verdeckt.

»Ist alles in Ordnung?« fragte Gallagher. »Ich wollte dich heute noch anrufen...«

»Mir geht's gut«, antwortete sie. Sie hatte nicht hochgeschaut, sondern nur einen verstohlenen Blick auf ihn geworfen. »Schau...«, fuhr Alex fort, »mir ist das ganz furchtbar peinlich... Ich wollte mich nur für das entschuldigen, was passiert ist. Ich hab' kein Recht dazu gehabt, dir das alles anzutun.«

Er schüttelte wieder besänftigend den Kopf. »Es ist ja nichts passiert, oder?« Er war erleichtert, daß sie das Thema aufgebracht, die Karten aufgedeckt hatte und jetzt wieder ganz normal klang. Er spürte, wie er langsam begann, sich zu entspannen.

Alex lächelte dankbar. »Weißt du«, fuhr sie fort, anscheinend entschlossen, ihm alles zu erklären, »ich hab' 'ne schwere Zeit hinter mir. Mir ist einfach alles über den Kopf gewachsen. Aber jetzt geht's mir wieder besser...« Ihr Lächeln, das gerade eben noch reuevoll gewirkt hatte, drückte nun zaghafte Zuversicht aus, stellte er fest. Das ließ auch ihn wieder selbstsicherer werden. »Und das liegt an dir«, meinte sie. Sie senkte einen Moment bescheiden den Blick. Dann hob sie die dichten Wimpern und sah ihn aus ihren blaßgrünen Augen an. »Also... danke.«

Gallagher hielt ihrem Blick stand, lachte dann und wandte seine Aufmerksamkeit schließlich einem Bleistift zu, den er auf dem Schreibtisch hin und her schob. »Du brauchst dich nicht bei mir bedanken.«

Alex wartete, bis er sie wieder ansah. »O doch«, meinte sie und warf dabei ihr Haar mit einer schnellen Bewegung des Kopfes zurück. Diese Geste deutete einen klaren Stimmungswechsel an. Sie fühlte sich jetzt ganz eindeutig wohler. Sie sah ihn direkt an. Und in ihrem Lächeln war nicht mehr sehr viel Demut.

»Die meisten wären einfach weggelaufen. Nicht auszudenken, was alles hätte passieren können ... was ich gemacht hätte, wenn du nicht dagewesen wärst.«

Gallagher nahm ihre Dankbarkeit mit einem gnädigen Nicken an. Nach einem kurzen Augenblick meinte er dann: »Du siehst gut aus.«

Sie erwiderte das Nicken.

»Um genau zu sein, du siehst großartig aus.« Er war ihr jetzt wieder näher. Jetzt, wo sie wieder normal und gesund klang, war es nicht mehr schwer zu sehen, was er an ihr so attraktiv gefunden hatte. Sie war schön, intelligent, sexy und stark. Und ihre Kraft gehörte zu den Dingen, die ihn am meisten angezogen hatten.

Alex bedankte sich mit leiser Stimme.

Einen Augenblick herrschte Stille. Dan war sich nicht sicher, was jetzt geschehen würde, was sie von ihm erwartete.

»Also ...«, meinte sie schließlich, »das ist jetzt ausgestanden.«

Er nickte und lächelte.

»Ich hab' mich gefragt, ob du ...« Sie lachte. »Na ja, ich wollte dich um einen Gefallen bitten.«

Gallagher rutschte unruhig auf seinem Stuhl herum. »Und zwar?«

»Ich hab' Karten für *Madame Butterfly* für Donnerstag in zwei Wochen –«

»Nein«, begann er und schüttelte dabei den Kopf.

»Es ist der 24. Ich wär' sehr dankbar, wenn ich dich einladen dürfte. Als Friedensangebot.«

»Das ist sehr nett von dir«, fuhr er fort, »wirklich. Aber ich glaube wirklich nicht, daß das 'ne gute Idee ist.«

Er war sich jetzt ganz sicher. Es war vorbei. Sie mochte noch so intelligent und stark, noch so sexy und schön sein, es war vorbei. Nichts machte den Schrecken wieder wett, den er an diesem Wochenende erlebt hatte. Und das Ganze war ihm lange nicht soviel wert wie seine Familie. Sie würden das Haus kaufen und aus der Stadt wegziehen. Es war wie ein Omen. Ein neuer Anfang. Er hatte sich da in eine ganz schön dumme Sache hineinmanövriert und war noch mal gerade so davongekommen. Das Ganze war eine Lektion für ihn gewesen, die er wohl hatte lernen müssen – denn er war sich jetzt ganz, ganz sicher.

»Ohne irgendwelche Verpflichtungen«, meinte Alex. Sie sah ihn nun mit diesem verwundbaren, jedoch tapferen Lächeln an.

Er lehnte ab und dachte dann, daß es keinen Grund gab, warum er grausam sein sollte. »Alex, unter anderen Vorzeichen«, sagte er sanft.

»Du mußt mir nichts erklären. Ich hab' nur gedacht, ich frag' mal.« Sie stand auf. »Also ...« Wieder dieses zitternde, aber tapfere Lächeln. »Bis bald.« Sie streckte ihm die Hand entgegen.

»Tja«, meinte er und wollte ihr die Hand schütteln, aber dann fielen ihm ihre Gelenke ein, und er dachte, mein Gott, Gallagher, du hast schließlich mit dieser Frau geschlafen. »Na«, sagte er sanft und streckte ihr die Arme wie ein Freund, ein Kumpel, entgegen.

Sie küßten sich.

»Also dann. Paß auf dich auf«, meinte er.

Alex nickte verständnisvoll. »Auf Wiedersehn.«

Er brachte sie zur Tür und schloß sie hinter ihr. Und dann schüttelte er den Kopf und atmete tief durch.

Die nächsten paar Wochen gehörten zu den geschäftigsten, die Gallagher jemals erlebt hatte. In seinem Beruf überschlugen sich die Dinge, und zu Hause sogar noch mehr. Zunächst einmal hatten sie das Haus gekauft. Und das zog natürlich endlose Telefonate und Gespräche mit der Bank nach sich, Tage des Handelns und Nächte der Planung ... und Listen ... seitenlange Listen.

Er hatte keine Zeit, an Alex Forrest zu denken. Dann, eines Abends, als Beth und er zusammen mit Jimmy und Hildy zum Bowling gingen, dachte er schließlich doch an sie.

Keiner von ihnen beherrschte diesen Sport. Das Ganze war eine hirnrissige Idee, aber sie waren ganz in der Nähe zum Essen gegangen, und danach hatte Jimmy vorgeschlagen, zum Bowling zu gehen, statt eine halbe Stunde vor dem Kino anzustehen. Aus irgendeinem Grunde waren die beiden Frauen ganz versessen darauf, es mal auszuprobieren.

Als Dan versuchte, sie davon abzubringen, waren Beth und Hildy gemeinsam auf ihn losgegangen. Schließlich hatten sie ihn sogar ausgebuht, als er aufstand, um zur Toilette zu gehen. Eine Weile hatte er den bösen Buben gespielt. Hauptsächlich deshalb, weil es ihnen so großen Spaß machte, ihn unterzubuttern. Dann gab er mit huldvoller Geste nach und wurde zu ihrem Helden.

Die Bowlingbahnen befanden sich im zweiten Stock eines alten Lagerhauses aus Backstein an der Amsterdamer Avenue. Hildys Babysitter hatte ihnen davon erzählt und gesagt, daß früher mal alle Teenager hingingen, bevor die Yuppies in diese Gegend zogen, und daß das Ganze jetzt eins von diesen Objekten an der West Side war, die von der Luxussanierung bedroht waren.

Eigentlich sah es gar nicht so gefährdet aus, dachte Dan. Am einen Ende einer ein wenig heruntergekommenen Seitenstraße befand sich eine echte Formica-Bar aus den fünfziger Jahren mit sechs Hockern davor. Es handelte sich um altehrwürdige Aluminiumhocker mit marmorierten, roten Plastiksitzen, die mit Brandlöchern von Zigaretten übersät waren und aus denen durch die Schnitte im Polster an manchen Stellen die schmutzige weiße Füllung hervorquoll. Daneben gab es verstaubte Tüten mit Kartoffelchips, die an einem Metallregal bei der Kasse hingen.

Es war zwar nicht schön, aber dafür war etwas los. Voll bis auf den letzten Platz. An den Bowlingbahnen gaben sich Vertreter aller in der Gegend ansässigen Gruppen ein Stelldichein. Teenager in Lederjacken erteilten modisch gekleideten Jugendlichen vom College gute Ratschläge, Familien spanischer Abstammung schickten ihre Kinder zum Bier- und Chipsholen, ein tätowiertes Pärchen, das sich langsam betrank, nahm sich zwischendurch immer mal Zeit, das schlafende Baby in dem Kinderwagen neben ihrem Tisch zu wiegen. Es waren sogar Anwälte mittleren Alters da. Eine ganze Mannschaft, von der Jimmy und Dan zwei Mitglieder aus ihrer Baseball-Liga kannten.

Sie liehen sich Schuhe aus und setzten sich auf die marmorierten roten Hocker, lachten, tranken Bier und knabberten Kartoffelchips, bis sie aufgerufen wurden. Sie schlugen sich alle gleich schlecht. Als Dan an der Reihe war, die Punkte aufzuschreiben, bemerkte er das Datum, das Hildy in eine Ecke ihrer Punktekarte gekritzelt hatte. Der 24. Das löste ein Signal in seinem Kopf aus. Er versuchte, sich daran zu erinnern, was an diesem Datum so Besonderes war... Dann fiehl ihm ein, daß Alex für diesen Abend Karten für *Madame Butterfly* besorgt hatte.

Das war es also. Nichts Besonderes.

Jimmy brüllte ihm zu, daß er seine müden Knochen zurück auf die Bahn bewegen solle. Dan stand auf und nahm die Kugel, die Jimmy ihm reichte. Und fing plötzlich zu zittern an.

»Was ist denn los, Kleiner? Kriegst du vielleicht kalte Füße?« neckte Jimmy ihn.

Alex. Er hatte sie vor seinem geistigen Auge gesehen. Ganz deutlich. Sie trug elegante Kleidung und saß ganz allein in der Oper. Der zweite Akt fing gerade an. Butterfly sang von ihrer Liebe zu Pinkerton und davon, daß sie träumte, er würde ›eines schönen Tages‹ zurückkehren...

»Dan?«

Er sah sie an. Ihre grünen Augen waren kalt. Sie saß völlig ungerührt da, zeigte keinerlei Gefühle.

»Na, na, na«, rief Jimmy, »nun mach schon!«

Er hörte die Musik, und während sie anschwoll, wallte auch etwas in ihm auf: Zorn. Er hatte ihr vertraut. Er hatte Alex Forrest erzählt, wie sehr er sich als Kind gefürchtet hatte, wie sehr ihn der Gedanke an den Selbstmord der verlassenen Butterfly erschreckt hatte.

Er hatte seine Ängste mit ihr geteilt. Und Alex hatte sie gegen ihn verwendet. War das möglich? War sie sich dieses Zusammenhanges wirklich bewußt? War ihr Selbstmordversuch in jener Nacht aus Verzweiflung oder aus Rache geschehen?

»Na komm schon, Liebling«, feuerte Beth ihn an. »Wir brauchen 'nen Treffer.«

»Ja, ran an den Feind!« rief Hildy.

Dan sah sie an. Ihre Freude, Ausgelassenheit und harmlose Fröhlichkeit waren Balsam für seine wunde Seele. Er ließ die Kugel rollen, entschlossen, einen Treffer für sie zu erzielen.

7

Von jenem Augenblick der Offenbarung in der Bowlingbahn an (wenn es das tatsächlich gewesen war) hatte Gallagher das Gefühl, daß er bald von Alex hören würde. Und er hatte recht. Am nächsten Morgen um zehn rief sie ihn im Büro an. Er erhielt die Nachricht um Viertel vor elf und sagte Martha, daß er später zurückrufen würde. Es war viel los an jenem Morgen. Er vergaß anzurufen. Als er um halb drei aus der Mittagspause zurückkam, gab ihm Martha zwei Stöße mit gelben Notizzetteln. Der eine davon betraf geschäftliche Gespräche, der zweite die von Alex. Sie hatte ihn seit halb elf etwa alle fünfzehn Minuten angerufen.

»Haben Sie ihr denn nicht gesagt, daß ich sie zurückrufe?« fragte Gallagher, obwohl er natürlich wußte, daß Martha das getan hatte.

Die Sekretärin, die normalerweise durch nichts aus der Ruhe zu bringen war, warf ihm einen bösen Blick zu, während sie nickte. Er entschuldigte sich und sagte, daß er sofort anzurufen würde.

Martha bedankte sich.

Dan zog nicht einmal den Mantel aus, bevor er die Nummer von Robbins und Hart wählte und Alex Forrest verlangte.

»Alex?« fragte er, als sie abhob.

»Dan? Wie schön, deine Stimme zu hören.« Sie war ruhig und ließ sich Zeit. Es war also kein Notfall.

»Du hast mich angerufen. Ist irgend etwas nicht in Ordnung?«

»Ich hab' mir gestern abend deine Lieblingsoper angeschaut. Nein, es ist schon alles okay. Es war großartig, Dan. Es... Es ist so schade, daß du's nicht geschafft hast. Es war –«

»Alex«, unterbrach er sie, »ich hab' gedacht, daß was passiert ist. Martha hat mir gesagt, daß du den ganzen Morgen angerufen hast. Hat sie dir denn nicht ausgerichtet, daß ich dich zurückrufe, wenn ich Zeit habe?«

»Tut mir leid«, meinte sie. »Ich hab' fast den ganzen Morgen telefoniert. Ich war mir nicht sicher, ob du's nicht vielleicht probiert hast und einfach nicht durchgekommen bist –«

»Alex. So geht's einfach nicht...«

»Was?« fragte sie mit aufrichtiger Stimme.

»Diese Anruferei«, sagte er und nahm dabei den Telefonhörer in die andere Hand, während er den Mantel auszog. »Ich hab' zu tun, Alex. Viel zu tun, und außerdem glaube ich, daß das keine gute Idee ist. Wir haben uns doch schon darüber unterhalten, oder?«

»Ja. Ich dachte, das geht schon in Ordnung. Ich nahm an, wir haben uns geeinigt, daß wir ab und zu... Haben wir nicht ausgemacht, daß wir uns manchmal sehen?«

»Ich weiß nicht. Ich kann mich nicht erinnern. Aber jetzt glaube ich, daß es das beste ist, wenn wir's sein lassen.«

»Natürlich, ich verstehe.« Ihre Stimme klang verletzt und belebt. Mein Gott, dachte Gallagher, sie fängt doch wohl jetzt nicht zu weinen an.

Nun streckte Martha den Kopf zur Tür herein. Sie klopfte mit dem Bleistift auf ihre Uhr, um ihm zu zeigen, daß sein Termin um halb drei gleich beginnen würde. Er hob die Hand, nickte und machte ihr ein Zeichen, daß er sofort kommen würde.

»Alex, es tut mir furchtbar leid. Wirklich. Ich muß jetzt gehn. Ich hab' gleich 'nen Termin. Danke für den Anruf. Hoffentlich geht's dir wieder besser. Ich meine, es freut mich, daß dir die Oper gefallen hat.« Er wußte nicht mehr, was er sagen sollte.

»Dan. Ich hab' gehofft, daß wir vielleicht...«

»Nein«, erwiderte er in scharfem Ton. »Es tut mir leid. Ehrlich.«

»Du entschuldigst dich die ganze Zeit.«

Er lachte. »Tja. Sieht tatsächlich so aus, was?«

»Das mußt du nicht. Glaubst du denn, daß ich dich nicht verstehe?«

»Doch, Alex. Ich hoff's. Wirklich. Hör zu, ich muß jetzt gehn. Auf Wiedersehn«, sagte er und legte auf.

Er stand einen Augenblick lang da und sah das Telefon an. Fast erwartete er, daß es gleich wieder klingeln würde. Er stand da, starrte es an und wartete.

Dann stieß er einen Fluch aus, knüllte die gelben Notizzettel zu einem Ball zusammen und warf sie durch den Basketballkorb, den Beth ihm für seinen Abfalleimer besorgt hatte. Zack. Zwei Punkte. Ein Glückstreffer.

Zwei Wochen später, als Gallagher gerade aus Jimmys Büro kam, ging Arthur Ashley auf ihn zu.

»Wegen des Falles Rogers gegen Wie-heißt-er-doch-gleich«, sagte Gallaghers großer, gutaussehender Chef, als er Dan einholte.

»Winitsky...«

»Richtig«, stieß Arthur hervor und ging gerade so viel schneller, daß der Jüngere sich anstrengen mußte, um mit ihm Schritt zu halten. »Ich hab' deine Notiz gekriegt. Du willst also auf ein beschleunigtes Verfahren raus?«

»Warum nicht?« Dan ging mit raschen Schritten neben Arthur her und zählte dabei die Punkte, die dafür sprachen, an den Fingern ab. »Die Tatsachen liegen klar auf der Hand. Rogers hat zugegeben, daß er Winitskys Artikel gelesen hat. Also bleibt nur noch die Frage, ob er ihn in seinem Buch auch plagiiert hat.«

Arthur nickte.

»Wie wir alle wissen, kann man eine *Idee* nicht mit Copyright belegen, sondern nur den *Ausdruck* einer Idee. Und Rogers hat ihn in seinem Buch nicht *wörtlich* zitiert, soviel steht fest.«

»Laß mich darüber nachdenken, ja?«

»Klar«, meinte Dan.

Arthur legte ihm väterlich die Hand auf die Schulter. »Ich hab' gehört, daß du jetzt auch so ein Stadtflüchtling wirst.«

»Ja, wir haben uns tatsächlich aufgerafft...«

Arthur stimmte ihm mit einem Lächeln zu. »Hast du schon jemand für deine Wohnung?«

»Noch nicht...« Dan ging mit raschen Schritten neben ihm.

»Hast du Schiß wegen der Abzahlung?«

»Na ja, vielleicht so 'n bißchen...«

Arthur blieb an der Tür zu Dans Vorzimmer stehen und fragte: »Aber nicht wegen Rogers und Winitsky?«

Dan verneinte.

Arthur musterte ihn mit klugem Blick.

Dan hörte Marthas Stimme. Sie telefonierte gerade und klang ungewöhnlich kühl.

»Er ist immer noch in der Besprechung... Ja, ich weiß, ich hab' gedacht, daß er bis jetzt eigentlich fertig sein müßte...« Sie mußte sich offenbar zwingen, geduldig zu bleiben, und klang sehr förmlich.

Dan sah sie fragend an. Sie verdrehte wütend die Augen.

Arthur hatte ganz offensichtlich eine Entscheidung gefällt und klopfte Dan wieder auf die Schulter. »Ich würd' gern am Dienstag mit dir Mittag essen, wenn du Zeit hast«, meinte er.

»Großartig, Arthur. Danke, gern. Laß mich nur schnell in meinem Terminkalender nachschaun.« Er eilte zum Schreibtisch.

»Sie stehen wirklich auf seiner Rückrufliste«, sagte Martha gerade. Sie hielt die Hand vor das Mundstück des Hörers. »Es ist Alex Forrest«, teilte sie ihm mit.

Er runzelte die Stirn. »Schon wieder? Ich hab' gedacht, Sie sagen ihr, daß ich zurückrufe.« Dan warf einen Blick zu Arthur zurück, der noch immer in der Tür stand.

Martha sagte ihm, daß sie das in der vergangenen Stunde zweimal getan habe.

Dan sah in seinem Terminkalender nach und bat Martha, Alex zu sagen, daß sie einen Augenblick warten solle.

Die Sekretärin blätterte in ihren Unterlagen, während Dan zu Arthur zurückging. Er hörte, wie sie fragte: »Würden Sie bitte einen Augenblick warten? Er wird gleich frei sein.«

Dan teilte Arthur mit, daß ihm der Dienstag recht sei, und bedankte sich. Dann wartete er, bis sein Chef verschwunden war, eilte ins Büro zurück und sagte Martha, daß sie durchstellen solle.

Er nahm den Hörer ab. »Hallo? Hör mal, Alex«, sagte er mit kaum verhohlenem Ärger. »Ich dachte, wir waren uns einig, daß das keine gute Idee ist.«

»Ich muß dich sehen«, meinte sie.

»Warum? Wozu?«

»Wir müssen etwas besprechen«, sagte Alex.

»Tut mir leid. Ich hab' gedacht, du hast mich verstanden.« Er versuchte, vernünftig zu sein, seine Stimme ganz normal, ja sogar freundlich klingen zu lassen. »Wenn du durch mich irgendwie einen falschen Eindruck bekommen hast, dann entschuldige ich mich. Aber ich glaube wirklich, daß es am besten ist, wenn wir uns nicht mehr miteinander unterhalten.«

Er legte auf und wies Martha über die Haussprechanlage an, Alex zu sagen, daß er nicht da sei, wenn sie wieder anrief.

Sie saß in Schlüpfer und Büstenhalter vor dem Spiegel und legte Lippenstift auf. Sie hatte ihr welliges Haar in einem Pferdeschwanz nach hinten gebunden, damit es ihr nicht ins Gesicht fiel, während sie sich schminkte. Ein paar sonnengebleichte Locken, die ihr bis auf den Nacken reichten, hatten sich vorwitzig gelöst.

Gallagher kam gerade aus dem Bad und sah ihr eine Weile zu. Dann trat er hinter sie, legte die Arme um sie und küßte ihren Nacken. »Mmm, du riechst gut«, meinte er.

»Mmm, und du küßt gut«, erwiderte Beth.

Seine Lippen wanderten langsam von ihrem Nacken zur Schulter und hinunter zu ihren Brüsten, die in einem weit ausgeschnittenen, apricotfarbenen Seiden-BH steckten.

»Dan«, sagte sie sanft, »sie werden gleich dasein.«

Er küßte sie auf den Mund, und sie erwiderte seinen Kuß. Als sie sich von ihm löste, sah er sie im Spiegel an. »Mein Gott, bist du schön.«

Beth schien überrascht und gerührt von seinem plötzlichen Anflug von Romantik. Dieses tiefe Gefühl beeindruckte sie. Sie hob die Hand, um ihm über die Wangen zu streichen, und Gallagher begann erneut, sie zu küssen. Erst als es an der Tür klingelte, hörte er auf.

Jimmy und Hildy kamen lachend mit ihren Geschenken herein. Außer dem Nachtisch hatten sie auch noch ein paar Flaschen Dom Perignon mitgebracht.

Sie saßen alle um den Eßzimmertisch, als Jimmy eine der Flaschen mit lautem Knall öffnete. Sie jubelten aufgeregt, als der schäumende Champagner sich über den Tisch ergoß. Dan steckte die Zigarre an, die Hildy ihm mitgebracht hatte.

»Meine sehr verehrten Damen und Herren«, hob Jimmy an, »meine Frau... mein Ehegespons... Mutter von ein paar meiner Kinder...«

Hildy gab ihm einen Rippenstoß. »Du hast dieses Ehegespons schon verdient.«

»Einen Toast«, fuhr Jimmy fort. »Auf Miller, Goodman, Hurst... und Gallagher!«

Allgemeine Beifallsrufe. »Holla, holla!« rief Hildy und klopfte mit dem Löffel gegen ihr Wasserglas.

»Leute«, wehrte sich Dan, »er hat mich doch bloß zum Mittagessen eingeladen.«

»Und außerdem ziehen sie jetzt noch auf ihren Landsitz. Die vergessen sicher bald, daß sie uns Proleten mal gekannt haben...«

»Augenblick mal«, sagte Dan, ohne eine Miene zu verziehen. »Ich möchte euch nur mal sagen, daß ich erst kürzlich eines von diesen Selbstverteidigungsbüchern gelesen hab'...«

»Natürlich rausgekommen bei Robbins und Hart!«

»Natürlich.« Dan verbeugte sich vor Jimmy. »›Die Selbstverteidigung der Samurai.‹ Da steht drin, wie man mit den Ängsten seiner Freunde umgehen muß, wenn man die Erfolgsleiter hochklettert... und sie selber am selben Fleck bleiben oder – Gott bewahre – vielleicht nach unten rutschen...«

Hildy zischte, und Beth meinte nur: »Oh, Dan!« und stand auf, um die Erdbeeren zu holen.

Jimmy sah über seine massige Schulter, strich sich das dünner werdende Haar zurück und schielte dann zu Dan hinüber: »Redest du vielleicht mit *mir?*« fragte er herausfordernd. »Mit *mir?* Tja, sonst ist ja niemand da –«

Hildy schüttelte den Kopf. »Jetzt versucht er's schon seit zehn Jahren mit DeNiro. Es ist einfach jämmerlich«, vertraute sie Dan an. »'ne traurige Angelegenheit.«

»Bin mit dabei«, erwiderte Dan, nun wieder mit ernstem Gesicht. »Und in dem Buch steht, daß man diese Freunde nicht mit

Glacéhandschuhen anpacken soll. Also werde ich jetzt gar nicht erst versuchen, euch zu beruhigen.«

Er wedelte mit seiner Zigarre und stippte die Asche mit großer Geste ab. »Ich kann euch jetzt nicht mehr versprechen, daß ihr jedes Wochenende kommen könnt. Sehen wir den Tatsachen ins Auge: Die Dinge haben sich geändert.«

Hildy buhte ihn aus.

Dan zuckte mit den Achseln. »Wir haben eben keine klassenlose Gesellschaft. Um es ganz deutlich zu sagen, meine Lieben: Tschüs dann!«

Beth kam gerade aus der Küche und wandte sich an Dan.

»Tja, Liebes, es ist das beste, wenn wir's hinter uns bringen. Wir sind unterwegs ganz nach oben, wir müssen mit leichtem Gepäck reisen...«

Das Telefon klingelte. Sie stellte die Schale mit den Erdbeeren auf den Tisch und ging ins Wohnzimmer, um den Hörer abzunehmen.

»– und außerdem«, fuhr Dan fort, »gehört in Westchester einfach nicht jeder dazu...«

Er hörte, wie sie ein paarmal ›Hallo‹ ins Telefon rief, und sah zu ihr hinüber. Alex, sagte ihm sein sechster Sinn.

Beth legte stirnrunzelnd auf und kehrte an den Tisch zurück. »Niemand dran. Das ist heute abend schon das zweitemal«, sagte sie.

Gallaghers Lächeln verschwand. »Das zweitemal?«

Sie nickte. »Unheimlich. Ich krieg' 'ne richtige Gänsehaut.«

Hildy stimmte ihr zu und meinte: »Ich hab' auch jedesmal Angst, daß 'n Einbrecher rauskriegen will, ob wir daheim sind.«

»Ach, mach dir mal keine Sorgen«, scherzte Jimmy, »das ist wahrscheinlich nur wieder eine von Dans Freundinnen.«

Sie mußten lachen. Nur Gallagher traf der plötzliche Kurswechsel völlig unvermutet. »Genau«, meinte er nach einer Schrecksekunde, tauchte wieder in die ausgelassene Stimmung ein und tat die Sache mit einem Lachen ab. »Aber welche bloß?«

An jenem Abend fiel es ihm schwer einzuschlafen. Er schaffte es erst nach eins. Kurz danach weckte ihn das Telefon. Er griff instinktiv danach, bevor es noch einmal klingeln konnte. Beth wälzte sich schlaftrunken herum.

»Ja?« fragte er.

»Endlich.« Alex' Stimme klang kalt und böse.

Gallagher warf einen besorgten Blick in Beths Richtung. Sie wachte allmählich auf.

»Ach, Richard«, sagte Gallagher. »Es ist aber doch 'n bißchen spät, was?«

»Wenn du meine Anrufe im Büro nicht annimmst, läßt du mir keine andere Wahl.«

»Hör mal, hier ist es zwei Uhr nachts«, sagte er. »Kann das denn nicht bis zum Morgen warten?«

»Ach«, sagte Alex mit einem falschen Kichern. »Ist es *ungelegen?* Ist dir's peinlich, jetzt zu reden?«

»Das kann man wohl so sagen.«

Beth war höchst erstaunt über diesen Anruf zu dieser Nachtzeit und sah Dan aus verschlafenen Augen an. Er zuckte mit den Achseln und schüttelte den Kopf. Er war genauso verärgert wie sie. Daraufhin wirkte sie weniger neugierig als vielmehr mitleidig. Sie schloß die Augen wieder.

»Ich muß dich sehen«, forderte Alex.

»Ich... ich hab' die... Unterlagen nicht hier. Ich rufe vom Büro aus zurück, ja?«

»Nein«, erwiderte sie heftig. »Wir treffen uns morgen um sechs vor dem Robbins-und-Hart-Gebäude.«

Er wollte sie nicht wiedersehen. Er sah zu Beth hinüber. Er würde es ihr sagen müssen. Wenn Alex weiterhin anrief, mußte er das einfach. Scheiße, dachte Gallagher. Wie hatte er das nur tun können, wie hatte er nur alles so vermasseln können? Wahrscheinlich würde sie ihm verzeihen. Nach einer gewissen Zeit. Aber es würde sie verletzen. Tief verletzen. Vielleicht war es sogar nie mehr wieder gutzumachen.

»Hören Sie zu ... Richard. Lassen Sie mich darüber nachdenken –«

»Enttäusch mich nicht«, sagte Alex mit unheilverkündender Stimme.

Er gab nach. »Sie können sich darauf verlassen«, antwortete er.

»Sei morgen dort.«

Er legte auf. Beth schlug die Augen wieder auf. Sie war jetzt völlig wach. »Wer, zum Teufel, war denn das?« fragte sie und musterte ihn dabei mit unverhohlener Neugierde.

»Ein Klient«, antwortete Dan und griff nach seinen Zigaretten. »Mein Gott«, schimpfte er und wich ihrem ruhigen Blick aus, »die Kerle denken, sie haben einen gepachtet!«

»Mitten in der Nacht?«

Jetzt, dachte er. Setz dich auf. Schalt das Licht an. Sag's ihr. Jetzt. »In L.A. ist's jetzt erst elf«, sagte er statt dessen.

Sie drehte sich um, wandte ihm den Rücken zu. »Trotzdem ...«, meinte sie mürrisch. Sie wälzte sich herum und versuchte, eine bequeme Stellung zu finden. Schließlich hatte sie sie gefunden. Gallagher blieb auf dem Rücken liegen und war noch lange, nachdem er die zweite Zigarette geraucht hatte, wach.

8

Gallagher versuchte, nicht an die ganze Angelegenheit zu denken, aber trotzdem ging der Tag schief. Er konnte sich bei Gericht nicht konzentrieren. Das Beste, was er zustande brachte, war, eine Verschiebung zu beantragen, und die Verärgerung des Richters war nichts im Vergleich zu Fred Kunstlers Unzufriedenheit. Er war der neue Berater im Hause Robbins und Hart und ganz versessen darauf, sich seine ersten Sporen bei der

Auseinandersetzung zwischen dem Verlag und der Northern California Booksellers Association zu verdienen.

Dan war dankbar, daß er es bei diesem Fall nicht mit Drimmer zu tun hatte. Oder mit Henry Noonan. Beiden wäre es sehr viel eher aufgefallen als Kunstler, daß Dan Gallagher sich sehr merkwürdig verhielt. Er kam auch zu spät zur Bank und mußte sich lahme Entschuldigungen gegenüber Beth einfallen lassen. Als Entschädigung führte er sie zum Mittagessen aus und war dabei die meiste Zeit gereizt und geistesabwesend.

Als Dan im Büro seinen Aktenkoffer zusammenpackte, schlenderte Jimmy herein. »Bloß 'nen halben Tag?« neckte er ihn und sah auf seine Uhr. Dan strafte ihn mit einem vernichtenden Blick, so daß Jimmy sich rückwärts und auf Zehenspitzen entfernte. »Na schön«, meinte er. »Nächstes Mal bringe ich dann das große Steak, 'ne Peitsche und 'nen Stuhl mit.«

Gallagher konnte kein Taxi finden. Er fuhr mit der U-Bahn nach Norden und erreichte das Robbins-und-Hart-Gebäude ein paar Minuten nach sechs. Alex mußte im Foyer gewartet haben. Als er auf das Haus zuging, kam sie allein heraus. Sie wollte seinen Arm nehmen.

»Laß das«, sagte er. »Bitte.«

Sie war sehr ruhig. »Na schön«, meinte sie, als sie nach Westen auf die Sixth Avenue zugingen.

Er wartete, bis sie ein paar Häuserblocks vom Verlag entfernt waren. Dann sagte er: »Das muß aufhören.«

»Was?« fragte sie.

»Diese Anrufe, Alex!«

»Dan, wenn du ja dazu gesagt hättest, daß wir uns treffen, hätte ich dich nicht anrufen müssen.«

»Du hast's also noch immer nicht begriffen? Es ist aus. Es gibt nichts mehr zwischen uns.«

Sie starrte ihn wütend an, aber ihre Stimme klang unheimlich ruhig. »Du meinst also, du hast deinen Spaß gehabt, und jetzt willst du deine Ruhe haben.«

Er zog sie unsanft in einen Hauseingang. »Alex, warum machst du das?« wollte er wissen.

»Was?« erwiderte sie heftig und verächtlich.

Gallagher verlor die Beherrschung. »Du brauchst 'nen Arzt!« rief er. Er wich vor ihr zurück. Dann vergrub er die Hände tief in den Manteltaschen, damit er sie nicht gegen eine Mauer schlug. Alex eilte ihm nach.

»Was du brauchst, ist ein Psychiater!« schrie er sie an.

Inzwischen starrten die Leute sie an. Verlegen bog er links in den U-Bahn-Eingang neben der Radio City Music Hall. Sie folgte ihm. Er ging raschen Schrittes durch die endlosen Gänge unter dem Rockefeller Center.

»Warum bist du so feindselig?« fragte sie und hielt mit ihm Schritt. »Das ist eigentlich nicht nötig, weißt du. Ich bin gar nicht dein Feind.«

Gallagher war müde. »Warum willst du mir dann weh tun?« fragte er.

»Nein, Dan«, sagte sie und berührte seinen Arm. »Ich will dir nicht weh tun, Dan. Ich liebe dich.«

Er blieb stehen und wirbelte zu ihr herum. »Was?«

Sie hielt seinem Blick stand und erwiderte mit ruhiger Stimme: »Ich liebe dich.«

»Du kennst mich doch gar nicht.«

»Wie kannst du so etwas sagen«, fragte sie.

Er war verblüfft. »Wir haben ein Wochenende miteinander verbracht, Alex. Das ist alles.«

»Nein«, sagte sie. »Du bist auch die zweite Nacht noch geblieben. Du mußt mich also doch ein bißchen liebgehabt haben?«

»Ich hab' mir Sorgen um dich gemacht. Warum mußt du denn immer soviel in alles reininterpretieren?«

Sie zuckte zusammen und sah dann einen Augenblick lang auf ihre Hände hinunter. Und mit einem Male wurde Gallagher klar, daß sie tatsächlich glaubte, er empfinde etwas für sie. Oder daß er es zumindest sollte.

»Alex«, sagte er so sanft er konnte, »verstehst du denn nicht? Ich hab' mein ganzes Leben schon auf einen anderen Menschen ausgerichtet. Und es ist ein sehr glückliches Leben.«

»Ganz bedeutet perfekt.« Ihre Maske der Verwundbarkeit bröckelte nun ab, und darunter kam spröde Verbitterung zum Vorschein. »Wenn dein Leben so verdammt perfekt ist, was hast du dann bei mir zu suchen gehabt?«

Er hatte das Gefühl, eine Ohrfeige bekommen zu haben. Das ließ ihn wieder zu sich kommen, schürte seinen Zorn. »Wolltest du mich deswegen sehen?« fragte Gallagher. »Willst du darüber reden? Über unser imaginäres Verhältnis?«

»Ich bin schwanger«, sagte sie.

Ihm blieb der Mund offen.

»Jetzt sag nur noch, daß du mir das nicht glaubst.« Sie sah ihn kühl und unverwandt an.

»Das glaub' ich dir nicht«, sagte er.

Alex stieß einen Seufzer aus und suchte in ihrer Handtasche. »Ich bin am Montag beim Gynäkologen gewesen. Da.« Sie reichte ihm eine Karte. Er nahm sie verblüfft entgegen. »Hier hast du die Nummer, wenn du ihn anrufen willst«, sagte sie.

»Nimmst du...«, begann er.

»Ob ich denn nichts nehme?« Sie führte den Satz für ihn zu Ende. »Nein. Ich hab' letztes Jahr 'ne schwere Fehlgeburt gehabt. Ich hab' nicht gedacht, daß ich überhaupt noch schwanger werden könnte.«

Er starrte auf die Karte in seiner Hand, ohne sie zu sehen. »Bist du sicher... Bist du dir sicher, daß es von mir ist? Wie kannst du wissen, daß es von mir ist?«

»Weil ich«, sagte sie und versuchte sich zu beherrschen, »mich nicht durch alle Betten schlafe.«

Dan steckte die Karte ein, atmete tief durch und entschuldigte sich. Dann sagte er: »Jetzt mach dir mal keine Sorgen. Ich helf' dir schon bei der ganzen Sache.«

»Bei was für 'ner Sache?« fragte sie.

»Na ja – die Abtreibung. Du mußt dir wegen des Geldes keine Gedanken machen. Darum kümmere ich mich schon.«

Alex lächelte sanft und schüttelte den Kopf. »Wie kommst du denn auf die Idee, daß ich abtreiben lassen will?«

Er trat unwillkürlich einen Schritt zurück. »Nein... Nein!« rief er aus. »Du willst das Kind doch nicht etwa bekommen?!«

»Warum nicht? Es gibt genügend alleinerziehende Mütter, die ihre Sache ganz gut machen. Wenigstens«, meinte sie lächelnd, »besteht dann nicht die Gefahr, daß man sich irgendwann mal scheiden läßt.«

»Hab' ich da nicht auch noch ein Wort mitzureden?«

Sie begann jetzt weiterzugehen, so daß er gezwungen war, ihr zu folgen.

»Ich will das Kind«, sagte Alex bestimmt. »Das hat nichts mit dir zu tun. Ich werd's zur Welt bringen, egal ob du nun einverstanden bist oder nicht.«

»Warum, zum Teufel, erzählst du mir dann das alles? Warum tust du's nicht einfach!?«

Sie sah ihn mit einem unterdrückten Lächeln an. »Ich hatte gehofft, *daß* du was damit zu tun haben willst.«

Dan schüttele verzweifelt den Kopf. »Das ist doch einfach verrückt«, sagte er. »Das ist Wahnsinn!«

»Ich bin jetzt sechsunddreißig. Das ist vielleicht meine letzte Chance, ein Kind zu bekommen –«

»Alex«, unterbrach er sie. »Denk doch um Himmels willen drüber nach, was du da sagst. Das wird unser ganzes weiteres Leben beeinflussen!«

»Ja glaubst du denn, daß ich das nicht weiß?« fragte sie mit ernster Miene. »Ich hab' mir schon meine Gedanken darüber gemacht!... Ich versteh', wie du dich fühlst. Das ist eine große Sache, aber sie muß nicht zum Problem werden. Wirklich nicht... Wenn du fair zu mir bist, Dan, dann bin ich auch fair zu dir.«

Sie nahm seine Hand und legte die ihre beruhigend darauf.

Am Abend saß er an seinem Schreibtisch im Wohnzimmer, während Beth Ellen vorlas. Seine Frau und sein Kind saßen nebeneinander am Eßtisch und steckten die Köpfe in ein *Oink-and-Pearl*-Buch. Von seinem Platz auf der anderen Seite des Zimmers aus konnte er Ellens strahlendes, frisch gewaschenes Gesicht sehen. Er konnte sehen, wie sie die Stirn vor Konzentration in Falten legte und wie sich ihre Lippen bewegten, als sie versuchte, die Worte zu formen, die ihre Mutter ihr vorlas.

»Agnes und Nellie und Oink kicherten und lachten im Dunkeln«, las Beth. »Wer ist das, Ellen?« Sie deutete auf ein Wort.

»›Pearl!‹ « verkündete Ellen. Dann sah sie zu ihrem Vater hinüber, um festzustellen, ob er ihre Leistung mitbekommen hatte.

Dan brachte kein Wort heraus. Er konnte nicht einmal lächeln. Er zwinkerte ihr zu. Und Ellen versuchte, ungeschickt, aber beherzt, zurückzuzwinkern. Diese Geste rührte ihn fast zu Tränen. Er konnte sich nicht auf seine Arbeit konzentrieren und den Blick einfach nicht von ihnen abwenden.

»Genau. Pearl. Richtig. ›Pearl lauschte vor der Tür‹ «, las Beth weiter. ›Hui, es geht‹, rief Nellie. ›Natürlich‹, meinte Oink. ›Schau mal, der fliegende ...‹ «

»Hund!« rief Ellen.

Beth lachte. »Genau! ›Schau mal, der fliegende Hund‹, schrieb Agnes. ›Toll!‹ rief Nellie ...«

Beth spürte, daß er ihnen zusah. Sie lächelte und las weiter. Und Gallagher stiegen die Tränen in die Augen. Noch nie vorher war ihm seine Familie so wertvoll erschienen. Er konnte den Blick einfach nicht von ihnen losreißen, ganz als ob er Angst um sie hätte, als müßte er heute abend über sie wachen.

Gallagher ging am nächsten Morgen früh aus dem Haus, weil er fest vorhatte, noch ein paar Stunden Arbeit zu schaffen, bevor die Telefone zu klingeln begannen. Er hatte eine Menge nachzuholen. Als der Zug jedoch in die Haltestelle an der Fourteenth Street einfuhr, stieg er aus.

Er war etwa sechs lange Häuserblocks von Alex' Wohnung entfernt und wollte gerade einem Taxi winken, stellte dann jedoch nach einem Blick auf seine Armbanduhr fest, daß er es auch zu Fuß schaffen würde.

Er hätte es sogar, wenn er gekrochen wäre. Sie kam erst nach zwei Stunden aus dem Haus. In der Gegend herrschte rege Betriebsamkeit. Rinderkadaver hingen von den Dachrändern alter, niedriger Gebäude. Kühlwagen versperrten das Kopfsteinpfaster. An den Straßenecken standen Männer in Metzgerkitteln, Wollmützen und abgeschnittenen Fingerhandschuhen um Tonnen herum, in denen Ölfeuer brannte, und wärmten sich die Hände. Gallagher wartete auf der anderen Straßenseite und beobachtete den Eingang zu Alex' Haus von einem kleinen Lokal aus, das hauptsächlich von Arbeitern in blutigen Schürzen besucht wurde.

Nun kam Alex heraus. Sie ging an den Männern vorbei, ignorierte ihre Blicke und Pfiffe und ging um die Ecke zur U-Bahn.

Gallaghers Herz begann heftig zu klopfen. Er gab ihr genügend Zeit, um plötzlich festzustellen, daß sie etwas zu Hause vergessen hatte oder um eine Laufmasche in ihren Strümpfen zu bemerken und deshalb noch einmal zurückzukehren. Als er schließlich sicher war, daß sie nicht mehr umkehren würde, lief er über die Straße zu ihrer Haustür hinüber.

Er drückte hastig alle Klingelknöpfe, atmete schwer, war voller Anspannung und unheimlich nervös. Nach kurzer Zeit sagten einige Mieter etwas durch die Sprechanlage. Schließlich drückte jemand auf den Türöffner. Dan eilte hinein. Statt den Aufzug zu nehmen, lief er die Treppe hoch. Als er in Alex' Stockwerk angelangt war, schaute er sich um und griff dann hastig nach dem Schlüssel auf dem Sicherungskasten. Er lag dort. Dann öffnete er die Tür zu ihrer Wohnung.

Er sah sich schnell um, obwohl er nicht einmal wußte, wonach er eigentlich suchte. – Nach irgend etwas, das ihm eine Handhabe gegen sie verschaffte, ihm verstehen half, mit wem er es hier überhaupt zu tun hatte; irgend etwas, das ihm Macht über sie gab, es ihm wieder ermöglichte, freier zu atmen.

Im Bad machte er das Medizinschränkchen auf und starrte auf ihre vielen Tabletten, die Reihen von verschreibungspflichtigen Medikamenten. Er zog seinen Taschenkalender heraus und fing an, die Namen der Arzneimittel aufzuschreiben. Zwei davon kannte er, es handelte sich um Antidepressiva. Es waren die gleichen, die auch seine Mutter in jenem schrecklichen Jahr nach ihrer Scheidung genommen hatte.

Sein Blick fiel auf etwas in dem Abfallkorb neben der Spüle. Gallagher zog es heraus. Es war ein Schwangerschaftstest. Also hatte sie tatsächlich die Wahrheit gesagt.

Er klappte seinen Kalender zu und steckte ihn weg.

An ihrem Schreibtisch sah er einige ihrer Papiere durch. Er suchte in ihrer Rolodexkartei nach Namen und Adressen... Er ging die Bücherregale durch, fand ein Album und blätterte es durch. Sie kam aus Chicago. In dem Album waren Bilder von ihrer Familie und Zeitungsausschnitte, darunter auch ein Nachruf auf Alex' Vater, der laut dem Artikel an einem Herzanfall gestorben war, als sie sieben war.

Gallagher starrte mit pochendem Herzen auf den Zeitungsausschnitt. Wer – und vor allen Dingen – *was* war sie?

Bevor er ging, rief er noch den Gynäkologen an, dessen Karte sie ihm gegeben hatte. Er meldete sich als Freund von Alex Forrest. Noch ehe er sonst etwas sagen konnte, meinte der Arzt schon: »Ah ja, Sie müssen Dan sein. Meinen Glückwunsch.«

Sobald er im Büro war, ging er sofort zu Jimmy und fragte ihn, ob er Zeit für ihn habe.

»Fünf Minuten«, antwortete Jimmy. Dann schaute er hoch und lachte. »Zieh den Mantel aus und bleib 'n bißchen da.«

»Fünf Minuten«, meinte Dan. »In der Bibliothek, ja?«

Er konnte es einfach nicht mehr für sich behalten. Die Sache brachte ihn noch um. Er fühlte einen Druck auf der Brust, seine

Gedärme brodelten, und er bekam keine Luft mehr. Er erzählte Jimmy die ganze Angelegenheit zwischen den Mahagoniregalen der juristischen Bücherei von Miller, Goodman und Hurst.

»Ich ruf' also ihren Arzt an, ja? Und weißt du, was der sagt? ›Meinen Glückwunsch!‹ Was, zum Teufel, hat sie ihm bloß erzählt, Jimmy? Kannst du dir vorstellen, wie sie es dargestellt haben muß?«

Als Dan endlich Luft holte, schwitzte Jimmy schon. Er nahm sein Taschentuch heraus, wischte sich damit über die Wangen und sagte: »O mein Gott.« Dann fragte er: »Tja, was glaubst du, würde passieren, wenn du einfach mit der Sprache rausrückst und Beth alles sagst?«

Gallagher rieb sich den Magen, der sich wieder verkrampfte. »Soll das ein Scherz sein? Das wäre das *Ende.* Diese Frau kriegt ein Kind von mir!... Das könnte Beth doch nie hinnehmen. Das könnte wohl niemand.« Er fuhr sich mit der Hand durchs Haar. »Egal, Jimmy, du hast sowieso noch nicht alles gehört... Weißt du, von wo aus ich ihren Arzt angerufen hab'? Von ihrer Wohnung aus. Ich bin heute morgen da eingebrochen. Ich weiß schon... *Ich,* als Anwalt!«

»Mein Gott«, meinte Jimmy, »Bist du denn verrückt? Warum?«

»Was weiß ich. Ich hab' nach was gesucht, nach *irgendwas,* damit ich die ganze Sache in den Griff krieg'. Ich hab' gedacht, vielleicht kann ich rausfinden, ob sie mit jemand anders geschlafen hat...«

Er hörte ein Geräusch und verstummte. Ein Angestellter lenkte einen Bücherwagen durch die Gänge zwischen den Regalen. Gallagher hielt sich an einem Regal fest, stand mit gesenktem Kopf da und versuchte, wieder ruhiger zu atmen, bis der Mann außer Hörweite war.

»Ich hab' nichts rausgefunden«, flüsterte er eindringlich. »Jimmy, ich hab' mich noch nie mit Familienrecht auseinandergesetzt. Wie ist denn die Sachlage?«

Jimmy wischte sich über die Stirn. »Nicht besonders rosig«, meinte er. »Im Staat New York gilt nach dem Gesetz so lange der als Vater des Kindes, den die Frau angibt, bis das Kind geboren ist und ein Vaterschaftstest durchgeführt werden kann.«

Dan stieß einen leisen Pfiff aus.

»Tja«, sagte Jimmy mitleidig, »bis das Baby auf der Welt ist, muß der mutmaßliche Vater – also du, mein Freund – für sämtliche Arzt- und Unterhaltskosten aufkommen. Mit anderen Worten: Das Gesetz betrachtet dich als schuldig, bis deine Unschuld erwiesen ist.«

»Danke, mein Lieber. Du klingst wie 'n richtiger Anwalt.«

»Tut mir leid«, meinte Jimmy. Es tat ihm so leid, daß er Dan kaum in die Augen sehen konnte. Er stand einfach nur da und schüttelte den Kopf. Dann brach sein angeborener Optimismus wieder durch. »Na, komm schon. Schau, wenn sie erst begreift, daß du nichts mit ihr zu tun haben willst, wird sie das Ganze schon nicht mehr durchziehen wollen. Wahrscheinlich hofft sie, daß du deine Frau verläßt.«

»Das ist doch verrückt«, meinte Dan.

Jimmy sah ihn an. »Sie hört sich auch ein bißchen verrückt an.«

Dan atmete tief durch und nickte. »Du hast recht.« Dann fiel ihm die Liste ein, die er gemacht hatte. »Hildy arbeitet doch mit Psychiatern zusammen, oder? Jimmy, du mußt mir einen Gefallen tun.«

Jimmy Lawrence musterte Dans Gesicht, das vor Schmerz und Sorge ganz eingefallen aussah, und nickte.

»Ich hab' mir die Medikamente aufgeschrieben, die sie nimmt. Ein paar davon kenn' ich. Es sind Antidepressiva. Aber die andern sagen mir nichts. Vielleicht ist sie krank. Vielleicht stirbt sie ja sogar bald. Ich will's bloß rauskriegen... soviel wie möglich.«

»Na klar«, meinte Jimmy. »Gib mir die Liste. Ich sag' Hildy einfach, daß es für einen von meinen Fällen ist. Ich krieg' ja sowieso immer die unwahrscheinlichsten Sachen. Kein Problem. Einer von den Psychiatern in der Klinik kann ihr helfen. Die haben da ja ein Arzneimittelverzeichnis. Ich frag' sie mal, was sie glaubt, womit wir's hier zu tun haben.«

»Sie ruft die ganze Zeit in der Wohnung an. Jedesmal, wenn Beth abnimmt, legt sie auf... Ich hab' Angst, Jimmy. Wirklich. Ich will meine Familie nicht verlieren.«

»Laß dir doch 'ne andre Nummer geben, eine Geheimnummer.«

Dan bedankte sich für den Rat und wandte sich ab, weil er die Verzweiflung nicht zeigen wollte, die in ihm aufkam, wenn er an Beth oder Ellen dachte. »Ich will meine Familie nicht verlieren«, wiederholte er.

»Hör mal, Dan, darf ich dich was fragen? Ich würd's gern verstehen. Ich kenn' dich doch. Du schläfst dich nicht durch alle Betten. Wieso also das Ganze? Warum hast du's gemacht?«

»Das ist merkwürdig. *Sie* fragt mich das auch die ganze Zeit. Wenn ich so glücklich bin, wie kommt's dann, daß ich einfach mitgegangen bin?« Gallagher zuckte mit den Achseln, ging zum Fenster hinüber und sah hinaus. »Mir fällt da eigentlich nur ein Kombinationsschloß als Beispiel ein. Du weißt schon, wo alle Zapfen richtig einrasten müssen.«

»Ich versteh' nicht, was du meinst«, sagte Jimmy.

»Wenn ich nicht zehn Jahre verheiratet gewesen wäre – *klick*. Wenn ich nicht zu der Versammlung am Wochenende gegangen wäre – *klick*. Wenn Beth und Ellen nicht aufs Land gefahren wären – *klick*.« Gallagher drehte sich zu Jimmy um, der ihm aufmerksam zuhörte.

»Wenn sie nicht auf der Versammlung gewesen wäre – *klick*. Wenn's nicht so stark geregnet hätte«, fuhr er fort, »wenn sie nicht so attraktiv, so hübsch gewesen wäre – *klick, klick, klick!* Du verstehst schon... Ach, Scheiße, Jimmy, ich weiß es nicht... Ich glaube, es gibt für jeden so 'ne Kombination, bei der er aufspringt... die ihn knackt.«

9

Gallagher besorgte sich für seinen Privatanschluß eine Geheimnummer. Alex' Anrufe im Büro nahm er nicht an. Er versuchte verzweifelt, die Papierstapel auf seinem Schreibtisch aufzuarbeiten und nicht jedesmal, wenn das Telefon im Büro klingelte, vor Angst einen Sprung zu machen. Jeden Abend nahm er einen Aktenkoffer voll Arbeit mit nach Hause. Am nächsten Morgen war nicht mal die Hälfte davon erledigt. Er war voller Angst und kam nur mit kleinen Schritten voran. Mehr konnte er im Augenblick nicht tun... und außerdem seine Familie aus der Stadt herausbringen, und zwar schnell.

Ein paar Tage vor dem Umzug war er so in Gedanken versunken, daß er an der West End Avenue vom Gehweg abwich und plötzlich in der Mitte der Straße durch das wütende Hupen eines herannahenden Autos wieder in die Wirklichkeit zurückgerissen wurde.

Er zitterte immer noch, als er den Schlüssel zu seiner Wohnung herumdrehte. Die Tür war schon auf. Er trat ein und hörte Frauenstimmen aus dem Wohnzimmer. Er stellte seinen Aktenkoffer leise im Gang ab und sah die Post durch. Und plötzlich stellten sich ihm die Nackenhaare vor Schreck auf.

Gallagher legte die Post hin und ging mit den schlimmsten Befürchtungen auf die Stimmen zu. Sein Herz klopfte so laut, daß er kaum verstand, was die Frauen sagten. Er schnappte einen Satz oder zwei auf. Sie unterhielten sich über Babys.

Beth stand auf, um ihn zu begrüßen, und stellte ihn Alex vor. Sie wandte sich an die gutgekleidete Frau, die auf dem Sofa saß und eine halbvolle Tasse Kaffee in der Hand hielt. »Tut mir leid, ich hab' Ihren Familiennamen vergessen«, meinte Beth.

Alex sah zu ihm hoch und lächelte. »Alex Forrest«, sagte sie und hielt seinem Blick stand. »Hallo.«

Gallagher ging willenlos und beinahe in Zeitlupe auf sie zu.

Wie in einem bösen Traum sah er, wie Alex ihre Tasse auf dem Kaffeetisch abstellte und ihn mit diesem berückenden Lächeln anschaute. »Ich freue mich, Sie kennenzulernen«, sagte sie.

Er sah Beth an. Sie ermunterte Alex mit einem Kopfnicken. »Erfreut«, sagte er ganz mechanisch.

Alex stand auf und streckte ihm die Hand entgegen. Dan blieb keine andere Wahl: Er mußte sie schütteln. Sie berührte ihn einen winzigen Augenblick länger als nötig und betrachtete ihn dabei mit übertriebener Neugierde.

Er hörte, wie das Blut in seinen Ohren pochte. Ihr Lächeln, die Art, wie sie den Kopf schief legte und ihn ansah, machte ihn wütend und ängstigte ihn gleichzeitig. Er hatte wohl ihre Hand inzwischen fester gedrückt, denn er merkte, wie sie zusammenzuckte. Sie entzog sie ihm rasch und massierte sie, als wäre sie noch immer in Gedanken versunken.

»Haben wir uns nicht schon mal gesehen?« fragte sie. »Ihr Gesicht kommt mir unheimlich bekannt vor.«

»Ich glaube nicht«, hörte er sich selbst sagen.

»Doch, doch«, beharrte sie, und ihre Augen funkelten, während sie ihn anschaute. »Waren Sie nicht vor ein paar Wochen auf dieser japanischen Party? Als dieses Buch erschienen ist.«

»Ja, Liebling«, meinte Beth, »das Buch über Selbsthilfe.«

»Ach ja... doch«, murmelte er.

»Sie sind doch Anwalt, nicht wahr? Sie arbeiten für diese Firma... Wie heißt sie doch gleich...«

»Miller, Goodman und Hurst«, sagte Beth.

Wie weit würde sie noch gehen, fragte sich Gallagher. An wie viel aus seinem Leben würde sie sich noch ›erinnern‹, während sie so in seinem Wohnzimmer vor seiner Frau stand?

»Jedenfalls«, meinte sie plötzlich, »haben wir uns sicher schon mal gesehen.«

»Sie haben ein ausgezeichnetes Gedächtnis«, sagte er mit gezwungener Höflichkeit.

Alex lachte ihn an. »Ich vergeß nie ein Gesicht.«

Beth sah Dan an. Er lächelte ihr zu und fühlte sich häßlich, schwach und zutiefst beschämt. Sie hatte etwas geahnt, da war er sicher. Ihren Worten war jedoch nichts anzumerken, sie klangen freundlich und entsprachen dem normalen Ton der Unterhaltung.

»Wie klein ist doch die Welt.«

»Da haben Sie allerdings recht«, meinte Alex und warf Dan einen vielsagenden Blick zu.

Nun entstand eine Gesprächspause, die allen ein wenig peinlich war. Beth sah Dan auffordernd an. Aber Dan wußte nichts zu sagen. Schließlich brach Alex das Schweigen. »Wenn ich Sie richtig verstanden habe, wollen Sie also aufs Land ziehen?« fragte sie an ihn gewandt.

»Ja«, sagte Beth.

»Haben Sie schon was gefunden?« Sie schaute ihn noch immer unverwandt an, fragte ihn jetzt direkt, als ob Beth gar nicht da wäre. Gallagher antwortete nicht.

Beth sagte: »Wir werden ein Haus in Mt. Kisco kaufen, droben bei Bedford. Sind Sie schon mal in der Gegend gewesen?«

»Ja, es ist wunderschön da«, erwiderte Alex. »Also würden Sie hier sozusagen sofort ausziehen wollen?« fragte sie Beth.

Beth wandte sich hilfesuchend an Dan, aber er konnte nichts sagen, konnte nicht reagieren. Er brachte nicht einmal mehr ein gezwungenes Lächeln zustande. Er fühlte, daß sein Gesicht wie eine starre Maske aussah.

»Wir wollten das Haus zuerst noch ein bißchen verändern«, sagte Beth und begann, das Kaffeegeschirr abzuräumen. Sie stellte Alex' lippenstiftverschmierte Tasse auf das Tablett zurück. »Sie suchen also etwas, wo Sie gleich einziehen können?«

Gallagher deprimierte es, mitansehen zu müssen, wie seine Frau das Geschirr wegräumte, das Alex benutzt hatte. Sie hatte Kaffee für Alex gemacht, sie bedient, war gastfreundlich, offen und nett zu ihr gewesen. Und er hatte ihr diese Erniedrigung angetan. Seine Dummheit, seine Feigheit...

»Tja, ich würde wirklich gerne ein richtiges Zuhause haben«, fuhr Alex fort und machte noch einen weiteren Zug in dem makabren Spiel.

Jetzt, dachte Gallagher. Jetzt kannst du die Wahrheit sagen. Er schaute Beth an, die zuversichtlich und völlig unschuldig lächelte. Er sah vor seinem geistigen Auge, wie dieses Lächeln verschwinden, wie sie vor Schreck nach Luft schnappen würde... und das vor Alex, dem allerletzten Menschen, der Zeuge ihres Schmerzes werden sollte.

Beth wandte sich an ihn. »Alex erwartet nämlich ein Kind«, sagte sie.

Jetzt war der richtige Augenblick verpaßt. Seine Entschlossenheit und sein Zorn erreichten ihren Höhepunkt und lösten sich auf. Er fühlte sich nur noch ausgelaugt und müde und gab sich geschlagen.

Er entschuldigte sich mit der Ausrede, daß er ein paar Anrufe erledigen mußte und wandte ihr den Rücken zu.

Einen Augenblick später sagte Alex, daß sie jetzt gehen müsse, und ging zu dem Sessel hinüber, auf dem ihr Mantel lag. Dan sah sie nur noch aus den Augenwinkeln, als sie Mantel und Handschuhe anzog.

Gallagher schaute sie nicht an. Er stand nach vorne gebeugt vor seinem großen Schreibtisch, die Hände um die Stuhllehne geklammert, und starrte auf die Briefe, die er noch zu erledigen hatte. Er weigerte sich, Alex in die Augen zu sehen, wollte nicht, daß sie ihn noch einmal so zuckersüß anlächelte oder ihm noch einen weiteren vielsagenden Blick zuwarf. Als er seine Hände auf dem Stuhl betrachtete, bemerkte er, wie seine Knöchel weiß wurden, weil er sich so sehr verkrampfte.

»Vielen Dank für den Kaffee«, sagte Alex gerade. »Und dafür, daß Sie mir die Wohnung gezeigt haben.«

»Ach, gern geschehen«, meinte Beth freundlich.

»Sie gefällt mir.« Das war jetzt ihre vernünftige Erwachsenenstimme. »Sie gefällt mir sogar sehr gut.«

»Wir haben hier auch sehr glückliche Tage erlebt«, meinte Beth.

Gallaghers Magen verkrampfte sich.

»Ich würde mir die Sache gern noch mal überlegen, wenn's geht...«

Er wußte genau, was jetzt kommen würde. Er packte die Lehne des Stuhls noch fester.

»Ich geb' Ihnen unsre Nummer«, sagte Beth und kam zum Schreibtisch herüber. Sie strich Gallagher im Vorübergehen kurz und liebevoll über den Rücken, schrieb dann ihre neue Nummer, die nicht im Telefonbuch stand, auf Notizpapier und brachte den Zettel Alex. »Hier«, sagte sie, »damit Sie uns anrufen können, wenn Sie es sich überlegt haben.«

Alex bedankte sich.

Sie gingen aus dem Zimmer. Dan fuhr sich mit zitternder Hand durchs Haar. Er sah auf und erhaschte noch einen kurzen Blick auf Alex, wie sie durch den Bogen in den Gang trat. Sie schaute ihm direkt in die Augen. »Ich laß von mir hören«, sagte sie.

Er ging zum Fenster hinüber und sah hinaus auf die Stadt, ohne sie wahrzunehmen. Beth kam zurück und ergriff das Tablett mit dem Kaffeegeschirr.

»Ich glaub', sie hat wirklich Interesse... Komisch, sie hat nichts von einem Ehemann gesagt. Ich hab' das Gefühl, sie steht allein da...«

Er schaute sie über die Schulter an und merkte an ihrem erstaunten Gesichtsausdruck, daß ihm das, was in ihm vorging, vom Gesicht abzulesen war. Beth stellte das Tablett ab und kam zu ihm herüber.

»Was ist denn los?« fragte sie sanft. »Du schaust so deprimiert aus.«

Er versuchte zu lächeln. »Ich bin schon in Ordnung. Ich bin bloß müde.«

Sie legte den Arm um ihn und lehnte den Kopf einen Augenblick gegen seine Schulter. Dann küßte sie ihn auf die Wange. »Tja, es geht alles ganz schön schnell, was?« sagte sie leise.

Gallagher rief Alex am nächsten Morgen an ihrem Arbeitsplatz bei Robbins und Hart an. Es meldete sich ein Mann.

Dan klopfte im Takt mit dem Zorn, der in ihm aufwallte, mit dem Bleistift auf seinen Schreibtisch. »Könnte ich bitte mit Miß Forrest sprechen? Dan Gallagher am Apparat.«

Nachdem er einige Zeit gewartet hatte, meldete sich der Mann am anderen Ende der Leitung wieder, teilte ihm mit, daß sie in einer Sitzung sei, und fragte, ob sie zurückrufen solle.

Er dachte einen Augenblick nach. Er hatte Martha angewiesen, Alex' Gespräche nicht mehr anzunehmen. Er wollte die ganze Sache nicht noch komplizierter machen. »Nein«, sagte er mit dem Gefühl, daß man ihm eins ausgewischt hatte. »Ich ruf' noch mal an.«

Er wußte, daß sie im Büro war. Er wußte auch, daß sie ihn nun seine eigenen Waffen spüren ließ. Für sie war das alles ein Spiel, ein wahnwitziges Spiel. Er knallte den Hörer auf die Gabel und schleuderte den Bleistift quer durchs Zimmer.

Er versuchte es an diesem Morgen noch zweimal, und jedesmal war derselbe einfältige Assistent mit derselben erlogenen Auskunft am Apparat.

»Na, wie geht's?« fragte Jimmy ihn, als er nach der Mittagspause bei ihm hereinschaute.

»Ich bin... es ist einfach unglaublich«, antwortete er. »Ich kann nicht... Du wirst nicht glauben, was sie gestern gemacht hat.«

»Doch, doch. Hildy hat die Arzneimittelliste durchgesehen, die du mir gegeben hast... Wir haben's da nicht unbedingt mit einem Ausbund an Stabilität zu tun. Was hat sie denn gemacht?«

Gallagher erzählte es ihm.

»Ich kann das nicht glauben«, meinte Jimmy verblüfft.

»Und was hat Hildy über die Tabletten gesagt?«

»Nichts Gutes. Aufputsch- und Beruhigungsmittel, Schlaftabletten, Antidepressiva... die richtige Sammlung für 'nen Psychiater.«

»O mein Gott, Jimmy. Was hab' ich bloß gemacht? Was hab' ich bloß Beth und Ellen angetan? Ich bin doch mit offenen Augen in mein Unglück gerannt, oder?«

»Tja, schon... aber blind«, stimmte ihm Jimmy zu. »So ein krankes Gehirn ist doch wirklich die ideale Waffe, was?«

Gallagher rief um drei wieder bei Robbins und Hart an. Diesmal teilte ihm Alex' Assistent mit, daß sie bereits heimgegangen sei. Gallagher fragte ihn wann, und der Mitarbeiter erwiderte, daß es kurz vor der Mittagspause gewesen sei und daß sie jetzt ganz sicher zu Hause wäre. Er hatte gerade erst mit ihr telefoniert.

Gallagher wählte ihre Privatnummer an diesem Nachmittag dreimal. Sie hatte den Anrufbeantworter eingeschaltet. Nach sechs versuchte er es noch mal. Wieder die gleiche Nachricht. Er verließ das Büro gegen halb acht und rief Beth ganz spontan von einem Münzfernsprecher auf der Straße aus an.

»Hallo, Liebes«, meldete er sich, »ich muß noch mit 'nem Klienten was trinken gehn. Es wird ein bißchen später. Beth«, meinte er, »hör zu... nein, nichts... ich liebe dich, das ist alles. Gib Ellen einen Kuß von mir.«

Er fuhr mit der U-Bahn nach Norden und versuchte es noch zweimal bei Alex – einmal von einer Telefonzelle an der Haltestelle Fourteenth Street und ein paar Minuten später noch mal zwei Häuserblöcke von ihrer Wohnung entfernt.

Wieder dieselbe Nachricht: *Hallo, ich bin gerade nicht zu Hause, aber wenn Sie eine Nachricht hinterlassen, rufe ich Sie sobald wie möglich zurück.* Der wohllautende, selbstzufriedene Klang ihrer Stimme versetzte ihn in Wut.

Sie war da. Dessen war er sich sicher. Er blieb auf der anderen Straßenseite vor ihrem Haus stehen und sah zu ihren Fenstern hoch. Die Lichter waren an. Er wartete. Dann entschied er sich schließlich, die Straße zu überqueren, und ging hinüber zu ihrer Haustür.

Er klingelte und wartete. Dann klingelte er wieder. Plötzlich tönte ihre Stimme aus der Sprechanlage und erschreckte ihn. »Hallo?«

»Ich bin's«, sagte Gallagher.

»Wer?« fragte Alex nach einer Pause.

Er bekam einen Wutanfall. »Du weißt ganz genau wer! Laß mich rein, Alex. Ich will mit dir reden.«

»Ach nein«, meinte sie. »Jetzt willst du also reden!«

»Ja, das will ich. Und zwar sofort!«

Sie drückte auf den Türöffner. Er stürzte die Treppe hinauf und hämmerte gegen ihre Tür.

Alex hatte ihn bereits erwartet und öffnete ihm. Sie trug nur einen dünnen Morgenmantel aus Seide. Sie stellte sich im Türrahmen in Pose, lächelte ihn an, legte eine Hand auf ihre Hüfte und ließ den fast durchsichtigen Mantel zurückgleiten, um den weißen, spitzenbesetzten Bodystocking darunter zu enthüllen. Der Ausschnitt des Dessous wurde von einer rosa Schleife mit einer winzigen Rosenknospe aus Seide zusammengehalten, die auf ihren blassen, kaum verhüllten Brüsten lag. Strähnen ihres blonden Haares fielen in wilden Wellen auf ihre Schultern.

Sie hatte gewußt, daß er kommen würde. Sie trat mit ironischem Lächeln beiseite, um ihn einzulassen.

Dan folgte ihr mit zusammengepreßten Lippen ins Wohnzimmer. Sie bot ihm einen Platz an. Er blieb jedoch stehen, während sie in den Küchenbereich hinüberging.

»Was darf ich dir anbieten?« fragte sie. »Ich hab' Scotch, Wodka... Und im Kühlschrank ist ein schöner Chablis...«

»Können wir uns diesen Quatsch bitte sparen?!« sagte er erzürnt. »Ich weiß ja nicht, was du vorhast, aber das eine sag' ich dir, es muß aufhören. Hier und jetzt!«

»Nein«, erwiderte Alex ruhig und drehte sich um, um ihm in

die Augen zu sehen. Sie lehnte sich gegen die Arbeitsfläche in der Küche. »Es wird nicht aufhören. Es wird immer weitergehen. So lange, bis du endlich der Verantwortung ins Auge siehst.«

»Welcher Verantwortung?!« wollte Gallagher wissen.

»Ich bin schwanger. Ich werde unser Kind bekommen.«

»Alex, das ist deine Entscheidung, nicht die meine.«

»Ich will doch bloß einen kleinen Platz in deinem Leben«, bat sie.

»Und du glaubst, daß das der richtige Weg ist, um es zu erreichen...? Wenn du bei mir in der Wohnung auftauchst?«

Sie seufzte und ging wieder auf ihn zu. »Was soll ich denn sonst machen? Du willst nicht mit mir reden. Du besorgst dir eine Geheimnummer. Ich laß mich nicht so einfach abschieben, Dan.«

Gallagher schüttelte den Kopf. »Du hast es einfach nicht kapiert, was?« fragte er kühl.

Inzwischen stand sie unmittelbar vor ihm und sah ihm in die Augen. Sie leckte sich über die Lippen und hob den Kopf. »Erinnerst du dich nicht mehr an unser Wochenende«, fragte sie sanft. »War es nicht wunderschön? Warum können wir das nicht wieder zurückholen?«

Er musterte ihr Gesicht und suchte nach irgendeinem Anzeichen dafür, daß sie ihn gehört und verstanden hatte. Daß sie sich so verweigerte, erschreckte ihn und machte ihn gleichzeitig rasend.

Sie preßte sich an ihn und legte ihren Arm um seinen Nacken. »Ich weiß, daß du genauso empfindest wie ich. Du begehrst mich. Ich weiß, daß du das tust...«

Sie hob ihre geöffneten Lippen zu den seinen und wartete darauf, daß er sie küssen würde. Aber er schob sie fort. »Nun versuch dir mal nicht selbst zu schmeicheln«, meinte er.

»Ach du Armer!... Du hast wohl immer schmutzige Gedanken, was?«

Sie hatte seine Passivität für Einverständnis und Begierde gehalten. Sie glaubte, daß er sie wollte. Gallagher musterte sie nun angewidert und kühl, mit einer Mischung aus Ekel und kaum verhohlenem Zorn.

»Arme kleine Beth«, fuhr sie unbarmherzig fort. »Ich glaub', sie ist wirklich unheimlich nett... aber auch irgendwie langweilig. Ist sie im Bett auch so? Da liegt doch das Problem, oder?«

Gallagher packte sie beim Handgelenk und stieß sie mit einem Ruck von sich weg. Er hielt sie mit verdrehtem Arm fest. Einen Augenblick lang sah sie die Wut in seinen Augen, und er die Angst in den ihren.

»Ich warne dich. Laß sie aus dem Spiel, Alex.«

Sie grinste bösartig. »Na mach schon, schlag mich doch!« verspottete sie ihn. »Wenn du mich schon nicht bumsen kannst, warum schlägst du mich dann nicht wenigstens?«

Er ließ sie los. »Du weißt gar nicht, was für eine traurige Figur du abgibst. Du bist einfach unglücklich und einsam –«

»Spar dir bloß dein Mitleid!« kreischte sie plötzlich. »Du überheblicher Dreckskerl!«

»Trotzdem hab' ich Mitleid mit dir. Du bist sehr, sehr krank.«

»Warum?« schrie sie ihn an. »Bloß weil ich mich von dir nicht wie eine Nutte behandeln lasse, die du ein paarmal ficken und dann einfach wegschmeißen kannst? Ich werde schließlich die Mutter deines Kindes sein! Ich will ein bißchen Respekt von dir!«

»Du willst Respekt...?« Er brach ab, kehrte auf dem Absatz um und ging zur Tür. Jetzt war es genug. Er hatte einfach die Nase voll.

»Was machst du denn?« jammerte Alex. Sie stürzte hinter ihm her. »Es tut mir leid, Dan. Bitte, ich hab's nicht so gemeint«, bettelte sie. Sie holte ihn im Flur ein und packte ihn am Ärmel seines Mantels. »Bitte. Du darfst nicht gehen. Bitte, Dan. Bitte, laß mich nicht allein.«

Er schob sie weg und ging weiter auf die Tür zu. Sie hastete ihm nach, warf sich gegen ihn und versuchte, sich zwischen ihn und die Tür zu stellen.

»Ich werd' alles deiner Frau sagen«, schrie sie.

Irgend etwas in seinem Inneren klickte. Er packte sie an der Kehle und drückte sie gegen die Wand.

»Wenn du das machst«, preßte er heiser hervor, »bring' ich dich um. Das schwör' ich dir.« Seine Hand hielt ihre Kehle mit mörderischem Griff. Als er ihn lockerte, sank sie auf den Boden und schnappte nach Luft.

Gallagher machte einen Schritt über sie hinweg, öffnete die Tür und schlug sie hinter sich zu.

Er schwitzte und zitterte. Er lehnte sich mit dem Rücken gegen die Tür, um wieder Atem zu schöpfen. Plötzlich hämmerte Alex von innen dagegen. »Ich brauch' nur anzurufen, Dan«, kreischte sie. »Ich warne dich, ich verschwinde nicht so einfach aus deinem Leben!«

Gallagher wartete. Er hörte, wie sie sich wieder aufrappelte. Hörte ihre Schritte auf dem gebohnerten Fußboden, die sich schnell von der Tür entfernten. Er hörte, wie dann das Telefon von einem Tisch herunterfiel. Und wie Alex rief: »Das ist alles! 8 – 7 – 4 – 9 – 6.«

Sie schrie ihm seine Nummer entgegen, wählte sie.

Einen Augenblick Schweigen. Gallagher wartete, wartete darauf, daß sie seinem Leben ein Ende machte, daß Alex sagte: »Hallo, Beth, Alex Forrest am Apparat. Ich muß Ihnen da was sagen –«

Er zählte für sich, wie oft es klingelte, stellte sich vor, wie das Telefon bei ihm zu Hause läutete und wie Beth hineilte, um abzunehmen ... Aus der Küche kam, wo sie gerade das Essen für Ellen gemacht hatte, oder aus dem Bad, wo sie Ellen in der Wanne zurückließ ...

Aber er hörte nur die Stille, die von Alex' schwerem Atem durchbrochen wurde.

Dann knallte sie plötzlich den Hörer auf die Gabel. Sie mußte das Telefon aus der Wand gerissen haben. Dan hörte, wie es gegen die Tür krachte. Und dann hörte er Alex' gequälten Schmerzensschrei, der schließlich zu wildem, unkontrollierbarem Schluchzen wurde.

10

Das Geräusch ihres Schluchzens ließ Gallagher nicht mehr los. Abwechselnd rief es in ihm Mitleid, Angst und auch Erleichterung hervor, als wäre es das Zeichen nachlassenden Fiebers gewesen. Alex hatte aufgehört, ihn mit ihren Anrufen zu belästigen. Im Büro hatte sie ihn schon ein paar Wochen nicht mehr angerufen. Und auch zu Hause rief sie nicht mehr an, um sofort aufzuhängen, sobald jemand den Hörer abnahm. Schließlich kam der Tag des Umzugs.

An einem strahlenden Novembermorgen verließen sie die Stadt, um nach Bedford zu fahren. Die Bäume waren inzwischen fast kahl. Doch die Sonne war kräftig, und der Boden leuchtete von der flammenden Farbenpracht des abgefallenen Laubs. Entgegen der herbstlichen Jahreszeit vermittelte ihnen die Natur das Gefühl, als stünde sie auf ihrer Seite, als wäre es eine Zeit des Werdens und Wachsens und nicht des Verfallens und Sterbens. Ein neuer Anfang.

Im neuen Haus wurden Gallagher und die Seinen bereits von Beth' Mutter und den Möbelpackern erwartet. Quincy sprang aus dem Wagen und jagte sofort hinter einem imaginären Eichhörnchen oder Hamster her. Er rannte zur Rückseite des Hauses und purzelte in einer Ekstase von Freiheit die Böschung hinunter. Ellen duckte sich unter einer Couch hindurch, die die Möbelpacker gerade ins Haus trugen, und folgte ihm.

Gallagher legte in der Küche seine Jacke ab und wanderte erst einmal durch das ganze Haus, bevor er die Hemdsärmel hochkrempelte, um den Möbelpackern zu helfen. Er blieb kurz im Wohnzimmer stehen, wo Beth und Joan, bis zu den Knien in zerknülltem Zeitungspapier und Holzwolle stehend, die hölzernen Umzugskisten auspackten. Er schlang Beth die Arme um die Taille, worauf sie sich an ihn lehnte und seufzend seine Arme drückte.

»Welch ein Chaos«, sagte er mitfühlend.

»Das kann man wohl sagen.« Beth nickte in Richtung Eingangstür, wo sich zwei Möbelpacker mit einer Matratze abmühten. »Hilf den beiden lieber mal.«

»Ich halte es nach wie vor für eine unsinnige Idee, schon vor der Renovierung einzuziehen«, sagte Joan Rogerson. »Ihr hättet doch noch in eurer Wohnung bleiben können.«

Achselzuckend zog Beth ein altes Foto aus einer Kiste. »Dan konnte es nicht erwarten, aus New York wegzukommen.« Sie reichte Joan das Foto. »Bist du das eigentlich, Mom? Einfach süß!«

Zwischen Kartons und Kisten hindurch bahnte Dan sich einen Weg in die Eingangsdiele. Er schob einen Tisch beiseite, der den Möbelpackern im Weg war, und duckte sich unter der Matratze hindurch. Und als er gerade von draußen dabei half, die Matratze durch die Tür zu schieben, klingelte das Telefon. Von einer plötzlichen Vorahnung überfallen, blieb er wie angewurzelt stehen.

Beth sah zum Telefon hinüber, das auf der Treppe stand. Sie wollte eben darauf zugehen.

Im selben Moment schlüpfte Dan unter der Matratze hindurch ins Haus und stieß sich dabei an einem Tischbein den Kopf an. »Ich geh' schon dran!« Er rieb sich die schmerzende Stelle und stürzte auf das Telefon zu. »Bin schon dran.«

Verwundert über seine Eile, blieb Beth stehen.

Gallagher erreichte das Telefon nach dem vierten Läuten. Er riß den Hörer von der Gabel. »Hallo?!« stieß er mit einem fordernden Unterton hervor, um jedoch gleich darauf strahlend zu lächeln. »Alles in Ordnung«, rief er Beth zu. »Es ist Martha.« Er grinste bis über beide Ohren. »Martha! Martha, Sie sind's! Ja. Was gibt's? Es ist Martha«, rief er Beth nochmals zu. »Sie meldet sich nur, um mir meine Anrufe durchzugeben.«

Am Tag vor Ellens sechstem Geburtstag ließ Gallagher sich schließlich doch für ein Kaninchen erweichen. In der Mittagspause fuhr er im Taxi zu einer Tierhandlung in der Lexington Avenue, um dort den Inbegriff eines schlappohrigen, rotäugigen, flauschigen Kuscheltiers zu erstehen. Er nahm es in einem sündteuren, mit Papier ausgekleideten Käfig, der doppelt soviel gekostet hatte wie das Kaninchen, ins Büro mit.

Dann rief er Beth an. Er ließ es läuten und läuten. Je länger er darauf wartete, daß sie ans Telefon ging, desto mehr krampfte sich sein Magen zusammen. Er sah auf seine Uhr. Sie konnte doch nicht schon losgefahren sein, um Ellen von der Schule abzuholen; dazu war es noch zu früh. Sie hatte gesagt, daß sie sich an diesem Tag den Flur im oberen Stock vornehmen wollte. Sie hätte dort also die Wände streichen müssen. Das Telefon im Schlafzimmer war doch nur wenige Schritte entfernt. Nun hatte er es schon zum siebenten Male läuten lassen. Warum schaltete sich dann nicht der Anrufbeantworter ein?

»Hallo?« meldete sich Beth schließlich atemlos.

»Hallo Schatz. Wo hast du denn so lange gesteckt?« Er gab sich Mühe, sich seine Besorgnis nicht anmerken zu lassen. Und nachdem er sich mit seiner Frau kurz über den Fortgang der Renovierungsarbeiten unterhalten hatte, kam er gut gelaunt auf den eigentlichen Grund seines Anrufs zu sprechen. »Rate mal, was ich vor mir stehen habe?«

»Hast du dich doch dazu durchgerungen?« stieß sie aufgeregt hervor. »Das Kaninchen!«

»Ich habe es... entschuldige«, verbesserte er sich. »Ich habe *sie* eben in der Tierhandlung abgeholt.«

»Wie sieht sie aus?«

»Na, wie ein Kaninchen eben. Weiß, mit riesigen Schlappohren und kleinen Knopfaugen. Nein, sie sieht wundervoll aus. Bist du auch sicher, daß Ellen noch nichts davon weiß?«

»Nein, sie ist fest davon überzeugt, daß sie kein Kaninchen bekommen wird. Mein Gott«, entfuhr es Beth plötzlich. »Es ist schon fast drei. Ich muß jetzt los, um sie abzuholen. Und wie ich aussehe – mein Gesicht, mein Haar. Außerdem bin ich voller Farbe.«

»Hoffentlich haben davon auch die Wände im Flur etwas abgekriegt? Wie sieht es dort inzwischen aus?«

»Mit der Decke bin ich schon fast fertig. Es sieht einfach großartig aus, Dan. Ich bin richtig verliebt in unser Haus.«

»Und ich bin verliebt in dich. Miß Fluffy hier neben mir übrigens auch.« Er griff in den Käfig, um das Kaninchen zu streicheln. »Richte dem Geburtstagskind schon mal aus, daß ich heute früher nach Hause komme.«

Um fünf packte er seine Sachen zusammen.

»Richtig schnuckelig ist Ihre neue Freundin«, sagte Eunice, als er auf dem Weg nach draußen mit dem Käfig an ihrem Schreibtisch vorbeikam.

Er zeigte ihr das Kaninchen. »Darf ich Ihnen meinen neuen Partner vorstellen? Seien Sie übrigens vorsichtig, Eunice«, witzelte Gallagher. »Genauso wird es Ihnen auch ergehen, wenn Sie zu lange hierbleiben – man wird Sie irgendwann in einem Käfig raustragen. Stimmt's, Fluffy?«

Eunice turtelte eine Weile mit dem Kaninchen herum, als ihr plötzlich etwas einfiel. »Das ist für Sie abgegeben worden.« Sie reichte ihm einen kleinen, wattierten Umschlag. Er ließ ihn in seine Tasche gleiten, dankte ihr und verließ das Büro.

Das erste, was ihm etwas eigenartig vorkam, war, daß der Raum des Garagenwarts verlassen war. Vor einem leeren Stuhl lief ein kleiner, tragbarer Fernseher. »Hey, Joachin!« rief Gallagher. Als niemand antwortete, beugte er sich über den Schalter und nahm seinen Wagenschlüssel vom Haken.

Während er zum Lift ging, unterhielt er sich mit dem Kaninchen über Joachins Abwesenheit. Er betrat den Lift und drückte auf den Knopf zum dritten Stock.

Langsam fuhr der Lift an den halbleeren Parketagen entlang nach oben. Auf der zweiten Etage rief Gallagher wieder nach Joachin. Auch diesmal bekam er keine Antwort. Als er in der dritten Etage schließlich ausstieg, war ihm von der Stille etwas unheimlich zumute.

Als plötzlich die Alarmanlage eines Wagens in seiner unmittelbaren Nähe losging, zuckte Gallagher unwillkürlich zusammen. »Meine Güte, was ist denn nur in mich gefahren.« Und an das verängstigte Kaninchen gewandt: »Tut mir leid, Kleines. Was riecht denn hier so eigenartig? Sag bloß, das bist du?!«

Grinsend bog Gallagher um die Ecke, um jedoch unverzüglich stehenzubleiben. Sein Grinsen gefror zu einer grotesken Grimasse. Vor ihm stieg eine giftig zischende, ätzend gelbe Dampfwolke von seinem Wagen auf.

Kaum seinen Augen trauend, trat Gallagher vorsichtig näher. Der Lack seines Autos warf Blasen und war an manchen Stellen bereits ganz abgeblättert. Und auch das Metall darunter löste sich bereits auf und troff als widerwärtig zähflüssige Masse über die Fenster.

Der Gestank war unerträglich. Salzsäure. Der ganze Wagen war damit übergossen worden und wurde unter zischender Dampfentwicklung langsam zerfressen.

Gallagher bemerkte über sich das Huschen eines Schattens. Als er aufsah, erhaschte er noch einen flüchtigen Blick auf einen Wirbel dunklen Stoffs, eines Mantels oder Kleids. Und dann vernahm er nur noch das in der Tiefe der Garage verhallende Stakkato rascher Schritte. Er wußte sofort, wer der Urheber dieser Wahnsinnstat gewesen war. Noch bevor er das Huschen des Schattens bemerkt und die Schritte gehört hatte, wußte er, daß dahinter nur Alex Forrest stecken konnte. Gallagher stand im Dunkel der Garage und tobte vor hilfloser Wut.

Doch als er dann über den Sinn dieser Wahnsinnstat nachzudenken begann, befiel ihn mit einemmal heftige Panik. Sollte das Ganze etwas mit Ellens Geburtstag zu tun haben? Hatte Alex sich dafür mit Absicht diesen Tag ausgesucht? War das Ganze nur Zufall gewesen, oder hatte sie ihn daran zu hindern versucht, an diesem Abend rechtzeitig nach Hause zu kommen?

Gallagher stürzte ans nächste Telefon. Zu Hause war alles in Ordnung, versicherte ihm Beth. Allerdings war sie wegen des Wagens in Sorge.

»Wie konnte er in Brand geraten, Dan?« fragte sie. »Das verstehe ich nicht.«

»Irgendein Kurzschluß«, erwiderte er. »Es muß irgendwo einen Kurzschluß gegeben haben. Der Wagen ist völlig ausgebrannt. Ich werde mich hier um alles weitere kümmern, und dann nehme ich mir einen Leihwagen. Ich sehe zu, daß ich so bald wie möglich nach Hause komme.«

Als Gallagher im Büro der Leihwagenfirma auf der Suche nach Wechselgeld seine Taschen durchwühlte, stieß er auf das Päckchen, das im Büro für ihn abgegeben worden war. Er wog es in der Hand, um es schließlich auf den Beifahrersitz seines Mietwagens zu werfen. Dann stieg er ein und fuhr los.

Er würdigte das Päckchen keines Blickes, bis er in eine Verkehrsstockung geriet. Erst jetzt griff er danach, um es, einer plötzlichen Eingebung folgend, aufzureißen. Es enthielt eine Tonbandkassette, auf die geschrieben war: SPIEL MICH. Gallagher starrte eine Weile auf die Schrift. Als hinter ihm jemand hupte, ließ der den Wagen wieder an und schob die Kassette in den Autorecorder.

Hallo, Dan. Überrascht? Vermutlich dachtest du, du konntest dich ganz einfach aus der Affäre ziehen. So weit hast du mich also gebracht.

Der Klang von Alex' Stimme versetzte Gallagher in heftige Wut. Verzweifelt drückte er auf die Stopptaste. Er biß die Zähne zusammen. Seine Finger krampften sich um das Lenkrad. Seine

Wut nahm bedrohliche Ausmaße an. Sie pochte in seinem Kopf und im Magen. Am liebsten wäre er an den Straßenrand gefahren, um dort eine Weile anzuhalten. Er warf einen Blick in den Rückspiegel, und dann bildete er sich plötzlich ein, sie zu sehen. Sie saß in einem dunklen Scirocco, zwei Wagen hinter ihm in der nächsten Spur.

Das gab ihm den Rest. Als der Wagen neben ihm hupte, merkte er, daß er zu weit links fuhr. Er ordnete sich wieder in seine Spur ein. Als er darauf wieder in den Spiegel sah, war der Scirocco zurückgefallen. Ein Kombi, der hinter ihm ausgeschwenkt war, versperrte ihm die Sicht. Und bis ihn der Kombi überholt hatte, war der Scirocco verschwunden. Gallagher streckte die Hand aus und schaltete den Kassettenrecorder wieder ein.

Du hast dich getäuscht.

War sie etwa zu seinem Haus unterwegs? Wußte sie, wo sie inzwischen wohnten? Er sah noch mehrmals in den Rückspiegel, aber Alex, falls sie es gewesen war, war nicht mehr zu sehen.

In mir wächst ein Teil von dir heran. Ja, so ist es, Dan. Und deshalb solltest du besser lernen, dich darauf einzustellen.

Während die bedrohliche Stimme weitersprach, schickte Gallagher ein verzweifeltes Stoßgebet zum Himmel. Laß es bei dem Wagen bleiben, flehte er. Laß es dabei bleiben... was auch immer es gewesen sein mag – eine spontane Verzweiflungstat oder ein Akt wahnsinniger Rache. Damit kann ich noch leben, ohne dieses lächerliche Stück Blech. Ich bitte dich nur um eines, gütiger Gott; laß mich schnell nach Hause kommen und meine Familie dort heil und gesund antreffen.

Als auf dem Rücksitz das Kaninchen in der Papierauskleidung seines Käfigs raschelte, zuckte Gallagher heftig zusammen. Er schüttelte den Kopf und versuchte sich wieder auf das Band zu konzentrieren. Vielleicht erfuhr er daraus, was sie wollte, was sie vorhatte...

Ihre Stimme veränderte sich. Sie klang mit einemmal einsam und sehnsüchtig.

Ach, Dan, ich kann dich spüren. Ich kann dich schmecken. Und ich denke an dich, ich fühle dich... Kannst du das verstehen? Verstehst du das?

Nach einer Weile seufzte sie. Als sie schließlich wieder zu sprechen begann, war ihre Niedergeschlagenheit wieder der Wut gewichen.

Ich bitte dich hiermit, dir deiner Verantwortung bewußt zu werden! Du wirst Vater. Ein Vater hat seinem Kind gegenüber gewisse Verpflichtungen... Ich bitte dich nur darum, dich verantwortungsbewußt zu verhalten. Ist das etwa zuviel verlangt? Ich glaube doch eigentlich nicht!

Gallagher gewann beim Zuhören den Eindruck, daß sie sich mehr und mehr in die Sache hineinsteigerte. Ihre Sprechweise wurde undeutlich. Sie beschimpfte ihn. Gleichzeitig gestand sie ihm ihre Liebe. Sie gab sich Mühe, vernünftig und einsichtig zu klingen, was ihr jedoch immer nur für wenige Sekunden gelang.

Schließlich schaltete Gallagher das Abspielgerät aus, nahm die Kassette heraus und steckte sie in seine Tasche. Er bog in die Zufahrt zum Haus und hielt an, um dann noch ein paar Sekunden im Wagen sitzen zu bleiben. Als er seine Fassung einigermaßen wiedererlangt hatte, nahm er den Kaninchenkäfig vom Rücksitz. Dabei erhaschte er einen flüchtigen Blick auf einen Wagen, der gemächlich an der Einfahrt vorüberglitt, um jedoch gleich darauf hinter den Bäumen entlang der Straße zu verschwinden. Er bildete sich ein, daß es ein ausländischer Wagen gewesen war. Konnte es der Scirocco von eben sein? Er sah rasch zum Haus hoch. Es lag friedlich da. Im Erdgeschoß brannten die Lichter. Er sah Beth an der Fensterfront des Wohnzimmers vorbeigehen. Sie trug ein Glas Milch. Als sie sich bückte, verlor er sie hinter den Silhouetten der Sträucher vor dem Fenster aus den Augen.

Sobald er das Haus betreten hatte, sah er, daß Beth und Ellen vor dem Feuer im Kamin auf dem Boden knieten und ein riesiges Puzzle zusammensetzten. Ellen war bereits im Schlafanzug, fertig fürs Bett.

»Hey, was muß man bei euch eigentlich anstellen, um zur Begrüßung wenigstens einen anständigen Kuß zu bekommen?« fragte Gallagher heiter.

»Daddy!« Ellen sprang auf. Und dann sah sie das Kaninchen. Sie bekam vor ungläubigem Staunen riesengroße Augen. Und dann hielt sie sich, völlig außer Atem, ihre rosige Kinderhand vor den Mund. »Ein Kaninchen«, stieß sie schließlich fassungslos hervor.

»Das habe ich zufällig auf der Fahrt nach Hause getroffen«, erklärte Gallagher, als er den Käfig absetzte. »Es ist per Anhalter gefahren und hat mich gefragt, ob ich ein sechsjähriges Mädchen namens Ellen kenne. Und so habe ich es mitgenommen.«

»Ach, du!« Ellen stürzte sich in seine ausgestreckten Arme. Nachdem sie ihren Vater zärtlich umarmt hatte, beugte sie sich über den Kaninchenkäfig. »Ach, ist das süß«, hauchte sie. »Mami, komm doch mal her und sieh dir das an.«

Beth bedachte Gallagher mit einem strahlenden Blick. Er lächelte zurück. Er war erschöpft, aber gab sich redlich Mühe, sich seine Anspannung nicht anmerken zu lassen. Es war, als hätte der Anblick seiner Familie, das Wissen, daß ihnen nichts fehlte, seinem Verstand und seinem Körper wieder die Erlaubnis erteilt, irgend etwas zu fühlen. Und was er spürte, war unendliche Müdigkeit.

»Ich werde das Kaninchen Whitey nennen.«

Gallagher zog seinen Mantel aus, um ihn in den Lehnsessel neben dem Fenster zu werfen. »Es ist übrigens eine Sie, mein Schatz«, erklärte er Ellen. Und dann blieb er wie angewurzelt stehen. Seine Nackenhaare stellten sich auf.

Durch das dunkle Fenster sah er ein Gesicht. Draußen im Mondlicht stand jemand und beobachtete ihn.

Angst ließ sein Herz schneller schlagen. Seine Gedanken überstürzten sich. Alex Forrest war ihm also tatsächlich nach Hause gefolgt. Sie stand da draußen, gleich hinter den Büschen zwischen dem Haus und der großen Ulme auf dem Rasen. Sie bewegte sich auf ihn zu, näherte sich dem Fenster.

Unvermutet trat Beth ans Fenster und zog die Vorhänge zu. Gallagher drehte sich um und dachte, sie würde gleich sagen: *Ruf die Polizei an, Dan. Schnell!* Doch sie lächelte ihn nur in aller Seelenruhe an. Doch dann verflog ihr Lächeln, und sie fragte besorgt: »Was hast du denn?«

»Ach, nichts.« Er versuchte zu lächeln.

»Du siehst richtig müde aus. Hast du Hunger?«

Erst als sie zum Essen um den Tisch versammelt waren, wurde ihm klar, was passiert war. Er hatte Beth gesehen. Sie war aufs Fenster zugetreten, um die Vorhänge zuzuziehen; er hatte in dem dunklen Fenster *ihr* Spiegelbild erblickt und sich in seinem überspannten Zustand eingebildet, jemand wäre im Garten gewesen. Eine Frau natürlich. Alex.

Er brauchte dringend Schlaf. Erst würde er ausgiebig und heiß duschen und dann lange schlafen. Aber vorher wollte er sich noch die Kassette zu Ende anhören. Er mußte herausfinden, was Alex wollte – warum sie seinen Wagen zerstört hatte – und was sie als nächstes vorhatte.

Also ging Gallagher nach dem Abendessen in sein Arbeitszimmer hinauf, das ihm Beth mit viel Liebe im Dachboden eingerichtet hatte. Er setzte sich an seinen Schreibtisch, stülpte sich die Kopfhörer über und nahm Alex' Kassette aus seiner Jackentasche. Alles um ihn herum war still, als das Band zu laufen begann:

... du dachtest, du könntest einfach mir nichts, dir nichts in mein Leben eindringen und es auf den Kopf stellen, ohne nur einen Gedanken an die anderen Beteiligten zu verschwenden. Weißt du, was du bist ...?

Die Worte kamen Alex nur schwer über die Zunge; sie lallte leicht.

... Du bist ein mieser Wichser, Dan. Ich möchte wetten, daß du gar nicht wirklich auf Frauen stehst. Vermutlich machen sie dir sogar angst. Ich tue das auf jeden Fall. Huuh! Paß auf, daß du nicht gleich einen Herzinfarkt bekommst, du mieser Saftsack...

Gallagher starrte geradeaus vor sich hin und hörte weiter zu.

Mich verläßt keiner, du Drecksack! Mich setzt keiner vor die Tür. Bei mir werden sie auf einer Bahre rausgetragen. Frag doch mal meinen Scheißvater, dieses blöde Arschloch. Ich habe ihm den Tod gewünscht. Und weißt du was, Dan? Er ist auch tatsächlich abgekratzt. Direkt vor meinen Augen. Weil ich ihm den Tod gewünscht habe!

Beth legte ihm die Hände auf die Schultern. Er zuckte zusammen. Er hatte sie nicht die Treppe heraufkommen hören. Er riß sie die Kopfhörer herunter und drückte auf die Stopptaste.

»Mein Gott, hast du mich eben erschreckt.«

Er hatte auch ihr einen leichten Schreck eingejagt. »Entschuldige.« Sie wich einen Schritt zurück. »Ich habe mich nur gewundert, was du noch hier oben machst...«

»Ach so.« Er rieb sich die Brust. »Ich habe mir nur noch eine... Zeugenaussage angehört. Vermutlich bin ich wegen des Wagens noch etwas durcheinander. Ich kann noch nicht so recht abschalten...«

Beth lächelte. »Was hältst du von einer Rückenmassage?« Sie legte ihm ihren Arm um die Schulter und führte ihn zur Treppe. »Eine Rückenmassage und ein Brandy – und gleich ist alles vergessen«, redete sie ihm gut zu.

11

Am nächsten Morgen stand Gallagher schon früh auf. Quincy folgte ihm winselnd auf den Fersen, als er nach unten ging. Er ließ den Hund ins Freie und sah ihm von der Tür noch eine Weile nach.

Er hatte nicht gut geschlafen. Das Band war ihm ziemlich nahe gegangen. Inzwischen stand für ihn außer Zweifel, daß Alex Forrest psychisch gestört war und daß die Wahnsinnstat tags zuvor in der Garage nur auf ihr Konto gehen konnte. Gallagher war sich im unklaren darüber, wozu diese Frau sich vielleicht noch hinreißen lassen würde – jedenfalls mußte er etwas unternehmen.

Er hatte keine Lust, den Rest seines Lebens oder auch nur die nächste Woche damit zuzubringen, voller Angst abzuwarten, was sie als nächstes tun würde. Er hatte etwa drei Stunden geschlafen, und im Morgengrauen war er schließlich zu einer Art Entscheidung gelangt.

Während Quincy schnüffelnd, bellend und tollend den neuen Tag begrüßte, ging Gallagher wieder nach oben, um zu duschen, sich zu rasieren und fürs Büro anzuziehen. Beth drehte sich im Bett um. Er sagte ihr, daß es für sie noch zu früh zum Aufstehen wäre; er müßte jedoch schon früh in die Kanzlei, da dort eine Menge Arbeit auf ihn wartete; außerdem wollte er vorher noch in der Garage vorbeifahren, um nach seinem Wagen zu sehen.

Natürlich würde er sich nicht mehr um den Wagen kümmern müssen; der lag längst auf einem Autofriedhof. Totalschaden. Gallagher öffnete die Eingangstür, um Quincy ins Haus zu rufen. Aber der Hund wollte spielen. Er rannte auf das Haus zu und blieb kurz davor stehen. Winselnd und schwanzwedelnd bettelte er Gallagher an, ihm im Garten Gesellschaft zu leisten. Als das nichts nutzte, rannte er davon und verschwand in den Büschen vor dem Wohnzimmerfenster.

»So komm doch endlich«, rief Gallagher dem Hund nach, um sich dann doch von ihm in den neuen Morgen hinauslocken zu lassen. Er hob den abgenagten Tennisball auf, der neben dem Zugang zum Haus im Gras lag, und warf ihn in den Garten. Begeistert schoß Quincy dahinter her.

Gallagher genoß diesen Moment der Normalität, die frische

Morgenluft, die ländliche Geräuschkulisse und das betaute Herbstgras, auf dem Quincy herumtollte. Als er auf dem Rasen ein Stück zusammengeknülltes Papier entdeckte, schritt er, ganz der neue Hausherr, auf diesen Stein des Anstoßes zu.

Er fand in den Büschen vor dem Wohnzimmerfenster mehrere Papiertaschentücher, und als er sich bückte, um sie aufzusammeln, entdeckte er, daß jemand sich auf den Rasen übergeben hatte. Sein erster Gedanke war, daß Quincy Gras oder Schlimmeres gefressen hatte und daß ihm davon übel geworden war.

Doch dann fielen ihm die Papiertaschentücher wieder ein. Er mußte über sich selbst lachen. Quincy war zwar gewiß ein kluger Hund, aber doch nicht so klug, daß er sein eigenes Erbrochenes weggeputzt hätte...

Kopfschüttelnd ließ Gallagher es auf sich beruhen.

Erst als er zwanzig Minuten später von der Zufahrt in die Straße vor dem Haus einbog, fielen ihm die Papiertaschentücher wieder ein. Und diesmal ließen sie eine entsetzliche neue Erklärungsmöglichkeit vor ihm entstehen. Er hatte sich schon des öfteren Gedanken gemacht, wie leicht zugänglich ihr großes Wohnzimmerfenster für Voyeure und sonstige Eindringlinge war, ihm fiel wieder ein, wie Beth am Abend zuvor die Vorhänge zugezogen hatte, welchen Schreck ihm ihr Spiegelbild in der dunklen Fensterscheibe eingejagt hatte. Ihm fiel ein, daß er es ursprünglich für Alex gehalten hatte. Und hatte er die Papiertaschentücher nicht genau an der Stelle entdeckt, wo er sie am Abend zuvor gesehen zu haben glaubte.

Gallagher fuhr an der nächsten Ausfahrt vom Highway und direkt zur Polizeiwache von Bedford.

Er wußte selbst noch nicht, was er dort erzählen sollte. Jedenfalls ertappte er sich schließlich dabei, wie er sich eine ziemlich an den Haaren herbeigezogene Geschichte von einem Mandanten zurechtlegte. »Mein Mandant verlangt, daß das endlich ein Ende nimmt«, hörte er sich zu dem aufregend ruhigen und lakonischen Lieutenant der örtlichen Polizeiwache sagen. »Diese Belästigungen können nicht so weitergehen.«

»Und er ist sicher, daß diese Frau seinen Wagen zerstört hat?« Der Polizist, bei dem es sich dem Namensschild auf seinem Schreibtisch zufolge um Detective Lieutenant Russo handelte, taxierte Gallagher nachdenklich. Er war ein sympathisch wirkender Mann Mitte Vierzig mit graumeliertem Haar und ausdrucksvollen, dunklen Augen.

»Natürlich«, erwiderte Dan leicht verwirrt. »Wer denn sonst?«

»Gibt es Zeugen für die Tat?« wollte Russo wissen.

»Nein...«

»Tja.« Der Lieutenant beugte sich vor und verschränkte seine Hände auf der Schreibtischplatte. »Ihr Mandant kann natürlich gern Anzeige erstatten, wenn er möchte. Ohne Zeugen und ohne sonstige Beweise können wir allerdings herzlich wenig in dieser Angelegenheit unternehmen.«

»So hören Sie doch, Lieutenant. Diese Frau ist absolut unberechenbar. Kein Mensch kann sagen, was sie als nächstes noch anstellen wird.«

Russo nickte. Und als er merkte, daß Dan nichts weiter sagen wollte, erklärte er: »Wir können doch nicht einfach irgendwelche Leute verhaften, und das nur aufgrund dessen, was sie möglicherweise tun könnten. Das muß ich doch hoffentlich gerade Ihnen nicht erst sagen, Herr Anwalt.«

»Ich bitte Sie doch nicht darum...« Gallagher versuchte erst einmal wieder einen klaren Kopf zu bekommen. »Ich bitte Sie doch gar nicht darum, sie zu verhaften.« Langsam erlangte er seine Fassung wieder. »Er möchte doch nur, daß sie gewarnt wird.«

Der Lieutenant nickte neuerlich – verständnisvoll wie ein Sozialarbeiter. »Wir könnten natürlich mal mit der Dame sprechen«, erklärte er sich ohne große Begeisterung bereit. »Allerdings würde das Ganze damit nur an die große Glocke gehängt, was nicht unbedingt im Interesse Ihres Mandanten liegen dürfte. Unter Umständen könnte sich die Situation dadurch nur noch mehr zuspitzen.«

»Wie meinen Sie das?«

»Na ja, vermutlich dürfte diese Frau ihren Ärger inzwischen abreagiert haben. Wenn wir nun allerdings gegen sie vorgehen, könnte sie das nur zu neuen Racheaktionen anstacheln.«

»Und wenn sie sich noch nicht ›abreagiert‹ hat? Was dann?« Gallagher wurde um so nervöser und ärgerlicher, je weniger Russo sich aus der Ruhe bringen ließ.

»Er muß sie eben auf frischer Tat ertappen«, erklärte der Lieutenant kurz und bündig. »Dann können wir gegen die Frau vorgehen.«

Dan beugte sich vor. »Wollen Sie damit sagen... der gute Mann soll einfach nur dasitzen und abwarten, bis sie wieder zuschlägt?«

Russo sah Gallagher eine Weile wortlos an. Um so beredter brachte jedoch sein zaghaftes Lächeln zum Ausdruck, daß er genau wußte, wer dieser ›Mandant‹ war. Schließlich sagte er. »Ich fürchte, ja, Mr. Gallagher. Denn wie man sich bettet, so liegt man.«

Das war am Dienstagmorgen. Die Worte des Lieutenants ließen Dan den ganzen Tag und auch die Nacht über nicht mehr los, als er feststellen wußte, daß der Vergleich des Lieutenants grausige Wirklichkeit geworden war – er hielt es tatsächlich nicht in seinem Bett aus. Er konnte sich darin zwar herumwälzen und unruhig aufsetzen und abwesend in den Fernseher starren, aber an Schlaf war nicht zu denken. Und obwohl er sich verzweifelt bemühte, seinen Arbeitsrückstand bei der Bearbeitung des Falls Rogers gegen Winitsky aufzuholen, war er nicht mehr imstande, sich zu konzentrieren – weder an seinem Schreibtisch auf dem Dachboden noch in seinem Büro in der Kanzlei.

Bis Freitag sah er auch so aus, wie er sich fühlte – krank vor

Sorgen und Erschöpfung, nervös und reizbar, in die Enge getrieben. Er saß neben Arthur Ashley am Kopfende des langen Mahagonitisches im Hauptsitzungsraum von Goodman & Hurst und trommelte unruhig mit den Fingerspitzen auf die Tischplatte, während Arthur seinen Fall vortrug.

Als Arthur mit seinen Ausführungen zu Ende war, ließ er seinen Blick Zustimmung heischend über die Runde der versammelten Anwälte gleiten, die sich einmal monatlich in diesem Raum trafen, um ihre Strategie für die jeweils anliegenden größeren Fälle zu besprechen.

»Und was nun den Fall Rogers gegen Winitsky betrifft«, fuhr Arthur mit einem Nicken in Richtung Gallagher fort, »glaube ich, daß Dan mit einer wirklich blendenden Idee aufwarten kann. Die Sache ist zwar mit gewissen Risiken verbunden, aber ich finde, sie ist den Einsatz wert. Doch das soll Ihnen am besten gleich mal Dan selbst auseinandersetzen.«

Arthur hatte damit Gallagher das Wort erteilt, der abrupt aus seinen Gedanken hochschreckte. »Äh, natürlich.« Und während Dan seinen Aktenkoffer aufklappte, wurde ihm bewußt, daß er das schon vorher hätte tun sollen, als noch nicht aller Aufmerksamkeit auf ihn gerichtet gewesen war. »Besten Dank, Arthur. Lassen Sie mich also, um Sie über den Fall Winitsky ins Bild zu setzen, kurz rekapitulieren...«

Woran hatte er eigentlich die ganze Zeit gedacht? Er durfte sich doch hier vor versammelter Mannschaft keinen Schnitzer erlauben. Seine zukünftige Karriere stand auf dem Spiel.

»Rogers beschuldigt Winitsky, einen ganzen Absatz plagiiert zu haben, der – äh – natürlich von – äh – Winitsky ist.«

Er wühlte nervös in seinem Aktenkoffer nach seinen Unterlagen, die er, wie ihm mit Entsetzen bewußt wurde, möglicherweise sogar vergessen hatte. Und zwar nicht nur auf seinem Schreibtisch zwei Stockwerke tiefer, was zwar peinlich, aber doch in gewisser Weise entschuldbar gewesen wäre. Nein, er hatte sie zu Hause liegengelassen. Neben dem Bett, wo er sie am

Abend zuvor wütend auf den Nachttisch geknallt hatte, bevor er nach unten gegangen war, um unruhig im Wohnzimmer auf und ab zu wandern und immer wieder aus dem Fenster zu starren, ob auch wirklich niemand draußen im Dunkeln stand und ihn und seine Familie belauerte.

»Es tut mir schrecklich leid, Arthur, aber wie es scheint, habe ich die Unterlagen... ich habe sie anscheinend nicht bei mir... sie sind...«

Aller Blicke waren auf ihn gerichtet. Arthur machte keinen Hehl aus seinem Ärger. »Dan, ich bitte Sie. Wir treffen uns immerhin nur einmal im Monat!«

Gallagher bekam feuchte Handflächen. Seine Hände zitterten. Sein Blick wanderte von einem der am Tisch Versammelten zum anderen. Nicht ein Lächeln, nicht ein mitfühlendes Achselzucken oder ein Funke von Verständnis. Die Creme de la Creme der Anwaltskanzlei Miller, Goodman & Hurst war in Ungeduld und Verärgerung gegen ihn vereint.

»Ich weiß, Arthur«, erklärte Gallagher und klappte seinen Aktenkoffer wieder zu. »Mir ist ein bedauerliches Versehen unterlaufen. Es tut mir leid.« Er wandte sich den wartenden Kollegen zu. »Es tut mir leid«, wiederholte er noch einmal.

Arthur nickte ihm knapp zu und blätterte in seinen Unterlagen, um sich dem nächsten Fall zuzuwenden.

Beth spürte, daß etwas mit ihm nicht stimmte. »Hängt es mit dem Haus zusammen, Dan?« fragte sie am Samstagmorgen. »Hast du dich dabei von mir überfahren gefühlt? Ich wollte eigentlich noch eine Weile warten, bis wir uns hier etwas besser eingelebt haben, bevor ich mich nach einer Stelle als Lehrerin umgesehen hätte, aber wenn du meinst...«

»Nein«, fiel er ihr ins Wort. »Ich habe nur im Augenblick sehr viel Arbeit. Und dazu kommt noch, daß ich mich im Moment auch gesundheitlich nicht so recht auf dem Damm fühle – als wäre eine Grippe im Anzug. Aber es ist wirklich nichts Ernsthaftes, Beth.«

»Vielleicht solltest du heute besser zu Hause bleiben«, schlug Beth daraufhin vor.

»Wo denkst du hin?« Gallagher schaffte es immerhin, sich ein heiteres Gelächter abzuringen. »Ich werde mir doch einen Besuch bei deinen Eltern nicht entgehen lassen!« Von seiner plötzlichen, wenn auch gekünstelten Heiterkeit beflügelt, steigerte Gallagher sich in einen regelrechten Ausbruch von Energie und guter Laune hinein. »Ich kann es kaum erwarten. Wo steckt eigentlich Ellen? Los, fahren wir nach Bedford.«

»Na, wo wohl?« erwiderte Beth lachend und umarmte ihn. »Sie ist eben in die Garage gegangen, um ein paar Karotten für Whitey zu holen. Sag ihr doch schon mal Bescheid, während ich noch nach oben gehe und den Hut hole.«

»Welchen Hut?«

»Na, für die Aufführung. An Thanksgiving. Hast du das denn ganz vergessen? Für Ellens Auftritt als John Aldon.«

»Ach natürlich. *Den* Hut. Warum hast du das nicht gleich gesagt?« Damit ging er zum Hinterausgang, um Ellen zu rufen.

Seine Tochter rannte gerade, von Quincy dichtauf gefolgt, durch den Garten. Sie hatte mehrere Karotten in den Händen.

»Hier, Whitey! Hier, Whitey!« lockte sie, als erwartete sie, das eingesperrte Kaninchen könnte ihr entgegenkommen.

Gallagher folgte ihr und blieb in einigem Abstand stehen, um sie zu beobachten. Ellen kauerte nieder und spähte in den windschiefen Holzverschlag, den er und Jimmy am Mittwochabend zusammengezimmert hatten. Da Hildy zu Besuch bei ihrer Mutter in Florida war, hatte Jimmy Lawrence Dan vorgeschlagen, ihn doch zum Abendessen einzuladen. Dan wußte natürlich, daß dies eine gutgemeinte Geste von Jimmy war, dem nur zu deutlich bewußt war, wie schlimm es um Gallagher stand. Beth war jedenfalls begeistert gewesen, als der immer gutgelaunte Jimmy anrückte.

»Daß du auch schön brav ist, Whitey, bis wir wieder zurück sind«, ermahnte Ellen das Kaninchen. »Wir fahren jetzt zu

Oma. Allerdings können wir dich noch nicht mitnehmen. Aber wenn du schön brav bist, darfst du auch mal mit, wenn du größer bist. Stimmt's, Quincy? Als Quincy noch klein war, mußte er auch zu Hause bleiben.«

»Wir müssen jetzt los, mein Schatz«, sagte Gallagher.

»Sag Whitey auf Wiedersehen, Papi!«

»Bis dann also, Langohr«, verabschiedete Gallagher sich von dem Kaninchen, um sich dann wieder an Ellen und Quincy zu wenden. »Und jetzt beeilt euch gefälligst.«

Im Haus der Schwiegereltern saß Gallagher mit Howard in der Sitzecke des geräumigen Wohnzimmers und unterhielt sich mit seinem Schwiegervater bei einem Drink über die alten Zeiten. Howards Kriegsgeschichten waren immer eine willkommene Ablenkung, und so spürte Gallagher, wie er sich langsam zu entspannen begann.

Dennoch behielt er Beth und Ellen ständig im Auge. Das war ihm inzwischen in Fleisch und Blut übergegangen. Er wollte immer wissen, wo sie waren und wie es ihnen ging. Er mußte sich richtig zusammenreißen, um tagsüber nicht zu oft zu Hause anzurufen. Darüber hinaus mußte er sich auch noch für jeden Anruf eine plausible Ausrede einfallen lassen.

Doch an diesem Tag war das anders. Jetzt waren sie alle zusammen – glücklich und in Sicherheit. Im Hintergrund konnte er seine Tochter ihre Rolle für die Schulaufführung proben hören.

»Dein Wagen ist ja noch immer nicht fertig«, sagte Howard unvermutet.

Darauf war Gallagher nicht vorbereitet gewesen. Doch als er nun seinem Schwiegervater einen erstaunten Blick zuwarf, sah er, daß dieser auf den Leihwagen hinausschaute, der vor dem Haus stand.

Gallagher nahm einen Schluck von seinem Scotch. »Er ist als Totalschaden eingestuft worden. Die gesamte Elektrik ist durchgeschmort.«

»Na, so was.« Howard schüttelte den Kopf. »Diese ausländischen Autos.«

»Beth, mein Schatz.« Joan reichte Beth eine Tasse Tee.

»Danke.« Beth stellte die Tasse neben sich ab, um sich wieder Ellen zuzuwenden. »Willst du es noch mal aufsagen?«

»Aber Mami«, protestierte Ellen leicht gereizt. »Ich kann doch den Text.«

»Na gut, dann laß mal hören.«

Ellen war sofort Feuer und Flamme. Sie räusperte sich. »Also gut. ›Liebe Pussilla – Miles hat mich gebeten...‹«

»...dich zu fragen«, soufflierte Beth.

»›Dich zu fragen, ob du ihn heiraten willst.‹«

»Sehr gut! Und jetzt mit dem Hut.«

Ellen setzte den Hut auf, den sie in der Schule gemacht hatte. Er war ihr etwas zu groß und rutschte auf ihre Ohren herab. Sie hielt ihn mit einer Hand fest und verbeugte sich tief. In angestrengter Konzentration kam in ihrem rechten Mundwinkel ihre Zungenspitze zum Vorschein.

Ellens Eifer und Ernsthaftigkeit rührten Gallagher fast zu Tränen. Ein überwältigendes Gefühl der Liebe und Zuneigung sowie der Bewunderung und des Stolzes wallte in ihm auf.

»›Liebe Pussilla. Miles hat mich gebeten, dich zu fragen, ob du ihn heiraten willst.‹«

»Großartig!« lobte sie Beth. »Das hast du sehr gut gemacht.«

»Ellen?« rief Gallagher nach seiner Tochter. »Komm doch mal her... und gib mir einen Kuß.«

Voller Stolz rannte Ellen auf ihn zu. Er hob sie hoch und drückte sie fest an sich. Und dann füllten seine Augen sich in einem plötzlichen Gefühlsüberschwang mit Tränen. Obwohl er sich rasch abgewandt hatte, waren sie Beth nicht entgangen.

»Alles okay?« flüsterte sie und faßte ihn am Arm.

»Ja, alles okay«, erwiderte er leise.

»Daddy«, beschwerte sich Ellen. »Du zerquetscht mich ja fast.«

»Ich mache mir deinetwegen Sorgen«, sagte Beth, als sie vor dem Haus hielten. »Ich finde, du solltest zum Arzt gehen. Laß dir doch einen Termin bei Jeff Weissman geben. Du siehst wirklich mitgenommen aus, Schatz.«

»Besten Dank«, erwiderte Gallagher spöttisch.

»Nein, ich meine es ernst.«

»Okay.«

Sie lächelte. »Na, siehst du. Hey!« Beth sprang aus dem Wagen und eilte Ellen hinterher, die bereits zu Whiteys Käfig davongestürzt war. »Paß auf deinen Hut auf! Sonst schnappt ihn dir Quincy vom Kopf!«

Gallagher blieb noch eine Weile im Wagen sitzen. »Könntest du bitte den Werkzeugkasten aus der Garage mitnehmen, wenn du ins Haus kommst«, rief ihm Beth zu.

»Wird gemacht.« Er öffnete die Tür.

»Mami! Mami!« hörte er in diesem Augenblick Ellen plötzlich schreien. Gallagher sprang aus dem Wagen und rannte hinters Haus.

»Ellen?« rief er aufgeregt. »Was ist denn? Ich komme doch schon.«

Sie rannte vom Kaninchenkäfig die Böschung hoch. »Daddy! Whitey ist weg!« heulte sie los.

Gerade als er Ellen erreichte, drang ein gellender Schrei aus dem Haus. Gallagher wirbelte herum und stürzte auf den Hintereingang zu. »Beth?! Beth, fehlt dir auch nichts?!« stieß er atemlos hervor. Er rannte durchs Haus zur Küche und blieb abrupt stehen.

Beth stand kreischend mitten in der Küche. Sie hatte das Gesicht in ihren Händen vergraben. Sie zitterte am ganzen Körper und schrie unaufhörlich.

»Was hast du denn? Beth, was ist passiert?«

Er hörte ein blubberndes, gurgelndes Geräusch. Als er sich darauf zum Herd herumdrehte, sah er, was auch Beth gesehen hatte.

Ellens Kaninchen. Aus einem riesigen Topf mit kochendem Wasser starrten ihm Whiteys glasige Augen entgegen. Erst nach einer Weile fiel sein Blick auf die Karotten. In dem brodelnden Wasser schwammen zusammen mit dem Kaninchen in grotesker Nachahmung eines Eintopfs kleine Karottenstückchen.

Es war kurz vor Mitternacht, als Ellen sich schließlich in den Schlaf geschluchzt hatte. Nachdem Dan das Kaninchen im hinteren Teil des Gartens begraben hatte, war er ins Haus gegangen, um Beth abzulösen.

Sie hatte es irgendwie geschafft, Ellen zu baden und ins Bett zu stecken. Er küßte seine Frau auf die Stirn, worauf sie mit einem gequälten Lächeln aufstand. »Ich gehe mal kurz unter die Dusche.« Damit ließ sie ihn mit seiner Tochter allein.

Gallagher setzte sich neben Ellen aufs Bett, fuhr ihr mit der Hand beruhigend über den zuckenden Rücken und strich ihr das Haar aus der Stirn. Ihr tränenüberströmtes Gesicht war heftig gerötet. Sie hatte sich zu einer Kugel zusammengerollt. Ihre kleinen Fäuste krampften sich um ein zerschlissenes Stück Patchwork, das einmal ein Teil ihrer Babydecke gewesen war.

Nach einer Weile kam Beth wieder zurück. Sie hatte nicht geduscht. Sie hatte einen Spaziergang gemacht. Sie sagte Dan, sie hätte Kaffee gemacht; er solle doch nach unten gehen und eine Tasse trinken oder einen Spaziergang machen; sie würde so lange bei Ellen bleiben.

Gallagher starrte durch die Küchentür in den Garten hinaus, als Beth nach unten kam. Es hatte zu regnen begonnen. Abwesend stierte er auf den leeren Kaninchenstall.

»Geht es ihr besser?« fragte er Beth, als sie die Küche betrat.

»Sie ist endlich eingeschlafen...« Beth trat an den Herd und goß sich Kaffee in die Tasse, die sie von oben mitgebracht hatte. Gallagher sah, daß ihre Hände noch immer zitterten.

Sie ging an ihm vorbei. »Hast du schon die Polizei angerufen?« fragte sie. Dabei hatte sie ihm den Rücken zugewandt.

»Nein, noch nicht«, erwiderte er ruhig und beobachtete sie dabei.

»Warum nicht?«

»Schatz... Beth«, begann er darauf. »Ich muß dir etwas sagen.«

Irgend etwas in seiner Stimme ließ sie aufhorchen. Sie drehte sich zu ihm herum. »Was?« fragte sie. Sie vermochte seinem Blick nur kurz standzuhalten. Dann sah sie zu Boden und ging ins Wohnzimmer, um ihm im Vorbeigehen kurz liebevoll die Hand auf den Arm zu legen.

Dan schloß die Küchentür und folgte ihr.

»Worum geht es?« Sie ließ sich auf dem Sofa nieder und wärmte sich an der Tasse die Hände.

Er sah sie an und holte tief Luft. »Ich weiß, wer das getan hat.«

»Ja? Wer?«

Er schloß die Augen. »Kannst du dich noch an die Frau erinnern, die sich neulich unsere Wohnung angesehen hat? Die Frau, die ich – wir – in diesem japanischen Restaurant kennengelernt – äh – gesehen haben.«

»Diese Frau mit den blonden Haaren?«

Gallagher nickte. Er öffnete die Augen und sah Beth an. Und was er in ihrem Gesicht entdeckte, war Angst. Er spürte instinktiv, daß sie nicht weniger groß war als die seine. Beth wartete darauf, daß er ihr sagte, daß es mit ihrem gemeinsamen Leben aus und vorbei war.

»Du machst mir angst«, sagte Beth mit einem erschreckend gequälten Lächeln. »Warum sagst du nichts? Was ist denn...?« Sie versuchte zu lachen. »Hattest du eine Affäre mit ihr?«

Er nickte. Doch das genügte nicht. Schließlich brachte er mühsam ein Ja hervor.

Beth vergrub ihr Gesicht in den Händen. Gallagher setzte sich ihr gegenüber in einen Sessel. Er kämpfte mühsam gegen seine Tränen an, gegen seine von Selbstmitleid geprägte Angst. »Ich wollte dir bestimmt nicht weh tun, Schatz«, brachte er schließlich mühsam hervor. Seine Worte klangen hohl. »Glaub mir, ich wollte dir ganz bestimmt nicht weh tun.«

Verwirrt und benommen schüttelte Beth den Kopf. »Liebst du sie?« unterbrach sie ihn.

»Natürlich nicht. Wir haben nur eine Nacht miteinander verbracht. Es hatte nichts zu bedeuten.«

»Aber warum denn?!« stieß Beth wütend hervor. »Das verstehe ich nicht. Was hat das alles mit dem zu tun, was passiert ist...?«

»Sie ist schwanger«, erklärte Gallagher zaghaft.

Beth wand sich vor Qual. »Sie ist schwanger? Von *dir?*«

Er stand auf und trat auf sie zu, um sie zu trösten. »Das behauptet sie zumindest... glaub mir, Schatz, diese Frau ist verrückt... ich weiß auch nicht!«

»Komm mir bloß nicht nahe!« schrie Beth plötzlich und sprang auf.

»Bitte...« Er streckte hilflos seine Hand nach ihr aus. »Ich liebe dich.«

Entsetzt wich Beth vor ihm zurück, doch er ließ sich nicht abschütteln. Schließlich begann sie nach ihm zu schlagen. »Hau bloß ab hier!« kreischte sie. »Und laß mich in Frieden.«

»Beth, bitte«, flehte er. »Hör mir doch erst mal zu!«

Sie stürzte sich wieder auf ihn und schlug blindlings auf ihn ein. Gallagher versuchte sich, so gut es ging, zu schützen, ohne ihr dabei weh zu tun.

»Ich hasse dich!« fuhr Beth ihn an. »Ich möchte, daß du auf der Stelle hier verschwindest, hast du verstanden? Ich möchte dich hier nicht mehr sehen. *Verschwinde!*«

Als er sie darauf an den Handgelenken packte, begann sie nach ihm zu treten. Doch plötzlich hielt sie mit einem schmerzlichen Aufschrei inne. »O nein!« stieß sie gequält hervor. »Nein!«

Gallagher drehte sich herum, um zu sehen, was sie plötzlich so erschreckt hatte. Ihm blieb das Herz stehen.

Ellen stand in der offenen Tür und beobachtete sie. Ihr Gesicht war tränenüberströmt.

»Oh, mein Gott«, schluchzte Beth.

Während Beth Ellen wieder zu Bett brachte, packte Gallagher einen Koffer mit seinen Sachen. Nun hatte er Beth also doch die Wahrheit gesagt. Seine schlimmsten Befürchtungen hatten sich erfüllt. Nichts war dadurch besser geworden. Er fühlte sich nicht besser, und er verspürte keinerlei Erleichterung.

Sein Herz fühlte sich an wie mit Blei beschwert. Sein Schädel dröhnte. Seine Glieder schmerzten. Nun hatte er endlich die Wahrheit gesagt, ohne daß seine Qualen dadurch gemildert worden wären. Statt dessen hatten sie, ähnlich einer ansteckenden Krankheit, lediglich auch noch auf die zwei Menschen übergegriffen, die er am meisten liebte. Nun teilten auch noch Beth und Ellen seine Qualen.

Was hatte er nur angerichtet?

Er hörte Beth die Treppe hinuntergehen. Gallagher klappte seinen Koffer zu und ging damit zu Ellens Zimmer. Er wagte es nicht einzutreten. Ihr Nachtlicht brannte. Er stand lediglich eine Weile in der offenen Tür und sah sie an. Sie schlief. Ihr Atem ging regelmäßig, aber ihre zarten Augenlider, fast durchscheinend und von feinen, violetten Äderchen durchzogen, zuckten unruhig.

Unten saß Beth auf dem Sofa. Sie hatte die meisten Lichter gelöscht. Sie weinte mit über der Brust verschränkten Armen leise vor sich hin und schaukelte dabei behutsam vor und zurück.

Dan ging an ihr vorbei ans Telefon und wählte Alex Forrests Nummer.

»Hallo?« meldete sie sich.

Seine Finger krampften sich fester um den Hörer. »Hallo? Alex?« Seine Stimme war kalt wie Eis. Sein Haß auf sie stach wie messerscharfe Eiszapfen auf seine Brust, seine Lungen ein.

Für einen Augenblick sagte Alex nichts. Er konnte in ihrem

abwartenden Schweigen fast spüren, wie ihr Verstand in panischer Angst fieberhaft arbeitete. Und dann nahm sie all ihren Mut zusammen und sagte voller Ironie: »Dan! Das nenne ich eine Überraschung.«

»So!« schnaubte Gallagher. »Du warst das also, Alex, nicht wahr? Bist du nun zufrieden?«

»Ob ich zufrieden bin? Einen Augenblick bitte – das muß ich mir erst überlegen.«

»Gut, dann überlege es dir in Ruhe. Es ist alles vorbei, Alex. Und zwar endgültig. Ich habe es Beth erzählt. Beth weiß alles. Sie... ich habe es ihr gesagt.«

»Das glaubst du doch selbst nicht, Dan«, erwiderte Alex Forrest sarkastisch. »Dazu hättest du doch nie den Mut.«

»Dann frag sie doch selbst.«

»Weshalb sollte ich?« Alex klang plötzlich unsicher. »Weshalb sollte ich sie das fragen wollen?«

Gallagher hielt Beth den Hörer hin, worauf sie aufstand und ans Telefon trat. Erstaunt nahm Dan ihre plötzliche Ruhe zur Kenntnis. Ihre Stimme klang beim Sprechen vollkommen beherrscht, doch schwang darin ein um so bedrohlicherer Unterton mit.

»Hier spricht Beth Gallagher«, erklärte sie. »Falls Sie meiner Familie noch einmal nahekommen sollten, bringe ich Sie um. Haben Sie das verstanden?«

Dann hängte sie auf und ging ohne ein weiteres Wort an Dan vorbei aus dem Wohnzimmer und die Treppe hinauf.

12

Gallagher kam gegen halb acht ins Hotel. Er fragte an der Rezeption nach, ob ihn jemand angerufen hatte. Nachdem man ihm dort mitgeteilt hatte, daß keine Anrufe für ihn eingegangen waren, zog er seinen Mantel aus, warf seinen Aktenkoffer auf das große Doppelbett und wählte seine Privatnummer. Nach dreimaligem Läuten nahm Ellen ab.

»Hallo?... Daddy?«

Ellen hatte müde geklungen, als er an diesem Morgen mit ihr telefoniert hatte. Gallagher hatte sich Sorgen gemacht, daß sie vielleicht noch unter dem Einfluß eines Beruhigungsmittels stand oder nicht gut geschlafen hatte...

»Tag, Schatz.« Inzwischen klang sie jedoch wieder so munter wie immer. Er setzte sich aufs Bett und nahm seine Krawatte ab.

»Daddy... wann kommst du wieder nach Hause?«

»Das weiß ich nicht, mein Schatz. Wie geht es dir?« Gallagher griff in seinen Aktenkoffer. Doch erst jetzt wurde ihm bewußt, daß er vergessen hatte, das Foto von Beth und Ellen zu all den anderen Sachen zu packen, die er an diesem Abend aus dem Büro ins Hotel mitgenommen hatte.

»Gut.«

»Ja?« Er klemmte den Hörer zwischen Kopf und Schultern, zog seinen Terminkalender aus dem Aktenkoffer und machte sich eine Notiz, das nächstemal das Foto einzupacken. Dabei fiel sein Blick auf eine Eintragung für Sonntag. *Abendessen bei Joan und Howard* stand dort. Das war letzten Sonntag und das letztemal gewesen, daß er seine Familie gesehen hatte. Gallagher klappte das lederne Notizbuch zu und rieb sich den Magen.

»Opa hat mir einen neuen Kartentrick beigebracht.«

»Den mit den Assen?« erkundigte er sich in dem zärtlich-heiteren Ton, den er immer anschlug, wenn er mit Ellen sprach. In Wirklichkeit fühlte er sich jedoch sterbenselend und einem neuen Zusammenbruch bedrohlich nahe.

»Aber nein, du Dummerchen. Den mit den Königen.«

»Ach so.« Gallagher räusperte sich. »Wie geht's Mami?« Beth wollte nicht mit ihm sprechen.

»Gut.«

»Richtest du ihr Grüße von mir aus?«

»Ja.«

»Aber nicht vergessen.«

»Natürlich nicht.«

»Ich habe euch beide sehr lieb. Euch beide, ja?«

»Vati, wirst du mich morgen wieder anrufen?«

»Aber natürlich, mein Schatz. Und vergiß nicht, Mami meine Grüße zu bestellen.«

»Ich gebe ihr einen Kuß von dir. Wiedersehen, Vati.«

Gallagher schaltete den Fernseher ein und ließ sich auf das Bett zurücksinken. Abwesend starrte er auf den Fernseher. Er war nicht fähig, den Vorgängen auf dem Bildschirm zu folgen, zumal er sich auch gar keine Mühe gab. Er überlegte, ob er sich ein Sandwich und eine Kanne Kaffee aufs Zimmer bringen lassen und dann die Arbeit in Angriff nehmen sollte, die er nach Hause mitgenommen hatte. Nach Hause.

Doch er hatte keinen Hunger. Außerdem war er zu erledigt, um sich auf die Arbeit konzentrieren zu können. Er war in letzter Zeit jeden Tag um halb acht Uhr früh im Büro erschienen, um es erst um dieselbe Zeit abends wieder zu verlassen. Inzwischen war es halb neun. Eigentlich hätte er duschen und dann schlafen sollen.

Aber er war nicht imstande aufzustehen, obwohl er wußte, daß er wieder in seinen Kleidern einschlafen würde, wenn er weiter auf dem Bett liegen blieb und auf den Fernseher stierte. Er überlegte, ob er wenigstens seine Schuhe ausziehen sollte, rührte sich aber nicht vom Fleck.

Das heftige Bedürfnis, Beth anzurufen, überraschte ihn keineswegs. Allerdings verblüffte es ihn, wie quälend ein Verlangen im Lauf der Minuten und Stunden werden konnte. Eigentlich hatte er erwartet, daß es sich im Lauf der Zeit durch die ständige Wiederholung abschwächen würde. Aber genau das Gegenteil war der Fall. Er sehnte sich danach, ihre Stimme zu hören. Sie wiederzusehen. Alles zu klären.

Das würde einige Zeit dauern, sagte er sich. Das sagte er sich jeden Abend. Und jeden Morgen. Die Morgen waren am allerschlimmsten, an denen er schon vor Tagesanbruch mit klopfendem Herzen aus beängstigenden Alpträumen aufwachte, die ihn unerbittlich in den neuen Tag hetzten. An diesen Morgen mußte er unbedingt einen weiten Abstand zwischen sich und jedes Telefon bringen, um nicht in Versuchung zu kommen, Beth anzurufen.

Oder Ellen. Der Gedanke an seine Tochter, die Erinnerung an ihr Gesicht, als sie die Auseinandersetzung zwischen Beth und ihm hatte mitansehen müssen, ihr Schrei, als sie an jenem Sonntag in die Küche gerannt kam, bevor er sie zurückreißen konnte, um ihr den Anblick des toten Kaninchens zu ersparen . . . all dies hatte Spuren in ihm hinterlassen. Er fand, daß es ihn sogar ein bißchen verrückt gemacht hatte. Denn er verspürte ständig das unwiderstehliche Verlangen, ihre Stimme zu hören und die Gewißheit zu haben, daß ihr nichts fehlte.

Beth legte eine seltsam unerschütterliche Stärke an den Tag. Aber Ellen war noch ein Kind und dadurch um so verletzlicher. Zudem hatte Gallagher Angst um sie.

Auf Beths Drängen hin telefonierte er nun nur noch zweimal am Tag mit seiner Tochter – bevor sie in die Schule mußte und bevor sie zu Bett ging. Es kostete ihn einige Überwindung, sich an diese Abmachung zu halten, da er sich ständig Sorgen um sie machte. Er bewahrte den Klang ihrer Stimme wie einen kostbaren Schatz in seiner Erinnerung.

Gallagher fand, daß dies nicht nur daran lag, daß er seine Tochter über alles liebte und schrecklich vermißte; nein, nachdem Beth nun nicht mehr mit ihm sprach, stellte Ellen seine einzige Verbindung zum Leben dar – zu dem einzigen Leben, nach dem er sich nun noch sehnte, nach einem völlig normalen, alltäglichen, in geregelten Bahnen verlaufenden Leben mit seiner behüteten kleinen Familie.

Behütet. In Sicherheit. Sein ganzes Denken wurde plötzlich

von dieser Vorstellung bestimmt. Er war regelrecht besessen von dem Gedanken an die Sicherheit seiner Familie, und lediglich seine täglichen Telefongespräche mit Ellen vermochten seine Ängste etwas einzudämmen und die schlimmen Befürchtungen, die ihn nicht mehr losließen, etwas in Schach zu halten.

Vier Tage lang mußte Gallagher mit seinen Ängsten leben. Am fünften wurden sie wahr.

Gallagher kam gerade am späten Nachmittag von einer Besprechung in die Kanzlei zurück und trat mit Harold Kennedy, einem jungen Anwaltskollegen, aus dem Lift in den Empfangsbereich der Kanzlei.

Als Eunice ihnen zuwinkte, war Gallagher sich nicht recht im klaren darüber, ob sie ihn oder Kennedy meinte. Sie nickte jedoch heftig, als er mit dem Finger auf sich zeigte.

»Sie waren eben wirklich großartig«, bemerkte Kennedy anerkennend. »Sie wirkten absolut gelassen – als ginge Sie das alles überhaupt nichts an. Aber sobald Landesman das Wort ›Plagiat‹ in den Mund nahm, Mann, da sind Sie plötzlich wie Superman zur Stelle gewesen.«

»Wie Superman?« Gallagher lachte und klopfte dem jungen Kollegen auf die Schulter. »Vielen Dank, das habe ich jetzt brauchen können.«

»Mr. Gallagher«, rief Eunice. »Martha hat Sie schon die ganze Zeit zu erreichen versucht. Ihre Frau hat angerufen...«

Gallagher eilte den Flur hinunter. Da Martha nicht hinter ihrem Schreibtisch saß, überflog er selbst kurz die gelben Zettel mit den telefonischen Nachrichten. Zwei davon waren von seiner Schwiegermutter.

Als er darauf deren Nummer wählte, kam niemand ans Telefon. Er ließ es läuten und läuten. Als er nervös auf seine Uhr sah, war es kurz vor sechs. Kein Grund, sich aufzuregen, redete er sich gut zu. Schließlich war Freitagabend. Joan und Howard hatten viele Freunde. Sie konnten ausgegangen sein.

Schließlich hängte er auf und rief zu Hause an. Auch dort ging niemand dran. Allerdings schaltete sich der Anrufbeantworter ein. Er sprach eine Nachricht für Beth darauf, daß er von ihrem Anruf gehört hätte und nun wieder im Büro wäre; von dort würde er dann später in sein Hotel gehen. »Ich liebe dich«, fügte er schließlich noch spontan hinzu. »Hoffentlich geht es dir gut.«

Danach ging er in Jimmys Büro. Jimmy packte gerade seine Sachen zusammen. »Dan?! Was ist denn passiert?« Er ließ alles fallen und kam auf Gallagher zu. »Um Himmels willen, wo hast du nur gesteckt? Was ist passiert?«

»Was meinst du überhaupt?«

»Die Sache mit Ellen«, stieß Jimmy aufgeregt hervor. »Haben sie sie endlich gefunden?«

»Was?!« Gallagher wurde plötzlich entsetzlich heiß. Er hörte seine eigene Stimme wie aus weiter Ferne.

»Setz dich erst mal«, forderte ihn Jimmy auf. »Mein Gott, du bist ja totenbleich.«

Gallagher packte Jimmy am Rockaufschlag. »Was ist passiert?« stieß er hervor. »Was ist mit Ellen?«

»Ich weiß es nicht. Ich dachte, du wüßtest es. Martha hat gesagt, Beth hätte sie angerufen ... Sie wollte Ellen von der Schule abholen, aber sie war verschwunden. Irgend jemand – ich glaube, es war ein anderes Kind – hat gesagt, Ellen wäre bereits abgeholt worden. Erst dachte Beth, das wärst vielleicht du gewesen – daß du schon heute nach Bedford rausgefahren wärst und sie schon früher abgeholt hättest.«

»Nein«, erklärte Gallagher fassungslos.

»Es tut mir schrecklich leid, Dan, aber ich dachte, Martha hätte dir schon alles erzählt.«

»Nein«, war alles, was Gallagher hervorbrachte.

»So setz dich doch endlich«, forderte ihn Jimmy mit Nachdruck auf. »Setz dich endlich hin, bevor du noch umkippst.« Er goß Gallagher aus einer Karaffe auf seinem Schreibtisch ein Glas Wasser ein. »Ich sehe mal zu, wo ich Martha finden kann.«

Jimmy wollte eben das Büro verlassen, blieb jedoch in der offenen Tür stehen. »Da ist sie ja.«

Marthas Miene verhieß nichts Gutes. Sie gab sich nicht einmal mehr Mühe, einen ruhigen Eindruck zu erwecken. »Dan«, stieß sie hervor, »ein Unfall ist passiert...«

»Ellen...?«

»Nein«, erwiderte Martha. »Beth. Sie war in einen Autounfall verwickelt. Es hat sie ziemlich schlimm erwischt. Eben hat Ihre Schwiegermutter aus dem Krankenhaus in Bedford angerufen.«

»Beth?« hauchte Gallagher fassungslos. Er sah Jimmy an. Einen Augenblick dachte er, Jimmy hätte Marthas frühere Nachricht dahingehend mißverstanden, daß Beth vermißt worden war, da sie Ellen nicht rechtzeitig von der Schule abgeholt hatte.

»Mein Gott, das ist ja schrecklich«, nahm Jimmy die Nachricht von dem Unfall erschüttert zur Kenntnis.

»Demnach ist mit Ellen also alles in Ordnung?« fragte Gallagher. Aber ein Blick auf Martha verriet ihm, daß dem nicht so war. Es ging nicht um Beth *oder* Ellen. Es ging um Beth und Ellen. Beth lag im Krankenhaus. Ellen war vermißt.

Gallagher verließ die Stadt im dichtesten Abendverkehr. Unter diesen Umständen würde er für die Fahrt nach Bedford, die sonst etwa eineinhalb Stunden dauerte, mindestens zwei brauchen. Er kam nur stockend voran.

Bevor er losgefahren war, hatte er im Krankenhaus angerufen und zum Glück Beths Mutter erreicht. Joan Rogerson hatte geweint, als sie ans Telefon gekommen war. »Ach, Dan. Gott sei Dank. Bitte beeil dich. Sie braucht dich. Wir alle brauchen dich, mein Bester.«

Es stimmte also. Beth hatte einen Unfall gehabt. Sie hatte Ellen um drei Uhr von der Schule abholen wollen. Ellen war jedoch nicht mehr da gewesen. Eine Lehrerin hatte Beth versichert, Ellen wäre kurz zuvor von einer anderen Frau abgeholt worden. Eine Klassenkameradin hatte Ellen in einen ausländischen Wagen steigen sehen. Wer am Steuer gesessen hatte, hatte sie jedoch nicht erkennen können.

Mühsam ihre Fassung bewahrend, beschrieb Joan den weiteren Ablauf so, daß Beth verzweifelt durch die Stadt gefahren war und überall nach Ellen gesucht hatte. Gegen vier Uhr hatte sie von zu Hause bei Joan angerufen, um sich zu vergewissern, daß sie nicht überraschend ihre Enkelin von der Schule abgeholt hatte.

Beth war völlig außer Atem und einer Panik nahe gewesen. Sie erzählte Joan, daß Ellen nicht zu Hause gewesen wäre. Sie hätte alle Zimmer nach ihr durchsucht und überall im Garten und in der näheren Umgebung des Hauses nach ihr gerufen. Sie hatte bei den Nachbarn nach ihr gefragt. Aber niemand hatte Ellen gesehen.

Schließlich hatte Joan den Vorschlag gemacht, Dan anzurufen, ob nicht *er* vielleicht seine Tochter von der Schule abgeholt hatte. Beth hatte darauf erklärt, sie hätte bereits in der Kanzlei angerufen, wo man ihr mitgeteilt hätte, daß er zu einer Besprechung außer Haus wäre.

Joan hatte Beth darauf gebeten, zu Hause zu warten, bis Howard zu ihr käme – für den Fall, daß Ellen plötzlich dort auftauchte. Aber Beth war bereits zu sehr in Panik gewesen. Sie hatte erklärt, sie müßte sofort nach Ellen suchen.

Mit einem beschämten Schlucken, das eigentlich Gallagher zugestanden hätte, fuhr Joan fort: »Beth hat gesagt, eine Freundin von dir, eine sehr kranke Frau, könnte Ellen etwas angetan haben. Und dann«, schluchzte sie ins Telefon, »hat sie uns erzählt, was mit Ellens Kaninchen passiert ist.«

Nach dem Telefongespräch mit ihrer Mutter war Beth offensichtlich wieder losgefahren, um nach Ellen zu suchen.

Während Howard zu den Gallaghers gefahren war, hatte Joan die Polizei verständigt. Bis Howard im Haus eingetroffen war, war Beth bereits weg gewesen.

Eine Stunde später hatte Joan einen Anruf von der Polizei bekommen, daß ihre Tochter in einen Verkehrsunfall verwickelt worden war. Sie war von hinten auf einen bei Rot wartenden Station Wagon aufgefahren und lag nun auf der Intensivstation des lokalen Krankenhauses.

Howard war noch immer im Haus der Gallaghers, fuhr Joan fort. Er wollte unbedingt dort bleiben, falls Ellen doch irgendwann dort auftauchte.

Das mußte gegen halb sechs gewesen sein, kombinierte Gallagher. Inzwischen war es bereits dunkel. Draußen wehte ein eisiger Herbstwind. Joan hatte fünf Minuten, bevor Dan sie im Krankenhaus angerufen hatte, zum letztenmal mit Howard telefoniert. Ellen war noch immer nicht nach Hause gekommen.

13

Gallagher schoß im dritten Stock aus dem Krankenhauslift und eilte um eine Ecke auf das Schwesternzimmer zu. »Wo liegt bitte Beth Gallagher?« stieß er außer Atem hervor. »Ich bin ihr Mann.«

Die Schwester blätterte kurz in ihren Unterlagen und deutete dann mit ihrem Bleistift den Flur hinunter. »Sie liegt auf zweiundzwanzig am Ende des Gangs. Sie hat ein paar Rippenbrüche, und ihr Gesicht ist ziemlich zerschnitten, aber sie wird wieder gesund werden...«

Am Ende des Flurs standen ein halbes Dutzend Plastikstühle an der Wand. Auf ein paar davon saßen wartende Besucher.

»Sie hatte wirklich Glück«, erklärte die Schwester. »Das Ganze hätte wesentlich schlimmer ausgehen können.«

Dan hielt mit gerecktem Hals nach Joan Rogerson Ausschau. Auf der Suche nach einer älteren Frau streifte sein Blick über eine Dame mit einem Kind im Schoß.

Ellen entdeckte ihn als erste.

»Daddy!« Sie sprang von Joans Schoß und rannte über den Flur auf Gallagher zu. Sie weinte.

Gallagher kniete nieder und schloß sie in seine Arme. »Ach, mein Liebling...!« Auch er konnte die Tränen nicht zurückhalten. Sie strömten sein Gesicht hinab, während er seine Tochter umschlungen hielt. Sie fühlte sich viel zierlicher, zerbrechlicher und kleiner an, als er sie in Erinnerung hatte. Er konnte ihr Herz gegen das seine schlagen spüren. »Ach, mein kleiner Liebling! Es ist ja alles gut; Daddy ist wieder bei dir.«

»Sie ist vor einer halben Stunde nach Hause gekommen. Deine Freundin – Alexandra hieß sie, glaube ich – hat sie vorbeigebracht.« Joan Rogerson rang sich, wie Dan sehr wohl spürte, nur Ellens wegen ein Lächeln ab, als sie das sagte. Aber ihr verletzter Blick brachte nur zu deutlich zum Ausdruck, welch tiefe Wunden die Ereignisse dieses Tages auch ihr geschlagen hatten. »Sie scheinen sich köstlich amüsiert zu haben. Ellen hat Howard erzählt, sie wären im Playland, dem Vergnügungspark, gewesen.«

»Und es geht dir gut, mein Schatz?« flüsterte Gallagher seiner Tochter ins Ohr, die sich noch immer fest an ihn klammerte.

Unfähig zu sprechen, nickte sie.

»Warst du mit Alex unterwegs? Hieß die Dame Alex, mein Schatz?«

Ellen nickte erneut und brach in Tränen aus.

»Sie sind mit der Achterbahn gefahren«, schaltete sich nun Joan wieder ein und strich Ellen übers Haar. »Du hast richtig ein bißchen Angst bekommen, stimmt's, mein Schatz? Jedenfalls hast du das Oma erzählt. Und als ihr Ruderboot gefahren seid, hattest du Angst, die Frau würde das Boot zum Kentern bringen. Aber am meisten Angst hat dir doch die große Achterbahn gemacht. Für so ein kleines Mädchen ist das ja auch ziemlich gefährlich, nicht wahr, mein Schatz? Deshalb hat sie auch gesagt, daß sie nicht mehr mit dieser Frau gehen will. Sie hat mich gebeten, dir das zusagen, Dan. Sie hat gesagt: ›Oma, sag Daddy, er soll diese Frau nicht mehr zu mir schicken.‹ Außerdem hat diese Frau häßliche Dinge über Mami gesagt. Ist das richtig, Ellen?« fragte Joan behutsam.

Ellen vergrub ihr Gesicht an Dans Hals. »Ja«, flüsterte sie. »Bitte, Daddy, ich will nicht mehr mit dieser Frau gehen.«

»Sie hat sich von Ellen zum Abschied küssen lassen«, ergriff Joan wieder das Wort. Ihr traten Tränen in die Augen. Sie zog ein Taschentuch aus ihrer Tasche und putzte sich die Nase. Dann hielt sie Ellen ihre Hand entgegen. »Geh jetzt zu Beth rein«, forderte sie Gallagher auf. »Sie ist da drinnen. Warum siehst du nicht nach ihr?«

Gallagher blieb erst noch einen Moment vor der Tür zu Beths Zimmer stehen, um seine Fassung wiederzuerlangen. Doch das wäre nicht nötig gewesen. Sie stand unter dem Einfluß so starker schmerzstillender Mittel und ihre Augen waren so verquollen, daß sie seine mühsam verhohlene Aufregung und sein gequältes Lächeln kaum bemerkt hätte.

Ihr Vater saß neben ihr am Bett. Er schien überrascht, Dan zu sehen, und warf ihm dann einen kurzen, kalten Blick zu.

»Tag, Howard«, sagte Gallagher leise und nickte seinem Schwiegervater zu.

Auf das Geräusch seiner Stimme hin bewegte sich Beth.

»Ich bin's, Dan«, redete Gallagher leise auf sie ein. »Alles wird wieder gut.« Er ergriff ihre Hand und flüsterte: »Ich liebe dich.« Sie öffnete kurz die Augen, um seine Anwesenheit zur Kenntnis zu nehmen. Sie versuchte zu lächeln, um jedoch zugleich schmerzlich zusammenzuzucken. Schließlich drückte sie ganz leicht und kaum merklich seine Hand, und ihre Lider schlossen sich flatternd wieder.

14

Als Dan in die Stadt zurückfuhr, begann es in Strömen zu regnen. Er parkte seinen Leihwagen in der Gansevoort, schlug gegen den Regen seinen Mantelkragen hoch und rannte über die gepflasterte Straße. Er drückte sich unter das vorspringende Dach des Gebäudes neben dem Haus, in dem Alex wohnte. Nach kurzem Warten kam ein junges Paar aus dem Haus, so daß Gallagher sich noch ins Innere zwängen konnte, bevor die Tür zufiel.

Mit einem Schlag waren der Verkehrslärm und das Prasseln des Regens verstummt, und in der nun eintretenden Stille wurde Gallagher sich plötzlich bewußt, wie heftig sein Herz klopfte, wie sein Blut in seinen Schläfen pochte, wie ein vehementer Adrenalinstoß durch seine Adern jagte.

Er nahm zwei Stufen auf einmal. Oben angelangt, machte er sich nicht die Mühe, nach dem Schlüssel auf dem Sicherungskasten zu tasten. Er drückte auf den Klingelknopf und wartete. Dabei trat er wie ein Boxer von einem Fuß auf den anderen.

Kurz darauf öffnete Alex die Tür einen Spaltbreit. Sie spähte über die kurze Türkette hinweg nach draußen. Diesmal hatte sie nicht mit ihm gerechnet. Ihre Augen weiteten sich vor Gallagher. Sie versuchte ihm die Tür vor der Nase zuzuknallen.

Gallagher explodierte. Er warf sich mit aller Kraft mit der Schulter gegen die Tür, so daß die Türkette unter lautem Krachen aus dem hölzernen Türstock gerissen wurde.

Alex, barfuß und in einem weißen T-Shirt-Kleid, wurde in die Eingangsdiele zurückgeschleudert und fiel nach ein paar taumelnden Schritten rücklings zu Boden. Im selben Moment stürzte Gallagher in die Wohnung.

Sein wilder Blick ließ sie verzweifelt die Flucht ergreifen. Sie versuchte vor ihm davonzukriechen, aber er hatte sich bereits auf sie geworfen.

Doch sie konnte sich ihm entwinden. Blindlings um sich tretend und schlagend, riß sie sich von ihm los, um dann aufzuspringen und ins Wohnzimmer zu rennen. Dabei warf sie alles in ihrer Reichweite um, um ihm den Weg zu versperren. Sie stieß eine Stehlampe um und dann ihr Standfahrrad.

Allerdings vermochte sie ihn damit kaum aufzuhalten. Er sprang über die Lampe und das Fahrrad und folgte ihr durch die Flügeltür ins Schlafzimmer.

Die Milchglasscheibentür, die von dort ins Bad führte, stand offen. Alex konnte gerade noch durchschlüpfen, bevor Gallagher sie zu fassen bekam. Sie drückte die Tür zu und klemmte ihm den Arm ein.

Der Schmerz ließ Gallagher laut aufschreien. Doch dann packte er ihren Kopf und riß ihn zu sich heran. Als er ihn dabei gegen die Milchglasscheibe der Tür preßte, verzerrte sich Alex' Gesicht zu einer grotesken Grimasse. Sie schüttelte den Kopf und versuchte sich zu befreien. Doch als Gallagher unvermutet ihren Kopf losließ und sich statt dessen gegen die Tür stemmte, stürzte sie mit einem dumpfen Knall rücklings auf den weißgefliesten Boden.

Gallagher zwängte sich durch die Tür und stürzte sich auf sie. Er bekam sie an den Haaren zu fassen, aber sie konnte sich wieder losreißen. Sie wich vor ihm zurück und begann wild nach ihm zu treten. Sie erwischte ihn im Unterleib. Gallagher taumelte gegen die Handtuchstange zurück. Der unvermutete Schmerz ließ ihn vornübersinken. Und bis er seine zusammengekniffenen Augen wieder geöffnet hatte, war Alex aus dem Bad geflohen.

Gallagher stieß sich von der Wand ab und stürzte ihr nach. Alex rannte durchs Schlafzimmer und durch die Flügeltür, um sie hinter sich zuzuwerfen, so daß Gallagher in einem Regen von Glassplittern durch sie hindurchflog.

Das laute Geräusch überraschte Alex. Sie drehte sich herum und verlor auf dem von Glassplittern übersäten Boden das

Gleichgewicht. Gallagher bekam mit einem mächtigen Satz ihre Knöchel zu fassen und riß sie zu Boden. Sie wälzte sich in dem zerbrochenen Glas verzweifelt herum und versuchte sich, heftig um sich tretend und schlagend, zu befreien.

Doch Gallagher ließ sie nicht los. Sie warf den Kopf von einer Seite auf die andere und starrte ihn wütend an. In ihrem Haar und auf ihrem Gesicht blitzten vereinzelte Glassplitter. Ein kleiner Kratzer an ihrer Wange füllte sich mit Blut. Als sie seinen zornigen Blick gewahr wurde, lächelte sie ihn an.

Das brachte ihn aus der Fassung, so daß er für einen Moment seinen Zugriff lockerte. Sie wälzte sich auf die Seite und kam von ihm los. Gleichzeitig trat sie nach ihm. Sie verfehlte nur ganz knapp seinen Kopf und traf seine Schulter. Als sie sich aufzurichten versuchte, glitt sie erneut aus und kroch auf allen vieren in die Küche.

Dort holte Gallagher sie wieder ein. Er riß sie hoch und rammte ihren Hinterkopf gegen den Küchenschrank. Sie versuchte sich loszureißen, aber er wirbelte sie herum und schleuderte sie gegen den Herd, so daß die Lampe darüber bedrohlich ins Schwingen geriet.

Seine Hände bekamen ihren Hals zu fassen. Sie schlug verzweifelt um sich, doch er ließ sie nicht los. Sie zerrte an seinen Fingern. Aber er drückte nur um so fester zu. Sie begann nach Luft zu schnappen. Er drückte gegen ihre Luftröhre. Er konnte sie unter seinen Daumen spüren und hätte nur fester zuzudrükken gebraucht, um sie zu zerquetschen.

Er starrte Alex an, während sie blindlings mit den Armen um sich schlug. Er beobachtete, wie sie würgend nach Luft rang. In ihren Augenwinkeln bildeten sich Tränen. Ihre Wange war von dem Kratzer mit Blut verschmiert, in ihrem Haar blitzten winzige Glassplitter, und eine größere, spitze Scherbe klebte auf ihrer Stirn.

Er sah Alex an – und ließ sie los. Dann stieß er sie von sich und beobachtete teilnahmslos, wie sie ihn böse anstarrte und rückwärts auf dem Boden von ihm fortrutschte. Schließlich rappelte sie sich auf, drehte sich herum und stürzte an die Spüle. Hustend und würgend spritzte sie sich Wasser ins Gesicht.

Gallagher kehrte ihr den Rücken zu. Er ließ seine Stirn gegen die kühle Emaillebeschichtung der Eisschranktür sinken und rang nach Atem. Seine Wut war verraucht. Er stand keuchend gegen die Kühlschranktür gelehnt und wunderte sich über sich selbst, wie nahe er daran gewesen war, Alex umzubringen.

Sein Schädel hallte vom Keuchen seines Atems wider. Er war vollkommen erschöpft. Es war Zeit zu gehen.

Er war gerade im Begriff, die Küche zu verlassen, als ihn ein markerschütternder Schrei herumfahren ließ. Alex Forrest stürzte auf ihn zu. Sie hatte ein langes Küchenmesser hoch über den Kopf erhoben.

Instinktiv schoß sein Arm vor und bekam sie am Handgelenk zu fassen. Er schleuderte sie gegen den Kühlschrank. Aber sie ließ das Messer nicht los, so daß er ihr den Arm herumdrehte und ihre Finger zurückzubiegen versuchte. Schließlich gelang es ihm unter Aufbietung seiner letzten Kräfte, ihre Hand nach oben zu reißen und gegen das Wasserrohr neben dem Kühlschrank zu schmettern.

Vor Schmerz ließ sie das Messer fallen. Gallagher nahm es an sich und wich langsam vor ihr zurück, während sie, an der Arbeitsplatte Halt suchend, stehen blieb.

Alex sah ihn mit einem seltsamen, traurigen Lächeln an, als er weiter vor ihr zurückwich, das Messer auf die Theke neben dem Herd legte und sich schließlich wortlos umdrehte, um die Küche zu verlassen.

Erst als er die Wohnungstür hinter sich geschlossen hatte, wurde ihm die Stille wieder bewußt und daß in Alex' Wohnung laute Musik gelaufen war. Und erst jetzt, während er benommen die Treppe hinunterstarrte, begriff er, daß sie *Madame Butterfly* gehört hatte.

»Diese Frau ist verrückt! Begreifen Sie das denn nicht?!«

Es war früh am Morgen. Detective Lieutenant Russo nippte an einem Pappbecher mit Kaffee.

»Und sie ist gemeingefährlich. Ich habe es Ihnen doch gleich gesagt, aber Sie wollten nicht auf mich hören! Und jetzt hat sie sogar mein Kind aus der Schule entführt! Das war schlicht und einfach Entführung!«

Russo stellte seinen Becher ab und hielt die Hände hoch, als wollte er Gallaghers Ärger abwehren. »Ich weiß«, erklärte er ruhig und kam hinter seinem Schreibtisch hervor, um die offene Tür zum Bereitschaftsraum zu schließen.

»Meine Frau liegt im Krankenhaus. Sie kann von Glück reden, daß sie überhaupt noch am Leben ist. Wenn Sie nichts gegen diese Frau unternehmen, werde ich...«

»So beruhigen Sie sich doch erst mal wieder«, fiel ihm Russo ins Wort. »Und brüllen Sie vor allem nicht so.«

Gallagher ließ sich in seinen Stuhl vor dem Schreibtisch des Lieutenants zurücksinken. »Also gut. Und was wollen Sie nun unternehmen?«

Russo nahm wieder Platz. »Wir werden uns mit New York in Verbindung setzen, damit die sie festnehmen und zur Vernehmung hierherbringen. Einverstanden?«

»Gut«, nickte Gallagher, etwas besänftigt. »Ich werde jetzt meine Frau aus dem Krankenhaus abholen. Ich hoffe, übers Wochenende zu Hause zu sein – falls Sie mich zu sprechen wünschen.« Er stand auf. »Vielen Dank, Lieutenant.«

Russo hob seinen Pappbecher. »Nichts zu danken.«

Als Gallagher ins Krankenhaus kam, war Ellen bereits dort. Sie saß auf einem Stuhl neben Beths leerem Bett, hielt ihre Reisetasche auf dem Schoß und baumelte mit den Beinen. Als Gallagher das Krankenzimmer betrat, rannte sie auf ihn zu.

»Daddy, bringst du mich und Mami jetzt nach Hause?«

»Ja, mein Fräulein«, nickte Gallagher und schloß sie in die Arme. »Wenn Mami nicht schon ohne uns los ist...«

»Ach was«, fiel ihm Ellen ins Wort. »Oma hat sie nur kurz den Flur runtergeschoben. Sie sitzt nämlich in einem Rollstuhl. Aber sie kann schon laufen. Ich habe es selbst gesehen.«

»Vermutlich ist sie nur zu faul dazu«, witzelte Gallagher.

»Ach du«, rügte ihn Ellen scherzhaft.

»Ist das alles?« Gallagher griff nach Beths Koffer, dem darauf liegenden Blumenstrauß und Ellens kleiner Reisetasche.

»Ich glaube schon«, erwiderte Ellen. »Fahren wir jetzt?«

»Du hast es wohl sehr eilig, nach Hause zu kommen, mein Schatz?«

»Ich weiß nicht. Du?«

»Ich kann es kaum erwarten.« Damit klemmte er sich ihre Tasche unter den Arm und nahm sie an der Hand.

Joan kam ihnen auf dem Flur entgegen.

»Oh, da bist du ja.« Sie drückte Dan einen Kuß auf die Wange. »Schön. Howard wartet mit Quincy vor dem Eingang. Ich glaube, es ist besser, wenn wir den Hund zu euch bringen. Jedenfalls finde ich es keine gute Idee, wenn er in Beths jetzigem Zustand in eurem Wagen herumtrampelt.«

»Keine Sorge, Oma«, erklärte Ellen. »Ich halte ihn schon fest.«

Als Joan Dan darauf einen fragenden Blick zuwarf, nickte er nur. »Ich fände es auch schön, wenn bei dieser Heimkehr die ganze Familie versammelt wäre.«

Darauf gingen sie gemeinsam den Gang hinunter, an dessen Ende Beth bereits auf sie wartete. Ihr linker Arm war eingegipst, und ihr Gesicht noch ziemlich zerschrammt. Ihre Augen hatten dunkle, bläulich angelaufene Ränder. Ihre Lippen waren aufgequollen. Aber sie versuchte zu lächeln, als sie auf sie zutraten. Gallagher entging jedoch nicht, wie sie der damit verbundene Schmerz zusammenzucken ließ.

»Hallo«, begrüßte sie ihn.

Er wollte niederknien, um sie zu küssen. Aber er wagte es nicht. Sie hatten sich noch nicht wirklich ausgesprochen. Er wußte nicht, was sie wollte, wie sie über ihn dachte. »Hallo«, erwiderte er verlegen. »Wie geht es dir?«

Sie nickte. Ihre Lippen begannen zu zittern. Und dann brach sie plötzlich in Tränen aus.

Gallagher sank neben ihr in die Knie und ergriff ihre Hand. »Ach, mein Engel. Es tut mir so leid, mein Schatz.« Er flüsterte beruhigend auf sie ein. »Nicht weinen. Es wird alles wieder gut.«

Sie schloß die Augen und nickte.

»Nicht weinen, Mami«, tröstete nun auch Ellen ihre Mutter. »Ich habe bei Oma ein Bild für dich gemalt, aber ich hab's vergessen. Sicher wird Oma es morgen mitbringen. Und außerdem solltest du dich doch freuen. Wir fahren doch nach Hause.«

»Ich freue mich doch, mein Schatz«, erwiderte Beth leise.

Dan half Beth ins Haus. Sie bewegte sich nur langsam und hatte noch Schmerzen. Ellen rannte ins Haus und knallte Quincy, der ihr nachgelaufen war, die Tür vor der Nase zu.

»Damit er Mami nicht umstößt«, erklärte sie dazu.

»Nach oben?« fragte Dan.

Beth nickte. »Ich würde mich gern ein wenig ausruhen.«

Behutsam half er ihr die Treppe hinauf.

»Mami«, rief ihnen Ellen nach. »Ich mache dir ein Sandwich. Hast du Lust?«

»Das ist lieb von dir, mein Schatz«, winkte Beth ab. »Aber im Moment habe ich keinen Hunger. Danke.«

»Füttre doch lieber Quincy«, schlug Gallagher vor. »Du kannst ihn meinetwegen in die Küche lassen.«

»Toll«, jubelte Ellen. »Dann mache ich Quincy ein Sandwich.«

Von den Schmerzmitteln war Beth noch leicht benommen. Sie schlief bald ein. Gallagher saß noch eine Weile in dem Lehnsessel neben dem Bett und beobachtete sie. Schließlich stand er auf und wanderte durch die Zimmer im Obergeschoß. Als er in

Ellens Zimmer aus dem Fenster sah, fiel sein Blick auf den verlassenen Kaninchenstall im Garten mit seiner offenstehenden Tür. Er nahm sich vor, ihn wieder auseinanderzunehmen, sobald Ellen eingeschlafen war, damit er sie nicht mehr an das Kaninchen erinnern konnte, wenn sie am nächsten Tag aufwachte.

Gleichzeitig erinnerte der Anblick des Kaninchenstalls Gallagher noch an ein paar andere Dinge, die es zu erledigen galt. Er ging nach unten und rief bei der Polizei von Bedford an.

Russo wurde erst für den späten Nachmittag oder frühen Abend wieder zurückerwartet, teilte man ihm dort mit. Der Sergeant, mit dem Gallagher sprach, konnte sich noch an ihn erinnern und erkundigte sich, wie es ihm ging.

Als Gallagher sich darauf für sein früheres ausfallendes Benehmen entschuldigte, erklärte der Sergeant: »Das macht doch nichts. Und Russo ist sowieso nicht so leicht aus der Ruhe zu bringen.«

»Das habe ich auch schon gemerkt.«

Nachdem Gallagher aufgehängt hatte, ging er hinaus zum Wagen und holte seinen Aktenkoffer vom Rücksitz. Er ging damit ins Schlafzimmer, wo Beth schlief. Er nahm den Revolver, den er gekauft hatte, aus dem Aktenkoffer und zog vorsichtig die Nachttischschublade heraus.

Beth schreckte aus dem Schlaf hoch. »Dan?«

»Ja, ich bin's, Schatz. Entschuldige.«

»Was tust du da?«

»Ich habe nur etwas in die Nachttischschubalde gesteckt.«

»Ach so«, murmelte sie verschlafen. »Was denn?«

Er strich ihr behutsam übers Haar. »Da sage ich dir später.«

»Gut.« Sie drehte sich wieder herum, so daß sie ihm den Rükken zukehrte. Als er aufstand, um das Zimmer zu verlassen, rief sie ihm nach. »War das ein Revolver, Dan?«

»Ja.«

»Okay.«

15

»Bleibst du jetzt wieder bei uns, Daddy?« wollte Ellen wissen, als er sie zu Bett brachte.

Gallagher stand gerade am Fenster, als Ellen ihm diese Frage stellte.

Draußen war es stockdunkel. Das einzige Licht kam aus dem Haus und warf lange Schatten über den Rasen. Der Wind pfiff durch den Garten und raschelte in den Büschen. Vereinzelt drückte er ein paar kahle Zweige gegen das Haus, so daß sie sich ächzend und knarrend an den Wänden rieben.

Gallagher zog den Vorhang zu.

»Ja«, sagte er und kehrte an Ellens Bett zurück. »Jetzt werde ich wieder bei euch bleiben.«

Er zog Ellen die Bettdecke über die Brust hoch. »Hast du es auch schön warm, mein Schatz? Soll ich dir deine Puppe bringen?«

»Mhm«, nickte Ellen.

Gallagher stopfte die weiche Stoffpuppe neben Ellen ins Bett. »Hast du sonst noch einen Wunsch, mein Schatz?«

»Meine Nuckeldecke.«

»Was? Diesen zerlumpten, fransigen, alten Fetzen?« Er griff in seinen Jackenärmel und zog mit einer eleganten Bewegung dieses kostbare, innig geliebte Stückchen Stoff von ihrer alten Babydecke heraus.

»Oh«, kicherte Ellen begeistert.

Er reichte ihr das Stück Stoff, worauf sie es mit einem zufriedenen Seufzer gegen ihre Wange drückte.

»Gute Nacht, mein kleiner Liebling.« Er beugte sich über Ellen und gab ihr einen Kuß.

»Wird Mami auch wieder ganz gesund werden?«

»Aber sicher. Schlaf jetzt schön, ja? Soll ich deiner Puppe auch noch einen Gutenachtkuß geben?«

»Mhm.«

Gallagher gab auch der Puppe einen Kuß.

Er war bereits an der Tür, als Ellen noch einmal rief: »Dad?«

»Ja, mein Schatz.«

»Wirst du auch wirklich bei uns bleiben? Für immer?«

»Für immer, mein Schatz. Das verspreche ich dir.«

Darauf löschte Gallagher das Licht und schloß die Tür hinter sich.

»Laß sie bitte einen Spalt offen«, bettelte Ellen.

Das tat er.

Beth war im Bad. Gallagher ging durchs Schlafzimmer und sah zu ihr hinein. »Alles in Ordnung? Kann ich dir helfen?«

»Nein danke, ich komme schon zurecht.« Sie beugte sich über die Wasserhähne. Dampfend rauschte das heiße Wasser in die Wanne.

»Ruf einfach, wenn du etwas brauchst.« Damit ging Gallagher wieder ins Schlafzimmer zurück, wo er den Fernseher einschaltete und dann wieder die Polizei anrief.

Diesmal war Russo da. »Schlechte Nachrichten«, erklärte er. »Sie können sie nicht finden.«

»Wie meinen Sie das?«

»Wir haben einen Anruf aus New York bekommen. Sie haben ein paar Leute losgeschickt, um sie festzunehmen. Sie war weg.«

»Was soll das heißen – weg?«

»Na ja, was soll das schon heißen? Weg eben. Verschwunden. Nicht auffindbar. Vermißt. Unsichtbar. Sie war nicht zu Hause. Weg eben.«

»Warum haben Sie mich nicht sofort verständigt?«

»Ich habe noch auf eine Nachricht der Kollegen aus New York gewartet. Sie haben alle paar Stunden in ihrer Wohnung vorbeigeschaut. In etwa zwanzig Minuten werden sie es noch mal versuchen.«

»Haben Sie denn irgendeine Idee, wo sie sein könnte?«

»Nein.«

»Haben sie bei den Nachbarn nach ihr gefragt?«

»Ich glaube schon.«

Abwesend zog Gallagher die Nachttischschublade heraus und starrte auf den Revolver. Dann schob er die Schublade wieder zu.

»Jedenfalls schon mal besten Dank«, verabschiedete er sich schließlich. »Falls Sie irgend etwas Neues erfahren sollten, rufen Sie mich bitte unverzüglich an...«

»Das werde ich. Ich werde außerdem einen Streifenwagen bei Ihnen vorbeischicken, damit sie öfter mal bei Ihnen vorbeifahren – für alle Fälle. Sie werden alle zwanzig, dreißig Minuten die nähere Umgebung Ihres Hauses absuchen, bis wir aus New York endlich positiven Bescheid haben, daß sie sie festgenommen haben. Ist das in Ihrem Sinne?«

»Besten Dank, Lieutenant. Wiederhören.«

Gallagher hängte auf. Dann trat er ans Fenster und spähte in die Nacht hinaus. Das heiße Wasser im Bad hatte die Fenster bereits leicht beschlagen lassen. Gallagher wischte ein Stück der Scheibe sauber und spähte auf den Zugang zum Haus hinunter. Das Licht über dem Eingang brannte. Der Wind trieb vertrocknetes Laub über den gepflasterten Weg. Der Rest der Welt lag in völliger Dunkelheit. Gallagher zog die Vorhänge zu und ging dann zum Wäscheschrank auf dem Flur hinaus, um Beth ein paar frische Handtücher zu holen und ins Bad zu bringen.

Im Bad war vor lauter Dampf fast nichts mehr zu sehen. Beth drehte sich zu ihm herum und dankte ihm, daß er ihr die Handtücher geholt hatte.

»Was macht dein Arm?« erkundigte er sich.

Sie lächelte ihn an. »Er schmerzt ziemlich.«

»Ich werde dir noch ein paar Schmerztabletten bringen, ja?«

»Danke«, sagte Beth.

Das Badewasser lief immer noch ein, als Gallagher zurückkam. Beth inspizierte gerade im Badezimmerspiegel ihr blau angelaufenes Auge. Sie erschrak, als er eintrat.

»Entschuldige.« Gallagher reichte ihr die Tabletten. »Ruf einfach nach mir, wenn du etwas brauchst.«

Beth lächelte ihn an. »Danke. Könntest du mir vielleicht eine Tasse Tee bringen?«

»Aber selbstverständlich.«

Unten schloß er als erstes die Eingangstür von innen ab und legte die Kette vor. Quincy folgte ihm von der Diele in die Küche. Dort füllte Gallagher den Kessel mit Wasser und stellte ihn auf den Herd. Dann schloß er auch die Hintertür ab und schob beide Riegel vor.

Als er dann auf den Gang hinausging und am Fuß der Treppe stehenblieb, konnte er die Geräusche des Fernsehers im Schlafzimmer und das einlaufende Badewasser hören. Das Rauschen des Wassers machte ihn langsam nervös. Wann wurde diese verdammte Wanne endlich voll? »Beth?« rief er nach oben. »Bist du im Bad?«

Er hörte das Quietschen des Wasserhahns, als sie das Wasser abdrehte, so daß nur noch ein leichtes Plätschern zu hören war. Kurz darauf kam sie auf den Flur im Obergeschoß getappt. »Ja, was ist?«

»Tut mir leid, Schatz. Ich wollte nur wissen, ob mit dir alles in Ordnung ist.«

»Aber natürlich«, versicherte sie ihm.

Sie lächelte ihm zu. Da sie ihr Haar hochgesteckt hatte, konnte er die Verletzungen an ihrem Hals sehen.

Offensichtlich war sie sich seiner Blicke bewußt geworden, da sie den Kragen ihres weißen Frottcebademantels hochschlug und verlegen an ihrem Gürtel nestelte.

Mit ihren dunkelumrandeten Augen und ihren geschwollenen Lippen sah sie sehr verletzlich aus. Er spürte eine Woge der Zuneigung und Liebe in sich aufsteigen. Gleichzeitig verspürte er heftige Gewissensbisse für das Leid und den Kummer, den er ihr zugefügt hatte.

»Beth?«

»Ja?«

Er dachte an Alex.

»Ach, nichts.« Er versuchte zu lächeln. »Der Tee ist gleich fertig. Ich komme sofort herauf.«

Gallagher kehrte in die Küche zurück. Der Teekessel hatte noch nicht zu pfeifen begonnen. Auf dem Tisch lag einer von Ellens Keksen. Er wollte ihn eben in den Abfall werfen, um ihn sich dann jedoch in den Mund zu schieben.

Plötzlich kratzte etwas gegen die Hintertür. Quincy spitzte die Ohren. »Das ist nur der Wind«, beruhigte ihn Gallagher. Vermutlich hatte er einen trockenen Zweig über den Rasen und gegen die Tür gefegt – einen abgebrochenen Ast oder ein loses Stück Holz vom Kaninchenstall.

Er mußte wieder an Alex denken.

Sein Blick fiel auf den Wandapparat neben der Küchentür. Fast erwartete er, daß das Telefon gleich zu läuten beginnen würde. Und dann stellten sich ihm plötzlich die Nackenhaare auf.

Von oben wurden Geräusche hörbar. Die Decke über ihm knarrte von Schritten im Bad. Es hätte Beth sein können, aber er mußte unwillkürlich an Alex denken.

Er konnte ihre Anwesenheit im Haus geradezu körperlich spüren.

Auch Quincy schaute zur Decke auf. Dan folgte seinem Blick. Doch dann lenkte ihn der Teekessel ab, der in diesem Moment laut zu pfeifen begann, so daß er vor Schreck zusammenfuhr. Er mußte über seine Schreckhaftigkeit lachen und eilte an den Herd.

Quincy schaute wimmernd zur Decke hoch. Dan folgte dem Blick des Hundes. Und dann sah er es. Von der Decke tropfte Wasser.

Er nahm den Wasserkessel vom Herd, aber er hörte nicht zu pfeifen auf.

»Nein! Gütiger Gott, nein!« schrie Gallagher auf, als er

merkte, daß das Geräusch von oben kam. Es war Ellen, die entsetzt kreischte.

Gallagher stürmte die Treppe hinauf. Ellen stand vor der Badezimmertür und schrie wie am Spieß: »Mami! Mami!«

Durch die Tür konnte Gallagher Beths Stimme hören. »Ellen! Verschwinde hier! Lauf!«

Neben seinem eigenen hysterischen Gebrüll konnte er jedoch noch eine andere, beängstigend ruhige Stimme hören:

»Das hier ist *mein* Platz – an seiner Seite. Du mußt wissen, Beth, daß wir beide nicht mehr voneinander loskommen. Er wollte mir gestern abend Lebewohl sagen, aber er konnte es nicht... mein Gott, wie konnte es nur zu diesem Chaos kommen? Ich kann Dan keinen Vorwurf machen...«

»Wenn du nur begreifen könntest, wenn du nur einsehen würdest, wie egoistisch du bist...«

»Du glaubst doch nicht im Ernst, ich wüßte nicht, was du vorhast? Du wolltest ihn aufs Land locken, ihn aussperren und ›glückliche Familie‹ mit ihm spielen. Du wolltest ihn ganz für dich allein haben! Wie egoistisch von dir. Du bist ein selbstsüchtiges, dummes Luder. Wenn du nur ahnen könntest, wieviel Leid du verursacht hast. Aber so kann das nicht weitergehen. Das werde ich nicht zulassen!«

Gallagher packte Ellen und warf sie aufs Bett. Und dann stürmte er ins Bad.

Beth hatte sich gegen das Waschbecken zurückgezogen. Die Tasche ihres weißen Bademantels war aufgeschlitzt. Durch den Schnitt sickerte Blut.

Die dampfende Badewanne war randvoll und floß bereits über. Barfüßig tappte Alex durch den undurchdringlichen Dampf über den überschwemmten Fliesenboden auf Beth zu.

Sie hatte ein Messer in der Hand. Es war das Messer, mit dem sie bereits ihn angegriffen hatte. Sie trug auch dasselbe weiße Kleid. Seine Passe war blutverschmiert. Sie hob den Kopf und sah ihn an. Gallagher bemerkte einen blutigen Schnitt, der quer über ihren Hals lief. Sie hatte sich selbst die Kehle durchzuschneiden versucht.

»Nein!« brüllte er und schob sich zwischen Alex und Beth. Das Messer sauste nieder, schlitzte sein Hemd auf und traf ihn an der Brust.

»Lauf, Beth!« schrie Gallagher, ohne seinen Blick von Alex abzuwenden. Sie stach auf seinen Unterarm ein und drängte ihn gegen den Rand der Badewanne zurück. Als sie das Messer wieder hob, taumelte Gallagher nach rückwärts. Er versuchte, sich am Duschvorhang festzuhalten, verlor aber das Gleichgewicht und fiel in die Badewanne.

Er ließ den Vorhang genau in dem Augenblick los, als Alex' Messer ihn von oben bis unten durchschnitt und ihn dabei nur um wenige Zentimeter verfehlte.

Er hörte, wie Beth im Schlafzimmer auf Ellen einschrie: »Lauf! Schnell! Lauf aus dem Haus!«

Gallagher kämpfte sich aus der Wanne hoch und warf sich auf Alex. Er bekam sie zu fassen, wirbelte sie herum und schmetterte sie mit solcher Wucht gegen die Wand, daß er die Fliesen knirschen hörte. Und dann drängte er sie auf die Badewanne zu.

Sie stieß nur noch mechanisch mit dem Messer nach ihm. Sie konnte nichts mehr sehen. Er hatte ihr den Unterarm unters Kinn gepreßt und drückte ihren Kopf rückwärts über den Rand der Badewanne, während sie mit den Armen weiter blindlings durch die Luft fuchtelte. Sie ließ das Messer nicht los und stieß damit unablässig auf Gallagher ein, obwohl ihr Kopf bereits unter Wasser war.

Plötzlich hob Gallagher sie hoch und warf sie in voller Länge in die Wanne, um sich sofort auf sie zu stürzen und sie mit beiden Händen zu würgen. Er drückte ganz fest zu und hielt ihren Kopf unter Wasser. Das Blut von seinen Verletzungen an Brust und Armen färbte das Wasser rot. Alex schlug wie wild um sich und setzte sich verzweifelt zur Wehr. Doch ihren Bewegungen fehlte es zunehmend an Kraft, je länger sie sich zu befreien versuchte.

Mehr und mehr ließ ihre Gegenwehr unter seinem tödlichen Zugriff nach. Endlich sank auch ihr Arm nach unten, ohne jedoch das Messer loszulassen. Ihr Körper erschlaffte. Eine letzte Kette Luftblasen stieg aus ihrem Mund auf. Und dann rührte sie sich nicht mehr. Erst jetzt ließ Gallagher ihren Hals los. Er sah schaudernd auf sie hinab und wandte sich ab. Mühsam nach Atem ringend, ließ er sich auf den Rand der Wanne nieder. Er hatte sie umgebracht. Erst jetzt wurde ihm das langsam bewußt. Er hatte sie daran hindern müssen, weiter seine Familie zu bedrohen. Und nun war sie tot.

Das Geräusch des plötzlichen Wasserschwalls war ohrenbetäubend. Als Dans Kopf herumzuckte, sah er, wie Alex aus der Wanne aufsprang. Sie hatte das Messer nicht losgelassen, und nun sauste es mit tödlicher Schnelligkeit auf ihn nieder. Seine Muskeln verspannten sich und warteten in gelähmtem Entsetzen, daß die lange Klinge sengend seine Haut durchdrang.

In diesem Moment fiel ein Schuß. Mit hocherhobenem Arm erstarrte Alex mitten in der Bewegung, um schließlich rücklings in die Wanne zurückzustürzen. Blut strömte aus einem Loch in ihrer Brust und schwoll im Wasser zu einer roten Wolke an.

Beth stand in der offenen Tür. Sie hielt den Revolver in ihrer Hand. Ihr Arm baumelte schlaff an ihrer Seite, und plötzlich wirkte die schwere Schußwaffe völlig fehl am Platz in ihrer zierlichen Hand. Ihr Gesicht war tränenüberströmt, und sie begann heftig zu zittern. Dan trat auf sie zu und schloß sie in die Arme. So standen sie lange schweigend da. Nur von Beths krampfartigem Schluchzen wurde die Stille im Raum gelegentlich durchbrochen. Dan fielen plötzlich wieder die Worte ein, die sie damals am Telefon zu Alex gesagt hatte. *Wenn Sie meiner Familie noch jemals zu nahe kommen, werde ich Sie umbringen.*

»Nun ist alles vorbei«, flüsterte Dan in Beths Ohr. Er hielt sie noch immer eng umschlungen.

Der Alptraum hatte ein Ende gefunden, aber die Narben würden nie ganz verheilen.

Robert van Ackeren

Die Venusfalle

1

Quietschende Reifen, ein Motor heult auf. Erschrecken, Angst, Schadenfreude, Neugier. Autos drängen zum Straßenrand. Passanten drehen sich um, starren. Der Kombi biegt ein in den Kurfürstendamm, schießt um die Kurve, bleibt plötzlich mit kreischenden Bremsen stehen. Türen öffnen sich, die Sirene verstummt, Blaulicht erlischt. Sanitäter springen aus dem Krankenwagen. Langsam klettert Max hinterher. Sieht sich um, steigt aus. Eine Frau bleibt stehen, taxiert den jungen Mann im Leinenanzug. Max schenkt ihr ein Lächeln, zieht sein Jackett zurecht, winkt den Sanitätern zu. Ende der Nachtschicht.

»Danke fürs Mitnehmen«, rief Max.

Die beiden Männer nickten ihm zu und verschwanden mit der Bahre im Lokal.

Unschlüssig blieb Max stehen. In welche Richtung sollte er gehen? Was hatte er vor? Er wußte es selbst nicht.

Max kam gerade aus der Klinik. Seit Wochen hatte der Assistenzarzt im dritten Jahr sich zum Nachtdienst einteilen lassen. Warum? Weil er lernen mußte, für die Facharztprüfung – sagte er. Doch mit Lernen hatte Max nicht viel im Sinn. Er war begabt genug, um auf Fleiß verzichten zu können – dachte er.

Max war ein Jäger der Nacht. Er nutzte die Dunkelheit. Für Beutezüge, Erkundungsgänge, für Wanderungen, deren Ziel erst der Mond bestimmte. Er ließ sich treiben wie ein streunender Hund, wie ein vagabundierender Kater. Auf der Suche nach Lust, nach Nähe, Wärme, kurzfristiger Zufriedenheit.

Max genoß seine Freiheit – solange es noch ging. Bald würde er eine eigene Praxis haben, selbständig sein, jeden Morgen um neun die Sprechstunde eröffnen. Vorbei mit den Abenden und

Nächten in den hell erleuchteten und in den dunklen Straßen der Großstadt.

Über seine Laufbahn machte Max sich keine Gedanken. Irgendwie würde es schon gehen. Irgendwie war es immer gegangen. Es zählte nur heute. Max wollte leben, wollte erleben. Die Stadt, die Menschen, die Straßen. Mit all ihren Versuchungen. Und Max war fest entschlossen, ihnen nachzugeben.

Max überlegte einen Moment. Dann ging er los. In irgendeine Richtung. Überzeugt, daß seine nach allen Seiten offenen Sinne ihm den richtigen Weg weisen würden. Ziellos – nur mit dem Wunsch, Nähe zu finden. Egal wo.

Das Ziel des Rettungswagens interessierte Max nur am Rande. Sein Dienst war zu Ende. Er warf einen Blick in das Lokal, in dem die beiden Sanitäter mit der Bahre verschwunden waren. Zwei Männer hatten eine Schlägerei angefangen, sich geprügelt. Schließlich hatte einer ein Messer gezogen und den anderen lebensgefährlich verletzt. Er blutete stark, aus mehreren Wunden in der Bauchgegend.

Max zuckte die Achseln, ging weiter. Mitleid konnte er sich nicht leisten, dafür hatte er keine Zeit. Im Hintergrund spielten die Musiker weiter, um die Gäste von dem blutenden Mann abzulenken. Gleich würde die Polizei kommen. Max ging weiter.

Er überquerte den Ku'damm, warf einen Blick ins Café ›Bristol‹. An einem Tisch am Fenster saß eine Frau, Mitte Vierzig. Stark geschminkt, perfekt frisiert und elegant gekleidet. Wurde auf Max aufmerksam, fixierte ihn und spielte dabei mit ihrer Perlenkette. Ganz klar: In ihren Augen lag eine Einladung. Vielleicht auch eine Bitte. Eine Bitte, die Max ihr abschlagen mußte. Der Abend fing ja erst an...

Max ging weiter, schlenderte den belebten Boulevard in Richtung Gedächtniskirche hinunter. Paare kamen ihm entgegen, Touristen, dann eine Gruppe Punker in Nieten-Lederkleidung mit Ohrringen und bunt gefärbten kurzen Haaren.

Rechts am Straßenrand stand ein Auto, in ihm und vor ihm eine Gruppe jugendlicher Rowdys mit Flaschen in den Händen, lachend und grölend.

Max sah neugierig hin, blieb einen Moment stehen, ging weiter. Außenseiter der Gesellschaft – wie er. An solchen Abenden. Zaungäste des Lebens, zu nichts nutze. Wie er. An solchen Abenden. Frei jeglicher Zwänge und Verantwortungen. Wie er – an solchen Abenden.

Ein hochgewachsenes, elegantes Paar kam Max entgegen. Der Herr im eleganten Anzug, darüber lässig einen Trench. Die Frau im kleinen Schwarzen, über dem Arm ein Seidenmantel, die Haare hochgesteckt, dezent geschminkt – eine Dame. Eine Versuchung. Max sah sie an, versuchte ihren Blick festzuhalten, blinzelte ihr zu, bis sie unmerklich lächelte, dann die Augen senkte, ihrem Begleiter etwas zuflüsterte. Auch Max lächelte in sich hinein. Alles war in Ordnung, es funktionierte wie immer. Er ging weiter, sah hinauf zum erleuchteten ersten Stock eines Hotels. An einem der Fenster stand eine junge Frau in Slip und BH und sah zu ihm hinunter. Jetzt tauchte hinter ihr ein kräftiger Mann mit nacktem Oberkörper auf, ein Bulle, legte einen Arm um sie, zog sie vom Fenster fort und die Vorhänge zu. Max hob die Schultern. Schade.

Er bog auf den George-Grosz-Platz ein. Aus einem Haus kam eine Gruppe Menschen. Zwei Mädchen kicherten, als Max eine Verbeugung vor ihnen machte und ihnen einen Kuß zuwarf. Unentschlossen schlenderte er weiter, die Hände in den Taschen. Musterte die Gäste in einem kleinen Straßencafé, taxierte die Gesichter, versuchte die Personen einzuordnen, abzuschätzen. Paare, die nach dem Theater oder Kino noch einen Kaffee tranken oder ein Viertel Wein, eine Kleinigkeit aßen. Max pfiff vor sich hin. Eine klassische Melodie, die er nicht kannte, an die er sich nicht erinnerte.

Was pfiff er da eigentlich? Warum so traurig? Warum so melancholisch?

Max lachte laut auf. Nein, er würde sich nicht selbst die Stimmung verderben. Diese Nacht hielt noch etwas für ihn bereit, das spürte er. Er bog in eine stille Seitenstraße ein und sah sich neugierig um. Hier war er noch nie gewesen. Er warf einen Blick in die hellerleuchteten Fenster einer Parterrewohnung. Laute Musik drang nach draußen. Im Vorbeigehen sah Max ein tanzendes Brautpaar: In der Wohnung wurde eine Hochzeit gefeiert. Max verlangsamte seinen Schritt, zögerte, blieb stehen und ging zu den Fenstern zurück. Eine Feier war genau das, was er brauchte. Er würde diese Hochzeit einfach mitfeiern. Warum auch nicht? Der Rahmen stimmte.

Ihn plagten keine Skrupel, vielleicht zu stören, möglicherweise nicht willkommen zu sein.

Nein – Max war es gewöhnt, mit offenen Armen empfangen zu werden. Von Freunden, von Kollegen, vor allem aber von Frauen. Noch nie in seinem Leben war ihm etwas verweigert worden. Ein verwöhntes Kind der Oberschicht, das nie seine Neugier auf das Leben verloren hatte. Max war exzentrisch, aggressiv, provokativ, egoistisch – aber auch gutmütig, sanft, verträumt. Konnte nicht nein sagen. Er war gern mitten im Geschehen, anderen aber immer einen Schritt voraus. Er provozierte gern, war neugierig auf Reaktionen, aber auch nicht beleidigt, wenn er eine Abfuhr erhielt.

Max war wie ein junger Hund: ichbezogen, verspielt, übermütig. Ein kleiner Hund, dessen ganzes Leben sich um seinen eigenen Schwanz drehte. Und immer auf irgendeiner Spur, mit der Nase am Boden, auf einer Fährte...

Max hatte die Spur aufgenommen. Er würde ein gerngesehener Gast sein. Auch bei dieser Hochzeit.

Er ging ins Haus und klingelte – dort, wo er Menschengelächter und Musik hörte. Ein Mann, der nicht mehr ganz sicher auf den Füßen stand, öffnete, winkte, lallte.

»Immer rein in die gute Stube«, sagte er und ergriff Max' Hand. Zog ihn in die Wohnung.

Max lächelte. Na also.

Das Hochzeitsfest erstreckte sich über mehrere Räume. Es wimmelte von Menschen, ein unbekannter Gast fiel nicht auf. Max sah sich neugierig um, kam schließlich ins Eßzimmer. Das Hochzeitsessen war längst beendet, es wurde schon getanzt – aber einige Gäste saßen noch an der leergegessenen Tafel, ein paar Frauen unterschiedlichen Alters. Keine, die ihn interessierte. Sie sahen fasziniert dem tanzenden Brautpaar zu. Der Mann, der seine junge Frau da energisch übers Parkett führte, war mindestens sechzig, die Braut mit dem langen blonden Haar und dem Blumenkranz vielleicht Anfang Zwanzig.

Der Altersunterschied störte sie nicht, sie warfen sich immer wieder verliebte Blicke zu, während sie tanzten.

Max ging in die Küche, musterte die kalten Platten, nahm sich hier ein Häppchen und dort eines, entdeckte einen Eiskübel mit mehreren Flaschen Champagner. Er sicherte sich eine, kehrte ins Eßzimmer zurück und sah den Tanzenden zu.

Gerade wurde ein Walzer getanzt, vom Bräutigam mit dem Schwung eines Dreißigjährigen. Warum auch nicht?

»Das wird nicht lange gutgehen«, sagte ein Mann neben Max und prostete ihm zu. »Wetten, daß wir hier in zwei Jahren wieder Hochzeit feiern? Derselbe Herr, die nächste Dame.«

Max drehte sich um. »Wieso denn?«

»Weil er es bei keiner lange aushält.«

»Wie oft war er denn schon verheiratet?« fragte Max.

»Dieses ist die sechste Ehe«, sagte der Fremde. »Da drüben am Tisch – das sind seine ehemaligen Ehefrauen.« Er deutete zur Hochzeitstafel, an der die fünf Frauen saßen. Die erste war um die fünfzig, die anderen Frauen jeweils ein paar Jahre jünger – offensichtlich hatte der Bräutigam ein Faible für junge Frauen.

»Er ist noch mit allen befreundet«, sagte der Mann. »Und er hat sie alle zu seiner Hochzeit eingeladen. Das tut er jedesmal. Und alle haben eines gemeinsam: Sie lieben ihn immer noch und haben nie wieder geheiratet.«

Neugierig betrachtete Max jetzt die Frauen, denen er vorhin keine Aufmerksamkeit geschenkt hatte. Eine erwiderte seinen Blick – offensichtlich die älteste. Sie sah von hinten aus wie ein junges Mädchen, mit hüftlangen blonden Haaren und einer zierlichen Figur. Von vorn sah man ihr sicher fünf Jahrzehnte an. Ein altes Gesicht, welke Haut, faltige Hände mit vielen Ringen an den Fingern. Jetzt nickte sie den anderen zu, flüsterte etwas, stand auf und trat zu Max, wobei sie einen Arm um ihn legte.

»Gehören Sie zur Familie der Braut?« fragte sie ernst.

Max improvisierte, aus Routine überzeugend.

»Nein – ich bin vom Partyservice. Wir kontrollieren, ob die Gäste sich auch gut amüsieren... die Musik zum Beispiel ist viel zu getragen...«

Max sah wieder zum Brautpaar hinüber. Und er dachte an seinen Vater. Auch er hatte eine sehr junge Frau geheiratet in seinen sogenannten besten Jahren. Fünfzig war er damals gewesen. Max hatte sich mit seiner Stiefmutter, die er Anna nannte, nicht nur blendend verstanden – er hatte auch erste Verführungskünste an ihr erprobt. Und das war ziemlich früh gewesen. Max' Sexualität war zeitig erwacht, seine Neugier grenzenlos. Seine Experimentierfreudigkeit unerschöpflich.

Und Anna war ein dankbares Opfer, Max' erste Eva, vom Vater bald vernachlässigt.

Noch heute, wenn Max hinaus fuhr in den Grunewald, flirtete er heftig mit Anna. Immer hart am Rande des Anstands. Schon mal ein heißer Kuß, eine leidenschaftliche Umarmung. Reizvolle Inzest-Gedanken – auch wenn es Max klar war, daß die Stiefmutter keine Blutsverwandte war. Doch daß sein Vater ihn umbringen würde – dessen war er sich sicher.

Und er liebte nichts so sehr, wie an die Grenzen seiner körperlichen und geistigen Fähigkeiten zu gehen...

Max beobachtete das Paar aufmerksam. Der Bräutigam strahlte, biß seiner jungen Frau beim Tanzen immer wieder nekkisch in den Hals, benahm sich wie ein Primaner, während sie wie ein Schulmädchen kicherte und den Kopf zurückwarf. Und ein paar Schritte weiter, am Tisch, der Reigen dieser abgelegten Frauen, seiner Frauen...

Max schauderte. Eine Vision? Sein eigenes Leben? Er selbst – in dreißig Jahren? Immer noch auf der Suche nach Jugend und Nähe, immer noch unerfüllt, unzufrieden? Knospen brechend?

Max wurde aus seinen Gedanken gerissen.

»Das ist die Musik für ältere Semester«, sagte die Frau, die noch immer neben ihm stand. »Schließlich wird er fünfundsechzig nächstes Jahr. Ich bin die Ex-Frau. Die Ex-Frau Nummer eins.« Und sie bedachte den Gefährten ihrer Vergangenheit mit einem sehnsuchtsvollen Blick. Selbst das Attribut ›Ex-Frau‹ schien für sie in Zusammenhang mit diesem Mann noch eine Auszeichnung zu sein – und ihr Blick sagte, daß er in ihren Augen noch immer ihr Mann war.

»Er ist unselbständig und ungezogen wie ein Kleinkind«, sagte sie jetzt, nicht ohne Stolz. »Aber er hat ein großes Herz.« Ein Herz, in dem für sie kein Platz mehr war, dachte Max. Aber er war viel zu gutmütig, um diesen Gedanken auszusprechen. Sie winkte jetzt eine der anderen Frauen aus der Runde heran.

»Meine Nachfolgerin!«

Die andere trat zu Max, reckte sich zu ihm hoch und flüsterte ihm ins Ohr: »Er ist ein Weiberheld. Ich war seine zweite Frau. Der Scheidungsgrund war seelische Grausamkeit, if you know what I mean...«

Auch sie betrachtete das tanzende Paar mit sehnsuchtsvollem Blick. »Aber er war ein süßes Aas«, fügte sie hinzu.

Nacheinander und offensichtlich ermutigt, standen nun auch die anderen Frauen vom Tisch auf, gingen zu Max und gaben ihre Meinung über den Bräutigam, den auch sie irgendwann geheiratet hatten, ab.

»Ich bin die Nummer drei«, sagte eine ebenfalls blonde, etwas verhärmt aussehende Frau. »Er hat mich sexuell überfordert, er hatte ja nichts anderes im Kopf... Aber ich konnte ihm einfach nichts abschlagen!«

»Er ist ein gewissenloser Sadist«, zischte die nächste.

»Ich bedaure, daß wir nur noch gute Freunde sind.« Ihre Augen folgten jeder Bewegung des tanzenden Mannes, an den sich die Braut hingebungsvoll schmiegte.

»Er war gut zu uns allen«, sagte die letzte. »Er ist gut zu jeder Frau.« Sie taxierte Max. »Tanzen Sie?«

Max schüttelte den Kopf. Seltsam, dachte er – die scheinen alle von mir zu sprechen.

Denn so sah er sich selbst: unwiderstehlich, aber immer auf der Suche nach neuen Bestätigungen, nie satt, nie zufrieden, immer auf Achse. Immer auf der Jagd nach Genuß – und immer bereit, Genuß zu bereiten.

Da trat ein junges Mädchen in sein Blickfeld. Es hatte lange blonde Haare, ein liebliches Gesicht, blaue Seen-Augen, eine Wespentaille zur weißen Rüschenbluse. Es lächelte Max verheißungsvoll zu und verschwand wieder.

Inzwischen formierte sich der Kreis der Gäste für ein Hochzeitsfoto, ein Gruppenbild. Der Fotograf bat alle Anwesenden mit einer Handbewegung sich in einem Halbkreis aufzustellen. Auch Max trat hinzu und stellte sich hinter die Braut. Die war noch nicht ganz mit ihrem Aussehen zufrieden und zupfte ihr zerdrücktes Kleid zurecht. Der Fotograf bat sie, näher zusammenzurücken. Max beugte sich vor und flüsterte der Braut leise ins Ohr: »Können Sie sich vorstellen, einen anderen Mann kennenzulernen, alles hinzuschmeißen und von vorn anzufangen?«

Die Braut erstarrte, beschloß dann aber, die Frage einfach zu ignorieren. Das konnte ja nur ein dummer Scherz gewesen sein.

Doch Max ließ sich nicht entmutigen, er hatte ein neues Opfer gefunden.

»Haben Sie manchmal den Eindruck, Ihr Leben ist wie ein Gang über zu dünnes Eis?« Diesen Vergleich hatte er einmal von seinem Freund, einem Psychiater an der Klinik, gehört. Er traf auf viele Menschen zu, die an Depressionen litten. Die Braut wirkte leicht verunsichert – sie wußte nicht, ob sie lachen oder böse werden sollte.

Max umfaßte sanft von hinten ihre Taille. Während der Fotograf ihnen einen bösen Blick zuwarf, empört über die Störung, mußte die Braut plötzlich lächeln. Ihr Gatte sah starr in die Kamera.

Max beugte sich noch weiter vor. Er liebte es, zu provozieren – sich und andere, vor allem aber: Frauen. Dabei erschrak er nicht selten zu Tode, wenn eine auf seine skurrilen Vorschläge einging. Manchmal flüchtete er dann, manchmal machte er aber auch das Beste aus der Situation und ergriff seine Chance. Oft genügte ihm jedoch schon das Entsetzen, der wonnige Schauer, den er auslöste, Kichern und Gänsehaut, Ratlosigkeit, Scheu, die Sehnsucht in den Augen der Frauen.

Diese hier war ganz entschieden verblüfft. Erstaunt und – erregt. So etwas spürte er.

»Sie haben die Chance, sich hemmungslos gehenzulassen«, murmelte Max, »ohne dafür bestraft zu werden. Was würden Sie tun?«

Die Braut biß sich auf die Lippen, konnte jedoch ihr Lachen nicht länger unterdrücken, lachte lauthals, kicherte, bis ihr die Tränen kamen.

Das Blitzlicht zuckte, die Gruppe löste sich auf. Ein paar Minuten später zog der Fotograf das Polaroid-Foto aus dem Apparat. Max beugte sich neugierig darüber: Er selbst sah unbeteiligt aus, die Braut hielt sich lachend die Hände vor den Mund, der Bräutigam sah sie empört an.

Nicht mein Problem, dachte Max. Langsam verlor er das Interesse an dieser Gesellschaft. Er ging in den Flur und warf einen Blick in die angrenzenden Räume.

Max war die Menschenmenge plötzlich leid. Er hatte eine Vision, fühlte Verlangen.

Nach einer Stimme, die er ahnte, einem Körper, den er nicht kannte, nach Händen, die er noch nie gespürt hatte. Er fühlte Verlangen nach Liebe, Sehnsucht nach Wärme, nach Zärtlichkeit, die über eine Nacht hinausging. Danach, sich einfach fallenzulassen – in einen anderen Menschen. In einer Frau, eine Frau, die er nicht kannte. Noch nicht kannte.

Aber Max wußte, daß er sie finden würde. Weil er entschlossen war, sie zu finden. Was sollte ihn aufhalten? Was konnte ihn aufhalten?

Seit seiner Jugend suchte er diese Frau. Vor ein paar Tagen hatte er einen ersten Hinweis auf ihre Existenz erhalten.

Max öffnete vorsichtig eine Tür. Der Raum lag im Dunklen. Er knipste eine Lampe an und zog die Tür hinter sich zu. Er stand in einem Schlafzimmer: ein großes Doppelbett beherrschte den Raum. Das Hochzeitszimmer?

Max' suchender Blick fand das Telefon, das auf dem Nachttisch stand. Er setzte sich aufs Bett, griff nach dem Telefonhörer, überlegte einen Moment und wählte dann eine Nummer.

Gespannt wartete Max. Nervös, beinahe aufgeregt.

So, wie er es immer wieder gewesen war in diesen letzten Tagen. Er hatte überlegt, ausprobiert, gewählt, gewartet, aufgelegt, neu gewählt, jedesmal eine andere Zahlenkombination, gewartet. Jedesmal war er enttäuscht worden, jedesmal hatte sich eine fremde Stimme gemeldet. Wortlos hatte Max dann den Hörer wieder auf die Gabel gelegt.

Irgendwann, das wußte Max, würde er Erfolg haben.

Penetrant, lange und anhaltend klingelte der weiße Telefonapparat ein paar Kilometer weiter. Max wußte das nicht. Er ahnte nicht, daß das Telefon, bei dem sein Ruf ankam, in einem kleinen, chaotischen Wohnzimmer stand, in einer unfertigen, unaufgeräumten Wohnung am Stadtrand von Berlin, in der Nähe der S-Bahn. Ein Raum, den ein Spiegel und eine Ballettstange bestimmten. Max konnte nicht wissen, daß im Nebenzimmer eine junge Frau im Bett lag und schlief. Geschlafen hatte.

Jetzt legte Marie sich im Halbschlaf ein Kissen über den Kopf, um das Klingeln nicht mehr zu hören. Sie weigerte sich, sich aus ihren Träumen reißen zu lassen. Nicht mal von Kurt, ihrem Mann. Denn Marie nahm benommen an, daß es Kurt war, Kurt, der kontrollieren wollte, ob sie zu Hause war. Wenn er das auch nie zugeben würde.

Marie war ausgegangen, mit Kollegen vom Theater. In aller Freundschaft – ausnahmsweise. Denn meist war Marie nicht ohne Begleitung bei ihren nächtlichen Streifzügen, selten, wenn sie diese Wohnung betrat. Doch heute gab es keinen Gefährten der Nacht, keinen namenlosen Liebhaber: Marie war allein.

Und Kurt in ihrer gemeinsamen Wohnung. Vor sechs Jahren hatte sie Kurt geheiratet. Er war ein erfolgreicher Anwalt mit einer gutgehenden Kanzlei. Ein liebevoller, weltoffener, großzügiger, kultivierter Mann. Seine Hobbys: Kunstgeschichte und Literatur. Mit fünfundvierzig war er im besten Alter – aber beinahe zwanzig Jahre älter als Marie. Er war stolz, diese wunderbare Frau zu besitzen. Und er liebte sie, wie man ein Kind liebt. Er war voller Besitzerstolz, verwöhnte sie, erlaubte ihr alles, strafte nie, setzte ihr nie Grenzen, akzeptierte ihren Beruf als Solotänzerin, verzieh ihr Eskapaden und Affären. Abenteuer für eine Nacht, die er tolerierte. Oder sich zumindest diesen Anschein gab – solange nicht mehr daraus wurde. Kurt erlaubte Marie sogar, nach der Hochzeit ihre kleine Wohnung zu behalten – ertappte sich jedoch immer wieder dabei, wie er gegen die Regeln verstieß, sie kontrollierte, nachts vor ihrem Haus stand, immer wieder anrief, um aufzulegen, wenn sie sich meldete.

Kurt gab sich liberaler, als er war.

Marie ahnte das, zog es aber vor, Eifersucht und Besitzansprüche zu ignorieren und ihn für seine Toleranz zu loben. Und zu lieben.

Denn Marie brauchte ihre Freiheit. Und sie nützte sie.

Marie schätzte und respektierte Kurt – aber an die Kette legen lassen wollte sie sich nicht. Sie kehrte immer wieder zu ihm zurück – wenn sie dem Ruf der Wildnis der Stadt wieder einmal gefolgt war.

Marie hatte immer wieder kleine Abenteuer, Affären, gestohlene Stunden.

Nie etwas Ernstes, immer hatte sie rechtzeitig Schluß gemacht, Gefühle abgeblockt. Immer waren es große, blonde, junge, attraktive Männer mit Muskeln gewesen, die sie intellektuell nicht forderten.

Für Gespräche über Kunst und Kultur hatte sie Kurt, da zog sie ihn vor.

Gespräche schätzte und brauchte Marie, sie kam aus einem kultivierten Elternhaus. Wurzeln, die sie geprägt hatten, auch wenn sie mit sechzehn von zu Hause ausgerissen und ein Jahr durch Europa getrampt war. Später hatte sie sich in Berlin einer Kommune angeschlossen und nach diesem mißglückten Experiment ihre Ballettausbildung beendet. Kurt hatte sie nach einer Premiere kennengelernt. Und sie war bei ihm geblieben.

Das Telefon klingelte noch immer. Marie seufzte. Hatte sie Kurt nicht verboten, sie hier anzurufen? Dies war ihr Reich, und Kurt wußte das, er hatte es akzeptiert.

Das Telefon schwieg. Marie drehte sich auf die andere Seite und war innerhalb von Sekunden wieder eingeschlafen.

Langsam ließ Max den Hörer sinken. Sein Gesicht spiegelte Enttäuschung – keine Resignation. Nein, aufgeben würde er noch lange nicht...

»Ich finde dich«, sagte er leise.

Und merkte, daß er nicht mehr allein war – das blonde junge Mädchen war ihm gefolgt. Herausfordernd lächelte es ihn an.

»Wie heißt du?« fragte das Mädchen.

»Max.«

»Du bist nicht eingeladen, stimmt's?« frage sie. »Ich kenne alle Gäste.«

Max lächelte. »Stimmt. Stößt du trotzdem mit mir an?« Er hob die Flasche, die er noch immer in der linken Hand hielt, und prostete ihr zu.

»Und mit wem telefonierst du mitten in der Nacht?« wollte das Mädchen wissen.

Max schüttelte den Kopf. »Du fragst wie eine erwachsene Frau.«

Doch das Mädchen gab nicht nach.

»Ich habe ein Recht zu fragen. Ich bin die Schwester der Braut.«

Max ging mit einer Gegenfrage in die Offensive.

»Warst du schon mal verliebt?«

Das Mädchen nickte.

»Aber ich habe deswegen nicht nachts telefoniert. Du hast Liebeskummer!«

Max streckte die Waffen.

»Ich habe mich in eine Frau verliebt, die ich nicht kenne...«, sagte er und dachte: in eine ebenbürtige Partnerin, eine, die mir gewachsen ist, eine, die genauso leidenschaftlich, genauso rücksichtslos und genauso voller Liebe ist wie ich.

Gleichzeitig fürchtete Max diese Begegnung, denn er wußte, daß er diese Frau nie mehr verlassen könnte, hätte er sie einmal gefunden.

»In eine Frau, die du nicht kennst?« fragte das Mädchen verblüfft. Es musterte Max skeptisch. Was hatten seine Worte zu bedeuten? Oder machte er sich über sie lustig?

Max hatte sich entschlossen, die Wahrheit zu sagen.

»Ja. Ich hatte mich verwählt. Ich wollte Kinokarten bestellen. Sie hat sich mit ›Hallo‹ gemeldet und dann gesagt: ›Sie sind falsch verbunden.‹ Ich wußte sofort: diese Frau ist anders als alle anderen. Das ist die Frau, nach der ich mein Leben lang gesucht habe. Ich habe mir die Nummer ungefähr gemerkt.«

Max lachte unsicher, als ob es ihm selbst schwerfiele, seinen Worten Glauben zu schenken.

Er wußte auch nicht, warum er sich dem fremden Mädchen anvertraute. Er hatte bisher noch mit niemandem über dieses Erlebnis gesprochen. Wem hätte er auch davon erzählen sollen? Dr. Steiner? Seinem einzigen Freund, dem Psychiater, der seinen Traum sofort durchanalysiert, seziert und zerlegt hätte? Der seine Illusion ins Lächerliche gezogen und seine Sehnsucht verspottet hätte?

»Warum suchst du sie nicht?« fragte das Mädchen. »Du mußt es dir nur richtig wünschen, dann findest du sie auch.«

Ganz offensichtlich war sie fest überzeugt von dem, was sie eben gesagt hatte. Max mußte über ihre Zuversicht lächeln.

»Was bekomme ich von dir, wenn ich sie finde?« fragte sie jetzt.

Sie sah Max erwartungsvoll an.

»Einen Kuß?« schlug sie vor.

Max amüsierte sich.

»Wie alt bist du denn?«

»Kriege ich einen Kuß oder kriege ich keinen?«

»Gut«, sagte Max, »einverstanden. Hexenlohn. Denn wenn du sie findest, bist du eine kleine Hexe. Eine Zauberin. Finde sie für mich.«

Und er ging mit dem Mädchen zu den Gästen zurück.

2

Gegen Mitternacht kam Max nach Hause. Er betrat seine geschmackvoll möblierte, aber etwas überladen wirkende Wohnung. Alle Türen standen offen, überall brannte gedämpftes Licht. Auf dem Bildschirm flimmerte es – Programmschluß.

Fertig angezogen, geschminkt und mit ihrem Mantel zugedeckt lag Coco auf der Couch. Sie war eingeschlafen. Coco war eine selbstbewußte junge Frau, die ihre Weiblichkeit gern betonte. Mit seltener Koketterie und Selbstironie hatte sie ein bestimmtes Frauenbild für sich vereinnahmt. Die Vollfrau.

Coco. Coco hatte Max ganz vergessen. Oder hatte er ihre Existenz nur verdrängt? Konnte man eine Frau vergessen, mit der man seit sechs Jahren zusammenlebte?

Eine Frau wie Coco?

Coco war in jeder Hinsicht außergewöhnlich. Sie war groß, hatte eine blendende Figur, ohne jemals überschlank zu werden, dunkle, lockige Haare, strahlend blaue Augen. Sie kleidete sich extravagant, um aufzufallen. Nein, graue Mäuse waren nicht Cocos Sache. Coco war Wienerin, hatte in Österreich die Hotelfachschule besucht und in Wien an der Rezeption eines großen Hotels gearbeitet. Dort hatte Max sie während einer Tagung kennengelernt. Er war ein paarmal mit ihr ausgegangen, Coco hatte ihm Wien gezeigt. Ihr Wien. Nicht das Wien der Touristen, nicht den Prater, nicht die Kapuzinergruft, nicht das Schloß Schönbrunn, nicht die Spanische Hofreitschule, nicht das Beethovenhaus. Sie zeigte ihm einen kleinen Heurigengarten in Neustift am Walde, wo sie bis spät in die Nacht beim jungen Wein saßen, sie zeigte ihm die kleinen Gassen der Altstadt und das Burgtheater. Sie entdeckten viele Gemeinsamkeiten bei ihren Streifzügen, und als Max nach einer Woche wieder abreiste, stand für Coco fest, daß sie diesen Mann haben wollte, besitzen, ihr eigen nennen. Sie wollte ihn lieben.

Coco wollte alles – aber sie war auch bereit, alles zu geben. Kurzentschlossen kündigte sie ihre Stellung in Wien, löste ihre Wohnung auf, schickte Max ein Telegramm und machte sich auf den Weg nach Berlin. Und Coco setzte ihren Kopf durch. Max konnte weder nein sagen noch widerstehen. Die ersten Monate lebten sie in Max' karg möbliertem Apartment, bis sie eine größere Wohnung gefunden hatten, die Coco im Laufe der Jahre mit Gekauftem, Geschenktem, Nützlichem und Unnützem anfüllte. Egal – sie wollte ein Nest bauen. Für sich und Max. Bald hatte sie auch wieder einen Job, in einem der führenden Hotels von Berlin. Nein, abhängig machen wollte sie sich nicht, sie wollte Max nie eine Last sein, wenn er auch für die neue Wohnung einen Kredit hatte aufnehmen müssen.

Vor einem Jahr hatten Max und Coco einen Entschluß gefaßt. Eigentlich hatte Coco ihn gefaßt, für sie beide – denn Entscheidungen zu treffen war nicht Max' Stärke. Max würde seinen Facharzt machen, die Klinik verlassen und eine eigene Praxis gründen, hatte Coco beschlossen. Und auch für sich selbst hatte sie tiefgreifende Änderungen ins Auge gefaßt und in die Tat umgesetzt. Vor einem Jahr hatte sie ihre Stellung als Empfangschefin gekündigt, um sich noch einmal auf die Schulbank zu setzen. Mit Erfolg: in zwei Wochen würde Coco ihre Prüfung ablegen und staatlich geprüfte Arzthelferin sein. Und ihrem Max in seiner künftigen Praxis mit Rat und Tat zur Seite stehen können. Seit Wochen war Coco auf der Suche nach geeigneten Räumen im Stadtzentrum. Und sie würde sie finden, wie alles, was sie sich in ihren hübschen Kopf gesetzt hatte.

Coco war glücklich. Alles lief nach Plan, ihr Leben in Bahnen, die sie selbst bestimmte, ein wenig unkonventionell vielleicht, aber äußerst befriedigend. Sie liebte dieses große Kind und wurde nie müde, Max zu bemuttern, ihn zu erziehen, zu strafen, zu belohnen. Und wenn sie von seinen Abenteuern eine Ahnung hatte, zog sie es vor, diese Ahnungen zu ignorieren. Sie war zu klug, um Mißtrauen zu äußern. Wichtig war nur sie, Coco – und sie war davon überzeugt, daß Max das auch so sah.

Max liebte Coco, das war richtig. Aber er vermißte auch etwas: die Herausforderung, die Attraktion, das Spiel, die Gefahr. Diese Elemente seines Lebens suchte Max woanders.

Und er fand sie – denn es gab kaum eine Frau, die diesem Mann widerstehen konnte. Was Max wiederum langweilte.

Er liebte das Prickeln, den Zauber der Verführung, die Ungewißheit. Verführungen finden im Kopf statt, und eine erfolgreich stattgefundene Verführung war Vergangenheit. Abgehakt, vergessen. Und so blieb Max bei Coco, die immer noch und immer wieder verstand, seine Neugier zu wecken, er kehrte immer wieder zurück zu der Frau, der es auch nach sechs Jahren noch gelang, ihn zu überraschen. Wenn er sie auch manchmal einfach vergaß.

Max schloß die Wohnungstür und ging in die Küche. Er hatte Hunger – doch der Kühlschrank hatte nicht viel zu bieten. Resigniert griff Max nach einer Dose Krabben und holte einen Dosenöffner aus der Schublade. Von nebenan kam plötzlich laute Musik. Die Küchentür öffnete sich, und Coco trat verschlafen in die Küche, perfekt zurechtgemacht in einem engen schwarzen Kleid mit gewagtem Dekolleté und dezentem Make-up.

Streng, aber auch liebevoll sah sie Max an.

»Acht... neun... zehn... elf... zwölf«, zählte sie und nahm ihre Finger zu Hilfe, »von acht bis Mitternacht habe ich auf dich gewartet. Waren wir verabredet – oder habe ich geträumt?«

Max versuchte vergeblich, ein schuldbewußtes Gesicht zu machen. Er wirkte nicht bedrückt, sondern eher amüsiert, als er nach einer Ausrede ohne Anspruch auf Glaubwürdigkeit suchte.

»Ich bin in ein Gewitter geraten«, schlug er vor. »Ich hatte einen Unfall... Mein Flugzeug ist abgestürzt...«

Coco schüttelte den Kopf, halb ratlos, halb zornig über soviel Unverschämtheit. Max ging an ihr vorbei zum Geschirrschrank und nahm einen Teller heraus.

»Wann waren wir verabredet?« fragte Max. »Ich habe es nicht vergessen, es ist schon lange nicht mehr vorgekommen... Was hast du geträumt?«

Max sah Coco fragend an und versuchte, so zu tun, als ob er sich wirklich dafür interessierte. Coco wirkte müde. Mit einer eleganten Bewegung streifte sie ihre Schuhe ab und katapultierte sie durch den Raum. Mit ein paar improvisierten Tanzschritten bewegte sie sich auf Max zu und lehnte sich an ihn.

»Ich habe geträumt, ich wäre eine Perle – eine Perle auf einer Krawattennadel... eine Perle auf einer Krawattennadel eines Prinzen... eines Prinzen aus Djibuti...«, murmelte sie.

Max streichelte ihre Wange.

»Hast du einen Zärtlichkeitsanfall?« fragte Coco mißtrauisch. Sie musterte ihn. »Du hast etwas zu verbergen«, sagte sie spielerisch, aber nicht ohne Strafe. »Laß dich nicht erwischen. Frauen spüren so etwas.«

Max beschloß, ihre Bemerkung nicht zur Kenntnis zu nehmen – er merkte, daß Coco es nicht ernst meinte.

»Ist noch was zu essen da?« fragte er.

»Du hattest heute schon zweihundert Gramm Fleisch«, tadelte Coco ironisch. »Das ist genug. Selbst Schäferhunde bekommen nur zweihundert Gramm Fleisch am Tag, und du kleiner Dackel...«

Trotz dieser hartherzigen Bemerkung war Coco eine fantastische Köchin – wenn sie sich entschloß, sich an den Herd zu stellen, was selten vorkam. Doch was Coco tat, das tat sie hundertprozentig. Im letzten Jahr hatte sie durch Zufall die vietnamesische Küche entdeckt, alle einschlägigen Bücher darüber gelesen und drei Monate lang nur vietnamesisch gekocht. Zur Zeit hatten es ihr die Franzosen angetan; heute mittag hatte es gebratene Wachtel, drei Blatt Salat und eine halbe Kartoffel gegeben. Max war nach dem Essen hungriger gewesen als vorher und hatte in der Klinik-Kantine schnell noch ein Sandwich gegessen, bevor er seinen Dienst antrat.

Nein, eine perfekte Hausfrau war Coco nicht, auch in Haushaltsfragen handelte sie impulsiv und extrem, kaufte Geräte, die sie nie brauchen und Möbel, die sie nie benutzen würde. Und ohne die Zugehfrau, die zweimal die Woche saubermachte, wäre die Wohnung sicher längst in Schutt und Asche versunken. Jetzt rieb sie sich verschlafen die Augen.

»Feste, Bälle, Austern, Drogen, Alkohol, Wahnsinn und... Exzesse«, murmelte sie. »Ich möchte, daß du mit mir tanzt!«

Sie zog Max an sich und begann, mit ihm zu tanzen. Max ging auf ihr Spiel ein und paßte seine Schritte der Musik an, die von nebenan kam.

»Weißt du, daß es Kleider gibt, die ich noch nie getragen habe?« fragte Coco verschwommen.

Was für ein Jammer, dachte Max amüsiert. Coco hatte einen ganzen Schrank voll ausgefallener, kapriziöser Kleider, die in keiner Boutique dieser Welt zu finden waren – sie ließ sie von einer Schneiderin nach ihren eigenen Entwürfen nähen, ließ sie sich zentimetergenau auf den Leib schneidern. Oft genug erregten Cocos gewagte Dekolletés Aufsehen. Mal zu Max' Vergnügen, wenn er sich mit ihr auf der Straße zeigte, mal zu gelindem Unbehagen, wenn sie ihn in provozierender Aufmachung zu einem Ärztekongreß begleitete. Immer jedoch war er stolz auf sie, nie konnte er sich ihrem Charme entziehen, ihr selten etwas abschlagen. Nein, gelangweilt hatte Max sich noch nie mit Coco – und das war schon eine ganze Menge, mehr, als er von den anderen Frauen, die seinen Weg gekreuzt hatten, sagen konnte.

Sie tanzten durch die Küche in den Flur hinaus und in den Wohnraum hinein. Cocos Schläfrigkeit schien verflogen zu sein, sie bebte vor Energie, ihre Bewegungen wurden immer schneller. Als sie wieder in der Küche waren, brach Coco plötzlich ab. Max setzte sich benommen auf den Küchenstuhl.

»Ich bin jetzt müde«, sagte Coco.

»Ich bin plötzlich auch so müde«, stimmte Max zu und lächelte.

»Eine Frau wie mich kann man nie ganz besitzen«, stellte Coco fest und verschwand.

Max öffnete die Dose Krabben, nahm eine Gabel und begann lustlos zu essen.

Coco kam aus dem Bad – sie trug einen schwarzen Büstenhalter, einen schwarzen Slip und ein hauchdünnes, durchsichtiges Negligé. Einen Moment blieb sie in der Tür stehen und setzte sich dann langsam und effektvoll in Bewegung.

»Auch wenn ich sage, daß ich müde bin, könntest du versuchen, mich umzustimmen«, sagte sie, während sie auf Max zuging. Sie setzte sich eine Sekunde auf seinen Schoß, legte die Arme um seinen Hals, stand wieder auf und zündete ein paar Kerzenleuchter an.

»Du hattest ein schönes Abendessen – und jetzt darfst du mich noch etwas belästigen«, schlug Coco vor.

Max versuchte, ein uninteressiertes Gesicht zu machen. Doch seine Gedanken galten nur noch dem Augenblick. Sie galten Coco, der Frau, die er immer noch und immer wieder begehrte. Die es immer wieder darauf anlegte, ihn zu reizen, die sich immer wieder etwas einfallen ließ, um seine Neugier zu wecken. Coco erfand täglich neue Spiele, die Max entzückten, verstand es immer wieder, ihren reizvollen Körper ins rechte Licht zu setzen.

Was hatte sie wohl heute vor? Welche Gedanken kreisten hinter ihrer schönen Stirn, welche Vorfreude ließ ihre klaren Augen aufblitzen? Nein, müde wirkte sie überhaupt nicht mehr – im Gegenteil.

Max betrachtete Coco, ihre helle Haut, die durch den dünnen schwarzen Stoff schimmerte. Coco war nie braun, sie vermied die direkte Sonne, weil sie der Ansicht war, daß helle Haut sowohl vornehmer als auch aufreizender wirkte. Lasziv, verführerisch wollte Coco aussehen, auf gar keinen Fall sportlich. Sportliche Frauen waren ihr ein Greuel.

Sie wußte, daß ihre schwarze Unterwäsche einen wirkungsvollen Kontrast zur Blässe ihrer Haut abgab. Sie wußte, daß der Duft, mit dem sie sich im Badezimmer verschwenderisch umgeben hatte, Max jetzt verführerisch in die Nase stieg und auch, daß das lose um ihren Körper fallende Negligé diese Wirkung noch steigerte.

Ganz egal, was Max an diesem Abend erlebt hatte – er würde es in ihren Armen vergessen.

Max legte gehorsam die Arme um Coco und zog sie an sich.

Doch Coco stand schon wieder auf, ging um den Tisch herum und ließ sich auf der anderen Seite auf die Knie nieder. Verheißungsvoll lächelte sie Max zu. Dann schlug sie die bodenlange Tischdecke zurück und kroch langsam unter den Tisch zu ihm hin.

Ein Augenblick verging, in dem Coco sich unter dem Tisch zu schaffen machte.

»Was ist denn das?« fragte sie mit gespieltem Vorwurf in der Stimme. »Willst du mich beleidigen? Wenn ich komme, möchte ich ihn in Königshaltung sehen... Mein Gang von der Tür zum Tisch war doch lang genug!«

Max saß wortlos am Tisch und bemühte sich, teilnahmslos zu wirken – ganz so leicht würde er es ihr nicht machen.

»Dieser kleine Lümmel«, schimpfte Coco liebevoll und streichelte ihr Opfer, »der den ganzen Tag im Dunklen hockt und jetzt dumm aus der Wäsche guckt...«

Max mußte lächeln, bewegte sich aber nicht.

»Wir machen ihm ein Glöckchen um, damit man hört, wenn er sich regt... so ein kleines weiches, zerknautschtes Tier. Damit kann ich ja Schwierigkeiten kriegen. Tierhaltung in der Wohnung ist lt. Mietvertrag verboten... da müssen wir mal eine Mausefalle aufstellen... Jetzt wird er auch noch größer«, stellte Coco mit vorgegebenem Entsetzen fest. Und fuhr fort, mit gespielt-verschämten Unterton: »Ich kann gar nicht hinsehen... schämst du dich nicht. Pfui!... Aus!... Aus!... Aus!«

Max verlor langsam die Kontrolle, lehnte sich zurück, strahlte entspannt. Zu früh – denn jetzt zog Coco sich wieder zurück, kroch langsam unter dem Tisch hervor, warf Max Küsse zu, die alles versprachen.

Und er wußte, sie würde es halten, dieses Versprechen, als er jetzt langsam aufstand und sie ins Schlafzimmer zog.

3

Meist war nicht viel los während der Nachtschicht. Dienstagabend jedoch wurde Max zu einem Notfall gerufen, der eigentlich in den Zuständigkeitsbereich des Psychiaters Dr. Steiner gehörte. Ein Patient von ihm wollte sich umbringen; seit Stunden stand er vor dem Fenster seiner Wohnung im sechsten Stock auf einem Mauervorsprung. Dr. Steiner war nirgends zu finden, und so war Max kurz nach der Feuerwehr eingetroffen, die die besorgte Nachbarin alarmiert hatte. Die Ehefrau des Patienten, eine Blondine mit herbem Gesicht, wirkte desinteressiert, apathisch. Max stürmte in weißer Hose und weißem Hemd in die Wohnung, vorbei an der Frau, die sich die Haare bürstete, vorbei an ein paar Feuerwehrleuten, deren Kollegen unten gerade ein Sprungtuch gespannt hatten.

Max beugte sich aus dem Fenster. Der Mann im gestreiften Bademantel stand völlig versteinert da und wirkte eher wie eine Säule als wie ein lebender Mensch. Vor dem Haus hatte sich eine Menschenmenge versammelt, die begierig darauf wartete, daß hier ein Unglück geschah. Der Feuerwehrwagen hatte seine Leiter ausgefahren, auf der ein Uniformierter stand – sie reichte jedoch nicht ganz bis hinauf zu dem Fassadenvorsprung, auf dem der Mann stand. Max trat vom Fenster zurück. Die Frau des Patienten beugte sich hinaus und rief: »Hermann, Hermann, dein Psychiater wird sich etwas verspäten. Vielleicht möchtest du solange mit dem Doktor über deinen niedrigen Blutdruck reden? Der Doktor ist Internist!«

Dann hob sie die Schultern und kehrte mit Max ins Wohnzimmer zurück. Die Wohnung war offensichtlich mit viel Liebe und Sorgfalt eingerichtet worden, alles war harmonisch aufeinander abgestimmt. Max' Blick fiel auf einen Druck an der Wand, ein Bild von Caspar David Friedrich. Er drehte sich um und wandte sich an die Frau des Selbstmordkandidaten.

»Ein schönes Bild, eine schöne Wohnung«, lobte Max und versuchte, seine Stimme beruhigend klingen zu lassen. Mit solchen Situationen konnte er nicht umgehen, das war nicht sein Fachbereich.

Er überlegte krampfhaft. »Hat Ihr Mann etwas, woran er besonders hängt?«

Die Frau im blaugestreiften Morgenrock hörte nicht auf, ihr Haar zu bürsten.

»Da fällt mir nichts ein«, sagte sie nach einer Weile.

Max musterte sie eingehend, beschwörend.

»Hängt er nicht an Ihnen?«

Die Frau hielt in der Bewegung inne, musterte Max mißtrauisch – so, als ob er eine unanständige Bemerkung gemacht hätte.

»Wie meinen Sie denn das?« fragte sie.

»So, wie ich es sage«, erwiderte Max ruhig.

Die Frau überlegte.

»Mehr hängt er, glaube ich, an seinem Hund. Aber der ist nicht hier.«

Max betrachtete die Frau, sah ein, daß sie ihm nicht weiterhelfen wollte. Oder konnte.

Er atmete erleichtert auf, als Dr. Steiner kam. Er hatte, wie üblich, die joviale und optimistische Ausstrahlung eines erfolgreichen Mediziners, zu dem jeder Patient sofort Vertrauen gewann. Sein Spezialgebiet war allerdings die klinische Hypnose, weniger die Verhaltenstherapie. Max und Steiner waren seit Jahren eng befreundet. Der Ton, in dem sie miteinander umgingen, war der Ausdruck einer mitunter recht eigenwilligen Freundschaft, bestimmt von gewissen Rivalitäten unter Männern. Steiner war ein Zyniker und Frauenverachter, er nutzte und benutzte seine weiblichen Gefährtinnen, um anschließend schlecht über sie zu sprechen, während Max immer noch und immer wieder die Eva in jeder Frau suchte, der er begegnete. Max betete die Weiblichkeit an, während Steiner sich ihrer bediente und sie verspottete. Die beiden Männer hatten jedoch herausgefunden, daß sie sich gegenseitig ergänzten, daß Steiner Max oft auf den Boden der Realität zurückholte, wenn er sich in seinen Träumen verlor, während Max Steiner davor bewahrte, seine eigenwilligen Philosophien einer breiteten Öffentlichkeit zugänglich zu machen, als gut für ihn war.

Dr. Steiner nickte den Anwesenden freundlich zu, ging zum Fenster und beugte sich hinaus. Die Menge vor dem Haus war inzwischen noch größer geworden und verfolgte die Entwicklung erwartungsvoll, mit einer Mischung aus Sensationslust und Anteilnahme.

Steiner wandte sich der Frau des Selbstmörders zu.

»Ihr Mann hat ziemlich viel Publikum«, sagte er anerkennend.

Max zog den Freund empört zur Seite.

»Von dir hört und sieht man ja gar nichts mehr. Ich fühle mich vernachlässigt!« sagte Steiner. »Warum machst du ständig Nachtdienst?«

»Ich kann nachts nicht schlafen«, wich Max aus.

Steiner nickte verständnisvoll. »Du kannst nicht schlafen, weil du immer daran denkst, was du alles versäumst!«

Max unterbrach ihn. »Das ist jetzt nicht wichtig. Wo warst du denn?«

»Ich habe frei«, sagte Steiner etwas ungehalten. »Daß ich jetzt hier bin, ist reine Gefälligkeit.«

Max widersprach. »Es ist dein Patient, du bist der Psychiater.«

»Du bist der Notarzt«, erwiderte Steiner. Dann winkte er ab. »Der springt sowieso nicht. Wer nach sechs Stunden noch nicht gesprungen ist, springt nie. Nach sechs Stunden müßte er ja langsam Hunger kriegen...«

Max verlor die Geduld. »Du kannst ihm ja was kochen«, schlug er böse vor. »Jedenfalls wirst du dich jetzt um ihn kümmern.«

»Der braucht einen Seelsorger«, erklärte Steiner. Er lachte sarkastisch, merkte jedoch, daß sein Humor heute bei Max nicht ankam.

»Na gut, ich bringe ihn dazu, daß er springt – und du flickst ihn wieder zusammen.«

Das Gespräch hatte sich zu einem Wort-Duell zwischen den beiden Männern entwickelt, in dem es kaum noch um die Rettungsaktion ging. Steiners Sarkasmus stand gegen Max' Menschlichkeit. Steiners Desinteresse war der direkte Gegensatz zu Max' Hunger nach Leben, Steiners Teilnahmslosigkeit konkurrierte mit Max' Freude über jede Herausforderung.

»Laß ihn springen«, schlug Steiner vor. »Es ist das Beste für ihn. Was uns allen fehlt, ist nur der Mut. Er zeigt es uns allen...«

Die Ehefrau neben ihnen kicherte hysterisch, und Max forderte Steiner jetzt ungeduldig zum Handeln auf.

»Gib ihm eine Idee, mach ihm Hoffnung...«

Steiner grinste. »Worauf? Da fällt mir nichts ein. Ich weiß nicht, woher du deinen grenzenlosen Optimismus nimmst. Morgen steht einer von uns da. Der Mann hat ein Recht darauf, sich umzubringen.«

Max suchte krampfhaft nach einer Lösung dieser Aufgabe, die er immer mehr als seine persönliche ansah. Er bemühte sich, sich in die Psyche des Kranken zu versetzen. Was würde ihn selbst überzeugen, stünde er da draußen und wäre entschlossen, sich das Leben zu nehmen?

»Biete ihm an, daß du für ihn springst«, bat er Steiner schließlich. »Das wird ihn überzeugen. Aber dazu bist du zu feige.«

Steiner machte eine abwehrende Geste. Max ließ ihn stehen, ging zum Fenster, kletterte auf das Fensterbrett und auf den Mauervorsprung. Die Feuerwehrleute stürzten hinter ihm her, Steiner beugte sich hinaus und rief: »Bist du verrückt? Du kannst dich zu Tode stürzen!«

Auch die Ehefrau beugte sich aus dem Fenster, doch Max' Entschluß stand fest.

Für Max war diese Situation mehr als eine Rettungsaktion, mehr als ein Schauspiel vor hundert oder mehr Menschen, mehr als ein medizinischer Profilierungsversuch vor seinem Freund. Für Max war diese Szene eine Herausforderung an sein Schicksal. Eine Art russisches Roulette, der Einsatz: sein Leben. Das ihm so wertvoll war – aber doch auch so wertlos, daß er jederzeit bereit war, es aufs Spiel zu setzen. Der Mann neben ihm war nur ein Statist in dem Schauspiel, das Max jetzt inszenierte.

Max stand in der Nähe des Selbstmordkandidaten und starrte mit gemischten Gefühlen in die Tiefe. Auf was hatte er sich da eingelassen? Aber jetzt gab es kein Zurück mehr.

Seine Stimme klang fest. »Ich springe für Sie«, sagte er leise.

Der Mann bewegte sich nicht. »Bleiben Sie da, wo Sie sind. Wenn Sie einen Schritt näher kommen, mache ich Schluß«, sagte er tonlos.

Nebenan, auf dem Nachbarbalkon, stand eine hübsche blonde Frau im schwarzen Kimono und verfolgte gebannt die Entwicklung. Sie war es auch, die die Klinik und die Feuerwehr angerufen hatte.

Max war inzwischen zu allem entschlossen. Was hatte er zu verlieren? Über den Tod hatte er noch nie nachgedacht. Und jetzt blieb keine Zeit mehr dazu.

»Ich meine es ernst«, sagte er eindringlich. »Ich springe für Sie! Sie trauen mir nicht? Ich springe, und Sie gehen zurück. Einverstanden? Sie brauchen nur zu nicken!«

Der Mann schüttelte den Kopf. »Sie überschätzen Ihre psychologischen Fähigkeiten.«

Dann sah er nach unten, überlegte, schien seine Meinung zu ändern.

»Einverstanden«, sagte er. »Springen Sie!«

Max setzte zum Sprung an. Jedes Denken war jetzt ausgeschaltet. Die Feuerwehrleute unten strafften das Sprungtuch. Die Ehefrau stieß einen entsetzten Schrei aus. Max wollte sich gerade abstoßen – da hielt ihn der Patient mit einer energischen

Handbewegung zurück. Die Menschen unten riefen durcheinander. Max und der Mann sahen sich an, nickten, schoben sich gemeinsam zum Fenster zurück. Das Sprungtuch schob sich mit ihnen mit, tief unter ihnen. Junge Männer pfiffen empört. »Springen – springen!« schrieen ein paar. Die Meute war um ihre Sensation gekommen, es war kein Blut geflossen, niemand getötet worden. Man hatte ihre Gier nach Gewalt enttäuscht. Die beiden Männer kletterten wieder in die Wohnung.

Steiner klopfte Max anerkennend auf die Schulter und empfing seinen Patienten gutgelaunt, während Max am Fenster stehenblieb. Er mußte erst einmal tief Luft schöpfen, seinen Puls normalisieren. Aber er hatte gesiegt. Sein Einsatz war nicht zu hoch gewesen.

»Sie wollten ja schon immer im Mittelpunkt stehen«, hörte er Steiner sagen. »Stimmt's? Darauf brauche ich einen Schnaps. Haben Sie was zu trinken im Haus?«

Nein, Max mochte Steiner jetzt nicht sehen – der Zynismus des Freundes angesichts dieser Situation ging über seine Kräfte.

Während die Frau Getränke holte, begann Steiner mit seiner ›Therapie‹.

»Na, wo drückt denn der Schuh?« fragte er spöttisch.

Der Mann sah ins Leere und antwortete nicht.

Max sah hinaus in die Nacht. Die hübsche Blondine stand noch immer auf dem Nachbarbalkon und sah zu ihm herüber. Ganz offensichtlich hatte sie die Szene vorhin beeindruckt. Sie lächelte Max anerkennend zu.

Und schon hatte Max die letzten Minuten vergessen, schon erwachte in ihm die Unruhe, das Jagdfieber. Eine neue Versuchung, ein neues Versprechen – hier, nur ein paar Meter von ihm entfernt.

Es war ein innerer Zwang, der Max die Fremde ansprechen ließ. Er wirkte locker und völlig gelöst – so, als ob das gerade eben Geschehene schon lange zurücklag und keine Bedeutung mehr hatte. Und Max hatte tatsächlich vergessen, daß er noch vor Minuten buchstäblich zwischen Leben und Tod geschwebt hatte.

»Können Sie sich vorstellen, daß Sie sich von einem wildfremden Mann ansprechen lassen?« machte er einen ersten Versuch.

Die Frau sah Max etwas irritiert, aber nicht unfreundlich an.

Max wagte sich weiter vor.

»Können Sie sich vorstellen, daß Sie sich von einem wildfremden Mann küssen lassen?«

Die Frau sah ihn fragend an, lächelte unmerklich.

Max ging aufs Ganze. »Können Sie sich vorstellen, daß Sie mit einem wildfremden Mann ins Bett gehen?«

Die Frau lächelte jetzt breiter, einladend. Max sah sie skeptisch an – so, als ob er Zweifel an ihrer Fantasie hätte.

»Können Sie sich überhaupt einen wildfremden Mann vorstellen?« fragte er.

Die Frau lachte.

»Können Sie sich denn eine wildfremde Frau vorstellen?« fragte sie spöttisch.

Max lächelte. Die Frau machte ihm ein Zeichen, eine Handbewegung, mit der sie ihm zeigte, wie er durch die fremde Wohnung und das Treppenhaus zu ihr gelangen konnte. Dann ging sie hinein, um Max einzulassen.

Doch Max wollte sie überraschen. Er taxierte die Entfernung zum Balkon, stieg noch einmal aus dem Fenster und kletterte hinüber in die Nachbarwohnung, unbeeindruckt von den Schaulustigen, die erwartungsvoll, dann enttäuscht zu ihm hinauf sahen.

Max stand in einem Zimmer und ging in den erleuchteten Flur, wo die Frau an der Wohnungstür auf ihn wartete. Sie sah ihn erstaunt an und machte eine Geste, ihr ins Schlafzimmer zu folgen.

»Ich muß zugeben – darauf war ich nicht vorbereitet«, gestand sie. »Sie sind mein erster Mann, der nicht durch die Tür kommt. Ziehen Sie sich doch schon mal aus!«

Im Schlafzimmer streifte sie ohne jede Verlegenheit den schwarzen Kimono ab. Darunter trug sie ein schwarzweiß-gepunktetes Baby Doll, das ihre schlanke Figur gut zur Geltung brachte.

Max sah sich um. Ein verspieltes, weibliches Schlafzimmer, eigentlich ein Kleinmädchenzimmer mit Puppen und großen Plüschtieren auf dem Bett. Doch die Frau war ganz und gar kein kleines Mädchen. Sie wußte, was sie wollte.

»Sie haben sich noch nicht vorgestellt. Ich heiße Karin«, sagte sie.

Max lächelte. Was er sah, gefiel ihm.

Seine Neugier würde bald befriedigt werden.

»Stört es Sie, wenn ich oben liege?« fragte Karin jetzt.

Max schüttelte den Kopf.

Nein, es störte ihn nicht. Langsam zog er sich aus, Karin wartete schon im Bett auf ihn.

Und Max ahnte, daß er, der Jäger, wieder einmal zum Opfer geworden war. Er, der Verführer, war auf dem besten Weg, verführt zu werden. Er, der Regisseur dieser Szene, würde sich der Regie eines anderen, einer anderen unterwerfen.

Und das nicht zum erstenmal. Der Sieger dieses zeitlosen Spiels war zweifellos die Frau. Und sie würde es immer bleiben.

4

Ein paar Abende später. Max beendete seinen Nachtdienst, ging noch einmal durch die abgedunkelte Intensivstation. In trügerischem Frieden lagen die Patienten an ihren Apparaturen. Der Raum war von den leisen Geräuschen der Geräte und dem Widerschein der Bildschirme und Oszillografen erfüllt. Eine Nachtschwester glitt geräuschlos durch den Raum. Sie nickte Max kurz zu.

Max ging über den Gang in sein Zimmer zurück. Er war todmüde. Nur einen Moment, dachte er, knipste die Schreibtischlampe aus, setzte sich hinter seinen Schreibtisch und döste ein. Und merkte nicht, wie die Tür zu seinem Zimmer sich leise öffnete. Ein blondes junges Mädchen trat ein – das Mädchen von der Hochzeitsfeier. Es blieb kurz in der Tür stehen, orientierte sich im Lichtschein, der von draußen kam, und ging dann zu Max, um ihm etwas ins Ohr zu flüstern.

»Ich führe dich zu ihr«, murmelte sie. »Komm mit, sofort.«

Max schlug langsam die Augen auf. Er mußte erst verarbeiten, was er da gehört hatte.

Sie hatte sie gefunden: die Frau, in die Max sich verliebt hatte? Die Stimme, die ihn fasziniert hatte? Wie? Max sah das Mädchen fragend an und wollte etwas sagen. Doch es schüttelte den Kopf und streckte ihm die Hand hin.

Max stand auf und folgte dem Mädchen hinaus.

Später wußte er nicht mehr, welchen Weg sie genommen hatten, durch welche Straßen sie gegangen waren.

Max war wie betäubt, schwankte zwischen Euphorie und der Angst, einem Phantom auf der Spur zu sein, enttäuscht zu werden.

Nein, es war einfach nicht möglich, daß er sie tatsächlich finden würde.

Oder doch?

Sie erreichten schließlich ein Lokal in einer Seitenstraße. Das Mädchen sah ihn bedeutungsvoll an, nickte und zeigte hinein. Max starrte durch die Scheibe, sah das Mädchen ungläubig an und schaute dann wieder ins Lokal.

Der Raum war voller Menschen. Im Vordergrund sah er eine Bar mit einem Tresen, im Hintergrund zwei Billardtische. An einem spielte eine junge Frau mit langem dunklen Haar, das ihr Gesicht verdeckte. Sie trug eine schwarze Lederjacke und einen schwarzen Rock. Mehr konnte Max im Moment nicht erkennen. Aber er fühlte sein Herz klopfen.

Der Tisch war vorwiegend von männlichen Beobachtern umringt. An den Wänden standen Stühle, die ebenfalls von Zaungästen besetzt waren.

Die junge Frau spielte völlig selbstvergessen, sie schien ihre Umgebung nicht zur Kenntnis zu nehmen, war sich ihrer Wirkung jedoch voll bewußt.

Max konnte den Blick nicht von ihr lösen.

Ja, das war sie. Das mußte sie sein.

Das Mädchen gab ihm einen Kuß auf die Wange und verschwand in der Dunkelheit. Max hatte sie noch im selben Moment vergessen.

Langsam, auf der Hut, betrat er das Lokal. Es herrschte reger Betrieb, die Atmosphäre war leger. Hier verkehrten arrivierte Leute aus den oberen Schichten und auch Vertreter der sogenannten ›Szene‹. Und davon gab es viele in Berlin.

Max schlenderte wie unabsichtlich auf die Billardtische zu. Dabei wählte er einen Umweg – so, als ob er sich der jungen Frau, jetzt, wo er sie gefunden hatte, nicht direkt nähern wollte.

Max hatte alle Zeit der Welt.

Gleichzeitig war er unglaublich nervös und mußte sich sehr beherrschen, um seine gewohnte souveräne Haltung an den Tag zu legen.

Max zögerte und ging dann an den freien Billardtisch, nahm ein Queue aus dem Ständer, kreidete es sorgfältig ein und begann zu spielen, wobei er die junge Frau am Nebentisch aus den Augenwinkeln beobachtete. Die dunklen Augen, die Bewegungen, das perfekte Spiel.

Und – ihren Begleiter.

Marie war ganz auf ihr Spiel konzentriert. Sie spielte schnell und intuitiv unter den anerkennenden Blicken der Zuschauer. Marie bewegte sich wie immer: sehr bewußt, dabei aber ganz natürlich, forsch und melancholisch zugleich.

Sie spielte mit Kurt, ihrem Mann – eigentlich aber nur für sich, aus Freude am Spiel und an den Bewegungen.

Auch Kurt war wie immer: beherrscht und sicher, vielleicht sogar etwas selbstgefällig. Ein Mann mit schütterem Haar, überheblichem Auftreten – und offensichtlich voller Stolz auf seine junge Frau. Ein perfektes Paar? Auf jeden Fall ein intellektuelles Vergnügen.

Marie und Max spielten jetzt Rücken an Rücken – aber irgendwie auch miteinander. Drehten sich für einen Augenblick wie auf Kommando um, starrten sich an, wandten sich wieder ab.

Spannung entstand zwischen den beiden Tischen, Elektrizität, die Marie jedoch ignorierte. Oder vorgab, sie zu ignorieren. Dennoch fühlte sie sich wie durch eine imaginäre Kraft zu dem Fremden hingezogen. Doch sie war mit ihrem Mann hier – und sie dachte gar nicht daran, Kurt zu verletzen.

Zumindest nicht durch einen Flirt mit einem anderen Mann. Beim Billard-Wettstreit sah das schon anders aus. Denn ihr Spiel war offensichtlich besser als seines, virtuoser, komplizierter. Kurt, der immer etwas Belehrendes hatte, versuchte auch hier, seiner Frau Unterricht zu geben, ihr Queue zu führen – obwohl klar war, daß sie besser spielte als er.

Marie ließ sich seine Korrekturen ruhig gefallen, spielte weiter, genoß das Duell. Schenkte dem fremden, attraktiven Mann am Nebentisch nur heimliche, verstohlene Blicke, bemühte sich, ihre Faszination zu verbergen.

Das störte Max jedoch nicht. Er lächelte in sich hinein. Er hatte sie gefunden – alles weitere würde sich von selbst ergeben. Sein ganzes Leben würde sich ändern – von diesem Augenblick an.

Max unterbrach sein Spiel. Er ging in den vorderen Teil des Lokals, stellte sich an den Tresen und bestellte ein Bier, ging mit dem Glas zur Musicbox und drückte eine Platte.

Als er zum Billardtisch zurückkehrte, brachen Marie und Kurt gerade auf. Zu spät – das Gespräch, das Max in Gedanken gerade improvisiert hatte, würde nun nicht mehr stattfinden können. Zumindest nicht hier und jetzt.

Marie legte beim Hinausgehen beide Hände auf Kurts Schultern – so, als ob sie sich an ihm festhalten wollte, Halt suchte. Es war wie eine Flucht vor einem großen Gefühl. Als ob da eine andere Kraft wäre, die es ihr beinahe unmöglich machte, zu gehen. Aber Kurt war stark, ein Fels in der Brandung.

Max sah ihnen nach.

Du entkommst mir nicht, dachte er. Jetzt kenne ich dich. Ich werde dich wieder finden, immer wieder. Und wenn ich dir bis zum anderen Ende der Welt folgen müßte.

Eines Tages wirst du dich ergeben, wirst dich nicht mehr wehren, wirst einsehen, daß wir füreinander bestimmt sind. Bald, sehr bald schon wirst du in meinen Armen liegen. Woher Max diese Gewißheit hatte, wußte er selbst nicht. Und sie machte ihm angst.

5

Die Stadt schlief.

Irgendwann in der Nacht war Max nach Hause gekommen.

Coco hatte schon geschlafen, schlief auch jetzt, neben ihm, mit einem Lächeln auf den Lippen. Auch im Schlaf war sie schön.

Max wurde von Träumen gequält, wälzte sich von einer Seite auf die andere. Schließlich wachte er auf, kam langsam zu sich. Überlegte, stand vorsichtig auf und ging zum Fenster.

Max starrte hinaus in die Nacht, blieb ein paar Minuten stehen, wandte sich dann ab.

Ja, er würde dem Ruf folgen, der Stimme, die zu ihm sprach. Max ging durch die Wohnung, suchte seine Kleider, die er achtlos fallen gelassen hatte und zog sich an.

Leise verließ er das Schlafzimmer. Coco hatte nichts gehört, sie schlief ruhig weiter, lächelte im Traum.

Zur selben Zeit lagen Marie und Kurt nebeneinander, in ihrem Doppelbett in der gemeinsamen Wohnung.

Kurt hatte besitzergreifend einen Arm um Marie gelegt, lächelte selbstzufrieden im Schlaf – ähnlich wie Coco. Sie waren sich ihrer Sache und ihres Lebens sicher.

Marie schlief unruhig, träumte, wachte schließlich auf. Vorsichtig, um ihn nicht zu wecken, befreite sie sich aus Kurts Armen, setzte sich, stand auf. Marie ging zum Fenster, in ihrem schwarzen Pyjama, den sie nachts immer trug, blieb stehen, lehnte ihre Stirn an die kühle Scheibe, sah hinaus.

Auch Marie hörte etwas, eine Botschaft ihres Unterbewußtseins, tief in ihr drin.

Sie wandte sich ab, suchte ihre Kleider zusammen, zog sich hastig an und verließ das Zimmer. Kurt hatte nichts gemerkt – er schlief friedlich wie ein Baby, drehte sich im Schlaf auf die andere Seite.

Max ging die Stufen hinunter, erst langsam, dann immer schneller. Rasch verließ er das Haus, lief die paar Schritte bis zu seinem Auto auf der anderen Straßenseite, setzte sich hinter das Steuer, fuhr los.

Er wußte nicht, wohin – es war eine fremde Macht, die ihn trieb, ihn lockte, ihn lenkte. Eine Macht, der er sich bereitwillig anvertraute.

Auch Marie hatte die Haustür erreicht, ging zu ihrem Wagen, schloß ihn auf, stieg ein.

Marie fuhr los, wie in Trance, mit starrem Blick.

Angezogen von einer Kraft, einem Magneten, einem Licht, das sie nicht kannte, dem zu vertrauen sie aber bereit war.

Marie dachte nicht nach über die Konsequenzen ihrer Handlung, nicht im Moment. Für den Augenblick genügte es ihr, die Herausforderung, die diese Nacht für sie bedeutete, anzunehmen, sich ihr zu stellen.

Nein – feige war Marie noch nie gewesen.

In die Nebenstraßen der Stadt war Ruhe eingekehrt, selbst die Spätheimkehrer waren zu Hause, kaum ein Auto war mehr auf der Straße.

Morgens um drei. Beide Wagen fuhren schnell und wie ferngesteuert durch die Straßen Berlins, bogen in eine wie ausgestorbene Seitenstraße ein, aus verschiedenen Richtungen. Fuhren aufeinander zu, wichen erst kurz vor einem Frontalzusammenstoß voneinander ab, streiften sich.

Eine Berührung von zwei Wesen, die sich nicht ausweichen konnten, nicht ausweichen wollten.

Eine Berührung, die beide schwanken ließ, beide Autos ins Schleudern brachte. Beide kamen nach ein paar Sekunden zum Stehen, hundert Meter voneinander entfernt.

Ein Moment der absoluten Ruhe folgte.

Langsam öffneten sich die Autotüren. Unverletzt stiegen Max und Marie aus ihren demolierten Fahrzeugen. Beide schienen nicht begriffen zu haben, was eben passiert war. Was mit ihnen passiert war. Es war wie ein Schock.

Einen Augenblick lang standen sich die beiden Menschen in der Entfernung gegenüber, Max erwartungsvoll, Marie wie versteinert. Beider Gesichter seltsam entrückt – als ob sie nicht ganz sicher waren, ob das, was sie erlebten, real war oder nicht.

Schließlich bewegten sie sich aufeinander zu.

Marie machte langsam ein paar Schritte.

Max ging schneller, begann zu laufen, rannte schließlich auf Marie zu. Auch Marie lief.

Irgendwann fielen sie sich in die Arme, hielten sich fest, küßten sich. Sanken zu Boden und begannen, sich die Kleider vom Leib zu reißen. Umarmten sich, liebten sich, gaben sich dem Rausch dieser Begegnung hin. Ließen sich fallen in diese Nacht – ohne an ein Morgen zu denken.

6

Doch der Morgen kam, unbarmherzig und hell.

Irgendwann in der Nacht waren sie mit dem Taxi zu Maries Wohnung gefahren und erschöpft eingeschlafen.

Eine S-Bahn fuhr vorbei. Max wachte auf, suchte – der Platz neben ihm war leer.

Unwillig öffnete Max die Augen – und sah, wie Marie sich gerade anzog, ein paar Schritte weiter. Ihren schwarzen Lederrock hatte sie schon an, langsam streifte sie sich mit den Bewegungen einer Tänzerin die schwarzen Seidenstrümpfe über. Zog die Lederjacke an, nahm ihre Tasche.

Marie warf Max noch einen kurzen Blick zu, dann verließ sie leise die Wohnung.

Max richtete sich auf. Wohin war Marie gegangen? Nein, es hatte nicht so ausgesehen, als ob sie wiederkommen würde, als ob sie nur einkaufen gegangen wäre.

Unruhe ergriff ihn, er fühlte sich allein und leer, im Stich gelassen, hilflos.

Panik stieg in ihm auf. Was, wenn er sie nicht wiederfinden würde? Wenn er sie für immer verloren hätte? Er sprang aus dem Bett und zog sich hastig an, streifte die schwarzen Stiefel über, ohne nach den Socken zu suchen. Eilig verließ er die Wohnung.

Auf der Straße sah er sich suchend um. Wo war sie?

Max atmete auf. Ein Stück weiter sah er Marie gehen, raschen Schrittes und ohne Bedauern. Kurz darauf hatte sie den Stand erreicht, stieg in ein Taxi.

Max ging schneller, rannte, ließ sich in das nächste Taxi fallen.

»Folgen Sie dem Kollegen«, bat er.

»Sind wir hier im Krimi?« fragte der Fahrer mürrisch, ließ aber den Motor an.

»Fahren Sie schon«, befahl Max scharf. Der Fahrer brummte etwas vor sich hin, fuhr aber los.

Maries Taxi glitt durch das frühmorgendliche Berlin. Max' Fahrer hatte Mühe, dem anderen Wagen durch den dichten Morgenverkehr zu folgen.

Und zum erstenmal seit seiner Kindheit betete Max.

Laß sie mich nicht wieder verlieren, murmelte er.

Ich habe sie doch gerade erst gefunden, habe sie doch so lange gesucht!

Max dachte an die letzte Nacht, an die Erfüllung, die er in Maries Armen gefunden hatte. Aber es war nicht nur ihr Körper, den er wollte, dem er sich verschrieben hatte.

»Ich bin verheiratet«, hatte Marie ihm erklärt, als sie ihre Wohnung erreichten. »Meist wohne ich bei Kurt, meinem Mann.«

Max war nicht schockiert gewesen – er hatte nicht erwartet, daß Marie frei war. Daß sie sich freimachen würde – das allerdings hoffte er, ohne dieser Hoffnung jetzt schon einen Namen geben zu können. Sie waren sich ähnlich, waren zwei Pole, die sich anzogen, zwei zueinander passende Hälften eines Ganzen. In Marie hatte Max sein zweites Ich gefunden, seine Zwillingsseele. Und er dachte nicht darüber nach, ob eine solche Verbindung gutgehen konnte. Eine Verbindung zweier exzessiver, explosiver, rücksichtsloser Charaktere, zweier Menschen, die gewohnt waren, sich zu nehmen, wonach ihnen gerade der Sinn stand, und es danach fortzuwerfen. Zweier Menschen, denen nichts so fern lag wie Pflichtbewußtsein und Verantwortungsgefühl einem Partner gegenüber. Max und Marie waren zwei Extreme, waren wie Feuer und Eis.

Nein, Max machte sich keine Gedanken, noch nicht.

Er wußte nur, daß der Reiz dieser Frau nach einer Nacht noch lange nicht erschöpft war, im Gegenteil.

Die Herausforderung, deren Name Marie war, hatte eben erst begonnen. Und Max war entschlossen, sie anzunehmen.

Max ahnte noch nicht, daß sich das Blatt gewendet hatte. Daß diesmal nicht er derjenige war, der verließ – sondern sie. Daß nicht er gegangen war, sondern sie. Daß Marie nicht die Absicht hatte, ihr Leben von einer Zufallsbekanntschaft aus seinen geordneten Bahnen werfen zu lassen.

Marie hatte sich vorgenommen, das Intermezzo zu vergessen, als das Taxi vor ihrem Haus hielt. Sie zahlte, stieg aus und lief hinein. Sie freute sich auf Kurt.

Und irgendeine Erklärung dafür, daß sie mitten in der Nacht von ihm fortgegangen war, würde sie schon finden.

Marie fand immer eine Erklärung.

Und Kurt war immer bereit, ihr zu glauben.

Ein paar Sekunden später hielt ein zweites Taxi vor dem Haus in der Bleibtreustraße. Max gab dem Fahrer einen Schein und stieg rasch aus, ohne auf das Wechselgeld zu warten. Er klingelte irgendwo, wartete auf den Summer und betrat das Haus.

Max ließ sich von seinem Instinkt leiten. Von seinen Sinnen – und von dem schwachen Duft nach Lavendel, den Marie im Treppenhaus hinterlassen hatte.

Vor einer Tür im vierten Stock blieb er stehen, zögerte einen Moment und klingelte dann Sturm.

Trat unwillkürlich einen Schritt zurück, als Kurt die Tür öffnete. Maries Mann schien nicht überrascht zu sein, Max hier zu sehen. Er musterte ihn abschätzend – beinahe beleidigend, so wie man einen Hausierer taxiert. Dann setzte er ein gönnerhaftes Lächeln auf.

»Marie ist kurz vor Ihnen eingetroffen«, sagte er. »Kommen Sie doch rein.«

Kurt winkte mit der Hand, und Max betrat die Wohnung. In diesem Augenblick war ihm alles egal – er hatte sich in sein Schicksal ergeben, er würde alles in Kauf nehmen, um nur Marie nicht zu verlieren.

Max folgte Kurt in den Flur. Er sah sich um.

Ein fremdes Reich, ein fremdes Revier. Maries Heim. Hier lebte sie also, wenn sie bei Kurt war. Nun, das würde sich bald ändern, dachte Max. Das war nur noch eine Frage der Zeit. Wer konnte ihm schon widerstehen?

Kurt schloß die Wohnungstür und ging an Max vorbei.

»Ich gehe mal vor.«

Immerhin hat er Geschmack, dachte Max und betrachtete die wertvollen Antiquitäten neben modernen Möbeln, eine gewaltige Bibliothek, zeitgenössische Malerei.

Jetzt kam Marie in die Küche, die durch einen Tresen mit dem Wohnzimmer verbunden war, eine Tasse mit Oliven in der Hand. Heißhungrig stopfte sie die Früchte in sich hinein, bemerkte jetzt Max, der mitten im Zimmer stand. Erschrocken blieb sie stehen und starrte ihn fassungslos an. Kurt ignorierte ihr Entsetzen, als ob er es mit einer alltäglichen Situation zu tun hätte.

»Chérie, wir haben Besuch!« sagte er freundlich, geduldig, so, wie man zu einem Kind spricht.

Marie hatte sich wieder gefangen und versuchte, ihre Überraschung zu überspielen. Sie aß einfach weiter, bis sie ihre Gedanken geordnet hatte.

Was sollte sie tun, wie sollte sie sich verhalten? Sie wollte Kurt nicht verletzen, wollte das Auftauchen dieses unverschämten jungen Mannes herunterspielen, ihm keine Bedeutung beimessen. Genauso wenig Bedeutung, wie sie Max selber beimessen wollte. Marie hatte sich ihr Leben nach ihren eigenen Regeln und Gesetzen geordnet – und sie würde niemandem, auch Max nicht, erlauben, sich über diese Gesetze hinwegzusetzen!

Was bildete der sich eigentlich ein? Stand da, mitten in ihrer Wohnung, als ob er ein Recht dazu hätte, ein Recht auf sie hätte. Und das nach ein paar netten Stunden. Zugegeben: ein paar außergewöhnlich schönen Stunden.

Und dennoch... Marie mußte ihm seine Grenzen zeigen, mußte ihre Grenzen sichern.

»Eine Zufallsbekanntschaft«, sagte sie in abfälligem Ton zu Kurt. »Wir kennen uns noch nicht so lange, ich habe dir von ihm erzählt. Er hatte sich verwählt... Ich habe inzwischen die Nummer ändern lassen.«

Marie mied Max' Blick, lächelte Kurt beruhigend zu. Ein Lächeln, das sagte: Nichts Ernstes, alles in Ordnung, mach dir keine Sorgen!

Und während Marie ihre Sicherheit zurückeroberte, kam Max ins Schleudern. Er wußte nicht so genau, wie er mit dieser Situation umzugehen hatte. Fühlte sich beleidigt, gedemütigt, entwertet.

Was sollte er tun? Gehen? Bleiben? Er blieb einfach stehen, wie angewurzelt, seiner Souveränität beraubt. Und doch nicht ohne Hoffnung.

Kurt erwiderte Maries Lächeln. »So? Dann müssen wir jetzt sicher auch noch umziehen?« fragte er spöttisch.

Marie verzog keine Miene.

»Wirf ihn raus«, bat sie ihren Mann schroff. »Wirf ihn raus. Er ist ein Spanner und Sadist.«

Max erstarrte.

»Dann hat er alles, was Frauen lieben«, kommentierte Kurt trocken.

Kurt fand langsam Gefallen an der Situation, als deren Herrscher er sich fühlte. Er war beruhigt: Marie legte ganz offensichtlich keinen großen Wert auf diesen verwirrten jungen Mann, nicht mehr jedenfalls. Diese eine Nacht – die konnte Kurt vergessen, zumindest vergeben, wenn sie auch noch nie nachts von ihm weggegangen war. Was zählte, war, daß sie zu ihm zurückgekehrt und daß sie Max nach dieser Nacht ganz offensichtlich nicht mehr sehen wollte.

Und so beschloß Kurt, noch ein wenig mit Max zu spielen, mit seinen Gefühlen, ihn noch ein wenig zappeln zu lassen – vor Maries Augen. Als Strafe, sozusagen.

Um einmal mehr seine eigene Toleranz, sein großes Herz unter Beweis zu stellen. Und er konnte es sich auch nicht verkneifen, seine junge Frau vor ihrem Liebhaber zurechtzuweisen.

»Du hast den Eisschrank offengelassen«, ermahnte er sie. Und zu Max: »Setzen Sie sich doch!«

Er schob Max einen besonders kleinen Stuhl hin. Max quittierte diesen Affront mit einem Lächeln und begab sich mit einer gewissen Selbstverständlichkeit in die ungünstige Position.

»Sie müssen doch auch Hunger haben«, sagte Kurt freundlich, ganz der perfekte Gastgeber. »Marie, biete doch unserem Gast etwas zu essen an!«

Marie ging auf das Spiel ein. Sie dachte nicht daran, sich eine Blöße zu geben. Es begann ihr Spaß zu machen.

Marie nahm eine Olive aus der Tasse, ging zu Max, biß eine Hälfte ab und steckte ihm die andere Hälfte in den Mund. »Eine Olive? Eine klitzekleine Olive.«

Max ließ es geschehen, kaute automatisch. Diese Frau machte ihn hilflos, lähmte ihn wie die Schlange das Kaninchen. Er hätte sich noch viel mehr von ihr gefallen lassen...

»Du willst dich doch hier sicher nicht zum Essen einladen?« fragte Marie unhöflich.

Kurt kam Max zuvor.

»Vielleicht möchten Sie einen Martini zur Olive?« bot er ihm zuvorkommend an.

Max gewann seine Fassung zurück, wirkte plötzlich gelöst. Natürlich – wie sonst hätte Marie sich verhalten sollen? Was blieb ihr anderes übrig, als sich zu wehren – gegen ihn? Der ihr Leben bald in die Hand nehmen würde? Es würde alles gut werden, er würde Sieger bleiben. Und die Haltung von diesem Mann – die fand er einfach grandios. Max nahm den Affront als Teil seines täglichen Abenteuers. Kurt und Marie waren eine einzige Herausforderung für ihn.

»Einen Wodka-Martini«, bat er höflich, »ein Drittel Wodka, zwei Drittel Martini. Bitte gerührt, nicht geschüttelt!«

Kurt nickte Max anerkennend zu, als ob es um Cocktailkenntnisse ginge. Er spürte, daß in Max eine Wandlung eingetreten, daß er nicht mehr das Opfer, sondern aktiver Mitspieler in dieser Szene war.

Kurt ging zur Hausbar und rührte den Drink an.

Marie verlor allmählich die Fassung. Die beiden Männer werden sich noch gegen mich verbünden, dachte sie. Und dieser Gedanke gefiel ihr gar nicht.

»Schmeiß ihn raus!« herrschte sie Kurt an. »Hat er sich angemeldet? Nein! Wollt ihr zusammen Schach spielen? Nein! Schmeiß ihn raus!«

Kurt schüttelte den Kopf, kam zurück und drückte Max ein Glas in die Hand.

Max nippte an dem Getränk und nickte anerkennend.

»Warum sollte ich so unhöflich sein?« fragte Kurt.

»Schmeiß ihn raus!« rief Marie noch einmal. »Er hat es fertiggebracht, daß ich heute nacht heimlich aufgestanden bin...«

Kurt nickte zufrieden. Zumindest hat sie ein schlechtes Gewissen, dachte er. Und das war bei Marie schon eine ganze Menge. Nein, diesen Trumpf würde er nicht so rasch aus der Hand geben...

»Wollen Sie sich ein bißchen umschauen?« fragte er Max. »Ich zeige Ihnen mal, wie wir leben.« Und wo deine Grenzen sind, dachte er. Vielleicht würde das den Jungen wieder zur Vernunft bringen. Er nahm Max mit einer vertraulichen Geste beiseite und sagte herzlich zu Marie: »Du willst sicher erst mal duschen.« Eine kleine Anspielung an die letzte Nacht und an sein Wissen darüber konnte nicht schaden.

Kurt führte Max durch die Wohnung, zeigte ihm sein Revier, als stumme Geste: bis hierhin und nicht weiter!

Er legte freundschaftlich den Arm um ihn und führte ihn ins Schlafzimmer.

»Hier leben wir, hier schlafen wir. Wie Sie wissen, hat Marie aber auch eine eigene Wohnung. Als Zeichen ihrer Unabhängigkeit.«

Ein kleiner Spleen, den ich ihr gönne, den ich ihr erlaube, fügten seine Augen hinzu. Nichts Wichtiges, und nichts, was dort passiert, ist wichtig. Ich bin ihr Mann, und ich werde es bleiben.

Max hatte die stumme Warnung verstanden. Und entschieden, sie nicht zur Kenntnis zu nehmen.

Und Kurt beschloß, Max zu seinem Verbündeten zu machen, sozusagen gegen ihn selbst.

Kurt entblößte seinen Oberkörper.

»Ich habe so eine Stelle hier«, sagte er. »Kommen Sie mal näher. Ist das etwas Ungewöhnliches? Sie sind doch Arzt...«

Max warf einen achtlosen Blick darauf – er wollte diesen Körper, der Nacht für Nacht neben Marie lag, gar nicht so genau sehen.

»Das ist nur ein Leberfleck«, sagte er abwertend.

Sein Blick fiel auf Maries Gesicht, auf Marie, die die beiden Männer verständnislos ansah. Was ging hier vor?

7

Wieder mal Ende der Nachtschicht. Max fuhr mit seinem neuen Wagen durch die nächtliche Stadt, genoß die Fahrt, seine Einsamkeit.

An einer Ecke hatte sich eine Menschenmenge versammelt. Max hielt an, stieg aus. Wie im Berlin der 20er Jahre boten immer wieder junge Leute Kunststücke auf den Straßen dar, Hungerkünstler und Magier, Dompteure, Kartenleger und Trickbetrüger. Hier stand ein Feuerschlucker, bog sich jetzt effektvoll nach hinten, hob langsam ein brennendes Schwert, schob es sich Zentimeter um Zentimeter in den Mund. Die Umstehenden applaudierten.

Auch Max nickte anerkennend, stieg wieder in seinen Wagen und fuhr weiter.

Ziellos fuhr Max durch die Straßen Berlins, trat plötzlich auf die Bremse, sah sich überrascht um.

Wie war er hierher gekommen? Max stand vor dem Billardlokal, in dem er Marie zum erstenmal gesehen hatte.

Seit Tagen hatte er an nichts anderes denken können als an Marie, als an die gemeinsame Nacht. Doch er hatte es nicht gewagt, sie anzurufen, sich bei ihr zu melden. Zu abweisend, zu verachtungsvoll war ihr Blick beim Abschied gewesen, zu groß ihr offensichtliches Bedauern über die gemeinsam verbrachten Stunden.

Nicht, daß Max aufgeben wollte – er wartete nur auf einen günstigen Moment, auf einen Wink des Schicksals. Denn daß Marie sein Schicksal war und er das ihre – das stand für ihn fest. Bald schon würde seine Chance kommen, das wußte er ganz genau.

Und inzwischen versuchte er, so zu leben, als ob sich nicht sein ganzes Leben geändert hätte – seit jener Nacht.

Es war sicher auch kein Zufall, daß es ihn heute abend ausgerechnet zu der Stätte ihrer ersten Begegnung getrieben hatte. Vielleicht würde er hier einen Hinweis auf die weitere Entwicklung finden? Max ging hinein und sah sich suchend um. Ging dann in den hinteren Teil des Lokals, wo die Billardtische standen. Der Raum war leer, niemand spielte. Max nahm eine Kugel und warf sie ein. Sie beschrieb einen schnellen Zickzack-Kurs auf dem Tisch und rollte dann aus.

Max gestattete sich eine sentimentale Anwandlung. Er ging zum Tresen, setzte sich auf einen Barhocker und betrachtete selbstvergessen den Platz, an dem Marie gestanden und gespielt hatte. Er dachte an den kurzen Moment, als sie sich das erstemal in die Augen gesehen hatten, als der erste Funke übergesprungen war. Er lächelte in Erinnerung an Maries Weigerung, die Elektrizität zwischen ihnen zur Kenntnis zu nehmen, an ihr Bemühen, Max einfach zu ignorieren. Doch sie war ihm nicht entkommen, würde ihm nicht entkommen.

Max bestellte sich einen Espresso und ein Mineralwasser. Neben ihm standen zwei junge Frauen, die sich angeregt unterhielten. Beide waren etwa Mitte Zwanzig, teuer und leger gekleidet. Max waren sie erst nicht aufgefallen, doch jetzt wuchs sein Bedürfnis nach Ablenkung. Es gab schließlich auch noch andere Frauen als Marie, und warum sollte er sich die Wartezeit nicht verkürzen?

Max sah sich die Frau, die neben ihm stand, näher an. Sie war blond, perfekt frisiert, hatte ein ebenmäßiges Profil, eine gerade, gut proportionierte Nase und war dezent geschminkt. Eine Schönheit! Eine Herausforderung! Max lächelte ihr zu, berührte sie sanft am Arm, um ihre Aufmerksamkeit zu wecken.

»Ich finde, Sie haben eine zu große Nase«, sagte er freundlich. »Ihr Make-up ist aufdringlich, und Sie sind absolut unvorteilhaft angezogen...«

Die Frau stutzte einen Moment, ihre Freundin sah Max ungläubig an. Was fällt Ihnen ein! sagte ihr Blick, doch die Frau reagierte überlegen und souverän.

»Stimmt«, gab sie zu. »Sie haben ein gutes Auge. Trotzdem kriege ich immer eindeutige Angebote...«

Damit kehrte sie ihm den Rücken zu. Die beiden Frauen flüsterten, gaben dem Barkeeper eine Anweisung, verließen den Tresen und setzten sich an einen Tisch in der Ecke. Alle Achtung, dachte Max, die scheint ja schon Erfahrung mit Typen meines Schlages zu haben. So witzig und geistreich reagierten nur wenige.

Max war weit davon entfernt, enttäuscht oder beleidigt zu sein, im Gegenteil – er freute sich über jede neue Facette weiblicher Reaktion, selbst wenn es eine Abfuhr war. Max beobachtete die beiden Frauen noch eine Weile. Nein, die waren nicht auf männliche Bekanntschaften aus. Sie wollten sich unterhalten und dabei ungestört bleiben.

Max beschloß, diesen Wunsch zu respektieren. Er zahlte und machte sich auf den Heimweg.

Weit nach Mitternacht kam er nach Hause. Coco war noch nicht da, sie war mit Freunden unterwegs. Max zog sich aus, ging ins Bett und war innerhalb von Minuten eingeschlafen.

Als Max spät am nächsten Morgen erwachte, war Coco schon fort.

»Liebling, ich sehe mir eine Praxis an«, stand auf einem Zettel, der auf dem Küchentisch lag.

Max war zufrieden – er hätte gar keine Lust gehabt, sie zu begleiten. Die Praxis interessierte ihn zur Zeit herzlich wenig. Ebensowenig wie eine Zukunft mit Coco, die er sich kaum noch vorstellen konnte. Doch auch über die Möglichkeit, sich von ihr zu trennen, mochte er jetzt nicht nachdenken.

Max zerknüllte den Zettel, kleidete sich an und ging irgendwo frühstücken. Menschen beobachten, am Puls der Stadt sitzen, in einem Café auf dem Kurfürstendamm.

Er wollte allein sein, nachdenken.

Später schlenderte Max den Boulevard entlang. Sein Blick fiel auf ein Kinoplakat. Warum nicht? Da würde er wenigstens ungestört sein.

Max ging zur Kasse, kaufte ein Billett, betrat das Kino. Der Saal war schwach besetzt, doch die wenigen Zuschauer verfolgten gebannt die Handlung. Ein französischer Film mit Catherine Deneuve in der Hauptrolle. Doch Max interessierten die Bilder auf der Leinwand nicht. Seine Gedanken kreisten um Marie und ihre merkwürdiges Verhalten. Hin- und hergerissen zwischen dem Wunsch, sie wiederzusehen und der Enttäuschung über ihre Kälte. Er dachte an ihre harten Worte – und dann an die Stunden davor, an ihre leidenschaftlichen Umarmungen, die zärtlichen Küsse, erinnerte sich daran, wie sie ihm einiges aus ihrem Leben erzählt hatte, um sich dann wieder in seine Arme zu schmiegen.

Und er hatte ihr von seinem Anruf erzählt, von der Verwirrung, die der Klang ihrer Stimme in ihm ausgelöst hatte, von seiner Suche nach ihr. Und von dem jungen Mädchen, das sie schließlich für ihn gefunden hatte. Max hatte Marie von seinen Träumen erzählt, von seinen Hoffnungen und Wünschen. Und auch Marie hatte sich ihm geöffnet – für diese paar Stunden zumindest.

Irgendwann hatten sie aufgehört, sich zu lieben, hatten aufgehört zu reden und waren eng umschlungen eingeschlafen. Was war passiert? Was hatte er falsch gemacht?

Ab und zu sah Max zur Leinwand, um sich abzulenken. Doch das Geschehen konnte seine Aufmerksamkeit nicht fesseln, sein Blick schweifte immer wieder ab.

Max träumte, und in diesen Träumen existierten weder Kurt noch Coco. Es gab nur ihn und Marie auf der Welt.

Auf der Leinwand erschienen jetzt die Schlußtitel des Films. Die Vorstellung war zu Ende, die Lichter im Saal gingen an, die Türen öffneten sich. Eilig gingen die Menschen hinaus. Nur Max blieb sitzen, mitten im Parkett, schien das Kino noch nicht verlassen zu wollen. Max war eingeschlafen. Eine Platzanweiserin, die ihren Kontrollgang machte, bemerkte den schlafenden Mann, trat zu ihm und leuchtete mit der Taschenlampe in sein Gesicht. Max erschrak, wurde wach und sah die Frau verstört an. Er sah sich benommen um. Langsam erhob er sich und folgte ihrer unmißverständlichen Aufforderung, das Kino zu verlassen. Vorsichtshalber begleitete die Frau ihn noch ins Foyer – man konnte nie wissen... Unschlüssig trat Max auf die Straße hinaus und kniff die Augen zusammen. Das helle Licht des Nachmittags blendete ihn. Ernüchtert sah er sich um.

Menschen hasteten vorbei, eine Frau mit zwei kleinen Kindern an der Hand, Geschäftsleute mit Aktenkoffern auf dem Heimweg, lärmende Jugendliche.

Max wandte sich ab. Nein, mit der Realität der Großstadt wollte er nichts zu tun haben. Jetzt nicht.

In zwei Stunden würde ohnehin sein Dienst beginnen, mußte er sich wieder der wirklichen Welt stellen.

Was konnte er tun? Wo sollte er hin? Wo würde er ungestört sein?

Natürlich – das war die Lösung!

Max ging ins Kinofoyer zurück, trat an die Kasse und löste noch einmal ein Billett für die nächste Vorstellung, die in wenigen Minuten beginnen würde.

Er ging an der erstaunten Platzanweiserin vorbei, zwinkerte ihr zu, setzte sich auf einen Platz in der letzten Reihe und überließ sich auf der Stelle wieder seinen Tagträumen.

Stunden später fand Max sich auf einem seiner nächtlichen Streifzüge wieder. Er war voller Unruhe, Hunger und Neugier. Und er versuchte, Maries Bild aus seinen Gedanken zu verbannen, versuchte, sich abzulenken.

Nein, er würde nicht erlauben, daß diese Frau zuviel Macht über ihn gewann. Heute nacht wollte er nicht an sie denken – heute nacht wollte er etwas erleben.

Max schlenderte durch die Straßen, betrat eine Bar, stellte sich an den Tresen. Bestellte einen Martini, musterte neugierig seine Umgebung.

Die Blonde da drüben, die ganz allein in der Ecke an einem kleinen Tisch saß – sie lächelte Max an. Er schien ihr zu gefallen. Max lächelte bedauernd zurück. Nein, er war nicht interessiert, nicht heute. Nicht, wenn man es ihm so leicht machte.

Max zahlte, stand auf und kehrte auf die Straße zurück.

Unschlüssig stand Max vor dem Lokal ›Reste fidéle‹, als neben ihm ein Taxi hielt. Eine Frau stieg aus, Anfang 40 vielleicht, elegant gekleidet, mit langen, schlanken Beinen in hochhackigen Pumps.

Max trat auf sie zu.

»Ich warte schon eine Stunde«, sagte er und bot ihr den Arm. »Wo bleibst du denn?«

Die Frau musterte ihn abschätzend.

Sie zuckte die Achseln, warf die Taxitür zu.

»Wo wollen wir hin – zu mir oder dir?«

»Ich will zu meinem Mann«, erwiderte sie nicht unfreundlich. »Ein andermal – ich bin nämlich verabredet.« Und sie verschwand hoch erhobenen Hauptes im Lokal.

Das war wohl nicht sein Abend. Max folgte ihr und beobachtete, wie die Frau einen älteren Herrn im hinteren Teil des Lokals begrüßte.

Da erregte etwas ganz anderes Max' Aufmerksamkeit. Auf einer kleinen Bühne spielte eine Band, drei dunkelhaarige Musiker, die italienische Balladen zum besten gaben. Melancholische, eingängige Melodien, die an Venedig und Gondeln erinnerten. An Sehnsucht, Liebe und Leidenschaft.

Langsam nahm eine Idee in Max Gestalt an.

Wie wäre es, Marie ein Ständchen zu bringen? Ein romantisches Experiment zu wagen?

Würde sie das besänftigen? Für ihn einnehmen? Ihre Neugier wecken?

In einer Pause trat er zu den Musikern.

»Wann habt ihr hier Schluß?« fragte er den ältesten, der auch der Sänger der Gruppe war.

»Um eins«, sagte der dunkelhaarige Italiener.

»Habt ihr danach noch Zeit? Für eine Zugabe? Ein paar Straßen weiter?«

Der Italiener nickte. »Eine Party? Das machen wir oft. Was zahlst du?«

Max dachte nicht lange nach. »Hundert – für jeden?«

Der Mann nickte. »Okay. Im voraus.«

Drei Scheine wechselten den Besitzer.

Die drei begannen wieder zu spielen. Max setzte sich in der Nähe der Gruppe an einen Tisch, bestellte einen Espresso und wartete.

Er wußte, daß er Marie überraschen mußte und daß seine üblichen Anmache-Bluffs bei ihr versagen würden. Diese Frau war etwas Besonderes. Und sie verdiente besondere Aufmerksamkeit.

Warum sollte er es nicht mit Witz und etwas Romantik versuchen? Und er würde nicht einmal lügen müssen: Wenn er an Marie dachte, war ihm ausgesprochen romantisch zumute.

Kurz nach eins brachen die Italiener auf, der Sänger nickte ihm zu. Max zahlte, stand auf und ging mit den drei Männern in die Nacht hinaus.

Eine Viertelstunde später standen sie vor dem Haus, in dem Kurt und Marie wohnten.

»Was wollt ihr spielen?« fragte Max.

»Was willst du hören? Wir spielen alles.«

Max überlegte. »Ein Liebeslied«, sagte er. »Mit viel Gefühl. Ein Lied für Marie. Fällt euch dazu etwas ein?«

Der Italiener nickte lächelnd, machte seinen Freunden ein Zeichen, flüsterte etwas.

Sekunden später ertönte Gitarrenklang, eine italienische Weise.

Oben in der Wohnung, die im Dunkeln lag, gingen Lichter an. Max sah erwartungsvoll hinauf – und mußte lächeln.

›Viva Marie‹ hieß der Refrain des stimmungsvollen, temperamentvollen Liedes. Wieder sah Max gespannt nach oben. Und hielt den Atem an: Marie war ans Fenster getreten und sah auf die Straße hinunter. Unbeweglich erst, starr. Dann lächelte sie. Max lächelte zurück.

Wollte etwas rufen. Aber da trat Kurt ans Fenster, neben Marie.

Maries Lächeln erstarb.

Kurt trat zur Seite, ließ rasch die Rollos herunter, löschte das Licht, zog Marie vom Fenster weg.

Max beeindruckte das nicht – er hatte gesiegt. Marie hatte gelächelt. Nur das allein zählte.

Gutgelaunt machte Max sich auf den Heimweg. Das heißt – sofort nach Hause, nein, das wollte er nicht. Vielleicht noch ein kleiner Umweg...

Er ging durch die ›Victoria‹-Passage. Vorbei an der verglasten Küche eines Restaurants.

Hinter der Scheibe sah er zwei weibliche Küchengehilfen, die gerade Gemüse schnitten. Beide blond, beide in weißen Kitteln. Uniformen hatten ihn schon immer gereizt...

Max trat an die Scheibe, klopfte, machte Zeichen. Die beiden Mädchen sahen sich an, kicherten verlegen.

Max machte einen Kußmund, warf ihnen Küsse zu. Die Mädchen kicherten noch mehr, flüsterten.

Eines nahm ein Ei vom Tisch, warf es nach Max. Es zerplatzte an der Scheibe, genau vor seinem Gesicht.

Max lachte – die spontane Reaktion gefiel ihm. Er winkte den beiden noch einmal zu und ging weiter.

Heute konnte ihn nichts mehr irritieren – aber irgend etwas mußte heute nacht noch geschehen. Max war hellwach, zu jedem Abenteuer bereit, seine Sinne geschärft.

Er bemerkte eine auffällig wirkende Frau, die vor ihm ging. Aus einem Impuls heraus beschleunigte Max seinen Schritt, hatte sie bald eingeholt und betrachtete sie genauer.

Sie trug Abendkleidung und kam offenbar gerade aus dem Theater, trug ein Pelzcape über dem langen Kleid und Stiletto-Schuhe. Doch trotz der Absatzhöhe war ihr Gang sicher, mit kurzen, exakten Schritten. Max versuchte spielerisch, sich ihrem Gang anzupassen. Die Frau ignorierte ihn.

Was ihn natürlich besonders reizte.

»Sagen Sie nichts... Verraten Sie mir nur Ihr Sternzeichen«, bat Max.

Die Frau warf ihm einen prüfenden Blick zu und überlegte, ob sie überhaupt antworten sollte. Doch der Anblick des neben ihr her tänzelnden Mannes schien sie zu amüsieren und gnädig zu stimmen.

»Sternzeichen? Waage«, sagte sie schließlich.

Max schüttelte den Kopf.

»Waage? Dann sind Sie nicht geeignet.«

Die Frau sah ihn fragend an, ging aber unbeirrt weiter. »Geeignet? Wozu?«

»Für ein Experiment«, erwiderte Max. »Es klappt nur mit Fischen. Und mit besonders altmodischen Frauen.«

»Ich bin weder Fisch noch altmodisch«, meinte die Frau schnippisch. »Und jetzt schlägst du deinen Kragen hoch und verpißt dich!«

Sie ließ ihn stehen und ging mit schnellen Schritten auf die andere Seite zu einem Taxistand. Max blieb zurück und sah ihr nach. Der Zwischenfall hatte ihn erheitert, er war zuversichtlich.

Max erreichte den Kurfürstendamm, kam an einem Straßencafé vorbei. Jemand rief seinen Namen.

Max drehte sich um. Dr. Steiner saß da mit ein paar anderen und winkte zu ihm herüber.

Nein, Max stand jetzt nicht der Sinn nach Spott und Ironie. Und Steiner würde sich nur wieder produzieren wollen – wie immer, wenn er sich im Kreise mehrerer Menschen befand. Pointen auf Kosten Anwesender – das war Steiners Spezialität. Max schätzte den eigenwilligen Humor des Psychiaters durchaus – doch nicht heute abend.

»Setz dich doch zu uns«, rief Steiner.

Max schüttelte den Kopf, winkte ab.

»Ich habe noch eine Verabredung. Wir sehen uns morgen.«

Steiner nickte, grinste. Dafür hatte er Verständnis. Sicher würde Max ihm morgen alles erzählen.

Steiner ahnte nicht, daß die Zeit der Vertrautheit für Max vorbei war, daß Max verliebt war, ernsthaft verliebt. Er würde dem Freund nichts, nicht ein einziges Wort über das Objekt seiner Begierde erzählen.

Max schlenderte weiter. Hatte eine Idee.

Er ging auf den Eingang eines Apartmenthauses zu und studierte die Klingelschilder, zögerte einen Moment und drückte dann auf mehrere Klingelknöpfe gleichzeitig. Zu dieser Zeit war kaum noch ein Fenster des Mietshauses erleuchtet, doch jetzt gingen in einigen Wohnungen Lichter an. Einzelne Vorhänge bewegten sich, Frauen sahen hinunter zum Hauseingang. Über die Gegensprechanlage hörte Max verschiedene Stimmen.

»Hallo... hallo... hallo!«

»Wer ist da?«

»Unverschämtheit!«

Max räusperte sich.

»Hier ist der Betthase«, sagte er zärtlich. »Mein Platz ist auf dem Kopfkissen... Ich bin geschmeidig, amüsant, geistreich und voll zarter Rücksichtnahme...«

Max wartete gespannt. Schließlich ertönte der Türsummer und eine Stimme sagte: »Fünfter Stock, letzte Tür.«

Er sah hinauf: In einer der Wohnungen wurden jetzt die Vorhänge zugezogen, die übrigen Lichter erloschen wieder. Max wunderte sich – diesen Trick hatte er noch nie ausprobiert. Und er funktionierte auf Anhieb.

Was würde ihn wohl oben erwarten?

Max lehnte sich gegen die Tür und betrat das Haus. Er war auf alles gefaßt, zu allem bereit.

Er fuhr mit dem Lift in den fünften Stock und trat vorsichtig in den Gang hinaus, sah sich im grün gestrichenen Korridor suchend um.

Hinter einer halboffenen Tür musterte ihn eine Frau mit schwarzen Haaren, im Morgenrock. Abrupt schlug sie ihm die Tür vor der Nase zu, als er näher kam.

Max ging weiter, bis er zum letzten Apartment kam.

Die Tür war nur angelehnt, Max schob sie langsam auf, trat ein. Niemand war zu sehen. Neugierig ging Max weiter.

Da griff aus dem Dunklen eine Hand mit langen dunkelroten

Nägeln nach ihm. Max folgte dieser Hand, während die Tür ins Schloß fiel. Erschrocken sah er sich um, hatte plötzlich das Gefühl, in eine Falle geraten zu sein. Aber nur einen Moment lang.

Im nächsten sah er die Frau: Sie ging vor ihm her ins Schlafzimmer, vollständig nackt. Eine blendende Figur, stellte Max fest, gespannt auf ihr Gesicht.

Langsam drehte sie sich um – und Max sah, daß sie eine Maske trug, eine schwarze Maske wie im Fasching, wenn man nicht erkannt werden möchte.

Ihr Mund jedoch lächelte einladend – eine Einladung, der Max folgte.

Ein neues Spiel, ein neues Abenteuer, eine neue Herausforderung.

Und wieder war es Max, der Verführer, der verführt und geführt wurde. Wieder war sie es, die Frau, die bestimmte, beherrschte, dominierte. Die Verantwortung übernahm. Für eine Nacht.

Und Max war es zufrieden.

Für eine Nacht.

8

Er war spät dran.

»Wir treffen uns um zwölf Uhr dort«, hatte Coco beim Frühstück gesagt und ihm die Adresse der Praxisräume aufgeschrieben, die zu vermieten waren.

»Gut«, hatte Max zugestimmt, »ich muß nur vorher noch kurz in die Stadt.«

Und bei einer seiner ausgiebigen, voyeuristischen Wanderungen hatte er die Zeit vergessen. Vielleicht hatte er auch die Verabredung mit Coco unbewußt aus seinen Gedanken verdrängt. An die Möglichkeit, gemeinsam mit Coco eine Praxis zu eröffnen und ständig unter Aufsicht zu stehen, mochte er im Moment gar nicht denken. Doch er hütete sich, solche aufrührerischen Gedanken laut auszusprechen.

Nun jedenfalls beeilte er sich. Max wußte, wie sehr Coco es haßte zu warten.

Nach einigem Suchen fand er die richtige Hausnummer, betrat das Foyer eines Gewerbegebäudes und ging zum Fahrstuhl. Nervös drückte er mehrmals auf den Knopf – nichts. Der Aufzug war irgendwo blockiert. Max entschloß sich, die Treppe zu benutzen, und rannte die Stufen hinauf in die oberste Etage. Völlig atemlos kam er oben an und blieb erst einmal stehen, um Luft zu schöpfen. Dann sah er sich um, sein Blick fiel auf eine offene Tür, und er betrat die Räume, die zur Vermietung freistanden und die Coco durch eine Annonce gefunden hatte.

Langsam ging er durch einen langen Gang, vorbei an Umzugskisten und verpackten Möbeln einer Arztpraxis. Im Hintergrund hörte er Stimmen und folgte ihnen zögernd. Am liebsten wäre er wieder umgekehrt – aber nun war es zu spät. Gleich würde Coco ihn entdecken.

Elegant gekleidet, in Kleid und Blazer, stand sie in einem großen Raum und unterhielt sich mit einem Mann, der ganz offensichtlich der Makler war. Er schien ihr gerade die Vorteile dieser Räume zu erklären und deutete mit einer weit ausholenden Geste auf die Fenster, die einen herrlichen Ausblick über die Dächer der Stadt boten.

Max blieb in einiger Entfernung stehen und betrachtete Coco, die sich interessiert umsah. Ja, hier würde sie mit Max glücklich sein und arbeiten können...

»Und wo, sagten Sie, war das Vorzimmer?« fragte sie den Makler interessiert.

Jetzt hatte sie Max entdeckt.

»Entschuldigen Sie«, sagte sie zu dem Mann und lief auf Max zu. Sie umarmte ihn so stürmisch, als ob sie wochenlang getrennt gewesen wären.

»Wo bleibst du denn?« rief Coco. »Dich darf man doch keine fünf Minuten aus den Augen lassen. Man muß ja Angst haben, daß du nicht wiederkommst... Gib Küßchen!« forderte sie ihn auf und sah ihn erwartungsvoll an.

Max beugte sich hinab und gab ihr einen flüchtigen Kuß. Coco lachte, biß Max zärtlich in die Nase und flüsterte ihm ins Ohr, obwohl sie den Makler längst vergessen hatte. Sie suchte ganz einfach einen Grund, sich an Max zu schmiegen.

»Du brauchst viel Liebe und Zärtlichkeit«, murmelte sie, »sonst verkommst du völlig. Stimmt's, mein kleines Bébé?« Jetzt biß sie ihn spielerisch ins Ohr. Max schob sie sanft von sich. Manchmal machte Coco ihn wirklich rasend. Immer versuchte sie ihn, ihren Besitz, zu ihrem Haustier zu machen, ihn mit einem kleinen Hund oder einem Kater zu vergleichen. Oder mit einem unmündigen Kind, was Max genauso ärgerte. Er war ein erwachsener Mann und wollte als solcher behandelt werden!

»Behandle mich nicht immer wie ein Kleinkind«, sagte er mürrisch.

Coco runzelte die Stirn. »Ich behandle dich nicht wie ein Kleinkind – du bist eins. Auf dich muß man doch Tag und Nacht aufpassen, sonst machst du Dummheiten.«

Wie gut, daß ihr das nicht gelingt, dachte Max. Und daß Coco ihre Worte auch gar nicht so ernst meinte. Sie wußte, daß sie Max gewisse Freiheiten lassen mußte.

Sie betrachtete ihn, liebevoll und skeptisch zugleich – so, als ob ihr an ihm irgend etwas auffiele, sie aber nicht darauf kam, was es war.

Max begutachtete inzwischen die Räume.

»Hier ist das Sprechzimmer«, erklärte ihm Coco. »Da steht dann der Schreibtisch... Hier ist der Empfang, da sitze ich...«

Erschöpft setzte sie sich auf eine Umzugskiste, die vor der Tür zum Sprechzimmer stand. Voll freudiger Erregung sah sie Max an.

»Jedesmal, wenn die Tür zum Sprechzimmer aufgeht, können wir uns sehen«, sagte sie. Und strahlte bei dieser Vorstellung – ihre ganze Liebe lag in dem Blick, den sie Max schenkte. Wir gehören zusammen, sagte dieser Blick, Tag und Nacht, und das soll immer so bleiben.

Zur Demonstration stand Coco auf, ging zur Tür und öffnete sie.

Max hatte ihr jedoch gar nicht zugehört. Im Moment interessierte er sich nicht übermäßig für die Räume und Cocos Zukunftsplanung. Er wollte sich nicht dafür interessieren, wollte Cocos Vorstellungen nicht zur Realität werden lassen.

Max stand in Gedanken versunken am Fenster.

Keine Streifzüge mehr, keine nächtlichen Abenteuer, keine Barbekanntschaften, keine anonymen Eroberungen – würde er so ein Leben ertragen können?

»In der Gefangenschaft wird bei Tieren das Fell ganz stumpf«, murmelte er und dachte an Rilkes Gedicht über den Panther, der ruhelos im Käfig auf und ab geht, voller Energie und voller Kraft, die er nie mehr nutzen kann...

Coco drehte sich um. »Was hast du gesagt? Max!« rief sie, plötzlich wachsam und aus ihren Träumen gerissen.

Max sah sie verwirrt an.

»Ja... Was?«

Coco kniff die Augen zusammen und musterte ihn mißtrauisch. »Du hast ja gar nicht zugehört...!«

Max wand sich. Er wollte Coco nicht kränken.

»Doch, doch...«, stammelte er. »Ich dachte nur, wenn ich meinen Schreibtisch dort ans Fenster stelle, kann ich auch mal raussehen.«

Und er stellte fest, wie herrlich der Blick über die Stadt war, auf die Dächer Berlins – seiner Stadt, die ihm schon so viele aufregende Stunden geschenkt hatte, die noch so viele Abenteuer für ihn bereit hielt, die so voll war von Lockungen, Reizen und Herausforderungen.

»Raussehen?« wiederholte Coco verständnislos.

Er nahm sich zusammen, Coco zuliebe.

»Ja. Raussehen«, wiederholte er. Und lächelte beruhigend. »Auf das Leben auf der Straße. Laß uns was essen gehen, ich habe Hunger.«

Doch Coco war noch nicht ganz besänftigt.

»Hunger, immer hast du Hunger«, maulte sie. »Wie gefallen dir denn die Räume, sag doch mal...«

Schließlich hatte sie viel Zeit und Mühe aufgewandt, um diese Praxis zu finden, unzählige Maklertermine und Besichtigungen hatte Coco schon hinter sich.

Doch Max mochte jetzt nicht über Mietverträge und Möbel sprechen. Er bekam plötzlich keine Luft mehr, wollte hinaus, auf die Straße, wo er sich geborgen fühlte.

»Was machen wir denn jetzt?« fragte er und nahm Coco in den Arm.

Coco benutzte die Gelegenheit, ihn absichtlich mißzuverstehen.

Ihr fiel ein neues Spiel ein, ein Wortspiel, hinter dem jedoch ein Fünkchen Ernst steckte.

»Jetzt?« fragte sie mit einem Lächeln zurück. »Meinst du – überhaupt? Mit unserem Leben? Wann wir heiraten, wann wir die Ringe kaufen?« Sie sah ihn liebevoll lauernd an.

Doch Max wich aus, schüttelte den Kopf.

»Ich meine, was wir jetzt machen. Gehen wir essen oder kochst du?«

Eine hypothetische Frage – Max wußte, daß der Kühlschrank leer war, wie üblich. Coco hatte gerade keine Koch-Phase.

Coco stellte sich vor Max, schlug den hochstehenden Kragen seines Jacketts um und zog die Revers zurecht. Dann inspizierte sie seine Kleidung, eine gewohnte Handlung, die ihrer weiblichen Routine entsprach – ebenso, wie sie es liebte, Max die Krawatte zu binden.

Da fiel ihr etwas auf.

»Deine Hose ist offen«, sagte sie wie erfreut darüber, daß er sich ohne sie nicht einmal richtig anziehen konnte. Coco ging in die Knie und zog ihm den Reißverschluß zu. Plötzlich hatte sie eine Vision – so, als ob die offene Hose ein Indiz für Max' Untreue wäre, ein Beweis, den sie schon lange gesucht hatte und der ernster zu nehmen war als all die kleinen Schwindeleien, bei denen sie ihn sonst erwischte.

Coco sah Max mit echter Betroffenheit an.

»Du betrügst mich«, stellte sie fest und wartete gespannt auf seine Reaktion.

Max sah sie verständnislos an.

»Ich habe vergessen, den Reißverschluß zuzumachen«, sagte er schulterzuckend. »Na und?« Wo war da das Problem? Max sah offensichtlich keines.

Coco lehnte sich an die Tür, ihr Gesicht war ernst.

»In letzter Zeit passiert dir das ziemlich oft. Das hat doch was zu bedeuten«, überlegte sie laut.

Das fand Max ganz und gar nicht – im Gegenteil, er fand diese Unterstellung ziemlich lächerlich.

»Du bist ja verrückt«, gab er zurück. »Nicht jeder Mann, der einen offenen Reißverschluß hat, betrügt seine Frau.«

Coco hatte sich jedoch ihre Meinung gebildet und war nicht mehr vom Gegenteil zu überzeugen. Sie konnte sehr stur sein, ein echter Dickschädel.

»Ich weiß es«, beharrte Coco, wenn auch nicht ohne Erstaunen. »Der offene Reißverschluß hat dich verraten. Du bist heute auch so abwesend...«

Langsam fühlte Max sich in die Ecke gedrängt, zumal Coco so unrecht nicht hatte, wenn auch ihre Beweisführung sehr eigenwillig war. Aber einen sicheren Instinkt, den hatte sie immer schon gehabt. Und schließlich ging es hier nicht um eine seiner kleinen Affären, die am nächsten Morgen schon vergessen waren – es ging um Marie...

Max ging in die Defensive.

»Der offene Hosenschlitz – lächerlich!« protestierte er.

Inzwischen hatte der Makler den Raum betreten, auf der Suche nach seinen Klienten. Er blieb abwartend in der Tür stehen.

Coco ließ sich jedoch in ihrer Anklage nicht unterbrechen. Immer mehr nahm eine Vorstellung in ihr Gestalt an, begann sie, Erklärungen für Max' seltsames Verhalten in den letzten Wochen zu finden...

»Es ist ein deutliches Zeichen – der offene Hosenschlitz verrät euch doch«, sagte sie mit der Stimme eines Staatsanwalts.

Fasziniert verfolgte der Makler die merkwürdige Konversation.

War das nun ein Ehepaar, das sich stritt, oder Chef und Sekretärin, die ihm Liebesgeplänkel vorführten?

Egal – interessant war es allemal.

»Das ist doch immer so bei euch«, fuhr Coco fort. »Wenn ihr schmutzige Gedanken habt, vergeßt ihr euren Hosenschlitz. Daran erkennt man es so, wie man eine Tür offenläßt, wenn man Besuch erwartet... Rede dich nicht heraus...«

Max hatte allmählich genug von Cocos eigenwilliger Theorie.

Er nahm sie in den Arm und zog sie zur Tür.

»Wir geben Ihnen Bescheid«, rief er dem Makler zu und schloß die Tür hinter sich.

Seit zwei Stunden lehnte Max am Zaun und sah zu der Wohnung im zweiten Stock des gegenüberliegenden Hauses hinauf.

Es war zehn Uhr morgens. Kurt hatte vor einer halben Stunde das Haus verlassen, mit einem Aktenkoffer in der Hand. Von Marie hatte Max noch nichts gesehen. Er fürchtete schon, daß sie in ihrer Wohnung übernachtet haben könnte, als sich die Vorhänge bewegten.

Marie öffnete das Fenster und beugte sich hinaus, als ob sie jemanden erwartete. Schnell trat Max einen Schritt zurück – sie hatte ihn nicht gesehen.

Max zündete sich eine Zigarette an. Seit ein paar Tagen rauchte er wieder, ein schlechtes Zeichen zunehmender Nervosität. Seit Tagen hatte er Marie nicht mehr gesehen. Einmal hatte er sie angerufen – sie hatte wortlos aufgelegt. Wahrscheinlich war sie nicht allein, hatte Max sich zu trösten versucht.

Nun hatte er sich zu einer Konfrontation entschlossen. Er wollte ihr in die Augen sehen, sie fragen, ob er ihr wirklich gleichgültig war...

Eine junge Frau im Trainingsanzug blieb vor Maries Haus stehen, klingelte. Kurz darauf öffnete sich die Tür – Marie kam heraus, schwarz gekleidet wie immer. Arm in Arm gingen die Frauen zu einem in der Nähe parkenden Auto und stiegen ein.

Wieder nichts. Sie war mit einer Freundin oder einer Kollegin verabredet. Aber die Verfolgung war einen Versuch wert.

Er stieg in seinen Wagen, startete und folgte dem weißen Auto der Frau.

Max hatte es nicht eilig – er kannte ihr Ziel. Und er fühlte, wie das Jagdfieber in ihm erwachte. Er würde es ihr schon zeigen, dieser kaltblütigen Hexe...

Eine Viertelstunde später hatte Max seinen Wagen in einer Seitenstraße geparkt und ging die paar Meter zum Theater des Westens zu Fuß. Er fand den Bühneneingang und schlüpfte unbemerkt hinein. Passierte die Garderoben, ging den Gang entlang hinter der Bühne vorbei und in den Zuschauerraum. Das Team hatte gerade mit der Arbeit begonnen. In einem Bühnensaal fanden die letzten Proben für eine Ballettaufführung statt. Marie tanzte einen Solopart. Das Ensemble, in Trainingskleidung, formierte sich zu immer neuen Figuren von Ravels ›Five-o'clock-Fox‹. Max ging leise auf den Rang und verfolgte interessiert und mit Sachkenntnis die Probenarbeit.

»Stop!« rief gerade der Choreograph, der im Parkett saß. Er machte den Tanzenden eine Bewegung vor, korrigierte, dann ging die Probe weiter.

Das Tempo der Musik variierte und verlangsamte sich zwischendurch wie bei einem ablaufenden Uhrwerk. Maries Bewegungen wurden verzerrt und zeitlupenartig, bis die Musik wieder anzog und ein schnelleres, hektisches Tempo anschlug.

Max verließ den Rang und beobachtete Marie von der Seitenbühne aus. Marie hatte ihn längst gesehen, ließ sich aber nichts anmerken. Sie hatte beschlossen, Max einfach zu ignorieren.

Doch Max hatte andere Pläne. Hier war seine Chance. Kurzentschlossen lief er auf die Bühne, ging auf Marie zu, griff nach ihr, paßte sich ihren Bewegungen an und begann, mit ihr zu tanzen. Mit schnellen, harten Bewegungen riß er sie im Rhythmus der Musik vor und zurück, nach links und nach rechts.

Marie zögerte, wußte nicht, ob sie sich wehren sollte, ging dann aber fasziniert auf sein Spiel ein. Das hatte noch keiner gewagt...

Max faßte Marie um die Taille, stemmte sie hoch, legte sie sich über die Schulter, tanzte mit ihr eine Showeinlage. Ihre beiden Körper harmonierten im Takt der Musik, der sie sich hingaben, ihr Zusammenspiel wirkte gekonnt wie eine einstudierte Nummer.

Technik und Regie sahen der Einlage fassungslos zu, während das Ensemble wie auf Verabredung als Statisterie für die beiden Menschen fungierte, ihre Bewegungen mitmachte und ihnen folgte.

Ebenso unerwartet, wie er den Tanz begonnen hatte, beendete Max ihn auch wieder. Er hatte seinen Triumph gehabt. Als Schlußpointe hob er Marie hoch in die Luft und warf sie dann einem der Tänzer in die Arme. Langsam, ohne sich noch einmal umzusehen, verließ er die Bühne und ging hinaus.

Marie jedoch tanzte einfach weiter, als ob nichts geschehen wäre, als ob es Max und ihren Tanz nie gegeben hätte.

Max betrat inzwischen pfeifend die Straße, die eben getanzte Melodie auf den Lippen.

Er war nicht unzufrieden mit sich. Er hatte einen Anfang gemacht – und keine schlechte Figur abgegeben.

9

Max saß ein paar Abende später im Nebenraum seines Arztzimmers, in dem sich medizinische Geräte und Computer befanden, vor einem Bildschirm und versuchte, sich abzulenken, nicht ständig an Marie und ihren biegsamen Körper in seinen Armen zu denken. Vielleicht wäre es besser gewesen, er hätte die Gunst des Augenblicks genutzt – Marie hatte wieder nicht mit ihm sprechen wollen, als er sie gestern anrief.

Von nebenan hörte er das Klappern hochhackiger Schuhe. Die Tür öffnete sich, und die Umrisse einer Frauenfigur erschienen im Türrahmen. Max richtete sich erstaunt auf. Die Frau kam mit eckigen Bewegungen näher und lachte dann rauh auf – es war Dr. Steiner, der sich als Charleys Tante verkleidet hatte. Er trug verschiedene Kleidungsstücke von Krankenschwestern und hatte sich grell geschminkt.

»Ich wußte schon immer, daß du dringend eine Therapie brauchst«, stellte Max kopfschüttelnd fest.

Steiner gab seiner Stimme einen hellen Klang.

»Wenn ich mir die Beine rasiere, bin ich die ideale Frau für dich«, sagte er schrill.

Max konnte über diesen Scherz und Steiners Aufmachung nicht lachen.

»Du läßt mich gar nicht mehr an deinem Privatleben teilnehmen«, sagte Steiner im Ton einer eifersüchtigen Ehefrau. »Das war früher auch mal anders, ich fühle mich vernachlässigt...«

Max sah ihn nachdenklich an.

»Wie lange bist du schon Therapeut?« fragte er. »Und frißt den Müll von anderen Leuten in dich hinein?«

Steiner ignorierte Max' Ärger jedoch. Er fühlte, daß Max etwas vor ihm verbarg, und wollte das Rätsel unter allen Umständen lösen.

»Ich mache mir Sorgen um dich«, sagte er, ernster. »Ich kenne die Symptome. Du bist in einem Zustand, wo das Denkvermögen aussetzt. Es ist wie eine Psychose... die zwanghafte Vorstellung, jemanden zu lieben...«

Denn daß es nur um eine Frau gehen konnte – das war Steiner klar. Sollte es wirklich einem weiblichen Wesen gelungen sein, Max zu bändigen?

Max hatte Steiner gar nicht mehr zugehört. Warum sollte er sich dem Freund nicht anvertrauen, seinen Rat suchen? Er selbst kam nicht mehr weiter, befand sich in einer Sackgasse.

»Ich habe es aufgegeben, mich dagegen zu wehren«, sagte Max.

Steiner überlegte – und kam zu der Entscheidung, daß er am meisten erfahren würde, wenn es ihm gelang, Max zu provozieren. Er steigerte sich mit sichtlichem Genuß in ein Rezitativ hinein.

»Der Körper einer Frau«, sinnierte er, »die Brüste, die einen ersticken, die Schenkel, die einen umklammern, die Küsse, die einem den Atem nehmen, die Haare, die einen in der Nase kitzeln...«

Amüsiert entwarf er ein bedrohliches Bild von Männerängsten.

Inzwischen war eine Krankenschwester hereingekommen und forderte mit einer ungeduldigen Geste ihre Dienstkleidung zurück. Eine andere kam herein und riß Steiner die Handtasche aus der Hand, einer dritten übergab er schließlich die Schuhe.

Steiner stand nur noch mit einer Unterhose bekleidet im Raum und wirkte wie ein trauriger Clown nach dem Ende der Vorstellung. Alles Zynische und Harte war von ihm abgefallen, er wirkte desillusioniert und müde.

Resigniert ging Steiner zum Kaffeeautomaten und goß sich einen Becher ein.

»Im Ernst, ich gebe dir als Freund einen guten Rat.« Er änderte den Tonfall, ohne jedoch seine spöttische Haltung ganz verleugnen zu können.

»Mach es wie früher«, schlug er vor. »Du triffst sie, überredest sie, dir ein Stück von ihrem Arsch zu geben, und dann haust du ab. Wer sich verliebt, ist eitel, masochistisch, aufs Leid versessen...«

Max war so sehr von seinen eigenen Gefühlen, seiner eigenen Verzweiflung, gepaart von Euphorie, irritiert, daß inzwischen sogar Steiner als Gesprächspartner in Frage kam. Mit irgend jemand mußte er über Marie sprechen – egal mit wem.

»Ich war nicht darauf vorbereitet«, sagte er mehr zu sich selbst als zu Steiner.

Max stand auf und ging durch den Raum, sprach ernst und bekümmert, sprach aus, worüber er seit Wochen nachdachte, ohne eine Antwort, ohne eine Lösung zu finden.

»Ich lebe in der Gegenwart«, fuhr er fort. »Und daß ich mich verliebe, gehört für mich in die Zukunft...« Die große Liebe – die hat noch Zeit, hatte er immer gedacht, die kann auch im Alter noch kommen. Und vorher galt, nur nichts ernst werden lassen, nicht einmal Coco. Nur keine Gefühle entstehen lassen, über die man später die Kontrolle verlor...

»Es ist so konkret...«, sagte er. Und gegen alles Konkrete hatte Max sich ein Leben lang gewehrt.

Steiner starrte vor sich hin, versuchte, sich in Max hineinzuversetzen, und fühlte eine gewisse Identifikation mit Max' Situation. Er kannte die Problematik, konnte sich Max' Verwirrung vorstellen, kannte den Freund immerhin seit Jahren.

»Sie ist so gefühllos«, fuhr Max fort. »So roh, nur vom Kopf her bestimmt... so... so... so wie ein Mann!«

So wie er selbst, wollte er sagen, ließ es aber.

Steiner nickte teilnahmsvoll.

»Das ist nicht fair«, murmelte er.

Der Psychiater dachte angestrengt nach, suchte nach einer Lösung, sowohl als Freund als auch als Therapeut.

Plötzlich kam wieder Leben in ihn, und er war ganz der Alte.

»Der Deckel hat den Topf gefunden«, sagte er roh. »Das ist

die Strafe für all die einsamen Herzen, die du gebrochen hast, für all die Küsse, die du nicht erwidert hast.«

Max winkte ab und ging einfach hinaus, ohne Steiner nur noch einen Blick zu schenken.

10

Coco hatte die Abschlußprüfung bestanden. Sie war seit heute ausgebildete Arzthelferin. Einer gemeinsamen beruflichen Zukunft stand nun nichts mehr im Wege. Für Coco Grund genug, eine kleine Feier zu veranstalten. Noch etwas anderes hatte sie allerdings im Sinn, etwas, wovon Max nichts ahnte.

Coco wußte, daß ihr Instinkt sie nicht trog, daß Max etwas erlebt hatte, was über seine üblichen Abenteuer hinausging.

Coco war entschlossen, um Max und ihre Liebe zu kämpfen, bevor noch ein ernsthafter Schaden entstand, bevor sie Max wirklich verlor. Nein, sie würde keiner anderen erlauben, sich zwischen sie und Max zu stellen.

Coco fürchtete keine Konkurrenz, und die Wahl ihrer Waffen stand fest – Coco würde sich selbst, ihren reizvollen Körper, ihre Verführungskünste, ihre Macht über Max einsetzen. Sie würde ihn vergessen lassen, daß es andere Frauen gab, würde ihn ab sofort keine Sekunde mehr aus den Augen verlieren.

Vielleicht war sie viel zu lange viel zu nachsichtig gewesen? Männer mußten eben beaufsichtigt werden, sonst nutzten sie ihre Freiheit schamlos aus...

Egal, diese Zeiten waren nun vorüber. Coco würde wachsam sein. Und bald hatten sie ja ihre gemeinsame Praxis, bald würden sie nicht nur die Nächte, sondern auch die Tage miteinander verbringen.

Und daß Max sich mit ihr niemals langweilen würde – dafür wollte Coco schon sorgen!

Max und Coco saßen in ihrem Eßzimmer an einem festlich gedeckten Tisch. Coco hatte sich viel Mühe gegeben – es war eine Art ›Candle-light-Dinner‹ mit einer großen Auswahl an Speisen.

Der Abend war schon fortgeschritten, zwei leere Weinflaschen standen auf dem Boden, Max und Coco waren heiter und beschwipst. Max ließ es zu, sich von Coco verwöhnen zu lassen. Ließ es auch zu, daß Coco die gemeinsame Zukunft in den leuchtendsten Farben schilderte.

Coco hatte sich eigens zu diesem Anlaß ein sehr aus dem Rahmen fallendes Arzthelferin-Gewand schneidern lassen – ein tiefes Dekolleté betonte ihren schönen Busen, das weiße Kleid war vorne durchgeknöpft und kniekurz.

Und irgendwie fühlte Max sich ein bißchen wie ein Pflegefall. Er wußte selbst nicht, warum.

Coco schenkte noch Wein nach.

Und entwarf eine ironische Zukunftsvision. »Wenn wir noch einen Kredit aufnehmen würden, könnte ich eine Köchin engagieren«, überlegte sie. »Dann würde ich dich in unserem Landhaus empfangen... in einem Negligé, und einen Fasan servieren lassen, den ein Wilderer geschossen hat...«

Max stieß amüsiert mit ihr an. Das Bild, das Coco da entwarf, sagte ihm mehr als der ›Pflegefall‹.

Doch dann kehrte er auf den Boden der Realität zurück. »Wenn wir noch einen Kredit aufnehmen, muß ich mich mit einer Schrotflinte erschießen«, sagte er.

Coco wechselte das Thema, stand auf, ging zu Max hinüber. »Soll ich dir etwas Blut abnehmen?«

Sie schob Max den Ärmel hoch und begutachtete fachmännisch seine Venen.

Max griff nach ihrem Fuß und küßte ihn.

Coco hatte schon wieder einen neuen Einfall – wie ein Kind, das sich ständig neue Spiele ausdenkt, dem immer neue Fragen einfallen.

»Was kriege ich eigentlich dafür, daß ich die Prüfung als Arzthelferin bestanden habe?« fragte sie erwartungsvoll. »Ich bin jetzt staatlich anerkannt...«

Coco kicherte, schmiegte sich an ihn und strich dabei über ihr neues Kostüm. Sie wußte, daß das Kleid eine einzige Provokation war.

»Gefällt es dir nicht?« wollte sie wissen. »Du hast noch gar nichts gesagt... Findest du es repräsentativ genug?«

Coco lachte vergnügt in sich hinein.

»Ich finde, ich bin eine Bereicherung für unsere Praxis«, fuhr sie fort. »Vielleicht ist es auch zu auffällig – was meinst du?«

Max tat so, als ob er sich anschickte, ein objektives Urteil abzugeben. Er machte ein ernstes Gesicht. »Wenn du meine Antwort als Mann hören willst: mir gefällt's. Als Arzt habe ich gewisse Bedenken...«

Coco ging auf seinen gespielt sachlichen Ton ein. »Wenn du Bedenken hast, praktiziere ich eben ohne Berufskleidung«, schlug sie vor.

Beide lachten. Coco stand auf, ging um den Tisch herum und setzte sich Max wieder gegenüber. Sie sah ihn an, mit ihren klaren, großen Augen, und wirkte freudig erregt. Wie ein Kind, das eine Überraschung plant. Diesen Blick kannte Max schon – gespannt lehnte er sich zurück.

Langsam und mit gutem Gespür für Timing knöpfte Coco ihr Kleid auf. So hatte sie es einmal in einem Film gesehen, einen Striptease, der sie sehr beeindruckt hatte. Sie kombinierte ihn mit ihrer eigenen Fantasie. Max verfolgte Cocos Einlage mit Interesse.

Coco ließ das weiße Kleid, unter dem sie nackt war, auf den Tisch fallen. Dann zog sie mit einer schnellen Bewegung die große Damast-Tischdecke vom Tisch und wickelte sich mit einer Drehung in das Tischtuch ein. Geschirr und Leuchter fielen klirrend zu Boden, die Kerzen erloschen, der Raum lag im Halbdunkel. Max applaudierte.

Coco benutzte das Tuch als Umhang. Sie breitete die Arme zu Vogelschwingen aus und schwebte durch den Raum. Einen Teil des Tuches zog sie wie eine Schleppe hinter sich her.

Max sah ihr verzaubert zu, die Szene erinnerte ihn an einen Traum. Er fühlte sich der Wirklichkeit entrückt, wie in Trance.

»Ich möchte gejagt werden«, flüsterte Coco. »Ich möchte durch die Wohnung gejagt und im Schlafzimmer erledigt werden...«

Max ging auf ihr Spiel ein, war ihr bereitwilliger Gehilfe, gelehriger Schüler. Er stand auf, folgte Coco und versuchte mit jedem Schritt, ihr auf die Schleppe zu treten. Coco gelang es jedoch, immer ein paar Zentimeter schneller zu sein. Sie neckte ihn, lockte ihn und schwebte dann langsam in Richtung Schlafzimmer.

Max folgte ihr.

Coco fuhr fort in ihrem Monolog, wartete keine Antwort ab, wollte auch keine.

»Das wünsche ich mir heute so und auch noch in zehn Jahren«, sagte sie. »Und auch noch, wenn ich achtzig bin... Dann bist du einundneunzig, hast schon keine Zähne mehr und jagst mich trotzdem. Dann brauchen wir auch eine kleinere Wohnung, sonst kommst du nicht mehr hinterher und bist dann zu erschöpft...«

Coco hatte das Schlafzimmer erreicht, sie stand im Gegenlicht wie ein riesiger Schatten. Sie umkreiste Max und hauchte dabei Sätze in den Raum, kam auf ihn zu.

Max ließ sich auf den Boden sinken, setzte sich gegen das Bett gelehnt.

Coco schwebte wie ein großer Vogel um ihn herum, immer kleiner wurden ihre Kreise, immer enger sein Gesichtsfeld.

So soll es auch sein, dachte sie zufrieden, er soll nichts mehr sehen, außer mir, nichts. Nichts sonst soll ihn mehr irritieren oder interessieren. Ich werde alle seine Wünsche erfüllen.

Max legte sich hin, mit dem Rücken auf den Boden, sah hinauf, sah nur noch Coco, ihre langen Beine, die Schwingen aus weißem Stoff. Coco drehte weiter ihre Runden, immer schneller, bis sie sich schließlich mit dem satten Lächeln einer Katze auf Max niedersinken ließ und ihn ganz bedeckte.

Alles werde ich ihm erfüllen, dachte sie. Die Wünsche, die er hat – und auch die, die er noch nicht einmal ahnt...

11

Wieder einmal hatte Max seit Stunden gewartet, diesmal vor dem Theater.

Er war Marie morgens von der Wohnung zum Probentermin gefolgt und stand jetzt seit vier Stunden vor dem Theater des Westens.

Endlich. Eine Gruppe lachender junger Männer und Frauen kam aus dem Bühneneingang, ging in Richtung Kurfürstendamm, Marie in der Mitte. Max folgte ihnen in einiger Entfernung, vorsichtig, um nicht gesehen zu werden. Ein paar Minuten später erreichten sie ein Café. Die Gruppe setzte sich um einen Tisch auf der Terrasse. Max zögerte einen Moment und ging dann in das Lokal. Er stellte sich an den Tresen. Die Glasscheibe ermöglichte freie Sicht auf die Terrasse des Straßencafés. Max bestellte sich einen Espresso. Wechselte mehrfach den Standort, um Marie besser sehen zu können.

Die Gruppe unterhielt sich angeregt – nur Marie wirkte abwesend, unbeteiligt. Ihr Blick wanderte zu Max.

Natürlich hatte sie ihn längst bemerkt. Und sie wußte nicht, ob sie sich über seine Hartnäckigkeit freuen oder ärgerlich sein sollte.

Max bestellte sich noch einen Espresso. Er war unruhig und unausgeglichen, wußte nicht recht, wohin er seine Energie lenken sollte. Die Distanz zu Marie setzte ihm zu.

Sollte er sich ihr nähern? Sie ansprechen? Sich vor all den Leuten eine Abfuhr holen?

Er ging zur Musicbox und drückte eine Platte – dieselbe, die er gedrückt hatte, als er Marie zum erstenmal gesehen hatte, in dem Billardlokal. Dabei ließ er sie nicht aus den Augen.

Marie hatte inzwischen einen Entschluß gefaßt. Sie stand auf, kam ins Lokal, ging auf ihn zu, stellte sich zu ihm an den Tresen.

»Was willst du?« fragte sie.

»Ich spreche Frauen an«, erwiderte Max. »Es gibt drei typische Reaktionen: sie stellen sich taub, werden aggressiv oder rennen weg.«

»Ich stelle mich weder taub, noch werde ich aggressiv, noch renne ich weg.«

Die beiden wußten nicht, daß sie beobachtet wurden.

Coco hatte ihren Vorsatz, Max nicht mehr aus den Augen zu lassen, in die Tat umgesetzt. Sie war Max gefolgt, morgens schon. Erst zu Maries Wohnung, dann ins Theater, jetzt saß sie auf der Terrasse des Nachbarcafés und beobachtete Max. Sie nippte an einem Campari und bemühte sich, gelassen zu bleiben.

Das also war sie – Coco hatte es gleich gespürt. Angestrengt versuchte sie, die Worte der beiden Menschen von deren Lippen zu lesen. Auch Kurt saß auf der Terrasse des Nachbarcafés und verfolgte das Geschehen. Er war Marie gefolgt, ohne daß sie etwas davon ahnte, und beobachtete sie durch ein kleines Opernglas. Er saß nur ein paar Tische von Coco entfernt.

Es war wie in einem Aquarium: Kurt beobachtete Marie, davor Coco, die Max beobachtete, der wiederum Marie nicht aus den Augen ließ.

Coco bestellte sich noch einen Campari. Sie bemerkte Kurts Opernglas, sah, wen er betrachtete, und lächelte ihm zu.

Aha, dachte sie – das scheint der betroffene Partner der Gegenpartei zu sein. Mal sehen, vielleicht ließe sich daraus etwas machen?

Sie stand auf und ging auf ihn zu – Kurt sah durch sein Opernglas ein vielfach vergrößertes Lächeln, das näher kam.

Kurt setzte das Glas ab. Coco stand vor ihm.

»Entschuldigung, kann ich mal das Fernglas haben?«

Kurt reichte ihr wortlos das Glas. Ihm war sofort klar, daß diese Frau zu Max gehörte. Und er war nicht erfreut über die Unterbrechung seiner Observationsaktion. Coco blieb neben ihm stehen, nahm ihm das Glas aus der Hand und setzte es an die Augen.

»Wollen Sie nicht Platz nehmen?« fragte Kurt.

Coco achtete nicht weiter auf ihn, setzte sich aber mechanisch, als Kurt ihr einen Stuhl zurechtrückte. Ich muß etwas über diese Frau erfahren, dachte sie. Nur dann wird es mir gelingen, sie auszuschalten. Nur dann kann ich sie bekämpfen – mit ihren eigenen Waffen. Nur so kann ich erfahren, was Max bei ihr sucht, was er bei mir nicht findet. Nur so kann ich den Kampf gewinnen. Max kampflos einer anderen zu überlassen, daran dachte Coco nicht im Traum.

Ich muß etwas über Max erfahren, dachte Kurt. Nur dann kann ich ihn richtig einschätzen, richtig beurteilen. Meine bisherige Taktik der Toleranz war offensichtlich die falsche Strategie. Ich muß ihn besser kennen, um ihn besiegen zu können. Vielleicht hilft mir diese Frau dabei. Denn auf die Idee, Marie kampflos einem anderen zu überlassen, wäre Kurt nie gekommen.

Max war auf diese unmittelbare Konfrontation mit Marie nicht vorbereitet. Er bestellte noch einen Espresso.

Marie bemühte sich, ihn nicht anzusehen, während sie auf eine Antwort wartete.

Sie suchte nach Worten. Wollte hart und brutal sein, um Max für immer aus ihrem Leben zu verbannen. Max, der sie so beunruhigte, der ihre Gewohnheiten aus der Bahn warf, der sie mit seiner Hartnäckigkeit faszinierte, mit seinen Einfällen.

Max, der ihr so ähnlich war…

Marie begann, beiläufig zu sprechen.

»Du drängst dich in mein Leben«, warf sie Max vor. »Ich habe dich nicht darum gebeten. Wir kennen uns nicht, und ich möchte, daß es so bleibt… Ich will nicht wissen, was du denkst oder was du fühlst…«

Max kniff die Augen zusammen, als ob er vom Licht geblendet würde. Er wollte etwas sagen, protestieren.

Marie unterbrach ihn mit einer Handbewegung. Sie hatte sich in den Kopf gesetzt, Max aus ihrem Leben auszuschließen. Und sie würde sich nicht von diesem Vorsatz abbringen lassen. Er war allenfalls ein Mann für eine Nacht, mehr nicht. Nein – mehr nicht.

»Ich interessiere mich nur für Äußerlichkeiten«, sagte sie. »Für deine Augen, deinen Mund, dein Lächeln…«

Marie sah Max an, während er ihren Blick mied. Ihm war hundeelend. Was sagte sie da? Waren das nicht die Worte, die er in Gedanken immer für seine flüchtigen Gespielinnen, seine Gefährtinnen für eine Nacht, gehabt hatte?

War das die Revanche – für all die enttäuschten Frauenaugen, wenn Max sich morgens verabschiedete, um nie mehr wiederzukommen? Doch Marie war noch nicht fertig.

»Für deinen Nacken, deine Brust… deine Schenkel, deinen Arsch… Ich will dir nicht beim Einschlafen zusehen und nicht beim Aufwachen… Ich weiß nicht, was Liebe ist, und ich will es auch nicht wissen…«

Max sah zur Seite. War das die Frau, nach der er sein ganzes Leben lang gesucht hatte? Er wollte es noch immer, wollte nichts anderes mehr besitzen als diese Frau, die ihm ihre Seele verweigerte. Und ihr Körper – nein, das war ihm zuwenig.

»Letztlich ist alles eine Frage der Haut«, fuhr Marie fort. »Der Haare, des Körpergeruchs… Ich wünsche mir unsere Beziehung so übersichtlich wie in einem Liebesroman, klar, geordnet und in Kapitel eingeteilt…«

Max wußte nicht, was er sagen sollte. Zum erstenmal war es ihr gelungen, ihn wirklich zu verletzen. Er starrte Marie an wie eine Fremde.

Dann ließ er sich hinreißen und tat etwas, was er noch nie getan hatte: Er holte aus und schlug ihr mit der flachen Hand ins Gesicht.

»Du lügst«, flüsterte er.

Sie lügt, dachte er. Sie muß ganz einfach lügen. Weil sie feige ist. Weil sie sich der Liebe nicht zu stellen wagt. Weil sie die Konsequenzen fürchtet. Max haßte Marie in diesem Moment.

Marie duckte sich nicht weg, der Schlag traf sie mit voller Wucht. Sie funkelte Max an, beinahe stolz, aber auch voller Verachtung.

»Jetzt wirst du auch noch sentimental«, sagte sie. Und dann schlug sie zurück, traf ihn ebenfalls voll ins Gesicht. Max zögerte einen Moment und gab den Schlag zurück. Marie erwiderte ihn, die beiden steigerten sich in eine Schlägerei hinein, keiner von beiden war bereit, nachzugeben oder aufzuhören.

Keiner von beiden war mehr fähig zu denken.

Ich muß sie dazu bringen, die Wahrheit zu sagen, dachte Max benommen. Sie muß zugeben, daß sie mich liebt, daß sie sich von Kurt trennen wird, daß wir zusammengehören.

Ich darf auf keinen Fall die Wahrheit sagen, war alles, was für Marie felsenfeststand. Denn wenn ich mich dazu hinreißen lasse, über meine Gefühle zu sprechen, liefere ich mich aus. Diesem Mann, der nicht besser ist als ich.

Coco beobachtete den Schlagabtausch zwischen Marie und Max durch Kurts Opernglas. Und machte sich so ihre Gedanken. Gedanken, die schmerzten.

Denn daß hinter diesen Äußerungen der Gewalt tiefe Emotionen verborgen waren, das sah Coco mit einem Blick. Nein, das war keine billige Affäre, keine unwichtige Liebelei. Das hier war etwas Ernstes.

Eine Bedrohung – ihrer Beziehung, ihrer Zukunft, ihres Lebens.

Coco würde sich zu wehren wissen.

»Du kleiner geiler Kater«, murmelte sie, »sieh dich vor, sonst wirst du kastriert!«

Und sie flüchtete wie so oft in ihre Vorstellung von Max, wie sie ihn sah: ein kleines, streunendes, hilfloses Tier, das auf sie angewiesen war, domestiziert, das ohne sie nicht leben, nicht atmen konnte. Und die Entscheidung über Leben und Tod – die lag bei ihr.

»Was haben Sie gesagt?« fragte Kurt abwesend.

Coco räusperte sich verlegen.

»Ach, nichts... Ich habe gesagt: Mögen Sie Tiere?«

Kurt sah sie ausdruckslos an, nahm das Opernglas und packte es eilig in das Futteral, als ob er damit seine Beobachtungen ebenfalls wegstecken würde.

Coco war jedoch nicht bereit, Kurt so einfach gehen zu lassen. Sie würde sich noch ein wenig mit ihm unterhalten und dabei sicher Interessantes erfahren.

Marie und Max atmeten schwer, dann wurden ihre Bewegungen langsamer. Schließlich standen sie erschöpft einander gegenüber und sahen sich an, voller Haß, aber auch voller Liebe.

An diesem Nachmittag nahm Marie Max mit in ihre Wohnung.

12

Aber das war es nicht, was Max suchte. Keine billige Affäre, kein flüchtiges Verhältnis. Dann verzichtete er lieber ganz.

Max hatte Marie alleingelassen und war hinausgegangen auf die Straße, hatte nach einer Ablenkung gesucht. Und sie gefunden. Ohne jedoch Marie und ihre Worte aus seinen Gedanken verbannen zu können. Vor allem hatte er Bestätigung gesucht, nach der Demütigung, die er durch Marie erfahren hatte, Selbstvertrauen, das er nur in den Armen einer Frau wiederfinden konnte.

13

Wieder mal war eine Feier fällig, diesmal in größerem Rahmen – wenn Coco auch ein Dinner zu zweit vorgezogen hätte.

Noch immer hoffte sie, daß Max zu ihr zurückfinden würde. Sie hatte ihn in letzter Zeit kaum noch gesehen und ging davon aus, daß Max seine Stunden mit der anderen verbrachte – wenn sie ihn auch nie wieder auf frischer Tat hatte erwischen können.

Max hatte sich ihr entzogen, ging seiner Wege. Und hatte gestern, mehr nebenbei, seine Facharztprüfung abgelegt.

Coco war überrascht gewesen, als Max sie bat, ihn zu der kleinen Feier im Kollegenkreis zu begleiten. Coco hatte ihn fragend angesehen.

»Alle bringen ihre Frauen mit«, hatte Max erklärt.

Nun, Coco war bereit, ihre Chance zu nutzen.

Sie war blendend frisiert, stärker als sonst geschminkt, ihr Kleid aufsehenerregend.

Noch schien nicht alles verloren – immerhin saß sie an Max' Seite, nicht die andere.

Coco ahnte nicht, daß Max Marie seit Wochen nur aus der Ferne gesehen, ihr immer wieder aufgelauert hatte, ohne jedoch zu wagen, sie anzusprechen.

Doch er fühlte, daß der Zeitpunkt ihrer nächsten Begegnung nicht mehr fern war …

Inzwischen war Max weiter auf die Jagd gegangen, hatte sich ablenken und trösten lassen. Und hatte Coco gegenüber ein merkwürdig schlechtes Gewissen, das er verdrängte, indem er ihr aus dem Weg ging.

Im engen Kreis seiner Kollegen aus der Klinik feierte Max an diesem Abend seine Prüfung. In einem vornehmen Restaurant mit viel Kunst an den Wänden fand ein eher förmliches Abendessen statt. Neben Max saß Coco, Steiner war in Begleitung einer auffällig geschminkten Frau, die meisten anderen Ärzte hatten ihre Ehefrauen dabei.

Die Tische waren zu einer langen Tafel zusammengestellt worden. Das Essen war schon in vollem Gange, dennoch wirkte die Atmosphäre sehr förmlich.

Coco betrachtete Max beim Essen, als ob es dabei etwas zu entdecken gäbe, als ob die Art seiner Gabelhaltung Aufschlüsse über seine Absichten geben könnte. Max sah vor sich hin und versuchte dann, die Atmosphäre etwas zu beleben. Er erläuterte das Menü. »Das ist ein Originalrezept aus St. Quentin«, sagte er. »Die letzte Mahlzeit von Jonny Rotten vor dem Weg in die Gaskammer. Er hatte sich Rehrücken mit Preiselbeeren gewünscht... so wie seine Mutter es immer gekocht hatte... aber dann hat er nichts angerührt...«

Die anderen lachten höflich.

Auch Max kam sich vor wie bei einer Henkersmahlzeit – bald waren die fröhlichen Jahre der Freiheit vorbei, bald würde er an der Kette liegen, Verantwortung tragen...

Steiner stand auf. »Und nun einen Toast auf den frischgebakkenen Facharzt – lieber Max!«

Er prostete erst Max, dann den anderen zu.

Coco hielt Max ihre Gabel mit einem kleinen Bissen Fleisch hin.

»Probier mal...«

Max machte eine ablehnende Geste, nahm das Stück Fleisch dann aber doch.

»Hast du keinen Appetit?« fragte Coco unsicher.

Ihre Mundwinkel zogen sich nach unten. Daß Max nicht wie

sonst heißhungrig aß, gab ihrem Mißtrauen neue Nahrung. Ein weiteres Indiz. Coco war verzweifelt. Sie betrachtete Max' Teller aufmerksam.

»Du stocherst so lustlos in deinem Essen herum«, stellte sie fest.

Coco atmete tief durch und sprach mit belegter Stimme weiter, so, als ob sie einen Entschluß gefaßt hätte.

»Wenn man verliebt ist, hat man keinen Appetit.«

Coco kämpfte mit den Tränen, während Max so tat, als ob er nichts gehört hätte. Bloß keine Szene, dachte er, nicht hier und nicht jetzt.

Coco konnte sich jedoch nicht mehr beherrschen, sie wandte sich an die ganze Belegschaft aus dem Bedürfnis heraus, ihren Kummer laut herauszuschreien.

»Wie finden Sie das?« fragte sie in die Runde. »Max betrügt mich!«

Sie lachte trocken auf, was die Situation aber nicht entschärfte.

Die Gespräche am Tisch verstummten, alle starrten Max an.

Die Gäste reagierten unterschiedlich: Einige waren betreten, andere verunsichert oder amüsiert. Max stand ungewollt im Mittelpunkt des allgemeinen Interesses – auf seinem Gesicht spiegelten sich Schuldgefühle.

Jedem war klar, daß Coco die Wahrheit gesagt hatte. Steiner, der sich bis dahin hauptsächlich dem Essen und weniger der Konversation gewidmet hatte, war plötzlich hellwach.

Er war immer noch verärgert darüber, daß Max seinen Rat und seine Hilfe nicht angenommen hatte, und nahm jetzt die Gelegenheit wahr, sich für diese Zurückweisung zu revanchieren. Er wandte sich an Coco.

»Mach dir keine Sorgen«, sagte er freundlich. »Das einzige, woran er denkt, wenn er eine Frau kennenlernt, ist, wie er sie wieder loswird... Er hält den Tischrekord im Seitenspringen...«

Max entspannte sich etwas. Steiners Worte hatten trotz allem die Atmosphäre etwas aufgelockert.

Doch der Psychiater war noch lange nicht am Ende, er lieferte Coco und der fassungslosen Tischrunde gleich noch eine Art Psychogramm von Max. Die Aufmerksamkeit der Kollegen und ihrer Frauen spornte ihn an.

Steiner lächelte maliziös und wandte sich wieder an Coco, die ihm wie versteinert zuhörte.

»Er kann an keiner Frau vorbeigehen, ohne sie mit seinen körperlichen Vorzügen zu trösten... Er ist ein Zwangsromantiker mit dem Wahn, er könnte der Frau seines Lebens begegnen und bemerkt es nicht... Jedesmal, wenn er mit einer Frau zusammen ist, verliert er ein Stück seiner Illusionen.«

Das Bild, das Steiner da entwarf, entsprach tatsächlich Max – dem Mann, der er einmal gewesen war. Doch ob wahr oder nicht, diese Enthüllungen gingen zu weit. Max hatte mit ärgerlicher Miene zugehört. Inzwischen hatte er sich wieder gefaßt und schnitt Steiner das Wort ab.

»Wahrscheinlich bin ich nicht mal therapiefähig«, sagte er böse.

Coco richtete sich auf, versuchte, sich zusammenzunehmen. »Das ist mir zu kompliziert«, sagte sie sarkastisch. »Das paßt alles gar nicht in meinen kleinen Kopf. Frauen haben ein kleineres Gehirn als Männer, das solltest du als Psychiater wissen...«

Coco schlug Steiner mit seinen eigenen Waffen auf seinem Lieblingsterrain. Mit dieser Bemerkung übertrumpfte sie sogar Steiners zynische und frauenfeindliche Bonmots.

Die Frau neben Steiner lachte spöttisch auf.

Inzwischen war die Stimmung am Tisch umgeschlagen. Das konventionelle Essen wurde zu einer Art Wahrheitsspiel. Eine der Frauen, konventionell gekleidet und schon etwas älter, wagte sich als erste vor und stellte Max eine Frage.

»Plagen Sie keine Schuldgefühle?«

Der Bann war gebrochen, auch andere Frauen wollten jetzt

ihre Fragen und ihre Ratschläge loswerden. Die Männer blieben seltsam zurückhaltend, als ob sie sich mit Max identifizierten. Wer von ihnen hatte seine Frau noch nie betrogen? Und wer im Glashaus sitzt, sollte nicht mit Steinen werfen...

»Bevorzugen Sie gebildete oder primitive Frauen?« fragte eine zweite Frau neugierig. »Sie wissen schon, was ich meine...«

Und ich wäre nicht abgeneigt, sagte ihr Blick.

Eine dritte mischte sich in die Unterhaltung ein.

»Wenn ich mir vorstelle, daß mir auch so ein Mann hätte beschert werden können«, sagte sie mit einem verachtungsvollen Blick für den Mann an ihrer Seite und lächelte Max aufmunternd zu.

Max reagierte nicht auf das allgemeine Interesse an seiner Person. Er sah in die Ferne. Was wußten sie schon von Liebe und Leidenschaft?

»Was Ihnen fehlt, ist etwas Strenge«, wandte sich eine andere Frau eindringlich, aber nicht unfreundlich an Max. Eine weitere hatte einen vertraulichen Tip für Coco. »Rühren Sie ihm jeden Morgen etwas Brom in den Kaffee«, riet sie. »Das dämpft den Trieb, das machen wir auf der Krankenstation in den Gefängnissen so.«

Eine weitere Frau wagte einen Vorstoß in Richtung Max. »Was glauben Sie, wie viele Frauen ein Mann in seinem Leben lieben kann – ich meine körperlich?« wollte sie wissen.

Alle starrten Max erwartungsvoll an.

Max lehnte sich behaglich zurück und tat so, als ob er ernsthaft nachdachte und im Kopf nachrechnete, bevor er das Ergebnis verriet.

»Tausend... zweitausend... bis ich 40 bin...«

Die Gäste sahen ihn verstört an, die Männer grinsten, die Frauen kicherten verlegen.

Steiner mischte sich wieder ein. Er war unfähig, weiter passiv zu bleiben.

»Wie lange kennt ihr euch?« fragte er Coco.

»Das weiß ich nicht, ich kann mir keine Zahlen merken«, gab Coco ironisch zurück.

Steiner wußte es. »Seit etwa sechs Jahren kennt ihr euch... eine Beziehung dauert im Durchschnitt sechs Jahre. Davon ist man vier Monate verliebt... Ein Jahr liebt man sich. Ein weiteres kommt man gut miteinander aus. Der Rest ist ja bekannt. Wenn man der Statistik glaubt, kann eure Beziehung nicht mehr glücklich sein. Aber ihr lebt zusammen, ihr eßt zusammen, und ihr schlaft immer noch zusammen. Schämt ihr euch nicht? Ihr braucht beide etwas Neues.«

Sieh an, dachte Max. Aber so einfach ist es leider nicht.

Coco sah Steiner empört an.

»Glaub nicht, daß ich Max aufgebe«, sagte sie.

Sie war aufgewühlt, sah Max an, war verletzt, daß er sie und ihre Liebe nicht verteidigte. Es war ein Augenblick äußerster Spannung und Gereiztheit. Steiner wirkte jedoch zufrieden, als ob er als einziger sein Ziel erreicht hätte.

Und das hatte er auch. Er hatte Mißtrauen und Unfrieden gesät. Eine seiner Lieblingsbeschäftigungen, beinahe schon ein Hobby.

Coco drehte sich zu Max um und versuchte, ihre Stimme natürlich klingen zu lassen. Sie fühlte sich provoziert und verstieg sich zu kühnen Drohungen. Max hörte ihr regungslos zu.

Coco redete sich in Rage. »Mich wirst du nicht mehr los«, drohte sie. »Ich bin wie eine Fessel, wie eine Klette. Ich würde dich nicht einmal zur Probe verlassen. Du liebst mich doch, wehre dich nicht unnötig dagegen. Du hast mich erobert, und jetzt bleibe ich bei dir. Du brauchst mich, das weißt du doch...«

Coco hatte nichts mehr zu verlieren, ihr fielen immer gewagtere Vergleiche ein.

»Aus eigener Kraft kannst du doch nicht einmal geradeaus sehen. Ich bin Bestandteil deines Lebens, wir bilden eine Symbiose, wir fühlen gemeinsam, wir lieben dieselben Farben, dieselben Bücher und dieselbe Musik. Wir atmen gemeinsam, unser Herz schlägt gemeinsam, wir sind das perfekte Paar. Du kannst mich doch nicht einmal betrügen, ohne dabei an mich zu denken...«

Steiner lauschte begeistert dem Monolog, war entzückt über den Verlust jeglicher Skrupel der sonst so beherrschten Coco. Endlich zeigte sie ihr wahres Gesicht, dachte er. Sie ist wie alle Frauen – egoistisch, besitzergreifend und tyrannisch.

Coco jedoch verlor nach diesem Statement endgültig die Beherrschung – sie brach mit einem Schluchzen in Tränen aus. Max sprang auf und versuchte sie zu trösten. Er nahm sie liebevoll in den Arm, war selbst verstört über diese dramatische Entwicklung und unternahm den unglücklichen Versuch einer Rechtfertigung. Coco tat ihm leid.

Er drückte sie an sich und flüsterte.

»Ich wollte doch nur mal wieder wissen, wie es ist, verliebt zu sein!«

Doch diese Worte, die als Trost gemeint waren, machten alles nur noch schlimmer. Sie bestätigten Cocos schlimmste Befürchtungen. Coco riß sich von Max los. Sie sprang auf und gab ihm eine Ohrfeige. Ein Augenblick absoluter Ruhe folgte. Die Stille wirkte unerträglich.

»Darauf stoßen wir an!« rief Steiner begeistert.

Max erhob sich, zog Coco zu sich hoch, legte seinen Arm um sie und führte die schluchzende Frau hinaus.

14

»Komm mit«, hatte Marie gesagt. Einfach nur: »Komm mit!« Max hatte, wie so oft, am Bühneneingang des Theaters gestanden, hatte darauf gewartet, Marie herauskommen und mit den anderen weggehen zu sehen.

Heute jedoch war sie allein, heute ging sie nicht an ihm vorbei, ließ ihn nicht stehen.

»Komm mit!« hatte sie ihn aufgefordert.

Und Max war ihr gefolgt, ging mit in ihre kleine Wohnung. In der ihn alles an die erste Nacht erinnerte. Vieles war seitdem geschehen, vieles hatte sich verändert.

Max hatte seine Naivität verloren, er war vom Jäger zum Liebenden geworden, erotische Spiele als Selbstzweck reizten ihn nicht mehr – nicht, wenn es um Marie ging. Von Marie wollte er mehr. Max wollte, daß diese Frau ihm ganz gehörte, er wollte ihren Körper, vor allem aber wollte er ihre Seele. Er wollte nicht weniger, als daß sie ihn liebte.

Er wünschte sich alles oder nichts. Und mit nichts würde er sich nicht zufriedengeben.

Marie hatte auf ihr Bett gedeutet, als sie die Wohnung betraten. Jetzt lagen sie angezogen nebeneinander, sahen sich an.

Max wartete. Gespannt, neugierig, ängstlich. Was wollte sie von ihm? Was wollte sie ihm sagen?

Marie streichelte seine Brust.

»Du hast alle Eigenschaften, die ich zum Kotzen finde«, sagte sie. »Aber trotzdem möchte ich in deiner Nähe sein.« Sie stellte das ruhig fest, resigniert, schicksalsergeben.

Max sah sie verwundert an.

»Warum sagst du das so traurig?« fragte er.

Marie legte den Kopf zurück, überlegte, zögerte mit der Antwort, sprach dann doch. Mehr zu sich selbst als zu Max.

»Ich weiß nicht, ob ich traurig oder glücklich sein soll. Ich bin beides zugleich... Ich fühle etwas anderes als ich denke, und ich denke etwas anderes als ich sage.«

Sie mied Max' Blick.

»Ich verlasse dich, das ist unsere letzte Nacht. Meine Abschiedsvorstellung.«

Max schloß die Augen, als ob er mit Maries Anblick auch ihre Worte ausschalten könnte.

Doch Marie führte zu Ende, was sie sich vorgenommen hatte.

»Und in der Erinnerung werde ich zu der Frau, die du brauchst«, murmelte sie. »Schön, klug, dumm, elegant, vulgär, temperamentvoll, lasziv, damenhaft, nuttig, kameradschaftlich, unerreichbar!«

Und beschrieb damit die Frau, die Max seit seiner Jugend suchte, das Bild der Frau, das er in allen Frauen zu finden hoffte. Und von denen er doch immer wieder enttäuscht worden war.

Marie schmiegte sich an ihn, doch Max schob sie grob von sich. Nein, ihr Körper war ihm nicht genug. Er kam sich billig vor, benutzt. Nein, ein Betthase wollte er nicht sein – nicht für Marie.

Marie knöpfte sein Hemd auf und küßte ihn auf die Brust. Max ließ es geschehen, ohne sich zu rühren. Er blieb auch noch reglos, als sie ihm spielerisch in die Brust biß.

»Ich streichle dich«, flüsterte Marie. »Ich küsse dich... ich beiße dich... jetzt würge ich dich...«

Sie legte ihre Hände um seinen Hals und begann, ihn vorsichtig zu würgen.

»Laß mich«, wehrte Max sie unwillig ab.

Marie sah ein, daß sie mit ihren Verführungsversuchen keinen Erfolg haben würde. Eine Demütigung, die sie noch nie erlebt hatte. Sie warf ihm einen kühlen Blick zu, stand auf und ging ins Nebenzimmer.

Max blieb still auf dem Bett liegen und beobachtete Marie, die sich eine Zigarette anzündete, zum Spiegel ging und ein paar Ballettübungen an der Stange machte. Max sah ihre schwarzen Strumpfbänder, die helle Haut.

Zwischendurch hielt Marie inne und sah ihn an, entzog sich seinem Blick dann wieder, übte weiter. Ein Moment äußerster Spannung.

Marie legte ein Bein auf die Stange, rauchte in tiefen Zügen, sah Max an. Eine einzige Provokation.

Hier bin ich, nimm mich doch, sagte ihr Blick. Nimm dir doch, worauf du sonst immer so scharf bist. Mehr kann ich dir nicht geben, mehr wirst du nicht bekommen. Marie kniete wieder, drückte langsam ihre Zigarette aus. Stand auf, zog ihren schwarzen Slip aus, hob provozierend den langen schwarzen Pullover, ließ ihre Scham sehen. Max stand auf. Nein, er wollte nicht mit ihr schlafen, wollte sich nicht verführen lassen. Er wollte ihre Liebe, sonst nichts – auch wenn diese Frau ihn mehr reizte als jede andere zuvor, auch wenn sein Körper jetzt brannte vor Verlangen nach Marie, nach ihrer Umarmung.

Max knöpfte entschlossen sein Hemd zu.

Marie ging langsam zu ihm hinüber. Eine S-Bahn fuhr vorbei. Entschlossen zog sie die Tagesdecke vom Bett. Einen Moment lang sahen sich die beiden an, beinahe feindselig. Dann stürzten sie aufeinander zu, fielen übereinander her. Max hatte den Kampf aufgegeben, gab sich mit dem zufrieden, was Marie zu geben bereit war. Und das war eine ganze Menge.

Später lag Marie in Max' Armen. Er hielt sie fest an sich gedrückt.

»Ich liebe dich nicht«, sagte Marie mit monotoner Stimme, während er sie küßte. »Ich liebe dich nicht. Ich liebe dich nicht.« Und sie versuchte, an das zu glauben, was sie da sagte. Versuchte, sich einzureden, daß es der Wahrheit entsprach.

Max zog sie noch enger an sich.

»Ich liebe dich auch nicht.«

»Du lügst!« rief Marie und beugte sich zärtlich über ihn.

Stunden später, tief in der Nacht, klingelte das Telefon. Max und Marie waren erschöpft eingeschlafen, lagen engumschlungen nebeneinander auf dem Bett.

Marie seufzte im Schlaf, legte sich ein Kissen auf den Kopf. Max stöhnte, drehte sich um, zog Marie an sich.

Es klingelte noch immer. Kurt, dachte Marie. Und war schon wieder eingeschlafen.

Kurt legte den Hörer auf, dachte nach.
Wählte eine andere Nummer, wartete.

»Ja?« Coco war hellwach. Das Telefon klingelte. Das konnte nur Max sein, um diese Zeit. Er war nicht nach Hause gekommen.

»Ich bin es. Ist Ihr Mann zu Hause?«

Coco schwieg verblüfft.

»Meine Frau auch nicht. Ich melde mich wieder.«

Nachdenklich legte Coco den Hörer auf und drehte sich auf die andere Seite. Sie fand lange keinen Schlaf in dieser Nacht.

Max und Marie hatten im Bett gefrühstückt. Vorher hatten sie sich geliebt, stundenlang und unersättlich, seit der Morgendämmerung. Wie hungrige Wölfe waren sie übereinander hergefallen, als das erste Licht durch die Fenster fiel, als die erste S-Bahn vorbeifuhr.

Sie wehrten sich nicht mehr gegen ihre Gefühle, erforschten sich gegenseitig, redeten miteinander, erprobten Harmonie und Gegensätze. Lernten sich kennen. Lernten sich lieben.

Aßen, tranken, gingen wieder ins Bett, schliefen völlig erschöpft ein.

An der Tür klingelte es Sturm.

»Wer kann das sein?« fragte Max.

Sie saßen in der Wanne, seiften sich ein, mehr Zärtlichkeit als Säuberungsaktion. Max gab Marie einen Kuß auf den Nacken, der nach Seife schmeckte. Marie seifte ihn so zärtlich ein, wie man ein Kind wäscht. Max schloß die Augen.

»Keine Ahnung«, sagte Marie. »Ist auch egal.«

»Ich weiß, daß sie da drin sind«, sagte Kurt zu Coco.

»Ihr Wagen steht dort drüben.«

»Und seiner da an der Ecke«, sagte Coco.

Ratlos sahen sie sich an. Klingelten noch einmal. Nichts, keine Antwort.

»Soll ich die Tür aufbrechen?« fragte Kurt.
Coco schüttelte den Kopf.
»Das würde nichts ändern«, sagte sie traurig.

Max war aus der Wanne gestiegen, nahm Marie in die Arme, trocknete sie ab.

»Wer auch immer das war – er hat es aufgegeben«, stellte Max fest und betrachtete Marie liebevoll. Mit Augen und Händen streichelte er jeden Zentimeter ihres Körpers. »Komm«, flüsterte Marie. »Komm ins Bett.«

Coco und Kurt waren jedoch weit davon entfernt, etwas aufzugeben. Sie saßen in einem Café ein paar Häuser weiter und schmiedeten Pläne, analysierten ihre Partner, versuchten, deren Emotionen und Reaktionen nachzuvollziehen und zu kalkulieren.

Gemeinsam würden sie es schon schaffen...

Max und Marie ahnten nichts von der Gefahr, in der sie schwebten. Sie hatten Kurt und Coco einfach vergessen, sprachen nicht über sie, schenkten ihnen keine Gedanken. Es gab nur sie beide auf der Welt.

Sie entdeckten sich, streichelten sich, versanken ineinander. Sie flüsterten, als ob sie Angst hätten, belauscht zu werden, fragten sich aus, lachten und weinten miteinander.

»Ich liebe dich«, sagte Max.

Marie legte ihm stumm den Finger auf die Lippen.

Doch ihr Blick sprach Bände.

Drei Tage verließen sie Maries Wohnung nicht. Ihre Vorräte waren längst zur Neige gegangen, das Geschirr stapelte sich im Spülbecken, sie hatten weder den Briefkasten geleert noch Telefon oder Haustürklingel beantwortet.

In der dritten Nacht faßte Max einen Plan.

Er stand auf und weckte Marie, die erschöpft neben ihm eingeschlafen war. Max zog sich hastig ein paar Sachen über, Jeans und ein Hemd, und zog auch Marie an, die sich schwer machte wie ein müdes Kind.

»Laß mich schlafen«, quengelte sie.

Max knöpfte ihre Jacke zu und zog sie hoch. Eng aneinander geschmiegt verließen sie die Wohnung.

Marie hatte sich auf den Rücksitz des Wagen gelegt und dort weitergeschlafen. Jetzt wachte sie auf und sah sich neugierig um.

Sie fuhren in schnellem Tempo über die Autobahn, die Grenze hatten sie längst hinter sich gelassen. Und sie wußten nicht, daß sie verfolgt wurden. Woher auch? Ihre Liebe hatte ihnen die Naivität zurückgegeben.

Marie hatte einen Einfall, beugte sich vor und hielt Max die Augen zu. Max fuhr wortlos weiter, in vollem Tempo in die Nacht hinein, verließ sich ganz auf sein Gefühl. Er war bereit, die Herausforderung anzunehmen, die Mutprobe zu bestehen.

Die Scheinwerfer der entgegenkommenden Fahrzeuge beleuchteten sein Gesicht.

»Was siehst du?« fragte Marie.

Max blieb gelassen. »Einen Mann, der mit hundertfünfzig in den Abgrund rast.«

Keiner von beiden wollte nachgeben. Der Wagen kam allmählich von seiner Spur ab. Marie nahm langsam die Hände zurück. Sie beugte sich vor und drehte den Rückspiegel so, daß ihre Blicke sich trafen.

»Und was siehst du jetzt?« fragte sie.

Max lächelte. »Jetzt sehe ich eine Frau, die mit einem Mann mit hundertfünfzig in den Abgrund rast...«

Marie streichelte zärtlich seinen Nacken und lehnte sich zurück. Dann ließ sie sich auf den Rücksitz gleiten und schlief wieder ein.

Der Wagen fuhr in die Morgendämmerung hinein, den Bergen entgegen.

Max lächelte vor sich hin. Er hatte ein Ziel vor Augen, einen Ort, den nur er kannte. Oder zu kennen glaubte, denn er existierte nur in seinen Träumen.

Ein stilles kleines Paradies – genau das Richtige für zwei Verliebte, die sich vor der Welt versteckten, für eine Weile jedenfalls.

Sie würden sich der Realität noch früh genug stellen müssen. Max hatte beschlossen, sich und Marie noch ein paar Tage Frist zu gönnen.

Das Auto stand auf einem Feldweg unter einem Baum. Max war, über das Lenkrad gebeugt, eingeschlafen. Langsam wurde er wach und öffnete die Augen. Sah sich verschlafen um.

Das Tal lag friedlich in der Morgensonne, eine beinahe unwirkliche Idylle. Eine liebliche Berglandschaft mit einem See, grasenden Kühen und einer Berghütte im Hintergrund.

Max stieg aus und massierte sich Arme und Beine, die von der unbequemen Schlafhaltung schmerzten. Beunruhigt sah er, daß der Rücksitz des Wagens leer war. Marie war fort. Max blickte sich suchend um, doch sie war nirgendwo zu sehen. Er war plötzlich hellwach und ging auf den See zu, mitten durch mannshohes Schilf.

Dann sah er Marie und atmete erleichtert auf. Sie stand in Unterwäsche bis zu den Knien im Wasser und improvisierte eine Morgentoilette. Stieß sich dann ab und ließ sich ins Wasser gleiten, schwamm in den See hinaus. Max zog sich rasch aus und schwamm hinterher. Tauchte unter, bis zu Marie, und nahm sie in die Arme. Sie küßten sich – liebevoll, verzaubert.

»Unter Wasser sieht man den, den man liebt«, sagte Marie geheimnisvoll.

Max lachte. Er wußte, daß er ab jetzt immer nur Marie sehen würde...

Dennoch folgte er ihrer Aufforderung und tauchte unter. Mit erwartungsvoll geöffneten Augen und großen Zügen schwamm er unter der Wasseroberfläche, tauchte tief hinab, vorbei an Fischschwärmen in eine märchenhafte Unterwasserwelt. Unwillig tauchte Max wieder auf, um Luft zu schöpfen. Marie winkte ihm von weitem zu.

Max winkte zurück und tauchte wieder unter. Schwamm, bis er in einiger Entfernung eine Frau auf sich zuschwimmen sah. Das mußte Marie sein.

Doch dann traute Max seinen Augen nicht: Es war Coco, die ihm mit kräftigen Stößen entgegenschwamm.

Max ergriff die Flucht, schwamm, so schnell er konnte, zurück. Er erreichte atemlos das Ufer, drehte sich um und sah auf den See, der still vor ihm lag. Eine Halluzination, dachte er, eine Einbildung. Und war grenzenlos erleichtert.

Da tauchte in einiger Entfernung vor ihm Coco aus dem Wasser, schüttelte sich, kam langsam ans Ufer. Ihr rotes Kleid klebte an ihrem Leib, enthüllte jeden Zentimeter ihres Körpers.

Sie war ihm vom anderen Ufer her entgegengeschwommen. Dort stand Kurt neben seinem Wagen und winkte aus der Entfernung zu Marie herüber, die gerade ihre Kleider am Ufer erreicht hatte. Coco und Kurt hatten ihre Spur nicht verloren...

Langsam kam Coco Max entgegen, freundlich und mit verständnisvoller Miene, so als ob sie ihn nach einer langen Trennung begrüßen wollte. Max stand fröstelnd am Ufer und sah ihr fassungslos entgegen.

»Sag nichts! Ich verzeihe dir«, sagte Coco freundlich.

Am anderen Ufer setzte sich Kurt in seinen Wagen und fuhr rasch um den kleinen See herum, auf Marie zu. Er parkte neben Max' Auto.

Marie erblickte das Fahrzeug, sah hilfesuchend zu Max herüber, den Coco von hinten umfaßt hielt und nicht mehr losließ. Max fühlte sich wie gelähmt, unfähig, sich zu bewegen oder etwas zu sagen.

Kurt ging auf Marie zu, die ihn ablehnend musterte. Er sah hinauf zu den Bergen, hinunter auf den See.

»Eine Stimmung und ein Licht wie auf den Bildern von Turner«, sagte er trocken. »William Turner, 1771 bis 1851.«

Marie hatte nicht zugehört, blickte nur verstört zu Max hinüber. Kurt wandte sich ab – er war nicht unvorbereitet hierhergekommen. Er nestelte an seiner Jacke und zog ein kleines Fläschchen mit Äther und ein weißes Taschentuch hervor. Schnell und unbemerkt ließ er ein paar Tropfen des Betäubungsmittels in das Tuch fallen. Trat hinter Marie, hielt ihr das Tuch vor den Mund, hielt sie dabei fest.

Marie taumelte. Kurt fing sie auf, legte sie sich über die Schulter, trug sie zum Auto und ließ sie in den Kofferraum gleiten.

Wie versteinert hatte Max der Szene zugesehen.

Sein Traum war zerplatzt wie eine Seifenblase, ihr Glück nur von kurzer Dauer gewesen.

Oder gab es vielleicht doch noch eine Chance?

Diesmal hatte er verloren – aber beim nächstenmal würde er der Sieger sein, das wußte Max ganz sicher.

15

Bei Max und Coco fand eine große Feier statt. Für Coco war es eine großangelegte Versöhnungsfeier, Max verfolgte andere Pläne.

Im Wohnzimmer war ein Buffet aufgebaut. Batterien von Flaschen standen bereit. Es waren bereits einige Freunde da, die bei den Vorbereitungen halfen.

Niemand wußte, was Max im Schilde führte. Und er würde auch niemanden in seine Pläne einweihen. Keiner ahnte, daß Max beschlossen hatte, diesen Abend zur alles entscheidenden Wende zu machen.

Coco und Max waren noch im Schlafzimmer und machten sich fertig. Max summte lautlos vor sich hin.

Steiner steckte seinen Kopf herein.

»Wie weit seid ihr?« wollte er wissen.

»Max wehrt sich noch«, erwiderte Coco gelassen, nichts Böses ahnend.

Sie feilte sich die Nägel, während Max sich rasierte.

»Beeilt euch!« rief Steiner, »sonst ist die Versöhnungsfeier vorbei!«

Coco und Max warfen sich im Spiegel einen Blick zu.

Coco wählte für Max eine Krawatte aus, gab ihm einen Kuß. Liebevoll strich sie über seinen Schritt.

»Siehst du, jetzt ist auch das Türchen wieder zu«, sagte sie. »Eigentlich ist ja auch der kleine Rowdy an allem schuld. Du bist zu schwach, um dich gegen ihn durchzusetzen. Er hat dir den Kopf verdreht. Dabei ist er so wahllos... er hat kein Format, keine Klasse. Er puschelt sich an jede ran...«

Coco blickte nach unten und drohte liebevoll.

»Das kleine Ungeheuer! Was ihm fehlt, sind Gehorsam und Disziplin. Er mußte wieder lernen zu gehorchen. Wie ein Soldat. Ein kleiner Soldat. Ein Bettsoldat! Und wenn er nicht gehorcht, kommt er zum Latrinenkommando und muß das Klo putzen!«

»Gib dir keine Mühe«, winkte Max ab und warf Coco im Spiegel einen bedauernden Blick zu. »Er ist ein Deserteur!«

Diese Antwort gefiel Coco gar nicht, doch ihr blieb keine Zeit für eine Diskussion. Es klingelte an der Tür, die nächsten Gäste kamen.

Max ging selbst hin und öffnete. Blieb erstarrt stehen: Vor ihm standen Marie und Kurt.

Das war mehr, als er zu hoffen gewagt hatte.

»Wir haben noch Licht gesehen und dachten, wir schauen mal kurz vorbei«, sagte Kurt im freundschaftlichen Konversationston. »Marie hatte solche Sehnsucht nach Ihnen.« Er sagte nicht, daß er Maries Gefühle auf die Probe stellen und auch Max' Reaktion testen wollte. Hatten die beiden ihre kleine Affäre abgehakt?

Max hatte sich rasch wieder gefangen. »Kommen Sie doch rein«, sagte er höflich. »Wollen Sie sich nicht ein bißchen umschauen?« Freundschaftlich legte er den Arm um Kurts Schulter, während Marie voranging und sich neugierig umsah. »Fühlen Sie sich ganz wie zu Hause«, bat Max. »Getränke finden Sie dort drüben.«

Nein, einladen lassen wollte Kurt sich auf keinen Fall. »Getränke haben wir selbst mitgebracht«, warf er ein und zog einen silbernen Flachmann aus der Tasche.

Kurt und Marie gingen an den anderen Gästen vorbei und stellten sich in den Türrahmen zum Eßzimmer, wo eine angeregte Unterhaltung im Gange war.

»Überraschungsgäste«, sagte Max zu Steiner, der die Nachricht sofort an Coco, die gerade aus dem Schlafzimmer kam, weitergab. »Überraschungsgäste!«

Max versuchte, sich kühl und distanziert zu geben, konnte aber seine Erregung nicht ganz verbergen. Würde es ihm gelingen, seinen Plan in die Tat umzusetzen?

Marie sah ihn schläfrig an – beinahe so, als ob sie unter Betäubungsmittel stehen würde.

Kurt wich nicht von ihrer Seite. Die beiden Paare standen nur wenige Meter voneinander entfernt einander gegenüber. Max legte den Arm um Coco. Die vier Menschen musterten sich. Das Fest war in vollem Gange. Was würde ihnen dieser Abend bringen?

Die Gäste unterhielten sich laut, Lachen klang durch die Räume. Marie trat näher zu ihrem Mann und legte ihm die Hände auf die Schultern, zeigte, daß sie zu ihm gehörte, eine Demonstration nur für sich selbst. Und für Max. Eine Provokation. Sie wirkte merkwürdig unbeteiligt, als sie zu dem anderen Paar hinübersah.

Der wichtige Moment war gekommen. Max sprach beschwörend auf Coco ein. Er versuchte, ihre Aufmerksamkeit auf Kurt zu lenken.

»Kurt ist deinetwegen gekommen«, sagte er leise. »Er hatte so Sehnsucht nach dir. Siehst du, wie er lächelt? Er lächelt dir zu.«

»Mir?« Coco sah Max fragend an.

»Ja, ganz unmerklich«, behauptete Max. Er senkte die Stimme noch mehr. »Er traut sich nicht richtig, weil ich dabei bin. Ich glaube, er sucht nach einem neuen Anfang. Siehst du, wie er lächelt?«

Coco sah genauer hin. »Ich sehe nichts.«

Von der anderen Seite betrachteten sie Marie und Kurt.

»Sie lächelt dir zu«, sagte Marie leise und ging damit instinktiv auf Max' Spiel ein.

»Wer?« fragte Kurt überrascht.

»Coco«, behauptete Marie fest.

Kurt sah genauer hin. »Ich sehe nichts.«

»Er ist so gehemmt«, sagte jetzt Max zu Coco. »Fühlst du es nicht wenigstens? Er lächelt nach innen, als Frau spürt man doch so was...«

»Ja, ich sehe es«, stimmte Coco spöttisch zu. »Er lächelt wie ein Empfangschef. Er lächelt allen zu.«

Max versuchte, sie zu überzeugen, seinen Plan zu verwirklichen. »Das Lächeln gilt dir«, flüsterte er. »Konzentriere dich mal darauf!«

»Sie ist sehr scheu«, murmelte Marie. »Siehst du, jetzt lächelt sie ganz deutlich. Sie hat gesagt, du hast die elegante Ausstrahlung eines Romanhelden von Fitzgerald und du siehst aus wie eine Figur auf einem Bild von Renoir... Coco ist im Begriff, Max zu verlassen.«

Ohne von Max' Plänen zu ahnen, ging Marie darauf ein, ganz

von ihren Gefühlen geleitet. Sie hielt Blickkontakt zu Max, eine Art telepathische Zwiesprache. Marie wußte, daß dieser Abend die Entscheidung bringen würde. Und sie war bereit, sich und ihre Zukunft Max anzuvertrauen.

»Warum erzählst du mir das alles?« fragte Coco mißtrauisch. Doch sie ahnte schon, daß sie den Kampf verloren hatte, wenn ihr auch noch nicht ganz klar war, was Max beabsichtigte.

»Damit du nichts versäumst«, erklärte er. »Du bist so lebenshungrig, und damit du mir nicht sagst, ich hätte dir etwas vorenthalten...«

Coco musterte das Paar, fixierte Marie. »Komisch – ich glaube, jetzt lächelt sie dir zu«, stellte sie fest. Ich verstehe, was Max an ihr findet, dachte sie. Und ganz egal, was heute passiert – ich werde nicht auf der Verliererseite stehen.

Coco lächelte Kurt zu – erst zaghaft, dann herzlicher. Und während Coco noch zu Kurt hinübersah, schmiegte sie sich in Max' Arm. Max und Coco eröffneten den Tanz mit einem Walzer. Kurt und Marie folgten ihnen auf die Tanzfläche. Die beiden Paare ließen sich nicht aus den Augen. Zwischen Max und Marie herrschte eine wortlose Übereinkunft, zwischen Kurt und Coco ebenfalls. Es war, als ob Coco und Max, Kurt und Marie tanzend voneinander Abschied nähmen, voller Harmonie und im Takt der Musik, beobachtet von allen Gästen im Raum. Sie tanzten jetzt einander gegenüber, sahen sich an, trafen gemeinsam einen Entschluß. Vollzogen wortlos einen Partnertausch.

Marie tanzte mit Coco, Max mit Kurt.

Die beiden Frauen tanzten harmonisch, lächelten sich zu, akzeptierten einander. Ja – sie waren gleichwertige Rivalinnen, Partnerinnen. Auch Max und Kurt tanzten harmonisch, wechselten Blicke der Achtung und der Anerkennung. Alle vier faßten wiederum einen Entschluß. Tanzten ein paar Takte einander gegenüber, bevor sie abermals die Partner wechselten. Marie tanzte nun mit Max, Coco mit Kurt. Coco strahlte Kurt an, Max Marie, die noch immer leicht benommen wirkte. Es war weit nach Mitternacht, alles schien erlaubt, alles schien möglich, die verrücktesten Lösungen simpel und einleuchtend.

Logik des Lebens. Alle hatten den Partnertausch verfolgt, akzeptiert.

Coco hatte sich in ihr Schicksal ergeben. Und sie war nicht einmal unglücklich. Sie war entschlossen, das Beste aus der Situation und aus ihrem Leben zu machen.

Marie hatte begriffen. Sie strahlte, strahlte von innen, war glücklich. War das nicht eine perfekte Lösung? Eine, die Kurt und seine Gefühle nicht verletzen würde? Sie schmiegte sich in Max' Arme.

Coco und Kurt fanden im Rhythmus der Musik zunehmend Gefallen aneinander, umfaßten sich enger. Tanzten schließlich durch die offene Tür ins Schlafzimmer.

Coco zog die Tür hinter sich zu und sah Kurt, der sich noch immer im Takt der Musik wiegte, auffordernd an. Sie wußte genau, was sie wollte. Und sie würde es bekommen.

»Sie haben so hungrige Augen«, stellte Coco fest. Lächelnd ging sie auf ihn zu, voller Erwartung, voller Versprechen. »Ich mag Männer mit hungrigen Augen.«

Kurt sah sie abwartend, gespannt an.

»Ich möchte betäubt und geraubt werden«, fuhr Coco fort. Das entbindet mich jeder Entscheidung, dachte sie. Dann muß ich Max nicht verlassen, sondern werde dazu gezwungen.

Kurt lächelte. Das konnte sie haben. Auch er hatte sich in sein Schicksal ergeben, hatte eingesehen, daß er Marie nicht würde halten können. Und schließlich paßte Coco ja auch viel besser zu ihm. Coco war treu, für eine Zweierbeziehung gemacht, eine Frau von Format, mit Stil und Eleganz. Marie würde schon sehen, was sie davon hatte...

Kurt ging zum Spiegel, warf einen Blick hinein: ein Mann in

den besten Jahren. Ihm stand das Leben offen, mit all seinen Reizen. Und mit einer Frau wie Coco an seiner Seite...

Er zog die kleine Flasche mit Äther aus der Tasche, ließ ein paar Tropfen in sein Taschentuch fallen, drehte sich zu Coco um und preßte es der wartenden Frau vors Gesicht. Coco schwankte. Kurt fing sie auf, warf sie sich über die Schulter und verließ mit ihr die Wohnung, vorbei an den im Flur stehenden Gästen. Niemand beachtete die beiden. Alle Probleme schienen gelöst. Oder?

Marie und Max tanzten noch immer, völlig selbstvergessen, ineinander versunken. Sie hatten sich gefunden, ohne jemandem weh zu tun. Jegliche Moral war vergessen, alle Schuld aufgehoben.

Marie hatte sich endlich ergeben. Doch der Siegestanz im Kreis seiner Gäste genügte Max noch nicht. Unter dem Applaus der anderen küßten sie sich lange und leidenschaftlich. Um die beiden herum führte Steiner siegestrunken eine Polonaise an. Alle schienen dem neuen Paar in ihrer Mitte Glück zu wünschen. Max und Marie sahen nur sich.

Während Steiners Tanzschritte immer ausgelassener wurden und alle applaudierten, sah Max Marie an, nickte ihr zu. Ja, sagte ihr Blick. Ich folge dir, egal, wohin. Max trat zum Fenster, öffnete es, kletterte in den Fensterrahmen. Sah nach unten, atmete tief durch – und sprang in die Tiefe.

Marie war ihm gefolgt, sah ihm nach, kletterte ebenfalls aufs Fensterbrett. Blieb einen Moment sitzen, zögerte – und sprang nach unten, Max nach.

Keiner hatte etwas bemerkt.

Sie trafen sich zwanzig Meter weiter unten. Küßten sich.

Max hatte nichts vergessen, an alles gedacht.

Diesmal würde sie nichts mehr trennen.

Die Landung war weich.

Im aufgespannten Sprungtuch der zehn Feuerwehrmänner.

Maud de Belleroche

Bekenntnisse

Inhalt

Vorwort

Was ist ein Laster?
Eine Neigung, die man nicht teilt.
JEAN LORRAIN

»Ich« – das ist eine andere ... und nur von ihr kann ich berichten!

Ich habe mir die gesamte literarische Produktion der Frauen meiner Generation zu Gemüte geführt und darin häufig Talent gefunden, immer aber Melancholie. Und zudem einen ärgerlichen Hang zur Katastrophe, eine Verbiestertheit, einen Blick, der voll Trauer auf den rebellischen Nachkommen ruht. Die mehr oder weniger offen eingestandene Niederlage der zu kurz gekommenen Vierzigerinnen.

Nach alledem empfinde ich das Bedürfnis, noch einmal – und wohl zum letztenmal – das Porträt einer Frei-Frau zu zeichnen, die ihre fröhliche Freiheit in vollen Zügen genießt.

In die Jahre kommen und auf die Bahre kommen, reif werden und schrottreif werden ist eins für diese Damen, die Stück für Stück die Fetzen ihrer Jugend an den Wegsteinen des Alltags zurücklassen. Sie halten es wahrscheinlich für ihre Pflicht, sich zu beugen, damit ihre Kinder an Stärke und Weisheit wachsen mögen. Sie nehmen jede Last auf sich, einschließlich der Last der anderen, als zahlten sie damit für die Sorglosigkeit und den ungebärdigen Egoismus ihrer eigenen Jugendjahre. Und weil sie keine Babys mehr zu hätscheln haben, gebären sie eine graue Maus, die Langeweile, und fangen langsam an, zu bleichen und zu verbleichen ... Zum Teufel mit der Melancholie! Ich für meine Person werfe mich lieber in voller Rüstung – will heißen splitternackt – mitten ins Getümmel.

Einer Organisation von Liebesfestspielen fehlt es nie an Festivalteilnehmern, die nur darauf warten, organisiert zu werden. Meine Mitschwestern, die an ihren vierzig Jahren leiden, können mir nur leid tun. Wenn mich der Trübsinn anfallen will, dann begeistere ich mich für Fernando Arrabal*, Léonor Fini**, Maurice Béjart***, Herbert von Karajan, breche zu einer Hochgebirgstour auf oder zur Entdeckung eines neuen Menschen, dem ich genauso viel gebe, wie er mir gibt.

Den Verhältnissen entsprechend.

Die erfüllte Leidenschaft in den Armen eines versierten Verführers ist so willkommen wie das galante Spektakel einer Halb-Unschuld, die sich der Lehrmeisterin hingibt.

Mein Sohn, Offizier der französischen Luftwaffe, der voller Nachsicht ist für meine Bauchlandungen, hat entschieden: »Mama hat recht. Sie ist großartig und fröhlich, denn sie schläft mit der Schönheit!« Welches Reifezeugnis! Und da es von dem Menschen ausgestellt wurde, der mir auf der Welt der liebste ist, bestätigt es mich in meiner unverwüstlichen Lebenszugewandtheit.

Allein in diesem Jahr habe ich ein gutes halbes Dutzend studienflüchtige Benjamins verknuspert, die das Produkt des Mathematikbüffelns in Huldigungsrosen für die Geliebte umsetzen; und auch ein paar jederzeit verfügbare Cherubinos ohne Latinum und Gottvertrauen. Welch reizender Auftrieb!

So ist es. Und wenn meine Lebensführung großen Geistern oberflächlich erscheint, was tut's? Dafür bietet sie der Amazone jeden Vorwand zu belebenden Scharmützeln in beliebig vielen Auflagen. Wo der Körper so angenehm abgegrast wurde mit Hand und Mund, wächst das Begehren immer kräftiger nach. Und der Geist wagt sich in Neuland.

* *Fernando Arrabal*, geb. 1932 im ehemaligen Spanisch-Marokko, Autor absurder Theaterstücke in französischer Sprache.

** *Léonor Fini*, ital. Malerin, geb. 1918 in Buenos Aires. Bühnenbildnerin und Buch-Illustratorin (Les Fleurs du Mal, Histoire d'O).

*** *Maurice Béjart*, frz. Tänzer und Choreograph, geb. 1928.

Wertungstabelle

A	anspruchsvoll	A′	absurd
B	brutal	B′	babyface
C	charmant	C′	chaotisch
D	dämonisch	D′	dümmlich
E	extravagant	E′	enervierend
F	feurig	F′	fad
G	gewandt	G′	grotesk
H	hübsch	H′	häuslich
I	interessant	I′	idiotisch
J	jungenhaft	J′	jesuitisch
K	kameradschaftlich	K′	kleinkariert
L	lasziv	L′	lauwarm
M	männlich	M′	mittelmäßig
N	nonchalant	N′	negativ
O	obstinat	O′	oberflächlich
P	phantasievoll	P′	puritanisch
Q	1. Qualität	Q′	Querkopf
R	realistisch	R′	reiner Tor
S	sinnlich	S′	stupid
T	traditionsgebunden	T′	Troubadour
U	universal	U′	undurchsichtig
V	verschwenderisch	V′	verdorben
W	Wagnerianer	W′	Waterloo
X	(e)xzentrisch	X′	Xenophobe
Y	Yoghurt	Y′	Yeye
Z	zauberhaft	Z′	zynisch

Antoine*

In einer Ehe sind aller guten Partner drei; zwei sind nichts.
Oscar Wilde

Ich setze meine Sonnenbrille nicht mehr ab. Nur noch zum Schlafen.

Allein.

Mein guter alter Liebesgefährte bewacht ergeben meine Verfallserscheinungen. Von wem stammt doch der Ausspruch: »Nichts macht eine Frau so alt wie die Treue ihrer Verehrer«? Bestimmt von diesem gräßlichen Wilde, diesem zartfühlenden Zyniker...

Ich bin wütend. Dennoch muß ich mich wohl oder übel den Tatsachen beugen: Immer häufiger diniere ich mit ordensgeschmückten Herzögen oder Generaldirektoren. Irgend etwas muß geschehen, zum Teufel, ehe ich beim Halsband der Kommandeure der Ehrenlegion oder beim mürben grünen Frack der Académiciens lande.

Im Gebirge. Über Nacht ist herrlicher Pulverschnee gefallen. Ich habe mich von der Rudolphschen Krankheit in Gesellschaft eines hohen Steuerbeamten erholt, der um ein Haar diesen Bekenntnissen ein Ende bereitet hätte (eine vierte Ehe mit einer langen Schleppe von Entsagungen – nicht auszudenken!).

Joseph, der die Aufsicht am Skilift führt, hat für mich seit zwanzig Jahren eine Schwäche, die nichts an Stärke einbüßt. Nicht nur die Liebhaber machen einen alt, sondern sämtliche Anbeter einschließlich des Personals.

Ich bin zwar noch nicht an der Reihe, aber ich mogle mich durch das Spalier von Skiern und setze alles auf die Wirkung ei-

* K F R M'

nes schmetternden: »Guten Morgen, Joseph! Schöner Schnee heute, wie?« Doch eine Hand packt meinen Anorak.

»Nein, schöne Dame, so braungebrannt können Sie gar nicht sein, daß Sie sich vordrängeln dürften. Bei mir nicht.«

Wütend schüttle ich den allzu ordnungsliebenden Störenfried ab, und ohne ihn anzuschauen, flüstere ich: »Schreien Sie nicht so laut, oder ich lasse Sie ganz nach hinten versetzen. Kommen Sie lieber mit mir. Joseph ist ein Engel, oder ein guter Kumpel, wenn Ihnen das besser gefällt. Wir gewinnen eine weitere halbe Stunde Pulverschnee, Sie alter Nörgler!«

Und wie schön er ist, dieser Hund! Unmöglich angezogen, in einer altmodischen schwarzen Trikot-Keilhose, aber was für ein Kleiderschrank! Wie immer hatte ich gesprochen, ohne zu überlegen, aber mein Instinkt hat mich zu diesem Junghengst geführt, der piaffiert, daß es auch die hochgeborenste Baronesse aus dem Sattel der Wohlanständigkeit hebt. Und ich versinke in einem Lächeln zu zweit, so süß wie eine Schokoladeninsel in einem Ozean von Schlagsahne.

Der Simpel läßt sich überreden. Die Menge murrt. Doch wir rennen unerschrocken vor zu Joseph, der auf unserer Seite sein wird.

Der Unbekannte trägt eine Abonnementkarte für den Lift um den Hals, wie die kleinen Kinder, ich könnte hinschmelzen vor Rührung. Er zieht den linken Fäustling aus, und da erscheint der Sklavenring und löscht die Kindheit aus. »Schon?« Habe ich es wirklich gesagt oder nur laut gedacht? Auf jeden Fall hat er es verstanden.

»Ja, seit zwei Jahren, und ich habe ein reizendes kleines Mädchen von drei Monaten.«

»Und wenn ich Sie nur im geringsten ermutige, werden Sie mir ihr Foto zeigen.«

Ich machte mich über ihn lustig. Dieser Pantoffel-Apoll scheint das Wort Humor nicht zu kennen. Nicht ein Schatten von Ironie in seinen Reden. ›Glücklicher Sterblicher!‹

Trotzdem stelle ich mich in meinen Skistiefeln auf die Zehenspitzen und schiebe meine Hüften zwischen seine Schenkel, während mein Haar seinen Mund streift. Ich stramme die Hinterbacken, und sein Geschlecht antwortet. Es scheint, als habe die Trikothose doch ihre Meriten, denn das Lastex hätte mir den heraufziehenden Sturm verheimlicht. Außer den speziellen Vorzügen dieses Textils kommt mir noch zur Kenntnis, daß es in Mégève Familien-Ferienhäuser gibt, was mich an die *Salones para familias* von Buenos Aires erinnert, wo man mit Kindern hingehen kann, ohne fürchten zu müssen (oder hoffen zu dürfen), daß man ›aufgegabelt‹ wird.

Doch zurück zu Antoine.

Antoine ist Autodidakt der Skikunst, und ich finde es nett, daß er es ohne Komplexe zugibt. Er fährt Schuß mit aller Muskelkraft eines Ruder-Champions von Nogent-sur-Marne und knausert nicht mit malerischen Stürzen. Ich bemühe mich, ihm ein paar Grundbegriffe einzutrichtern. Diszipliniert wie alle Sportler hört er mir zu. »Vor zwei Jahren habe ich versucht, meinem Winterflirt das Skilaufen beizubringen, doch es schien, als hätte ich keine große pädagogische Zukunft. Wie gut, daß Sie mir mein Selbstvertrauen wiedergeben. So, Antoine, die Skier enger zusammen, schärfer in die Kurven gehen. Nicht stemmen, das ist *out!* Wedeln! Bravo, Sie haben's erfaßt...«

Mittags verzehren wir bei ›La Tante‹ in der Sonne ganze Tonnen von *gratin dauphinois.* Er ißt ohne Eleganz, leckt sogar sein Käsemesser ab, was meine guten Freundinnen entsetzen würde und mich auch, unter anderen Umständen. Doch die Zunge dieses jungen Stiers ist von lebhaftem Rosa – und allzu lebhaft auch mein Verlangen, sie *sur canapé* zu knabbern.

»Wie wollen Sie abfahren, Antoine, über die *Mandarines* oder über die *Etudiants?* Sollen wir eine Münze werfen?«

Doch er hatte nur noch meinen Willen, dieses Großmaul von heute morgen.

Die *Etudiants* sind kein Honiglecken für einen Neuling, nicht einmal für einen so alten Skihasen wie mich. Der trügerische Pulverschnee krachte, und man mußte sich zwischen den Tannen hindurchschlängeln. Doch er riskierte es. Und so ließ ich mich in den Schnee fallen, um sein Raubtierlachen zu hören, und wir sind, die Skier an den Füßen, Mund an Mund hinabgerollt.

Vor Liebe schreien in der Sonne auf einer verlassenen Piste, in Lippen beißen, die noch saftig sind von den violetten Heidelbeeren, sich durchdringen lassen von einem hochmütigen Geschlecht, o heidnische Wollust...

Die Keilhose klaffte über seinem Leib, dessen mahagonifarbenes Gelock ich mir um die Finger wickelte, die Kälte drang zwischen meine Schenkel, ohne daß ich darauf geachtet hätte: Der Berg höhlte uns eine Kuhle aus eisigem Vergessen. Flucht nach vorn! Auf meinem nackten Schenkel, in der Leistenbeuge, glänzte eine malvenfarbene Aureole.

Hervé*

Erster Mai. Erstes Bad. Anstatt Maiglöckchen zu pflücken will ich im Deligny-Bad die Seine und meinen gelben Bikini einweihen.

Ich finde es abscheulich, mein fahles Winterfleisch unter den goldenen Sonnenstrahlen. Ich langweile mich in meiner Haut, ich träume vor mich hin, als eine eisige Dusche mich aus meiner Erstarrung reißt.

»Verzeihen Sie, ich habe Sie angespritzt«, ruft ein fröhlich zerknirschter Blondkopf, der aus dem verlassenen Becken auftaucht, um sogleich wieder davonzuspurten. Der Flegel hat mich abgekühlt, und ich drehe mich auf meiner Bastmatte um, stecke die Nase in die ›Anti-Memoiren‹**. Ich lese stückchenweise, lasse meine Träumereien von den Malrauxschen Erleuchtungen durchblitzen. Da streift mich mein Tolpatsch von vorhin. Ich riskiere einen Blick durch die untergelegten Arme und erkenne den Leoparden, dessen flaumiger, goldbrauner Körper sich ein paar Zentimeter von meiner Linken entfernt wiegt. Und jetzt robbt er heran! Noch einen Zoll, und es ist passiert: Der Funke ist von seinem Arm auf mich übergesprungen. Er lächelt, zeigt zwei Eckzähne, zwei Hauer vielmehr, und sagt noch einmal »Pardon«, und ich höre mich brummen: »Das ist wohl alles, was Sie sagen können.«

»Pardon! Ich kann auch ›danke‹ sagen. Zum Beispiel: danke für Ihre schwarzen Ponyfransen, mit denen Sie aussehen wie der Maler Foujita...«

»Wie Foujita vor vielen, vielen Jahren. Wir kennen ihn nur schlohweiß. Lassen Sie sich etwas anderes einfallen.«

»Danke für Ihren Hals, der jeden Henker entzücken würde!«

* L I N S M

** *André Malraux,* ›Anti-Memoiren‹.

»Ach! Dieser lange Hals und mein kleiner Kopf haben mir in der Schule den Spitznamen ›Reiher‹ eingetragen... damals – vor vielen Jahren.«

»Danke für Ihre Kurven und das Sonnengelb, das sie noch prachtvoller macht. Wissen Sie, daß Sie aufs Haar meinem Ideal gleichen? Ich lege mich so gern in diese Kurven.«

»Legen Sie sich, aber nur in Gedanken, und spritzen Sie sie nicht an, Sie Sonntagspoet!«

»Stimmt, heute ist Sonntag, ein Festtag! Sie, Sonntag und der erste Mai!«

»Eine schöne Vergnügungseinlaufwette in Aussicht. So ist es doch, wie? Ich gebe Ihnen das Kompliment zurück: die Sonne, die Freiheit und Sie. Was den Sonntag angeht, so hasse ich ihn, was hat er mit einem Fest zu tun, dieser Freudenexplosion?«

»Danke, danke...«

Er hatte seine Hand auf meinen Nacken gelegt. Wir schwiegen. Ich fühlte mich wohl.

Hätten wir im Bad bleiben sollen? Eine Weile noch in der Sonne... Jetzt ist er bei mir; und ich will ihn in Licht gebadet. Das Weibchen ist ganz Hingabe, das Lebeweib ganz Angabe. Hervé führt aus. Nach meinen Angaben. »Ziehen wir mein Bett unters Fenster«, sagte ich, »und dann öffne ich die Flügel, ehe ich Ihnen meine Arme öffne.«

Nichts ist umständlicher zu transportieren als ein Ehebett. Staub wirbelt auf, Schande über mich! Doch das Begehren hält stand. Und ein wenig später, in der Laube des Balkons, schmausen wir Tomaten. Ich schmause, du beißt, wir sind rot vom Tomatenmark. Ich öffne mich, die Sonne kommt zu mir, Hervé auch, während wir die Rolling Stones donnern lassen. Pause. Der Rhythmus wechselt, ein schriller Akkord, dann Kopf bei Fuß die nächste Platte, Worte Herz Gesang Bewegung Saft, Hervé mein Fest...

»Immer lustig, Kinder, amüsiert euch gut...« Eine spöttische

Stimme im Marseiller Dialekt fällt wie ein Stein auf unsere Umgebung. Hervé, im schönsten Schwung gebremst, hebt den Kopf, ich ebenfalls. Von der Spitze einer Pyramide aus Balkonen beobachten uns zwei Haustüncher... und kommentieren ungeniert das Schauspiel. Der erste voll Wärme, der zweite gehässig. »So was am hellichten Tag, eine Schande ist das! Der Bauch, der Bauch, was anderes kennen sie nicht, diese Bourgeois! Alles in der Hose und nix in der Rübe!«

Dieses Sprichwort, das mir neu war, erregte unsere Heiterkeit. In verspäteter Schamhaftigkeit hatte ich uns eiligst mit rosa Laken verhüllt; doch das Lachen schüttelte uns so sehr, daß bald eine Brust, ein Schenkel und ach sogar ein Hinterbäckchen hervorguckten. Und je mehr der Puritaner sich ereiferte, um so mehr lachten und entblätterten wir uns. »Schau dir das an, nicht mal schämen tut die sich!«

Der Marseiller, auf den ich gewaltigen Eindruck gemacht haben muß, hackte zwar auch auf meinem Partner herum, war jedoch vorwiegend damit beschäftigt, meine Reize zu rühmen. Zum Dank warf ich ihm eine Kußhand zu, und Hervé schloß schleunigst das Fenster, um meinem proletarischen Flirt ein Ende zu machen. Beinahe wäre ihm auch sein Standvermögen abhanden gekommen, denn nicht jedes Lachen ist dionysisch, und das Vergnügen ist, wie jeder weiß, eine ernste Sache.

Wie verbringt man am besten das Wochenende, nicht zu weit weg, nicht zu kostspielig, mit einer knospenden Leidenschaft? Natürlich fährt man zum Camping! Ich habe ein Zweierzelt; Liebe und ein bißchen Meersalz darauf genügen.

Keine Menschenseele am nächtlichen Horizont. Der Leuchtturm von Honfleur fegt über den Goldsand von Le Havre und das orangefarbene Dach unseres Indianerlagers. »Zünde mir ein Freudenfeuer an, Falkenauge.«

»Geritzt!« antwortet der große Häuptling.

Zweige vom Apfelbaum, die noch warm sind vom Tag, und

verzerrte trockene Wurzeln schichten sich auf einem Dreifuß aus grauen Steinen für die barfüßigen Liebenden, die sie ihrem Vergnügen opfern.

»Hervé, ich bin hungrig. Meinst du nicht, wir sollten die Würstchen grillen?« Natürlich meint er das, dieser Gassenjunge, der mit seiner nächtlichen Beute Indianer spielt. Er fädelt Paprikawürstchen auf einen Spieß, das Feuer prasselt. Mit einem Bündel duftender Würstchenfinger erwecke ich das schlafende Geschlecht unter dem dunkelgrünen Kleidungsstück zum Leben; dann beuge ich die Knie und beginne das große Ritual im Wogenrauschen. So lieben wir uns, mein Faun und ich, und die faszinierende Farandola nimmt kein Ende.

Wir spielen. Hervé faßt meine Hand mit den hellen Nägeln und zieht mich mit in seinen Lauf bis zum zärtlich feuchten Sand. Er hebt zwei längliche dunkelgesäumte Perlmuttmuscheln auf, die ich als kleines Mädchen ›Messer‹ nannte, reicht mir eine davon, küßt die fleischige Stelle meines Arms, zieht drei Striche über den Kies. Dann packt er meine Schultern und dreht mich herum. »Eins, zwei, drei«, trällert er. »Jetzt mußt du meine Skizze fertig zeichnen. In zehn Sekunden. Danach bin ich an der Reihe; und so fort. Später werden wir sehen, wer gewonnen hat. Fang an!«

Ich lache, dieses Spiel erfrischt mich, der zweckfreie Wettkampf, in dem man heiter einen Gegner bekriegt, der einem – o Paradoxon! – wohl will oder der einen zumindest will. Ich entwerfe eine Karikatur von General de Gaulle: vorspringende Nase, ehrgeiziges Kinn. Auf Ähnlichkeit verzichte ich, doch die Übertreibung gestaltet das Profil zur Medaille. Hervé spottet: »Du machst es dir leicht! Du schwindelst!« Und er pfuscht einen banalen Sägefisch hin. »Ich habe gewonnen!« rufe ich. »Das da ist ein Allerweltsfisch, während mein moderner Louis XIV. ein einmaliges Modell ist.«

Hervé packt mein Hinterteil, das offenbar nur mir selber mißfällt, preßt mich an sich und beißt mich. »Ja, beiß mich, bitte stärker...« Brutal sein macht ihm keine Mühe. Ich fasse an meinen Mund, aus dem eine Mischung von Speichel, Salz und Blut sickert: Er hat meine Lippe verletzt, dieser Wüterich! Doch die jungen Männer sind nun einmal zornig. Sie kennen keinen Humor außer dem schwarzen, und keine Nuancen, diese Alibis der Erwachsenen. Um so besser! Den heranwachsenden Mannsbildern steht der Exzeß zu, so wie mir planloses Draufgängertum.

Doch die insektenhafte Hartnäckigkeit des Sportsmanns wird mit jedem amourösen Weekend fertig. Hervé wollte um jeden Preis die Lorbeeren behalten, die er mit zwanzig im Zehnkampf erworben hatte. Er übte sich also im Kugelstoßen und wollte auch mich in dieser wenig weiblichen Disziplin ausbilden. Wer hat jemals eine Frau von harmonischen Maßen, außer den Russinnen und den Polinnen, als erfolgreiche Kugelstoßerin gesehen? Ich begnügte mich mit sieben Metern, ehe ich den Kampf aufgab, um mich hinzulegen und nur noch mit der Sonne zu spielen. Die Nacht würde mir auf jeden Fall Revanche bringen...

Außer ihrer Vorliebe für mich hatten diese beiden jungen Männer in meinen Augen noch etwas anderes gemeinsam: eine gewisse dümmliche Scheinheiligkeit. Beide waren Ehemänner auf Abwegen, und beide, sowohl Antoine als auch Hervé, führten dabei ein geordnetes Familienleben. Der erste nannte eine hausmütterliche Hälfte sein eigen, die seinen Appetit betreute, sein Nest reinhielt und gewissenhaft seine Jugend flickte, der zweite eine Studentin der spanischen Sprache, der er die tollsten Räuberpistolen erzählte, um mit mir idyllische und maritime Wochenenden zu verbringen.

»Auf diese Weise kann sie in Ruhe für ihr Examen büffeln...« Damit versuchte er vor mir eine Rechtfertigung, die ich nicht verlangt hatte. Da wundere sich einer noch über den Verfall der Sitten...

Unter 25: Lionel*, Franck**, Hugues***

Nur ein sehr reiner oder ein sehr tapferer Mensch verlangt nicht, daß die Dinge dauern sollen.
PAUL NIZAN

»Man darf nur zerstören, was man ersetzen kann«, sagte Maurras, der geistige Nährvater meiner rebellischen Jugend, entgegen der heute herrschenden Auffassung. In einem Jahr haben sich einmal drei aufklärungshungrige Männer, allesamt im Knusperalter, alle hochgewachsen und alle mit den gleichen Kulturidolen – den Schnulzensängerinnen – bei mir abgelöst. Mein erster war Soziologe, mein zweiter Mediziner, mein dritter Architekt, und mein alles – was tut's! Hauptsache, ich bewahre mir meinen Sinn für Humor.

Wenn man im Lauf des Lebens seine Zeitgenossen wechseln könnte, würde das Altwerden bestimmt herrlich sein. Doch ach, die Vierziger setzen Bäuche an und stoßen ihre Ideale ab. Wenn ich sie im Schwimmbad des Racing Club sehe, Muskeln und Haarwuchs im Schwinden, so habe ich Mitleid mit ihren Ehefrauen, die, wie ich, als ausdauernde Sportlerinnen mittels Gymnastik, Diät und Sonnenöl erbittert kämpfen, um sich ohne Mißfallen in den Augen anderer betrachten zu können.

Nach einem Aufenthalt in der Türkei mit dem *Club Méditerrané* nehme ich an einem vergnügten Mitgliedertreffen teil. Viele Studenten werden da sein, meine Segel- und Schnorchelkameraden. Am Strand stellen sich kaum irgendwelche Bekleidungsprobleme, doch in der Stadt ist das etwas anderes. Ich zö-

* N T G F' J'
** B H B' E' F' Q'
*** C I H N O T'

gere, mich als Vierzigerin zu kleiden, und ende schließlich ihnen zuliebe in Pullover und Mini-Hosenrock.

Lionel ist der große Bruder Guys, mit dem ich in den Ferien um die Wette gefischt und immer verloren hatte. Er ist sportlich und kultiviert, kommt soeben von einer Indienreise zurück, von der er natürlich viele Gesprächsthemen mitgebracht hat. Er spricht präzise, er interessiert mich. Die anderen versinken in einem Nebel von Kindereien, und wir steigen in den klaren Himmel der Erwachsenen-Geständnisse auf. Ich beschließe, daß er mich zum Ballett-Festival ins Théâtre des Champs-Elysées begleiten soll.

Wir kommen beide im schwarzen Samtsmoking, er riesig und blond, ich langbeinig und dunkel, wir bilden ein Paar wie aus dem Modejournal, stehen im Blickfeld von ›Tout Paris‹. Nicht ohne Stolz betrachte ich uns im Spiegel dieser eifersüchtigen Blicke, die mir Spaß machen. Einzug halten am Arm eines zukünftigen Klasse-Liebhabers, den die Pariser Fauna noch nicht kennt, ist meiner Meinung nach beglückender als alles Rauschgift der Welt. Meine Droge ist der Orgasmus. Ich berausche mich daran, den anderen in die Regeln und Regelwidrigkeiten der Liebe einzuweihen und schließlich den Gegenstand meines Pläsiers einem erlesenen Publikum vorzuführen. Der Ehrgeiz mag kurzlebig erscheinen, doch die geistigen Freuden teile ich mit meinen Freunden oder genieße sie allein, im stillen.

Jules Renard* hat gesagt: »Wenn ich an alle die Bücher denke, die mir noch zu lesen bleiben, so weiß ich, daß ich noch glücklich sein werde.« Ich auch.

Nun aber, und um zu fleischlicheren Genüssen zurückzukehren, beschäftigen wir uns mit diesem Lionel, der einen Tisch bestellt hat für ein Abendessen mit seiner Eroberung oder zumindest mit der, die er erobert zu haben glaubt, denn letztlich kommt es immer dem ›middle age‹ zu, wie die Amerikanerin-

* *Jules Renard*, frz. Roman- und Bühnenautor, 1864–1910.

nen so nett sagen, den Handschuh zu werfen. Schließlich habe ich ihn ins Garn gelockt, dieses Muttersöhnchen, das sich von den Teenagern emanzipieren will.

Pfeffersteak. »Ich habe Sie in den Pausen beobachtet, Maud, ich habe Ihre Gewandtheit bewundert. Und Ihre naive Direktheit.«

»Direkt bestimmt. Aber ich sehe in meinem Verhalten keine Spur von Naivität.«

»Erinnern Sie sich, als dieses Homo-Pärchen Sie zu Ihrem so maskulinen Kostüm beglückwünscht hat...«

»Und ich spontan erwiderte, diese Billigung sei ganz selbstverständlich? Wo, zum Teufel, ist da die Naivität?«

»Sie haben hinzugefügt, wobei Sie sich an die... an den Feminineren wandten: ›Ihnen würde es noch hundertmal besser stehen als mir. Für eine Brünette sind zu viele Spitzen dran.‹«

»Aber das stimmt doch! Sein Perlmutt-Teint, den er bestimmt mit Rosenwasserumschlägen pflegt, schreit direkt nach einem Jabot à la Laclos...«*

»Meine Teuerste, ich bitte Sie, seien Sie meine gefährliche Liebschaft!«

»Schöner Lionel, noch sind Sie nicht der unwiderstehliche Valmont, aber ich will gern das Opfer sein. Was haben Sie mir als Sühnegabe anzubieten?«

»Fordern Sie, und Ihr Wunsch soll mir Befehl sein.«

»Wir wollen der Reihe nach vorgehen. Wen haben Sie bisher mit Ihrer Gunst beglückt?«

Er wehrt ab, ich unterbreche ihn: »Sie sollen mir keine Liste geben, nur einen Namen, selbst wenn er falsch ist. Ich verlange keine Indiskretionen. Also?«

Er zögert, schwankt zwischen seiner Begierde nach mir und dem feigen Verrat, den meine Niedertracht von ihm verlangt.

* *Choderlos de Laclos*, 1741–1803, Autor des Romans Les Liaisons dangereuses, dtsch. ›Gefährliche Liebschaften‹.

»Na schön, eine Soziologie-Studentin, mit der ich im Sommer nach Indien gefahren bin.«

»Ausgezeichnet! Das hätten wir. Jetzt zeigen Sie mir das Foto dieser Dürckheim-Jüngerin.«

Er protestiert der Form halber, und mir macht die Sache allmählich einen Riesenspaß: »Doch, doch, mein Herz, los, zeigen Sie es mir eine Sekunde. Ich verspreche Ihnen, daß wir sie danach vergessen werden... die ganze Nacht.«

Meine Hand dreht sich, Innenfläche nach oben. Ich muß nicht deutlicher werden, er preßt genießerisch die Lippen hinein. Sein Widerstand ist praktisch gebrochen. Ich füge hinzu: »Da Sie mir gehorchen müssen, warum noch zögern?«

Er gibt nach. Ich sehe ein reizendes Kind mit albernem Lächeln, in einem bunten Kleid vor dem Hintergrund eines indischen Tempels. »Hoffentlich erwarten Sie nicht, daß ich Sie zur Wahl dieses niedlichen Gänschens beglückwünsche – das zweifellos hochgebildet ist. Haben Sie ihr von mir erzählt?«

»Sie hat es erraten.«

»Dann nehme ich das Gänschen zurück. Aber berichten Sie, ich will alles wissen.«

Sein Knie nistet so fest zwischen dem Doppelpolster meiner Schenkel, daß ich bereits zu spüren glaube, wie das Fleisch schwach wird. »Er ist zwanzig«, sage ich mir, »er ist hier, und er opfert dir sein Bräutchen, er reißt sie dir zuliebe in Stücke...«

Er widert mich ein wenig an, dieser schöne Junge aus der Dollar-Bourgeoisie, ich selber dagegen widere mich vollständig an. Diese Rolle eines Vamps, der sich auf Kosten eines unschuldigen Lämmchens seine Beute sichert, ist meiner unwürdig. Aber ich bin nun einmal in Fahrt und entschlossen, das Massaker zu Ende zu führen. »Sind Sie nicht verlobt, Lionel? Soviel ich mich erinnere, hat Ihr Bruder mir in der Türkei etwas Derartiges erzählt; doch da ich damals noch nicht das Vergnügen hatte, Sie zu kennen, hat es mich nicht weiter interessiert.«

»Ich bin nicht mehr verlobt... zur Zeit nicht.«

Ich spiele die Überraschte. »Was heißt das, ›zur Zeit‹? Wollen Sie es eines Tages wieder werden, oder hat sie genug von Ihnen?«

»Oh, sie wird nie genug von mir haben. Sie wollte nicht mit mir brechen, auch nicht, als ich ihr sagte, wer Sie seien und was Sie für mich seien.«

»Und was bin ich für Sie? Eine Frau, die Sie besser geküßt hat als die Kleine und deren Reden und Benehmen es Ihnen angetan haben!«

»Sie wissen, Maud, daß es unendlich viel weiter geht. Sie sind faszinierend: Ich kenne Sie kaum, und doch weiß ich, daß ich Sie bereits liebe...«

Ich halte ihm den Mund zu: »Langsam, Lionel. Keinen falschen Zungenschlag, wenn es um Sex geht. Sie begehren mich, das stimmt, vielleicht verehren Sie mich sogar; für meinen Geschmack genügt das vollkommen. Doch zurück zu... wie heißt sie eigentlich, Ihre Zukünftige?«

»Sie ist nicht meine Zukünftige«, antwortet er wütend. »Ihr eigener Zungenschlag ist ebenso falsch wie der meine!«

»Meinetwegen. Also?«

»Caroline.«

»Schon wieder eine Caroline! Diese Generation hat entschieden Caroline auf ihr Banner geschrieben. Sie ist mindestens die dritte, der ich vorübergehend den Verehrer abspenstig mache – ist ›Verehrer‹ Ihnen recht? Übrigens, Ihr Zorn gefällt mir, Lionel. Wir wollen gehen. Wir bekommen keinen Nachtisch, zur Strafe für unsere Ungezogenheit.«

Ach! Unsere Liebe war von kurzer Dauer. Ein höchst ärgerlicher Bruch, der unbedingt in der nächsten Woche operiert werden mußte, setzte unserem fröhlichen Nahkampf praktisch ein Ende. Doch da ich zu dem so schwer getroffenen Liebsten nett sein mußte, bot ich ihm an, sein Erholungswochenende mit ihm im Loiretal zu verbringen.

Der Dezember war eiskalt, und mein Vorschlag milde gesagt

ausgefallen. Doch ich habe Übung darin, in den Loire-Schlössern für meine Liebhaber den Cicerone zu spielen; der verjüngende Ausgleich für die Vorträge, die ich vor alternden Gelehrten halte.

Lionel und ich fuhren also bei fünf Grad Minus auf vereisten Straßen nach Talcy. Als Auftakt gab es eine Programmänderung. »Es tut mir schrecklich leid, chérie, aber wir müssen deinen Wagen nehmen, den meinen habe ich meinem Bruder geliehen, und meine Mutter hat mich mit guten Ratschlägen eingedeckt. Ich glaube, deine Kühnheit jagt ihr eine Heidenangst ein...«

»Sag lieber ›unsere Liaison‹, anfangs hat sie ihr vielleicht geschmeichelt, jetzt ist sie entsetzt darüber. Und weil wir gerade beim Thema sind: Was machen deine Ehepläne? Wartet Caroline geduldig unsere Trennung ab, oder...?«

»Sie weint. Als ich ihr sagte, wohin wir fahren, ist sie in Tränen ausgebrochen.«

»Und du machst dich darüber lustig, schönes Ungeheuer?«

»Und du, willst du vielleicht bestreiten, daß es dir ein gewisses Vergnügen bereitet?«

In dem Hotel, dessen einzige Gäste wir waren, berauschten wir uns am Brouilly und an unseren Küssen. Dann liefen wir Hand in Hand über eine weiche Schneelandschaft und entdeckten in einer seidigen Senke des Blésois das Schloß von Talcy.

Es wurde zur Zeit der Renaissance von einem Florentiner Bankier namens Bernard Salviati erbaut, und seine alten Steine erzählen noch immer die berühmten Liebesromanzen, die sich hier abgespielt haben. Zwei weibliche Salviati hatten literarische Leidenschaften erster Güte geweckt. Das Herz des Agrippe d'Aubigné, dieses Protestsängers des sechzehnten Jahrhunderts, hatte für die schönen Augen der einen geschlagen; und für die andere hatte Ronsard* geschwärmt, nicht ohne

* *Pierre de Ronsard*, frz. Dichter, 1524–1585.

seine Seufzer mit manch blumenreicher Strophe zu würzen. Eine weitere Schöne aus dem gleichen Hause sollte später Guillaume de Musset ehelichen, einen Vorfahr des großen Dichters Alfred de Musset... Lionel lachte über meine Gelehrtheit, doch er war selber nahe daran, den legendären Helden spielen zu wollen. Er sagte es mir mit lyrisch-naivem Überschwang: »Nein, nein«, erwiderte ich, »du kehrst die Tradition um. In unserem Falle bist du die Muse; ich verkörpere nur den weiblichen Minnesänger zu Ehren des mannhaften Anbeters, der, Gott sei's geklagt, im zwanzigsten Jahrhundert nicht mehr so häufig anzutreffen ist.«

Wir küßten uns unterm Betthimmel der Katharina von Medici und dachten, daß Ruggieri, ihr Astrologe und Favorit, vielleicht in den Gestirnen die Konjunktion der Biographin Heinrichs II. und eines jugendlichen Soziologen gelesen hat, der so bubenhaft war, ohne deshalb ein Bubi zu sein...

Von Orléans nach Sully begleitete uns die Jungfrau Johanna. In Gien begegneten wir dem Geist der Anne de Beaujeu, dieser Prachtfrau und Regentin des Reiches, deren Vater, Ludwig IX., einmal gesagt hat: »Sie ist die am wenigsten närrische Frau Frankreichs – eine gescheite kenne ich überhaupt nicht.«

Sobald wir wieder im Hotel waren, begeistert, aber durchgefroren von unserer Wanderung, erwärmten wir die umnebelten Gehirne und die eisigen Glieder mit Punsch, dicht aneinandergeschmiegt auf dem Bett mit dem lauen Laken, während der Plattenspieler die schwarzen und ungreifbaren Visionen der verwirrenden Barbara* wiedergab.

Mein Genesungsurlauber liebkoste meinen Schoß, obwohl ich vorsichtshalber die lange Hose anbehalten hatte, denn ein Frischoperierter darf sich nicht unnötig erregen, so lautete der strikte Befehl des Arztes. Doch seine Hand zog am Reißverschluß. Hartnäckig verteidigte ich die letzte Bastion einer beigen

* Französische Chansonsängerin.

Strumpfhose, die wie eine zweite Haut anlag, doch die Lippen des Mannes umschmeichelten so gekonnt meinen Hals, daß ich schließlich aufgab. Maud, die leidenschaftliche Geliebte, schlug Maud, die barmherzige Schwester, aus dem Feld... Ich streifte selber meine Strumpfhose ab und bot die geöffneten Schenkel dar. Chaos, blonder Kopf auf braunem Vlies, in der Stimme Barbaras ein Fieber, das uns verzehrt. Plötzlich wechselt mein Partner die Stellung, wir verlieren beide den letzten Rest von Vernunft, und trotz des Verbandes in der Leistengegend dringt Lionel in mich wie eine Frucht. Ich schreie auf, und seine Lippen ersticken meinen Protest, der sich in einem wohltätigen Regen auflöst. Und dann platzt er wie ein reifer Granatapfel. Er sinkt zurück, und ich wiege ihn, verbinde ihn. Aus seiner Wunde fließt bläuliches Blut, und ein größeres Rinnsal auf dem Bein des über alle Maßen müden Kriegers fasziniert mich so sehr, daß ich, gierig wie ein Vampir, sie auflecke, diese Lettern aus Sperma und Blut. Und zum erstenmal seit langer Zeit bittet die Amazone in einem sehr leisen Seufzer den Geliebten, den sie verwundet hat, um Verzeihung.

Doch das alles ist längst vom Winde verweht! Am nächsten Tag bringt ein ungeschickter Satz mich in Wut, es ist Zeit, Schluß zu machen: Die Bühne ist frei für Franck.

Er hat sich mir recht ungestüm genähert, dieses Untier! Von der Kirche Saint-Augustin schlug es fünf, ich fuhr in Richtung Champs-Elysées, als ein schmutzverkrusteter Peugeot 404 mich überholte und meinen linken Kotflügel streifte. Ich reagierte als Kavalier am Steuer und beschimpfte ihn saftig.

Verkehrsstockungen. Ich schwenke in die Rue de Miromesnil ein, noch immer flankiert von dem Peugeot, der früher einmal weiß gewesen sein mochte. Der Fahrer schaut mich unverfroren an und sagt gewissermaßen als Entschuldigung: »Sie haben nicht mal eine Schramme, und außerdem, wie kann eine so hübsche Frau so eklig sein?«

Ich zuckte die Achseln, ohne ihn einer Antwort zu würdigen, doch mit einem Seitenblick bewundere ich zwei große grüne Augen, die geradezu dafür geschaffen sind, unter den Verkäuferinnen des *Monoprix* oder den Debütantinnen die größten Verheerungen anzurichten.

Schon glaube ich, meinen Angreifer im Gewühl der Fahrzeuge abgehängt zu haben, als er mich plötzlich zwischen seinem Schlitten und einem schweren Lastwagen einklemmt. Er lächelt. Ich nicht. Er geht mir auf die Nerven. »Ritter Ajax, Sie sollten besser Ihr Fahrzeug waschen, anstatt fremde Karosserien anzupeilen.« Ich hatte gesprochen, welche Unvorsichtigkeit! Er sprang sofort darauf an. »Ehrenwort«, sagte er vergnügt, »gleich heute abend lasse ich die Enzyme los – aber nur, wenn Sie eine Tasse Tee mit mir trinken. Und zwar sofort, wenn ich bitten darf...«

»Sehe ich aus wie eine, die um fünf Uhr mit dem Weißen Ritter Tee trinkt?«

Ich lachte schallend. Er natürlich auch. Die Verkehrsstockung trägt den Sieg davon, genau wie Meister Proper. »Sie sehen selbst, daß man nicht mehr vorwärts kommt. Kommen Sie, damit ich mich bei Ihnen entschuldigen kann.«

»Also gut. Aber wir werden keinen Parkplatz finden.«

Anscheinend macht das Abenteuer mir Spaß. Bei der Kirche Saint-Philippe-du-Roule finde ich eine Parklücke, ja sogar zwei. Der Mann aus dem Peugeot 404 öffnet meine Autotür und schielt dabei nach meinen Beinen, die in einer sehr schlank machenden gerippten Strumpfhose und einem dazu passenden Minirock stecken. Sein Lächeln wird strahlend. Trotz des formlosen Tweedjackets und der ausgebeulten Knie seiner Flanellhose ist dieser Draufgänger ausgesprochen appetitlich. Wir setzen uns vor ein Café und trinken Tonic. Ich eröffne das Liebesgeflüster: »Da rückt ein Hilfspolizist an. Wir werden beide unsere Strafzettel kriegen.«

»Aber nein! Lassen Sie mich nur machen.«

Er kommt dem Amtsvollzug zuvor, er palavert eine Weile und kehrt dann triumphierend zu mir zurück.

»Verraten Sie mir Ihren Trick?«

»Für Sie allerdings ist es schwieriger. Ich habe ihm gesagt, daß Sie hinreißend seien, daß ich in Sie verliebt sei, was nebenbei gesagt wahr ist.«

»Sagen wir: wahrscheinlich.«

»Und daß mir nichts anderes übrig geblieben sei, als Sie anzufahren, um Ihre Telefonnummer zu bekommen.«

»Na so was! Sie erstaunen mich. Die Hilfspolizisten sind sonst...«

»Er hat mir sogar gratuliert, daß ich so ein Glückspilz bin. Sie sehen, die Götter sind uns hold.«

»Wenn ich recht verstehe, soll ich zugeben, daß ich recht habe, unrecht zu haben. Das verdient unter Umständen eine Belohnung.«

»Geben Sie mir Ihre Telefonnummer. Heute abend essen wir zusammen. Für mich ist heute der Tag X.«

»Meine Bescheidenheit läßt mich vermuten, daß unser ein wenig stürmisches Zusammentreffen nicht der einzige Grund dafür ist.«

»Falsch geraten. Ihre obere Hälfte hat mich auf der Stelle erobert. Und als ich dann noch Ihre Beine sah...«

»Gut gemeint, aber schlecht gewählt, meine Beine sind viel zu muskulös. Das ist der Nachteil, wenn man Sport treibt. Ich finde sie abscheulich... Wenn Sie noch gesagt hätten, die zweite Zehe des linken Fußes, das wäre glaubhaft gewesen, aber meine Beine, nein, nein!«

Worauf er meinen Zeigefinger küßt. »Mangels der Zehe nehme ich den entsprechenden Finger. Heute abend hole ich mir das Thema für meine Doktorarbeit ab. Ich volontiere im Krankenhaus von Beaujon; ich werde also Arzt. Hören Sie: Ich werde Ihnen meine Arbeit widmen, dann können Sie meine Einladung für heute abend nicht ablehnen.«

»Immer langsam mit den jungen Pferden. Welches Thema behandelt denn Ihre Arbeit?«

»Die Mißbildungen des weiblichen Uterus.«

Ich ersticke fast vor Lachen. »Meinem Uterus geht es ausgezeichnet, Dank der Nachfrage, und mir selbst auch; doch wer könnte einem so originellen Angebot widerstehen?«

Ich habe widerstanden ... bis zum nächsten Tag, dann unterlag ich ohne Mißvergnügen.

Er hatte ein Restaurant gewählt, das für ihn zu teuer war, einen Keller mit mittelalterlichen Gewölben, wo wir bei Kerzenlicht und Bach-Chorälen Ente mit Pfirsich und Ananas-Charlotte aßen. Nicht besonders elegant, und sehr zu ihm passend. Dieser junge Medicus aus einer arbeitsamen Kleinbürgerfamilie hatte seine Meriten, aber keine Manieren. Er leckte sein Käsemesser ab und schwang es wie ein Schwert, um seine Ausführungen zu unterstreichen. Schlechte Erziehung ist mir unerträglich, bei Tische wie anderswo, und ich zögere nicht, schulmeisterlich zu werden, wenn irgend jemandes Benehmen mir gegen den Strich geht. »Franck, für einen Chirurgen ist das Skalpell unerläßlich, aber muß ein Verliebter seinen Gefühlen unbedingt mit dem Messer Nachdruck verleihen? Sie machen mir beinahe angst. Wenn Sie so weitermachen, entziehe ich Ihnen den *pousse-café*, wie ein alter Freund von mir, ein ehemaliger Minister, zu sagen pflegt.«

Er braust auf: »Ich habe keine englische Gouvernante gehabt, aber das wird mich nicht hindern, Chefarzt zu werden.«

»Ganz im Gegenteil! Ungehobeltheit wird Ihre Karriere im Krankenhaus nur fördern. Ach was, Sie sind eben ein lieber Bär, Franck – wenigstens, solange Sie nicht das Gegenteil beweisen.«

Der Gegenbeweis wurde mir verpaßt wie ein Klistier. In einem Schuß, oder vielmehr in zweien. Doch wir wollen nicht vorgreifen. Zunächst staunte er über mein schwarz-rotes Schlafzimmer, wo Posters mit Mathieus* abwechseln. »Für eine Baronin sind Sie wenig konventionell«, rief er aus.

Er dagegen war es im höchsten Maß. Er faltete seine Kleidungsstücke rechtwinklig, als er sich entblätterte, ehe er zur Sache kam, und seine gefräßigen einundzwanzig Lenze gingen kommentarlos zu Werke.

Stil war bei ihm nicht alles. Und dieser große massive Körper, der bald dick sein würde; war zum Fürchten ungeschickt. »Darf ich chérie zu dir sagen?« flüsterte er zwischen zwei Attacken.

»Das macht die Sache nicht besser«, erwiderte ich kategorisch, »aber mach, was du willst.«

Ich war angeekelt von diesem mechanischen Ablauf, der, davon bin ich überzeugt, der Mehrzahl der Vierzigerinnen paradiesisch vorgekommen sein würde. Für mich bedeutete er etwa das gleiche wie Vitamin A. Und selbst das muß man ja nicht unbedingt ohne Kerzen und Musik zu sich nehmen. Ich hatte schnell genug davon.

Zwei weitere Exemplare der gleichen Spezies retteten den Frühling vor der Monotonie. Ich will als Beispiel nur eines von ihnen vorführen. Dreißig, verheiratet, Familienvater. Gaëtan, den ich bei einem Hippie-Abend kennengelernt hatte. Lionel war damals gerade an seinem berühmten Leistenbruch operiert worden, und ich sah, zu Unrecht übrigens, eine längere Fastenzeit vor mir.

Diesen Gaëtan** also, einen Gelegenheitsschauspieler und potentiellen businessman, sah ich am Tage nach einer verrückten Nacht wieder. In Spielen, die er schwungvoll improvisierte, hatte seine Fantasie sich erwiesen; er war zu haben, gegen seinen Willen vielleicht, und er war amüsant.

* *Georges Mathieu*, frz. Maler, geb. 1921, bezeichnet seine Malweise als ›lyrische Abstraktion‹.
** I' C' R Y Q

Er betrat meine Wohnung, eine eigenartige dunkle Rose in der Hand – langer Stengel, winziges Köpfchen –, die seinem schwarzen Natternkopf über dem langen, nur aus Muskeln bestehenden Körper glich. Als professionelle Stimmungskanone in Ferienclubs wußte er seine Verführungskünste virtuos auszuspielen. Er brachte meinen Körper durch überraschende Liebkosungen an der Innenseite der Schenkel, an den Seiten entlang, in Stimmung.

Er war von zweifelhafter Reinlichkeit und stets in Pullover gekleidet. Seine körperliche Ausdünstung war in kaltem Zustand eher unangenehm; sobald er in Fahrt war, erregte sie mich jedoch. Am Ende war ich gezwungen, mich mit *Miß Dior* zu übergießen, um die – allerdings spärlichen – Sendepausen erträglich zu machen. Übrigens wußte er mein Parfüm nicht so recht zu schätzen, denn es machte seine Frau, die an solche Wohlgerüche nicht gewöhnt war, mißtrauisch.

Ich versuche niemals, die Ehefrauen meiner Saisongefährten kennenzulernen, aber ich finde sie recht seltsam, diese resignierten jungen und oft sehr schönen Frauen, die ihrem Zugvogel nach der Rückkehr von seiner Futtersuche getreulich wieder den Napf hinstellen.

Gaëtan versichert, ich gehöre zu den ›Frauen, die man umarmt‹. Er hat einmal eine kleine Rolle in einem Stück von Montherlant gespielt, daher wohl dieser Anhauch von Bühnenbildung. Aber gibt es denn Frauen, die nicht umarmt sein wollen? Bei mir, ja, ist es eher umgekehrt, ich umarme gern starke Männer, und sei es nur dieser dionysischen Quelle wegen, die die Liebenden im Rhythmus ihrer Spasmen zum Sprudeln bringen können...

Hugues! Ich traf ihn zum erstenmal auf dem Flugplatz von Orly. Er hatte seine Tante Inès begleitet, eine geistvolle, strahlende und großherzige Kollegin, mit der ich zu einer Afrika-Reportage flog.

Er küßte meine Hand eine Sekunde zu lang – ich betrachtete seine rassige Erscheinung einen Augenblick länger, als angebracht gewesen wäre... Im Durcheinander der Abreise hatten wir keine vier Sätze gewechselt, doch es war ihm gelungen, mir seine Bewunderung für meine ›Geständnisse‹ und für meine Person zuzuflüstern. Ich bin nicht blasiert und werde es wohl niemals sein: Die Begeisterung eines Lesers läßt mich nicht kalt, vor allem nicht die eines Lesers wie Hugues.

Ich flog mit zwei befreundeten Journalistinnen, ja, das gibt es sogar in einem Beruf, in dem Zusammenhalten nicht eben alltäglich ist, und wir schwätzten und lärmten mit Brio. »Hör mal, Inès, den kleinen Neffen hast du mir bisher unterschlagen. Er ist zum Anbeißen, mit seinen schwarzen Locken und dem Schwanenhals à la Byron. Auch er sollte eigentlich niemals Krawatten tragen.«

»Er trägt sie auch selten. Und was das Anbeißen betrifft, so wartet er nur darauf. Er hat mir dein letztes Buch stibitzt und mich mit Fragen über dich gelöchert. Er wollte sogar ein Foto der Autorin im Badeanzug...«

»Und wann hat er dieses ungehörige Ansinnen gestellt, der holde Knabe, ehe er mich gesehen hat oder danach? Die Nuance ist sehr wichtig, nicht wahr?«

»Du möchtest wohl wissen, ob es ihm um die Frau geht oder um die Schriftstellerin?«

»Ich möchte wissen, woran ich bin, weiter nichts.«

»Er war in dich verliebt, ehe er dich gesehen hat, aufgrund deines Buches und meiner Erzählungen; aber das mit dem Bikini hat er erst auf dem Flugplatz gesagt. Ziehe deine Schlüsse selber.«

Ich trällerte: »Wenn das Foto gut ist... dann werde ich ihn anbeißen!«

Eine Woche später hatte er sich zu unserem Empfang wieder in Orly eingefunden. Von lässiger Eleganz in seinem englischen Blazer und dem hellblauen Hemd, das am Hals offenstand. Ich weiß nicht, ob man ihm meine literarische Anspielung hinterbracht hat, aber ich weiß, daß man mit zwanzig Jahren sorglos ist und daß es auf den Flugplätzen immer Amazonen gibt...

Hugues spielte den Herrschaftschauffeur für die drei kofferbeladenen Reporterinnen. Natürlich setzte er mich als letzte ab, in Neuilly, nachdem er mich zum Abendessen eingeladen hatte. Doch konnte ich ihn nicht in allen Ehren erst einmal zu einem Dankeswhisky einladen, ehe ich duschte?

Gewiß, er ist nicht der erste, dem mein rotes Zimmer gefallen hat; aber er ist so zerbrechlich. Zerbrechlich: ein wunderliches Wort für einen Mann. Zerbrechlich. Ein Prinz wie Gérard Philippe. Der Whisky fließt, Hugues ist aufgeregt, und ich bin beinahe eingeschüchtert von dieser Zerbrechlichkeit: wie ein Traum, der tändelt, ohne zuzupacken.

Wir schwatzen alles mögliche durcheinander. Ich lümmle im Sessel, Zigarette im Mund, und genieße mit jedem Zug mein Behagen. Da kauert er sich zu meinen Füßen nieder, und ohne seinen Wortschwall, dem ich nicht zuhöre, zu unterbrechen, umfaßt er meine Knöchel, küßt sie sehr langsam, einen nach dem anderen. Ein letzter Sonnenstrahl, rosig geädert vom Filter des Kastanienbaums, fällt über seine Locken, wo meine Finger Schattenspiele treiben.

Ich lasse mich zu ihm hinuntergleiten, und instinktiv flüstert er das Sesam-öffne-Dich: »Schönste, mit dir erlebe ich die Liebe!«

Schönste! Er hatte das Schlüsselwort gefunden, dem ich seit meiner Leidenschaft für Arnaud nie widerstehen kann. Das Wort, das mir Sicherheit gibt, dessen Ausbleiben mir angst macht. Schönste! Wir rollen auf dem Fußboden und holen die versäumte Woche nach. Hugues, ich wußte es, ich wollte es, doch das Ungestüm unseres Begehrens überrascht mich, verwirrt mich bis zum frühen Morgen, bis ich an diesem Alabasterhals erwache. Er hat mich im Sturm erobert.

Ja, dein Anblick ist für mich eine ungetrübte Freude, obwohl du nichts mit den aggressiven Typen gemein hast, die einander gewöhnlich mein Lager streitig machen.

Du bist schlank gebaut, wie alle deine männlichen Vorfahren, und ›feingliedrig‹ überdies; du selber hast mich mit jener trotzig-tapferen Miene, die mich so sehr rührte, darauf aufmerksam gemacht. Dein Bruder, mit dem du mich bekannt machen wolltest, sei das gleiche Modell, doch wird mir wohl immer verborgen bleiben, bis wohin eure Ähnlichkeit zu weit gehen kann. Einer aus dem Wurf genügt mir völlig.

Du hast die Gabe, von den kleinsten Dingen hingerissen zu sein – was wiederum mich hinreißt: ob ich ein Frühstück für zwei zubereite oder dir Butterbrote streiche, alles findest du fantastisch. »Warum bedienst du mich so liebevoll, Schönste, während ich doch eigentlich dich auf den Knien anbeten sollte? Bei dir komme ich mir schier wie der Papst vor, ich schäme mich allerdings ein bißchen, wenn du mich mit dem köstlichen Duft von Toast und Aprikosenmarmelade aufweckst!«

»Aber nein, kleiner Page, der Brotröster weckt dich auf. Es ist prosaischer, doch das Symbol bleibt bestehen. Weißt du, wenn du bei mir bist, steigt mir der Geruch meiner Kindheit in die Nase; seit langem schon esse ich keine Süßigkeiten mehr, weil sie nur fett machen, und jetzt erwacht die Erinnerung an die Hörnchen und die Wohlgerüche der Konditorei in Deauville, wo ich so oft eingekehrt bin ... Und der Murmelmarkt, wo die achtjährigen Tauschhändler ihren Gouvernanten ausrissen, um ihre ersten Börsenoperationen mit den bunten ›Schussern‹ durchzuführen, mit Riesenkugeln, die gegen die durchsichtigen, länglichen Zuckerstangen der ›Marquise de Sévigné‹ getauscht wurden; Schokoladelutscher, Anislutscher, Himbeerlutscher, die eine fünfjährige Célimène so sorgfältig zu ihrem Strandanzug passend auswählte ... Proustsche Zuckerstangen, die mich heute in einen Jungbrunnen tauchen, ein Wochenend-Bett-Geheimnis, kalter Lachs, heiße Küsse ...«

Kleinigkeiten, doch mir wird heiß und kalt dabei.

Hugues dagegen macht keinen Versuch, seine Lust zu interpretieren. Er genießt sie in kleinen Dosen, wie zu starken Alkohol. Und Barbara singt noch immer ihren Weltschmerz heraus. Und wir spielen mit unseren Körpern. Wie in einer gegenläufigen Eskalation. Er dringt vor, ich halte ihn. Plötzlich deute ich eine Variante an. Die Plakate am Plafond wechseln die Gesichter: Marlon Brando schiebt sich über Joan Baez, und der olympische Che wird zu Zeus. Und die Tage folgen einander, synkopiert von den Besuchen, den Träumen meines Zöglings.

Einmal steige ich gerade aus dem Bad und umhülle mich wie Poppäa mit einem riesigen gelben Frotteetuch, da klingelt es.

»Ich bin's, Schönste.«

Überrascht öffne ich die Tür und schließe einen abendkühlen Hugues in die Arme, der indessen genauso zärtlich ist wie der nächtliche Hugues. »Aber chérie, ich habe dich nicht erwartet. Ich muß zu einem beruflichen Abendessen. Was machst du denn hier?«

Er verkriecht sich in sein Schneckenhaus. »Aber Schönste, weißt du das bestimmt?... Ich habe geglaubt...«

»Du irrst dich. Ich esse mit einem kanadischen Journalisten; wir machen eine zweisprachige Sendung. Was willst du inzwischen anfangen, kleiner Page?«

»Nun ja, ich... ich werde warten. Vorausgesetzt, daß es dir nichts ausmacht.«

»Nein, es stört mich nicht in meinen Plänen, wenn du das sagen willst. Ich gehe nicht mit dem Kanadier ins Bett; ich habe ihn noch nicht einmal gesehen. Wir haben lediglich miteinander telefoniert: eine Samtstimme – Gefahr im Verzug!«

Instinktiv bin ich boshaft, um ihn dafür zu bestrafen, daß er mir gefällt, daß er mich festhalten will. Aber ich habe noch immer Lust, mit ihm zu schlafen. »Gut. Geh in aller Ruhe zum Abendessen. Danach schaust du dir einen Film an. Um Mitternacht bin ich wieder zu Hause, wie Aschenputtel. Wenn die

Rolle des Märchenprinzen Euch zusagt, Messire, so gehört die Nacht uns.«

Der Journalist führte mich in ein indisches Restaurant und machte mir den Hof. Er offerierte mir diese luftigen Eierkuchen, die zum Frühstück himmlisch sind, und nahm ohne Pause das Interview auf. Fünf Minuten nach Mitternacht war ich zu Hause, ein wenig betrunken, halb verliebt. Mein Nachtportier, ein Weißrusse mit Manieren aus der Zarenzeit, verabreichte mir den traditionellen Handkuß, der für mich die Pforten der Nacht öffnet, und ich flüsterte zu ihm: »Wladimir, heute kommt noch ein Freund zu Besuch. Aber er kennt den Nachteingang nicht. Er wartet bestimmt am Haupttor: Bitte kümmern Sie sich um ihn. Ich gehe hinauf. Gute Nacht.«

Und in bester Laune betrat ich den Lift und trällerte vor mich hin:

Il avait presque vingt ans
Fallait, fallait voir
Sa gueule, c'était bouleversant
*Fallait voir pour croire ...**

Er klingelte, nahm mich in die Arme, und wieder einmal bestach mich dieser schlanke Degen, dem ich noch vor kurzem nicht einmal Beachtung geschenkt hätte.

Die Nächte, viele weitere Nächte, zogen vorüber wie ein Rosenkranz aus Korallen, fädelten Perle um Perle auf meinen Leib.

Und die Zeit verging. Und die Langeweile kam. Zum Glück wurde aus dem Geliebten ein Freund. Sein Weg führte ihn unter andere Betthimmel. Und mich auch. Eines Tages trafen wir uns, jeder in Begleitung, im Hause eines Politikers. Salonküßchen. »Na, Hugues, noch immer wie der Papst?«

* Er war beinah zwanzig Jahre / Das mußte, mußte man sehen / Und wie er aussah, das warf einen um / Wer's gesehen hat, wird es verstehen.

»Noch immer, Schönste... Aber nicht ganz so wie bei dir.«

Diese letzten Worte in galantem Flüsterton. »Na, sagen wir... wie ein Bischof. Einverstanden?«

Natürlich war er einverstanden. In gebührender Undankbarkeit.

Nanon*

oder die Aristokratie im Bett

Es gibt nur zwei Arten von Frauen:
Göttin oder Fußabstreifer.

PICASSO

Messerscharfes Profil, schwarzer Anzug und dunkle Brille, amtsenthobener Priester oder clergyman, höchst eindrucksvoll. Vielleicht sogar furchterregend. Langsam geht er auf die Gastgeberin zu, die ihn erwartet... Man könnte glauben, eine Szene aus einem Gruselroman! Aber nein! Nanon bemüht sich um ihn, Nanon, die ich kaum kenne, aber doch genügend, um zu wissen, daß es bei ihr keine Überraschungen gibt. Ich habe ein einziges Mal mit ihr geschlafen, nach einem Diner von ›Fochés‹ (will heißen: Anwohner der Avenue Foch). Da sie nicht Auto fahren kann, habe ich sie nach Hause gebracht – und alles weitere verstand sich von selbst. Übrigens, die königstreuen Kornblumen ihrer Augen haben mir gefallen, desgleichen ihre Grübchen: zwei Näpfchen in den Wangen, wie bei den Marquisen der Watteau-Gemälde, die beiden anderen bewachen den Zugang des zugänglichen Popos.

Sie trägt einen Namen, der für sie allein zu groß ist. Sie ist ungebührlich verwitwet, ungebührlich blond, ungebührlich heißblütig. Ein wappenbesticktes Kopfkissen und taubenzartes Gurren. Und die Lust plätschert dahin wie ein Springbrunnen, dessen Strahl durchsetzt ist vom ›Nein, nein‹ des wohlerzogenen kleinen Mädchens, das ihre im Couvent des Oiseaux dressierten Lippen noch nicht verlernen konnten.

Gefügige Nanon, freigebige Nanon, die mit vollen Händen ihre ›Nein‹ verteilt. Im Bett erzählt sie von sich, vorher, nachher, und sogar während: Denn obwohl sie noch nicht dreißig

* G T S X E' S'

ist, ist sie sehr alt. Sie flüstert mit ängstlichen Schluckern und dem Kichern einer gekitzelten Frau – oder einer gepeitschten Frau. Denn ich fand im Handumdrehen die heiße Spur – schließlich bin ich Jägerin – der hochgeborenen Anrainerin der Aristokratenviertel. Ihr Mitteilungsbedürfnis kreist um die zwei lachsfarbenen Pfirsiche, die ihre authentische Blondheit in flaumigen, spindelförmigen Linien bis zum Venushügel fortsetzen, und um ihren adeligen Stammbaum – ›Jüngere Seitenlinie‹ – säuselt sie, während ich paritätisch ihre Rundungen abfahre. Doch soviel gezierte Albernheit bringt mich in Rage: einen Klaps auf jede Backe. Nanon vergräbt den Kopf im gestickten Kissen und japst frenetisch »nein, nein, nein«. Ich bin in Fahrt! Diese Affektiertheit hat in mir den schlummernden weiblichen Beaumarchais geweckt. Ich schwinge mich also in den Sattel, und während meine Schenkel sich um dieses Nymphenfleisch schließen, schnauze ich Nanon an: »Ich gebe dir gleich eine jüngere Seitenlinie! Eine ordentliche Tracht Prügel ist genau das, was du brauchst, Nanon.«

Und schon röten sich ihre Flanken, die im Rhythmus meiner Schläge zucken. Ach! Was habe ich gelacht. Und dann: »Du hast einen königlichen Popo! Eins, zwei, drei, das ist der Liebeswalzer! – übrigens, zur Liebe werden wir auch noch kommen. Sie ist das einzige, wofür du gut bist, und zwar sehr gut...«

»Nein, nein, noch nicht gleich. Ich lasse mich so gern von dir schlagen. Vor allem, wenn du deinen schönen Smoking trägst. Du erinnerst mich an meinen seligen Vater, wenn er mich schlug, ehe er in den Klub ging. Er war groß und dunkel wie du, ich mußte ihm nach den Schlägen die Hand küssen und ihn um Verzeihung bitten, ehe ich ins Bett ging.«

»Er hat Stil, der Herr Marquis! Sehr geschmeichelt, ihm zu gleichen. Los! Bitte mich um Verzeihung. Auf die Knie. So. Und jetzt küß mich. Nicht nur die Hand, dummes Ding. Mach meine Hose auf. Gib acht auf den Reißverschluß...«

Sie zieht auch das Höschen herunter und küßt mich. Meine

Spitzenmanschetten bilden eine Krause auf ihrem Krausköpfchen, das sie an meinen Leib preßt, bis er lacht. Und ihr Mund spricht vernünftig, wenn sie liebt, sie, die in der Öffentlichkeit so laut und falsch plappert.

Nanon richtet nun das Wort an den schrecklichen Pastor, den sie mit ihren altmodischen Gunstbezeigungen überschüttet. »Ein Schlückchen Portwein, mein Lieber, oder vielleicht Champagner? Ich selber trinke nicht gern Whisky, aber wenn Sie ihn lieber mögen, dann kann ich klingeln...«

»Nanon, ich bin überzeugt, daß Monsieur als waschechter Brite ebenso gern Taittinger trinkt wie wir beide.«

Er bestätigt es mit einem knappen Nicken. Ich spiele die Mundschenkin, ehe ich von meinem letzten Aufenthalt in London erzähle, von meinem Staunen über die Musketierhüte der jungen Männer und die unbegrenzt kurzen Miniröcke der Mädchen zwischen Trafalgar Square und Carnaby Street. Er verzieht das Gesicht, was vermutlich als Lächeln gelten soll, und geruht mir zu antworten: »Wir lieben die Kontraste, Madame, und die Ausgefallenheit ist schon immer das – wie sagt man? – Sicherungs... Sicherheitsventil unseres Traditionalismus gewesen. Die Hippies drücken das auf ihre buntscheckige Art aus, wir aber, die Älteren, wir haben ebenfalls unsere Eigenheiten, unsere *hobbys*.«

»Daran zweifle ich nicht, doch, wenn ich indiskret sein darf, können Sie mir Beispiele für erwachsene *hobbies* nennen?«

»O ja, erzählen Sie«, ruft Nanon. »Das wird lustig. Ich bin auch schrecklich neugierig.«

»Das läßt sich nicht so einfach erklären, in einer fremden Sprache. *Well*, zum Beispiel, wir sind *very fond of*, wie nennt man diese Regenmäntel, die man zum Lachsfang trägt?«

»Wachstuchmäntel?«

»Richtig, Wachstuchmäntel.«

Nanon schmettert ihr schrilles Lachen. »Und weiter, was machen Sie mit diesen Wachstuchmänteln?«

»Ich kann es Ihnen zeigen. Vorausgesetzt, daß Sie einen haben. Haben Sie?«

»Natürlich. Ich habe erst vor kurzem einen für das Land gekauft. Ich hole ihn«, sagt Nanon.

»Bringen Sie auch Ihre Reitstiefel mit, wir können sie vielleicht gebrauchen. Nicht wahr, Sir?« fügte ich leicht spöttisch hinzu.

Er stutzte, meine schnelle Auffassungsgabe überraschte ihn. Nanon verließ das Zimmer und blieb eine Weile aus. Nun stand der Engländer auf, trat zu mir, faßte meine Schultern und küßte hart meinen Hals. Ich war nicht erregt, sondern beruhigt, fasziniert von diesen kalten Brillengläsern. Der Mann preßte mich an sich, sein Körper jedoch blieb tot. Schon wollte ich ärgerlich werden, als der britische Löwe erwachte und sich aufrichtete, genau wie der gallische Hahn. Ich atmete wieder leichter, erleichtert. Doch meine Verführungskünste konnten in diesem Fall nichts dafür, denn in diesem Augenblick war Nanon hereingekommen, gestiefelt und im eng gegürteten Wachstuchmantel, der einer Nutte aus dem Jahr 1925 würdig gewesen wäre, Kragen hochgeschlagen über dem pausbäckigen Gesichtchen, und dieser Auftritt hatte ihn in solche gehobene Stimmung versetzt.

»Gottvoll, Sie sind gottvoll, *darling*« – er rief mich zum Zeugen und knetete meine Schultern. Dann war der Löwe vollends los. Ich übrigens auch. Dazu muß man sagen, daß die Erscheinung unserer aristokratischen Freundin als Montmartre-Pflanze eine stillere Natur als die meine in Versuchung geführt hätte.

Mit einem Ruck befreite ich mich, um meine Erregung – *de tactu* – festzustellen. Mein Blut schlug einen Trommelwirbel. Nanon schmiegt sich an mich, eine eiskalte Schlange umwand mich auf dem Kanapee, eine Brille flog durch die Luft. »Wie findet ihr mich, ihr beiden? Ich bin ein böses Mädchen, wenn ich will, oder?«

»Genau. Sie sind ein böses Mädchen«, erwiderte er.

»Und diese Art Mädchen sind Ihnen am liebsten«, fügte ich hinzu.

Keine Antwort. Mit beiden Händen streichelte er die Stiefel unserer Straßenschönheit, und ich küßte ihre Lippen. Dann öffneten wir die Rüstung des Zuckerpüppchens. Welches Wunder führte unsere Finger im Innern des Heiligtums zusammen? Egal! Wir haben ihr den Wachstuchmantel gelassen, um das Geheimnis zu wahren.

Der Engländer mimte den Unhold, ohne einen Zoll seiner Vornehmheit einzubüßen. Vielleicht eine Spur zu steif. Aus seinem Mayfair-Anzug war ein Phallus von beachtlichen Dimensionen zum Vorschein gekommen. Und das Festival begann.

Seine Königliche Hoheit Prinz Stéphane*

Beim ersten Sonnenstrahl läßt der Aristokrat den Ganoven durchscheinen.
UNAMUNO

Titel haben mir schon immer imponiert; und amüsiert haben sie mich auch. Die Klimper-Wimpern ebenfalls. Seine Königliche Hoheit mit den Gletscheraugen hinter dem geschwungenen Fransensaum – was konnte ich da erwarten?

Ich habe mich relativ heil aus der Affäre gezogen, allerdings unter Anwendung von mancherlei Kriegslisten. Dank sei dem Prinzen Stéphane.

Wenn ich in meinem Gedächtnis schürfe, so stoße ich auf einen mittellosen italienischen Fürsten, dessen intime Bekanntschaft mir in Buenos Aires beträchtliche epidermische Erschütterungen einbrachte, einen Doppelselbstmordversuch à la Coppet, ein romantisch-kindisches Gedicht und meine zweite Scheidung. Doch weit und breit keine königliche Hoheit am Horizont meines heiligen Bois, wo dafür die Herzöge sprießen.

Ich hatte Prinz Stéphane schon einmal bei einem Abendessen gesehen. Als ich dann anläßlich eines Wochenendaufenthaltes in einem der hochadeligsten Schlösser der Loire wirklich seine Bekanntschaft machte, war ich mir meine Niederlage einfach schuldig. Galt es doch, eine Lücke in meinen Gotha auszufüllen.

Der umwerfende Vierziger, Sportstyp der Côte d'Azur, Luftmatratzenheld und Volleyball-Champion, dem meine Freundin, die schöne Herzogin de Valran, alle einer Königlichen Hoheit zukommenden Ehren erwies, faszinierte mich. Er wurde

* E I O T W Q' D'

immer als erster bedient, was nur bewies, daß es ihm an natürlicher Ungezwungenheit fehlte, sonst hätte er wohl die bezaubernde und höchst authentische große Dame, unsere Gastgeberin, gebeten, ihn wie einen gewöhnlichen Sterblichen zu behandeln. Doch wenn auch sie und ich gemeinsam darüber lachten, so betrachteten er und ich einander doch mit unverhülltem Wohlgefallen.

Ich saß bei Tisch zu seiner Linken und stürzte mich sogleich in weitschweifige Ausführungen, eine nervöse Angewohnheit, die unfehlbar bedeutet, daß ein Unbekannter mir würdig erscheint, demnächst auf meiner Liste zu rangieren. Fieberhafte Rederitis ist bei mir stets ein Symptom für baldige gemeinsame Bettlägerigkeit. Aber er sagte auch etwas: »Mamuckza, die verstorbene Königin von Boravien, teilte meine Liebe zur Musik, und bei ihrem Versterben (sic!) habe ich ein ›Klavierkonzert für eine ewige Königin‹ komponiert. Ach, wie lange habe ich es nicht mehr gespielt.«

»Aber Sie könnten es doch nach dem Diner vorspielen, was meinen Sie, Marie-Christine? Ich selber bin leider nur eine sehr laienhafte Musikfreundin, doch unsere Gastgeberin singt wundervoll, und unser Freund Gaëtan de Nouvies hat als Kammermusiker nicht seinesgleichen. Spielen Sie, Monseigneur, Sie haben ein würdiges Publikum vor sich.«

Stéphane interpretierte sein Konzert brillant, dann verlangte er zu trinken und wollte den Küchenchef zu dem vorzüglichen Diner beglückwünschen.

Wir zogen also im Gänsemarsch, Hoheit und Gastgeberin voran, zum Küchentrakt, wo wir, sehr demokratisch, der versammelten und, wie mir schien, ein wenig verdatterten Bedienenschar ›Pfötchen gaben‹. Der Bewegteste war ohne Zweifel Jérôme, der Kammerdiener des seligen Herrn Herzogs, ein schlanker und schneeweißer Siebziger, bewundernswert in schwarzem Frack und weißen Zwirnhandschuhen. Er glich Zug um Zug seinem hochgeborenen Gebieter, höchstens hatte er einen Besenstiel zu viel verschluckt. Nicht jedem ist es gegeben, Lakai zu sein, zumindest nicht mehr seit Beaumarchais. Und die großen Familien halten einen Klüngel von Haushofmeistern und Verwaltern, die sich so gründlich angepaßt haben, daß sie, auch was das Aussehen anbelangt, nicht mehr von ihren Gebietern zu unterscheiden sind.

Nachdem er so erfolgreich den Volkssouverän gespielt hatte, nahm Stéphane meinen Arm und fragte mich, wie ich seine Musik fände, wobei er versicherte, daß er die Nacht mit mir verbringen werde – das heißt, mit meinem letzten Buch.

Auf einer Galanterie anderthalbe, ich erwiderte, daß ich ein Gedicht über sein Konzert schreiben wolle, so sehr habe es mich inspiriert. Ein Kuß im Mondschein lieferte den Orgelpunkt.

Am nächsten Tag ruft er mich um Mitternacht zu Hause an, um mich zum Abendessen einzuladen. Seine Junggesellenwohnung, ein Nest in einem sechsten Stockwerk des 16. Arrondissements, hat nichts Königliches an sich. Man stößt überall an. Ein wirrer Haufen Bilder verrät einen sicheren Pinselstrich. Eine grimassierende Maske erinnert an das Tier im Menschen. Ein seltsamer Fisch macht sich über die Maritimsphäre lustig. Ein Ball der verlorenen Illusionen... Surrealistisch? Nein, und was den Autor angeht, nicht einmal realistisch. Impressionismus, Vision, das Leiden ist meine Leidenschaft. Ein Mädchenbildnis mit tiefen, verstörten schwarzen Augen. Dunkel und hochmütig, wie ich es in diesem Alter war. Ich sage mir, daß er in seinem Geschmack eine gewisse Beharrlichkeit beweist. Ich drücke ihm meine aufrichtige Bewunderung aus, wir sind einander nahe. Er zeigt mir weitere Bilder, auf denen rote Rosen das Hauptmotiv darstellen, denn mein Pianist bringt sich mehr schlecht als recht mit seiner Malerei durch, er muß Nahrhaftes schaffen. »Blumen verkaufen sich immer noch am besten«, sagt er ironisch, »besonders in Öl!«

Natürlich werde ich weich, und dieser königliche Luftikus

mit den proletarischen Muskeln hält in seiner Operetten-Mansarde eine seufzende Maud in den Armen.

Zwischenspiel – zu den Klängen von *Pierrot Lunaire* – von kurzer Dauer. Banal.

Dann folgt die Burleske. Um elf Uhr brechen wir auf zum Diner in der *Petite Tour,* wo er die Wirtin duzt. Doch auch der Alkoholkonsum Seiner Hoheit ist königlich, und Seine Hoheit ist nicht trinkfest. Bei der dritten Flasche erfahre ich, daß ich wie alle Frauen bin, eine Hure nämlich; übrigens hatte man ihn gewarnt – meine guten Freundinnen natürlich –, doch er, edel wie er ist, habe es nicht geglaubt, etc.

Die Geduld ist nicht gerade meine Kardinaltugend, zumal wenn die Liebesprälundien nicht epochemachend sind.

Ich stehe also auf und lasse angesichts des spöttisch teilnehmenden Saales Seine Hoheit vor der leeren Flasche sitzen. »Das ist die einzige Gesellschaft, die Ihnen angemessen ist, Monseigneur!« Und ich verpasse ihm einen Hofknicks mit um so größerer Würde, als auch ich zuviel getrunken habe und ein bißchen wirr im Kopf bin. Dann mache ich kehrt und bleibe taub gegen Höchstdero Ausfälligkeiten. Nun nähert sich die Wirtin und fleht mich an zu bleiben. »Geben Sie sich keine Mühe«, sagte ich majestätisch, »rufen Sie ein Taxi, und lassen Sie diesen Trunkenbold nach Hause bringen. Ich habe die Nase voll. Gute Nacht.«

Exit Maud. Rückkehr nach Neuilly. Schlaftablette.

Das Telefon! Ich tauche mühsam aus dem Schlaf auf, nehme den Hörer ab und vernehme die Stimme der Kneipière: »Ich verbinde Sie mit Seiner Königlichen Hoheit. Hoheit wollen nicht nach Hause gehen, ohne mit Ihnen gesprochen zu haben.« Und sofort darauf: »Maud, ich flehe Sie an, bitte, verzeihen Sie mir. Ohne Sie bin ich unglücklich. Sie allein verstehen mich. Wenn Sie mich allein lassen, springe ich aus dem Fenster.«

»Na, dann guten Sprung! Ich werde Ihnen bestimmt keine Träne nachweinen. Lassen Sie mich schlafen, Stéphane, und tun Sie desgleichen, Sie haben's wirklich nötig.«

Er schluchzt; das Telefon ebenfalls. Gereizt lege ich auf; aber eigentlich bin ich gar nicht so unzufrieden über seine Verwirrung.

Ich bin ein gutes Mädchen, und am nächsten Tag bereitete er mir eigenhändig ›goulyas‹. Es schmeckte sehr gut. Er war zahm und nett. Natürlich habe ich ihm verziehen. Wir haben noch so manches ›Liebesmahl‹ abgehalten, wie er es nannte. Und wir sind auch viel zusammen ausgegangen. Abgesehen davon, daß er sich zuvorkommend zeigte und stolz auf mich war, schien seine statuenhafte Eleganz meiner Persönlichkeit einen weiteren Schnörkel anzufügen. An mehr als einem festlichen Abend waren wir nahe daran, glücklich zu sein: Ich bin ihm dankbar dafür. Vor allem für wseine Anregung:

Wir hatten einen amüsanten bacchantischen Abend bei Freunden auf dem Lande verbracht und uns ausgiebig gestritten, denn ich mußte noch einen Artikel schreiben, und Stéphane, den ich im Auto mitgenommen hatte, konnte sich weder entschließen aufzubrechen noch mich allein fortzulassen. Meine stürmischen Vorwürfe siegten schließlich über seinen Starrsinn, und wir fuhren gen Neuilly, wo er mich vor Arbeitsbeginn noch unbedingt mit Austern laben wollte. Und allmählich besiegte sein Charme die Siegerin... Er zeichnete mein schmales und eigensinniges Gesicht, wieder einmal würde ich seinen unzeitigen Launen den Schlaf der Nacht opfern müssen. Doch er war in bester Schöpferlaune, sein Stift korrigierte mein unschones Profil, und wir küßten uns zwischen zwei Belons und zwei Zeichenstrichen auf Serviettenpapier. Gerührt lud uns die Lokalbesitzerin sogar zu einer zweiten Flasche Traminer ein. Ich lachte, ich brachte Stéphane und Michelangelo durcheinander, die Medici und die Sforza, er berauschte mich mit italienischer Renaissance und französischem Weißwein. Er war großartig... und ich war auch nicht gerade klein!

Plötzlich sagte er wie zu sich selber: »Chérie, ich male dich, und du machst mir die Geständnisse einer Vierzigjährigen.«

Geständnisse – ich verfiel in Nachdenklichkeit – und die Folgen sind bekannt.

Er malte mich also.

Und es folgten weitere schlaflose Nächte, gewiegt von boravianischer Musik. Ich tanzte als unverschleierte Amazone, Zigarette im Mund, er malte, skandierte meinen Körper mit seiner Glut.

Wir tranken, wir liebten uns.

Diese schlaflosen Nächte verwirrten meine taggerichteten Gedanken bis zu dem Augenblick, als ich ihm meinen Sohn vorstellte, mein genaues Ebenbild, nur männlich und in Blond. Stéphane brach in Bewunderung aus, er überschlug sich vor – sagen wir – brüderlicher Zuneigung. Er schenkte uns sein jüngstes Opus, den Mont Saint-Michel, übrigens nicht ohne Schwung gemalt, mit folgender Widmung: ›Für Maud, für Eric, von Herzen, Stéphane.‹ Hingerissen von der Ähnlichkeit, euphorisiert vom Übereinklang, hatte er Appetit auf den Sohn bekommen.

War ich eifersüchtig? Auf welchen von beiden? Ich wußte es nicht.

Schließlich endete der Monat August im Durcheinander des Aufbruchs. Eric und ich reisten nach Griechenland. Doch Stéphane geriet nicht in Vergessenheit: Olympia, Delphi, die Meteore, Athen, unsere beiden abgestempelten Vornamen sangen ihm von überall unsere heidnische Fröhlichkeit zu. Und er gestand mir, daß er in seinem Bett, wo er unsere Postkarten las, in täglicher Sehnsucht Maud und Eric oft durcheinandergebracht habe. Wir versöhnten uns im Zeichen des Salamanders.* Für kurze Zeit.

Doch François I. hätte mich wohl glücklicher gemacht, das dachte ich mehr als einmal.

Stéphane war für die Amazone zu sehr ein Valois, er neigte

* *François I.* (1494–1547) hatte in seinem Wappen einen Salamander.

gefährlich in Richtung auf Henri III.* Ich aber bin für Wechselspiele ziemlich ungeeignet.

Ich habe also dankend verzichtet und mir, wie ich hoffe, eine königliche Freundschaft bewahrt.

* *Henry III.* (1551–1589) ließ sich als König von Frankreich völlig von seinen Günstlingen beherrschen.

Das Ex-Odéon

Pamphletisten, wütende, kraftmeierische Demagogen, die ihr brüllt, sagt, habt ihr nicht das Gefühl, daß jeder Mensch, der schreit, nah daran ist, nur so zu tun, als schreie er?

Paul Valéry

Warum eigentlich die Revolutionstage durchleben, ohne den zornigen jungen Männern den Puls zu fühlen? Ohne die Herzschläge der APOs zu registrieren, die sich Mao, Lenin oder Castro zu Führern ausgewählt, ich möchte fast sagen, ausgeknobelt haben? Doch ach, die Würfel der Jugend sind immer gefälscht, sie kollern vom sowjetischen Rot zum Schwarz der Anarchie, von den Piraten zu den Galeerensträflingen, vom Himmelhochjauchzend ins Zutodebetrübt...

Kein Benzin mehr für die Erwachsenen, keine Hoffnung mehr für die Kapitalisten, es ist der große Tag für alle, die einen Umschwung, neue, lebendige Herzen herbeisehnen. So erscheint mir die Innenarchitekturreportage, die ich gerade zu Ende führe, reichlich unaktuell, während auf den Straßen die politischen Wogen hochschlagen. Das ausgebaute Dachgeschoß mit den künstlich gealterten Balken ist entschieden überholt; seine Kretonne-Bespannungen sind muffig, seine kunstreichen Wandschränke werden die gesetzten Vierziger nicht vor dem Knistern im Gebälk, nicht vor der Desillusionierung retten.

Zum Teufel mit all den wohlgeordneten Schubladen. In ihrer Unordnung finde ich mich zurecht, doch sobald ich ihr herzhaftes Durcheinander zu ordnen versuche, bin ich verloren. Weit lieber will ich mit Vinca zum Odéon gehen.

Vor fünfzehn Jahren habe ich Vinca leidenschaftlich geliebt. Und ich liebe sie noch immer – als Freundin. Ein wenig blonder, eine Spur weniger rothaarig, schräggestellte Augen: Der Mao-Look ist ihr auf den Leib geschnitten. Auch sonst trägt sie nur Maßarbeit. Und Handschuhe. »Vinca! Du ziehst mir sofort die Handschuhe aus, und auch die hochhackigen Pumps. Wer das heute noch trägt, der ist hoffnungslos von gestern!«

Wir gehen die Avenue George V. hinunter, nachdem wir im *Bistrot de Paris* gegessen haben, einer ›Tantenkneipe‹, wo der Zwerg Piéral unserem hohen Wuchs seine Reverenz erweist. Vinca zieht die Handschuhe aus, und ihr kaltes Pfötchen mit den langen Nägeln schmiegt sich in meine feste Hand. Wir passen zueinander, verstehen einander, lächeln einander zu. Da bremst neben uns ein Wagen mit dem Äskulapstab. »Wohin wollen Sie?« fragt ein junger bebrillter Medizinmann.

»Zum Odéon natürlich, wenn das auf Ihrem Weg liegt.«

Er riskiert nur ein halbes Lächeln. Schließlich: »Steigen Sie ein, ich habe Benzin.«

Ich flüstere Vinca ins Ohr: »Für seine Kranken hat er keines, aber für uns, dieser Strolch«, und ich setze mich neben ihn. »Vinca«, sage ich nochmals, »du solltest dich umkleiden, zieh deinen schwarzen Wachstuchmantel an, in diesem Mongolenlamm wirkst du vermögend, oder willst du sie in Rage bringen?«

»Wir fahren zuerst bei mir vorbei, Herr Doktor. Wenn Sie fünf Minuten Zeit haben, kann ich mich umziehen, und Sie können inzwischen mit meiner Freundin einen Schluck trinken.«

Der Arzt, der den Vornamen Oscar, aber sonst nichts von Oscar Wilde an sich hat, läßt sich nicht lange bitten. Die anderen können ja warten, er wird telefonieren...

In der obersten Etage des Hauses am Invalidendom blendet ihn der Zauber der Louis-XV.-Atmosphäre. Doch weiß er überhaupt, daß der Luxus zu Vinca gehört wie der Schleier zur Braut? Er versucht, sich doktorhaft zu geben, ohne Erfolg. Ob Vinca in ihrem Zimmer bereits nackt ist? Er hat einen freudlos olivbraunen Teint. Immerhin versucht er, mich zu küssen.

Gleichgültig lasse ich seinen Mund den meinen suchen, aber sein Atem stinkt zu sehr nach kaltem Tabak. »Geben Sie sich keine Mühe, Doktor«, sage ich eisig. »Männer wirken auf mich ausgesprochen niederschlagend. Auf meine Freundin übrigens auch.«

Sein Blick war zum Ankleidezimmer hinübergeschweift, wo Vinca sich versteckt hält. Jetzt trinkt er, enttäuscht, aber höflich, seinen Whisky. In angemessener Entfernung ist sein Atem erträglich; und meine Aggressivität legt sich. Wir wechseln nichtige Bemerkungen über die Revolte an der Universität. »In Nanterre ist der Teufel los«, behauptet er, »das beweisen die Extravaganzen und Exzesse dieses verfetteten deutschen Juden, der seinen Namen Cohn-Bendit zu Recht trägt; wirklich ein Bandit, dieser Kerl. Die Soziologen und die Philologen machen in Anarchie und brüsten sich noch damit. Wie sollen aus ihnen einmal gute Lehrer werden – denn das ist doch das Ziel ihrer Ausbildung –, wenn sie weder Examen ablegen noch eine gewisse Hierarchie der Werte anerkennen wollen?«

»Das Lehrfach ist nicht ihre einzige Möglichkeit. Sie können zum Beispiel auch Journalisten oder Schriftsteller werden...«

»Aber der Lehrberuf bietet Sicherheit, während diese anderen Berufe, diese... wie soll ich sagen...«

»... paraliterarischen Berufe...«

»... außergewöhnliche Gaben voraussetzen, wenn man davon leben will.«

»Glauben Sie? Ich besitze keine besonders hervorragenden Qualitäten und lebe doch recht angenehm und ohne auf irgend jemanden neidisch zu sein.«

Er blieb die Antwort schuldig. Eine schwarze, frisch gepuderte Gestalt erstickte unsere tiefschürfende Diskussion. »Durst, Durst, Maud, gib mir zu trinken.«

Diese einfachen Worte, die in der Luft hängenbleiben wie die Töne eines Jazz-Solos, lassen den großen Salon über meinem Kopf schwanken. Quarzsteine und andere überstrahlen ihre

Haut mit rosigem Schimmer, gürten den Regenmantel. Ihre Ringe schleudern Blitze. Das Lampenlicht wird um eine Nuance dunkler. Schweigen...

Und eine Leidenschaft, die zehn Jahre lang unter der Asche geschwelt hat, flammt wieder auf, unbekümmert um die Gegenwart dieses Durchschnittsburschen. Die Gesten tauchen aus den Wogen der Erinnerung. Meine schwellenden Brüste sträuben wollüstig die malvenfarbenen Spitzen. Vincas Düfte umhüllen mich. Und wenn der Tölpel uns durch seine Bullaugen hindurch fassen will, so ist das vergebliche Mühe. Denn es gibt nur einen Namen, ein Keuchen, eine Lust zur Zeitlosigkeit: Vinca!

Schon krieche ich auf die beiden honigfarbenen Säulen zu, die aus der schwarzglänzenden Fahne meiner Anarchistin geschlüpft sind, und zwänge meine Schwimmer-Schultern dazwischen.

Ach, Vinca! Ich will dich besitzen
Mein lässiges Laster
Meine Zeitlupenlust
Mein Rotspon mit dem Feuer-Bouquet
Mein Peitschentanz
Meine Muse mit dem Honiggeplauder
Meine Verwirrung
Mein Geschlecht, mein Geschmeide, mein
geschmeidiges Jetzt
Meine Orgie, Vinca!

»Doktor, Feuer, schnell!« Ich saugte Honig aus ihr, und sie verlangte eine Zigarette! Wie von einer Feder geschnellt, sprang ich hoch und ohrfeigte ihre flaumigen Wangen. Sie hob die Hand mit dem blaßgelben Brillanten, um sich zu schützen, und kratzte mich dabei, absichtlich oder nicht, mit dem Stein.

Jetzt packte mich die Wut. Ich ließ die beiden, wo sie waren, und rannte, immer drei Stufen auf einmal nehmend, die Treppe zum Atelier hinauf, lief schnurstracks zum Wandschrank, wo die Teppichpeitsche verwahrt war. Dann kam ich wieder hinunter, wobei ich das Werkzeug hinter dem Rücken verborgen hielt.

Olivenhaut trocknete die Tränen meiner süßen Freundin: Sie schrie, jedoch ohne eine Spur von Hoffnung: »Nein, chérie!«

»Im Gegenteil, du Miststück. Mach dich fertig. Ich werde dich prügeln, wenn du dich nicht augenblicklich vor diesen Sessel kniest...«

Oscar kippte seinen Whisky bis zur Nagelprobe und zog, feige wie er war, die Delinquentin zwischen seine Knie, wo sich's schon quellend regte. »Mach ihn auf, und dich selber auch.«

Sie gehorchte. Ihre Lippen pressen sein Geschlecht, der Mann stöhnt und nimmt die Brille ab. Ich möchte lachen. Aber nein. Spaß und Spasmen vertragen sich nicht. Weiter!

Die Vulgarität dieses Gesichts bricht durch, das hin und her gerissen ist zwischen Wollust und Abscheu vor unseren Mädchenspielen. Klebrige Teerpfützen bedecken die Wände, während die lavendelblaue Iris den Plafond mit jungfräulichen Liebkosungen masert.

Parallellaufende Sehnsüchte, weibliche Unzulänglichkeiten: von der Unendlichkeit des Körpers zu den Spielen des Geistes.

Ach! Was für eine Menschenschlange. Nicht einmal an den besten Tagen der Ära Barrault-Renaud hat man so viele Leute vor dem Odéon anstehen sehen. Vinca und unser Begleiter zeigen wenig Lust zum Warten; ich schreie aus Leibeskräften: »Presse, Kameraden!« Und wunderbarerweise teilen sich die Reihen. Eine Art Volkskommissar, besser gesagt Studentenkommissar, erleichtert mir den Zugang zur Hochburg der Revolution. Hier bin ich, hier werde ich bleiben!

Überall sprießen die Revolutionsslogans. Vom Dach des

Theaters weht die schwarze Flagge. Ich fordere Paris in die Schranken! Seine Revolution, seine Barrikaden, seine zornigen jungen Leute. Ich habe die Freiheit stets leidenschaftlich geliebt. Doch kann ich, Gott sei's geklagt, dieser Jugend nicht mehr folgen, die nach neuen Gesetzen leben will und am liebsten ohne alle Gesetze.

Ich finde schlecht und recht Platz in einer Loge, zusammen mit einem Dutzend Demonstranten oder Neugierigen. Der Geruch ist kaum zu ertragen, eine Mischung aus dem feuchten Mief ungepflegter kleiner Mädchen und ordinärem Maiglöckchenparfüm. Ich schneuze mich, um eine Nase voll *Miß Dior* zu atmen, und nachdem dieser Duft mich wieder fit gemacht hat, öffne ich mein Ohr den Forderungen der Stunde.

Plötzlich durchbricht eine seltsame Ankündigung das Gebrabbel der Streikenden und reißt mich aus meinem Dahindämmern: »Die Kameradin Claude de Belleroche wird gesucht!« Selbst in dieser entstellten Form klingt mein Name noch höchst ausgefallen in dieser Trotzkistenburg. Vinca hatte mich ausrufen lassen. Ich halte Ausschau nach dem Wachstuchmäntelchen und erhasche endlich ihre Schlitzaugen ganz im Hintergrund des Saales, vielmehr dieses schwarzen Hexenkessels. Sie lächelt mit abwesender Miene ihrem Nachbarn zu; ihr Kopf bewegt sich pausenlos. Wie immer trägt sie Millionenwerte an Schmuck. Beunruhigt sie sich seinet- oder meinetwegen?

Auch ich lächle dem Ebenbild Castros an meiner Seite zu, und das Knistern eines schmucken schwarzen Bartes dringt an mein Ohr. Der Junge ist riesengroß, er gleicht den dreihundertjährigen Eichen, die Großpapa mich im Wald von Fontainebleau bewundern ließ. Aber ich bin nicht mehr vier Jahre alt, sondern vierzig! Dennoch fühle ich mich ganz klein neben diesem Arcimboldo des zweckentfremdeten Staatstheaters; oder ist er vielleicht eher der Bacchus des Velasquez, den die Rebe so fröhlich bekränzt?

Ich lasse meine Gedanken in die Kuppel fliegen. Seine Hände

sind zu meiner linken Brust geglitten, die er umfaßt. Mit männlicher Kraft. Mein Pullover erbebt. Ach! Schön ist das, und herzerwärmend, die Kommune. Verbrüdern wir uns, bärtiger Kamerad!

Ich klebe mich an ihn wie ein Abziehbild und ziehe seine andere Hand auf meine rechte Brust – immer wieder meine reaktionären Reaktionen!

Für die Zuschauer im Parkett muß ich mit meinem händegefüllten Pullover wie eine zweite Jane Mansfield ausgesehen haben.

Mein Schoß flattert wie eine Kieme – kein Wunder bei diesem normannischen Ebbegeruch! Aber würde er es bis zum Spasmus treiben, der sich von Sekunde zu Sekunde deutlicher ankündigt? Kaum habe ich *in petto* diese Frage formuliert, als seine behaarte Hand auch schon an meinem Slip unter dem Minirock herumfummelt. Er sucht, irrt, mit einem raschen Hüftschwung fördere ich das Versteckspiel, so, er hat's geschafft! Die kühne Berührung entringt mir ein Keuchen, zumal sein Geschlecht zwischen meine Lenden gepreßt ist. Wie groß er ist, dieser stumme Revoluzzer; welche Moral wird er mich lehren, er, der dem Wort abhold ist?

Wir haben gemeinsam den Höhepunkt erklommen, doch nur mein Rock empfängt seine Huldigung. Ich schwanke zwischen Zorn und Belustigung, er jedoch schiebt mich bereits von sich, soweit die räumliche Beengung es zuläßt, hebt seine feuchte Hand und schreit: »Kameraden, ich bitte ums Wort...«

Uff! Wieder im Freien! Ich brauche dringend Sauerstoff. Das Odéon dringt mir aus allen Poren. Nur eine tüchtige, eiskalte Dusche wird das Unbehagen von mir abwaschen können, das jede geistige Unordnung bei mir hervorruft. Ich kann nun einmal meine Gefühle nicht von meinen Sinneseindrücken trennen. Es ist eine Erbkrankheit, die wohl nicht mehr heilbar sein dürfte. Der Marquis von Maltavert, der sich stets so zärtlich über mich lustig macht, wiederholt gern vor seinen nächsten

Freunden: »Maud ist wie Napoleon III. Sie kann das Volk nicht riechen. Sie verabscheut die Bourgeoisie und verachtet die Aristokraten. Alle anderen Menschen liebt sie von Herzen.«

So viel jedenfalls ist wahr, daß ich ausschließlich meine Freunde liebe, welcher Klasse sie auch angehören. Manche habe ich nach Lust und Laune aus trübem Wasser gefischt, andere, die mir geistig nahestehen, habe ich bei meiner Arbeit kennengelernt. Die einen sind mir so angenehm wie die anderen. Und ihnen bin ich zugetan, nicht der gesamten Menschheit. Ich halte mich nicht für eine Menschheitsbeglückerin, aber für meine Freunde habe ich stets Zeit und Geld übrig. Auch bin ich schrecklich parteiisch.

Wenn ich für oder gegen die Mai-Revolution Partei ergreifen müßte, so würde ich folgendes sagen: Ich sympathisiere mit den zornigen jungen Leuten, weil sie jung sind, enthusiastisch, selbstlos. Instinktiv schließe ich mich jeder vitalen Bewegung an, woher sie auch kommen mag, wenn sie sich nur als großzügig erweist. Ich hasse die Bourgeoisie, ihren Krämergeist, ihr Profitdenken, ihre Erbschaften, ihre Frömmeleien, sie riecht muffig, verschimmelt. Doch ich lehne die Vulgarität ab, die Faulheit, den Schmutz. Meine zornigen jungen Leute möchte ich (im Idealfall) zwar weiterhin zornig sehen, aber auch zielstrebig, konstruktiv und gewaschen. Sollen sie ruhig die bürgerliche Gesellschaft bekämpfen. Sie ist wirklich abstoßend. Doch sie müßten ein wirklich dynamisches Großreinemachen abhalten! Und wenn auch aus dieser Umwälzung ›Ich-amputierte‹ Individuen hervorgehen sollten, was schadet es, wenn das ›Wir‹ dabei aufgebessert wird!

Die kapitalistische Gesellschaft ist gescheitert, ihre Repräsentanten werden zu Recht angeprangert; doch was blüht uns, falls ein Cohn-Bendit die Macht ergreifen sollte? Ein tolles Durcheinander, das nach einer kurzen Zeit der Euphorie zwangsläufig zu einer Verhärtung des staatlichen Dirigismus führen muß? Wobei der Name, den man der Sache gibt, keine Rolle spielt.

Doch ich schweife ab, ich bin und bleibe eben ein Blaustrumpf, oder ein Blaublut? Am besten gehe ich jetzt nach Hause in mein kapitalistisches Neuilly. Morgen werden wir weitersehen...

Ohne Wagen, ohne Autobus, ohne Metro marschiere ich vergnügt quer durch die Stadt Paris mit den feindlichen Ufern. Es ist drei Uhr, das Odéon rückt immer ferner, die Straßen schlafen unter einem feinen Regen. Ich fröstle. Die Müdigkeit, der Ärger, der endlose Marsch im Nieselregen entlocken mir nicht die Töne Léon-Paul Fargues*, aber ich bin eben nur eine Gelegenheitsfußgängerin ohne jedes Talent zum Nachtwandeln.

Ein Wagen fährt langsam neben mir her, ein Dauphine. Ein Dauphine in der Rue Dauphine, die Nacht bringt die blödsinnigsten Assoziationen zutage. Ich habe genug von mir selber und von diesem ganzen Kuddelmuddel. Der Dauphine bremst, der Fahrer sieht sympathisch aus, er trägt Handschuhe, was in Paris im Mai 1968 plötzlich unglaublich wirkt... »Kann ich Sie ein Stück mitnehmen? Sie werden ja naß bis auf die Haut!«

Ich zögere keine Sekunde. Er fährt zum Palais Royal, was mich meinem Ziel wenigstens ein Stückchen näher bringt. Wir rauchen. Sein scharfes, von dichten Locken gerahmtes Profil ist nicht ohne Reiz. Er hält sich gerade wie eine Pappel. Ich dagegen kauere mich zusammen und genieße dieses bescheidene Behagen. Dann sprechen wir. Er ist neunundzwanzig; Spielleiter beim Französischen Rundfunk, und natürlich im Streik. Er heißt Raphael. Ich nenne ebenfalls meinen Namen. Zufällig hat er meine ›Geständnisse‹ gelesen. Sie gefallen ihm. Ich finde diesen Dauphine immer sympathischer. Und der junge Mann erscheint mir jetzt sehr einnehmend. Doch da sind wir am Palais Royal. »Wo wohnen Sie?« fragt er unbedacht.

»In Neuilly, Gott sei's geklagt! Sie haben bestimmt nicht so viel Benzin.«

* ›Le piéton de Paris‹.

»Viel habe ich wirklich nicht mehr, aber es wird schon noch reichen. Schließlich kann ich Sie nicht einfach hier im Regen aussetzen!«

Inzwischen hat es tatsächlich zu schütten begonnen. Also beuge ich mich...

Wie hätte ich ihn unter diesen Umständen den Freundschafts-Whisky verweigern können? Er nimmt mit großer Freude an. Doch erst im Lift entdecke ich die Wahrheit über ihn. Mein Ritter, dessen Kopf von den Göttern modelliert, dessen Geist von den Musen kultiviert wurde, hat die Körpergröße Napoleons! Er ist keinesfalls über einen Meter sechzig.

Deshalb also diese stramme Haltung im Wagen! Noch nie bin ich mit einem so kleinen Mann ins Bett gegangen, wohl aus rein ästhetischen Gründen.

Sei's drum! Ich bin bereit, diesmal klein beizugeben, zumal der Alkohol Melancholie nicht aufkommen läßt. Dagegen wischt er für den Augenblick die Müdigkeit weg. Und mir kommt eine Idee: Seit Sonnenuntergang habe ich bereits zwei sexuelle Erfahrungen hinter mich gebracht, warum die Nacht nicht mit einer dritten beschließen? Und dann, winzig, wie er ist, sage ich mir ein wenig naiv, kann die Sache nicht viel zu bedeuten haben... Ich protestiere gegen mich selber.

Also, lustig, lustig! Wir küssen uns, aber nicht aufrecht, sondern im Liegen: damit wir Mund an Mund sein können. Im Handumdrehen ist Raphael splitternackt und wirbelt wie ein Irrwisch von meinen Lippen zu meinem Schoß. Zum Teufel! Der Kleine ist überall zugleich. Seine Virtuosität läßt mir kaum Zeit, die bescheidenen, aber bezaubernden Proportionen zu bewundern. Sein Erfindungsreichtum ist nicht weniger bemerkenswert, desgleichen ein Geschlecht, auf das mancher Schwimmerkoloß aus dem Racing Club neidisch werden könnte. Ich bin beschämend passiv unter den wiederholten Attacken, beinahe albern, ich, die Riesin im Lande Ganymeds, und plötzlich fällt mir ein Liedchen aus meiner Kindheit ein:

»Mon père m'a donné un mari
Mon Dieu, quel homme!
Quel petit homme!
Mon père m'a donné un mari
Mon Dieu, quel homme
Qu'il est petit...«

»Mein Vater gab mir einen Mann
Mein Gott, der war,
Der war so klein!
Mein Vater gab mir einen Mann
Mein Gott,
Was war der klein...«

Sie*

Schreiben und lieben sind die einzigen originellen und gültigen Beschäftigungen.
ABELLIO

Mein Verleger strahlt. Die Auflagenhöhe der ›Geständnisse‹ steigt steil an. Die Buchhändler fordern Nachschub (und sie haben immer das letzte Wort). Die Leser schicken mir die erstaunlichsten Zuschriften; mit der gleichen Post gehen die schlichtesten, die rührendsten und die schlüpfrigsten Briefe ein. Aber ich habe nicht einen einzigen Brief erhalten, der erotisch genug gewesen wäre, um mich auf den Schreiber neugierig zu machen. Schade... Es stimmt, die schlechte Absicht macht noch keinen guten Libertin, und Vulgarität läßt mich zu Eis erstarren.

Was die Presse anlangt, so schweigt der eine Teil, der wohlanständige; dem vorurteilsfreien gefalle ich sehr gut. Auf dieses Kapitel möchte ich gern genauer eingehen, ein paar Streiflichter auf die Pariser Perfidie sind sicher nicht uninteressant.

Seit mehr als zwölf Jahren berichtet Carmen Tessier über mein Tun und Treiben als Historikerin und Vortragende allerhand Klatsch, der zuweilen drollig ist, nie aber boshaft. So glaubte ich also, nach diesen freundlichen Äußerungen aus der Feder der gerissenen Mitarbeiterin von ›Commère‹**, daß wir recht gut miteinander stünden. Weit gefehlt! Ich schlage das ›Journal du Dimanche‹ auf und erfahre – und in welchen Ausdrücken! –, daß mein letztes Buch völlig nichtssagend sei, triefend von kindischer Erotik usw. usw. Carmen hat das Recht zu sagen, was sie sagen will. Doch sie vergißt, daß ich niemals irgendeinen Namen genannt habe. Und dann der absonderliche Anfang einer ohne jede Eleganz geschriebenen Kritik: »Eine

* EDSOHQ
** ›Commère‹ (Frau Base), Klatschspalte der frz. Abendzeitung ›France-Soir‹.

Dame, die ich nicht kenne...« Einen guten Rat, teuerste ›Commère‹: Lesen Sie Ihre eigenen Spalten, dann wird die Erinnerung Ihnen zurückkehren.

Nächster Punkt. Der Generaldirektor einer bedeutenden Zeitungsgruppe ist mein Tischnachbar bei einem großen Diner. Am Vortag habe ich die ›Geständnisse‹ signiert, und eine Woche lang bin ich nun das, was man im allgemeinen als ›die Frau, von der man spricht‹ bezeichnet. Man sieht ihm seine Fünfzig nicht an, den Erfolg dagegen deutlich. Mein Smoking gefällt ihm, und meine Respektlosigkeit gegenüber diesen langweiligen vorfabrizierten Produkten der E.N.A.* begeistert ihn. Er macht mir den Hof und lädt mich zum Mittagessen ein. Leider, oder glücklicherweise, reise ich am nächsten Morgen nach Saint-Tropez ab, und er muß die Einladung um zehn Tage verschieben. Bis dahin wird er mein Buch gelesen haben, und *wir* werden eine großangelegte Pressekampagne in seinen sämtlichen Revolverblättern starten – das wenigstens verspricht er. Seine Frau, eine gutaussehende Blondine, ärgert sich nun über unser Tête-à-tête und schnappt: »Sie besitzen alle Voraussetzungen, um meinem Mann gut zu gefallen, er liebt nur große, dunkle, intellektuelle Frauen – Blaustrümpfe.«

»Und doch hat er Sie geehelicht, chère Madame. Nun, groß sind Sie ja auch...«

Wird sie sich mit blitzenden Augen und Juwelen auf mich stürzen? Nein, sie wendet sich ab und sinnt auf Rache.

Nach meiner Rückkehr hat der Herr Direktor, der sich die Sache in Muße hat überlegen können, nichts Eiligeres zu tun, als zu kneifen. Meine respektlose und spöttische Antwort hat ihn wohl überrascht, denn es kommt nicht sehr häufig vor, daß ein Berufsschriftsteller, der die Presse braucht, einem großen Tier die Meinung sagt.

* ›École Nationale d'Administration‹ (Staatl. Verwaltungshochschule), aus der viele führende Persönlichkeiten in Politik und Wirtschaft hervorgehen.

In der Folge bekam ich also Aufenthaltsverbot in drei der repräsentativsten Organe der französischen Bourgeoisie. Einige Journalisten hielten sich dennoch nicht an den Bannfluch. Ich bin ihnen dafür dankbar; sie sind vom besten Schlag, selbst dann, wenn sie mich angreifen, wie der giftige Philippe Bouvard oder der seiltänzerische José Arthur. Auf zum Nahkampf, meine Herren, die Autorin übernimmt selber ihre Verteidigung.

Den Frauen dagegen gefielen meine ›Geständnisse‹. Von Anne-Marie Cazalis, die in ELLE die begehrten weißen Wertungsviereckchen häufte, bis zu Valentin de Coin-Coin, die für die Leser des ›Canard Enchaîné‹ eine fesselnde, entfesselte Kritik verfaßte. Eine weitere Kollegin hingegen schrieb sich tief in meine Herzensspalte. Und das kam so: Eines Tages teilt mein Verleger mir mit, daß Valérie in der Zeitschrift X einen Artikel über mich bringen wolle. Ich solle sie sofort anrufen. Ich kenne die Zeitschrift, nicht aber die Frau. Eine schläfrige Stimme flüstert ein paar vage Vorschläge ins Telefon. Ich entscheide mich für die *Brasserie Lorraine* an der Place des Ternes, ein Lokal, das am späten Vormittag sehr ruhig ist.

Es regnet in Strömen. Ich bin gestiefelt und regenbemäntelt bis zur Nase, erkältet ebenfalls, aber in kampflustiger Stimmung. Ich habe eine Verabredung mit einer Unbekannten! Sie erscheint im Schmuck langer, schlaksiger Beine und dazu passender Hände, mit auffallend lackierten Nägeln. Ihr dunkles Gesicht mit den schwarzen Ringen um die Augen ist nackt. Sie beobachtet mich, wägt mich ab. Ich bleibe ihr nichts schuldig. Diese junge Frau mit dem Aussehen einer Saganschen Romanfigur, die sich so geschickt in das Labyrinth meiner Gedanken einschleicht, interessiert mich. Sie fühlt es übrigens, entspannt sich, öffnet die langen Krallen, schärft ihre – zweischneidigen – Waffen. »Erotische Geständnisse – Sie beabsichtigen natürlich einen Bestseller zu schreiben?«

Ich stelle mich auf die Hinterbeine. »Ich weiß nicht, ob das ein Rezept für einen Bestseller ist. Ich verachte zwar das Geld nicht, aber ich habe meine sentimentale und sexuelle Lebensbilanz nie als Handelsware betrachtet. Für mich ist das Vergnügen eine ernste Angelegenheit.«

Unsere Blicke messen sich. Weiblicher Pointillismus.

Das Interview ist hochexplosiv. Meine Gesprächspartnerin setzt das Puzzlespiel meines Ego zusammen, sucht nach der Fehlstelle, hakt bei jeder Widersprüchlichkeit ein. Die Runde endet unentschieden. Ich sollte Valérie noch mehrmals wiedersehen.

In ihrer Wohnung auf der Butte Montmartre, in einem Durcheinander von kühnen Gemälden, war sie wie ausgewechselt. Die verführerische Grazie dieser Gazelle in gestreifter Tunika und schenkelhohen Stiefeln überraschte mich. Sie spielte die Bohème aus, um das Konventionelle unseres ersten Zusammentreffens vergessen zu lassen.

Ich liebe die Indiskretion, wenn sie ein gutes Make-up trägt, und sowohl Valéries Wangen als auch ihre Warums waren mit jugendlicher Arroganz geschminkt. Ich spielte also ihr Spiel mit, doch hätte ich sie lieber hingegeben als hingerissen gesehen, diese wunderliche Amazone mit dem Federschwert.

Eines Abends, als wir nach einem höchst vergnügten Essen die Treppen einer Mansarde hinunterkletterten, schenkte sie mir ein Muschelhalsband, das der Königin Pomaré* gehört hatte... Die Geste war zärtlich, ich versuchte, es ebenfalls zu sein. Wütend stieß sie mich zurück: »Ich hasse das Konventionelle. Ich werde nicht auf ein letztes Glas in Ihre Wohnung kommen. Dieses Halsband habe ich Ihnen geschenkt, weil es Ihnen besser stehen wird als mir. Weiter nichts.«

Ich drängte nicht weiter. Ich hatte einen Kavalier vom Dienst, der für meinen Leibesfrieden sorgte, während der Zeit meiner freundschaftlichen Mädchenausflüge.

Und ich vergaß Valérie, die allzu Schwierige. Sie vergaß mich

* *Pomaré IV.*, 1827–1877 Königin von Haiti.

nicht. Und ihre Einladung, mit einem Transvestiten bei ihr zu Abend zu essen, überraschte mich wie eine Ungehörigkeit. »Da ich eine unzulängliche Gesellschaft für Sie bin«, sagte ihre Schummerstimme, »habe ich einen Ingenieur aus Grenoble vorgeladen, der sich in eine schwellende Blondine umgebastelt hat. Vielleicht macht es Ihnen Spaß?«

Was mir bei meiner herrischen Freundin wirklich Spaß machte, war die ›Vorladung‹, eine Methode, die auch ich für meine kleinen, zeitlich nach meinem Belieben begrenzten Späße praktiziere.

Im Gegensatz zu Vinca, die sich den Teufel drum schert, sorgt Valérie sich sehr um das leibliche Wohl ihrer Gäste. Außer ihrer vorfabrizierten Marilyn Monroe serviert sie einen Hummerauflauf von erlesener Köstlichkeit. Dafür allein wäre ich in die Hölle gegangen... Aber die Hölle sind ja bekanntlich die anderen... Dominique, einziger Sohn einer gottesfürchtigen Mutter, hatte seine Pflicht als guter Schüler, als Ingenieur eines bekannten Technikums getreulich erfüllt, bis zu jenem Kostümfest, an dem seine wahre Eva ins Licht kam. Die Kosmetikerin, die ihn zurechtgemacht hatte, hatte ihn von seinen weiblichen Qualitäten überzeugt. Und von Stund an verbrachte der Ingenieur seine Sonntage damit, sich zu epilieren, zu retuschieren, zu dekolletieren, sich zu bewundern. Der Mann Dominique betrachtete im verschwiegenen Kämmerchen eines Vororts von Grenoble das Spiegelbild des Mädchens Dominique und hatte seine Lust daran. Im Alleingang.

Ich war neugierig geworden und fragte dieses schöne Geschöpf: »Wie ist Ihnen eine so vollständige Wandlung gelungen?«

Er oder sie lächelte. »Durch Fleiß und Ausdauer. Ich habe meine Mutter verlassen und mich in Paris einer Enthaarungsprozedur unterzogen, Hormonspritzen bekommen und bin Schlagersängerin geworden. Mit einem gewissen Erfolg.«

Zur Bestätigung dieser Worte trug das Zwitterwesen einige

seiner Schöpfungen zur Gitarre vor – am überzeugendsten war das Chanson ›Le Chevalier d'Eon‹*! Das reichte jedoch noch immer nicht, um mir ein Licht aufzustecken, und ich werde wohl niemals wissen, ob ich den Hermaphroditen mit der schillernden Sinnlichkeit wirklich begehrte.

Dominique bot mir an, mich nach Hause zu fahren (mein Wagen war im Verlauf der Mai-Revolution verschwunden), und ich wollte schon annehmen, als Valérie sich abrupt einschaltete:

»Ich muß frische Luft schnappen. Ich werde Maud heimbringen.«

Der Sopran-Ingenieur war leicht von seinem Vorhaben abzubringen, seine Situation zwang ihn schließlich dazu, auch die zweideutigen Beziehungen anderer zu respektieren. Valérie hatte mich auf höchst ungewöhnliche Weise in Stimmung versetzt, also warf ich mich in ihrem winzigen Wagen auf sie und küßte sie brutal. Aber ich hütete mich wohl, ihr ein letztes Glas anzubieten. Sie zögerte eine Sekunde lang, dann fuhr sie davon.

Um acht Uhr morgens weckte mich ihre umschattete Stimme: »Maud, darf ich zu Ihnen zum Frühstück kommen? Ich bringe frische Hörnchen mit.« Das Unvorhergesehene überrascht mich nicht. Ich springe aus dem Bett, um Körper und Geist zu erfrischen. Und schon ist sie da, einen Strauß Immortellen im Arm, die Augen fieberglänzend, entzückend in ihren Blue jeans, wie ein Gassenjunge vom Montmartre, der auf Leckereien ausgeht... An diesem Morgen gab es weder Kaffee noch Hörnchen, nur zwei Körper, die in ihrem Einswerden die Erbfeindschaft der Frauen vergaßen.

Ein zerbrechliches Ding mit birnenförmigen Brüsten, glänzend von kindlichem Schweiß, ein Mädchen à la Modigliani, mit

* *Eon de Beaumont*, geb. 1728, erhielt von Ludwig XV. eine Mission an den russischen Kaiserhof, wo er, anfangs als Frau verkleidet, die Gunst der Zarin Elisabeth gewann.

flaumigen Mulden, voll zurückgehaltener Klage, eine langstielige Pflanze, die ihre eisenberingten Krallen wandern läßt und mein Fleisch rosig färbt. Weiß und ernst ist sie; und ich bin braungebrannt und heiter, ich nehme von ihr Besitz, wie man eine junge Stute reitet. Sie, die Störrische, beugt sich, doch von neuem gräbt sie ihr Wappen auf meine Haut, während ich sie auf meine absichtlich brutale Art malträtiere. Bei mir läuft die Sportlerin allzu schnell der Liebenden den Rang ab und disqualifiziert die zärtliche Rücksichtnahme zugunsten rücksichtslosen Strebens nach Höchstleistungen... Sie verströmt ihre Mysterien an meiner Seite, während meine Liebe mein Messer ist.

Schließlich legt sich der Sturm, ich küsse ihre Fingerspitzen zum Dank für den Aufruhr der Elemente, den sie wachzurufen wußten, und plötzlich fangen wir beide an zu kichern wie Institutsmädchen. Die konkrete Musik, die seit Tagesanbruch unser Duett gedämpft begleitet hatte, kam von der Betonmischmaschine der Baustelle gegenüber.

Leserbriefe

Doch als du mich lasest,
erschien ich dir schön.
SAPPHO

Wer Geständnisse veröffentlicht, muß mit Geständnissen rechnen: Bitten um Geld, Angebote von Liebes- und anderen Diensten. Das Heroin meines Buches weckte übersteigerte – und folglich bedeutungslose – Empfindungen.

Ich würde lügen, wenn ich behauptete, dagegen immun zu sein. Ganz im Gegenteil, ich bin fasziniert von diesem stürmischen Interesse für eine Frau, die es gewagt hat, ihre Reise ans Ende des vierzigsten Jahrs zu beschreiben.

Doch welche gemeinsamen Saiten habe ich eigentlich anklingen lassen, ich, die notorische Einzelgängerin? Die Nymphomanin und der weibliche Narziß, die Amazone, die nur dem Augenblick lebt und weder vorausblickt noch zurückschaut, die anspruchsvolle Sünderin, die unermüdlich Neugierige – wie kann sie diesen Frauen gleichen, die mir schreiben? Die eine behauptet, sie würde, falls sie ein Mann wäre, sich nichts darauf einbilden, mit mir geschlafen zu haben, was nicht der Zweideutigkeit entbehrt; die andere bedauert, völlig eindeutig, daß ich nicht auf die Idee gekommen sei, Klubs für Lesbierinnen zu gründen, wo die Einsamen der Provinz ihre Schwestern treffen könnten. Eine dritte, deren Humor mir Spaß macht, gibt zu bedenken, daß auf meiner Leporello-Liste noch fehle:

»Die Königin von England
Ein alter, schmutziger und häßlicher Clochard
Ein paar errötende Jungfräulein
Ein Klosterbruder
Die Sphinx
Und ich.«

Doch vor allem erhalte ich Briefe der zweiten Kategorie, Pornographie mit kulturellem Einschlag. »Maud, mein Mythos, werden Sie mich eines Tages lieben? Nein, bestimmt nicht, es wäre zu schön für mich, ich bin nur ein kleines Frauchen aus ... und ich kann es mir nicht leisten, Ihnen die schönsten Blumen zu bieten, das erlesenste Konfekt, nicht einmal ein Gästezimmer mit Bad ...« O ja, die charmante Schreiberin würde die Belohnung verdienen, nach der sie lechzt, doch sie wohnt zu weit weg, als daß ich sie mir wenigstens einmal anschauen könnte. (Ein Satz allerdings versetzt mich in höchstes Erstaunen: »Ich bin verschossen in einen Mann vom Schlage Renés aus der ›Geschichte der O‹, der allerdings behauptet, daß ich selber René sei« – die menschliche Natur ist in der Tat unergründlich.)

Auch die Männer lassen sich nicht lumpen. Einer gibt der Hoffnung Ausdruck, seine sechs Kinder möchten mich eines Tages verstehen und nicht so dumm sein wie ihr Vater, dem die Augen zu spät aufgegangen seien; ein anderer kann sich gar nicht genug über unsere angeblich gemeinsamen Züge wundern: »Sie sind als Frau so männlich, wie ich als Mann weiblich bin, ohne übrigens ausgesprochen ›homo‹ zu sein.« Wieder andere sind derart weitschweifig, daß ich eine Sekretärin haben müßte, die ihre Briefe lesen würde; in ihrem Wahn wollen sie in mir das ›Urbild der Frau‹ sehen. Zum Beispiel: »Ich muß Sie unbedingt kennenlernen, wir haben so vieles gemeinsam *(das ist der Köder)!* Ich kann nicht zu Ihnen kommen, und wären es nur die Mittel *(Hut ab vor der Syntax)*, der Unterschied, der in diesem Augenblick zwischen Ihnen und mir besteht. Sie hingegen können, da Sie so viel höher stehen, sich leichter zu mir herablassen *(schlau, schlau!)*. Ja, ich weiß, Sie könnten sagen ›Wie, diese Null, dieser Eingebildete, für wen hält der sich?‹ Doch ich weiß, daß Sie über eine solche Haltung erhaben sind *(zu schlau!)*; andernfalls würde ich diesen Brief nicht schreiben. Ich wiederhole es aus ganzer Seele, es ist mein innigster Wunsch, Ihre Bekanntschaft zu machen ...«

Manche Zuschriften erhalten als besondere Würze Selbstmorddrohungen, Zeit- und Lagepläne für Schäferstündchen, detaillierte Beschreibungen von Schlafzimmern, wo man vor Überraschungen sicher sein kann *(o Heuchelei!)*, stark retuschierte Fotografien. Einer schickt mir sogar sein Porträt als Baby auf dem Eisbärenfekll, aber ich wähle meine Liebhaber nicht so jung, und wenn es eine Anspielung auf die Folgen sein sollte, die er von einem hypothetischen Bett-Turnier erhofft, dann kann ich nur sagen: Es lebe die Pille!

Cinecittà

Überanstrengung ist die Hygiene
der kraftvollen Temperamente.

HERRIOT

Eines Morgens geschah das Unerwartete. Eine Stimme am Telefon: »Maud de Belleroche? Hier spricht Lerice. Ich habe in ›Men‹ einen großen Artikel über Sie geschrieben. Der Regisseur Alessi hat Ihr Foto gesehen. Er bietet Ihnen die Hauptrolle in seinem nächsten Film an.«

»Ich bin keine Schauspielerin, und ich finde Ihren Scherz keineswegs komisch. Vielen Dank für den Artikel, den ich übrigens nicht gelesen habe.«

»Seien Sie nicht so mißtrauisch! Ich fliege jetzt nach Rom. Der Filmproduzent wird Sie morgen anrufen.«

Ich legte auf und vergaß den Witzbold; ich war überzeugt, es wieder einmal mit einem dieser komischen Vögel zu tun zu haben, die mich seit Erscheinen meines Buches dauernd belästigen. Doch am folgenden Tag ertönt aus dem Telefon das charakteristische Gegurgel, das stets die Ferngespräche einleitet. »*Pronto!* Roma parla. *Ver*bleiben Sie am Apparat!«

Pause. Dann entführt eine energische Stimme mich ins Traumland des Films: Franco Cancellieri, der Produzent, der an Antonioni geglaubt und den Film ›Der Schrei‹ finanziert hat, bietet mir eine Rolle in seinem nächsten Film an. »Eine kleine Nebenrolle vermutlich?« fragte ich.

»*Che cosa?* Eine kleine Rolle? Aber Sie sollen die *protagonista* spielen!«

Ich lache hellauf. Ich ringe um Atem und kann ihm kaum antworten. »Aber ich bin keine Schauspielerin! Ich habe nie im Leben gefilmt, und es reizt mich auch absolut nicht.« Und wieder lache ich.

»Es ist eine Hauptrolle. Ich habe Ihre ›Geständnisse‹ gelesen.

Ich habe Ihr Foto in ›Men‹ gesehen. Sie sind die Frau, die ich brauche, eine Lesbierin, die die Hosen anhat, dazu ganz Weibchen, mit einem Bodensatz von Melancholie und Intelligenz...«

»Danke für die Blumen! Schicken Sie mir das Script. Ich reise jetzt in die Bretagne, ich werde es in der Sonne lesen und Ihnen nach meiner Rückkehr Bescheid geben, am Samstag...«

»Sie werden sich überzeugen lassen...«

Er jedenfalls scheint bereits überzeugt zu sein!

Rollenstudium in der Bretagne: Ich schwimme, ich sonne mich, ich zittere vor Kälte in Gesellschaft meiner Jugendfreunde, die in ihren reifen Jahren beängstigend sportlich sind. Die Vierzig tragen sich gut in diesem Jahr in Armor, Dank der Nachfrage! Alle drängen mich einstimmig, anzunehmen, sei es der Ehre, sei es des Juxes wegen. Und da ich mir eine Erfahrung noch nie habe entgehen lassen, was immer sie mit sich bringen mag, so gebe ich am Samstag mein ›topp‹ zum Kintopp.

Sieben Wochen lang werde ich Maud gegen Mudy eintauschen, ich werde den Scheinwerfern und den knusprigen zwanzig Jahren meiner Mitspieler standhalten. Ich treffe um Mittag für die Probeaufnahmen in Rom ein. Produzent, Regisseur und Produktionsleiter erwarten mich am Flugplatz. Eine galante Geste des Regisseurs rührt mich: Er schenkt mir ein tahitisches Muschelhalsband. »Herzlich willkommen in Rom!« fügt er mit einem Lächeln hinter den dicken Brillengläsern hinzu. Gewonnen! Mein Lampenfieber ist wie weggeblasen.

Das Grand Hotel ragt über der Piazza di Spagna auf, wo Trauben von Beatniks ihre sympathischen Struwwelpeterköpfe sträuben und ihren Schmutz sonnen. Mein Produzent – ich sage bereits ganz automatisch ›mein‹, wenn ich von ihm spreche – erklärt mir, daß dieses elegant-altmodische Hotel die Stammbleibe der Leute vom Film ist. *Noch* friedfertig tröste ich mich also, daß ich nicht im Exzelsior wohnen werde, und passe mich den Gepflogenheiten der alten Hasen an.

Ich beziehe eine Suite in Trianon-Grau mit dazugehöriger Privatterrasse. Clara, die ihre sechzig Jahre auf ungebeugten Schultern trägt, hat im Handumdrehen meine Koffer ausgepackt – ich reise noch nicht mit den fünfundvierzig Schiffskoffern von Elizabeth Taylor! Ich plaudere in meinem mangelhaften Italienisch, und die gute Clara ruft entzückt: »Aber Madame spricht viel besser als Monsieur Fernandel, der dieses Apartment vor Madame bewohnt hat. Der Signore konnte nur ›grazie‹ sagen!«

Albern werfe ich mich in die Brust und träume von meinen künftigen Starlorbeeren. Während das Badewasser einläuft, singt sein Plätschern den Traumwalzer: Der Regisseur überschlägt sich, der Produzent hofiert mich, Fernandel protegiert mich, alle tun sich zusammen, um mir zu versichern, daß ich mich bereits verändert hätte, daß ich auf dem besten Wege sei, mich in einen Star umzuwandeln... Und da tanzen auch meine Kindheitserinnerungen wieder an, die Schulstunden, die ich im Lycée Jules Ferry geschwänzt habe, um mich in die Wunderwelt der dunklen Kinosäle zu stürzen, meine Bewunderung für Danielle Darrieux, Myrna Loy, Jean Harlow, Jeannette Mac Donald... Aber ach! Mein Mund ist breiter und weniger rund als Danielles Mündchen, meine Stupsnase steht im krassen Gegensatz zum klassischen Profil Myrna Loys, meine spröden schwarzen Haare haben nicht ein Hundertstel des Sex-Appeals von Jean Harlows Goldmähne... Kurzum, es konnte keine Rede davon sein, daß meine Zukunft im Zelluloid liegen würde – und nun war es doch dazu gekommen, in einem Alter, da jede Hoffnung völlig unvernünftig schien. Vielleicht bin ich zu einer Art intimen Freiheitssymbols geworden, einfach weil ich es gewagt habe, ungeschminkt und ohne Komplexe meine Geschichte zu erzählen. Eine verspätete junge Filmlöwin, komische Geschichte, aber das Abenteuer hat mich stets gereizt, und nach meinen Eskapaden, meinen Hotelpalästen und Gefängnissen, meinen Wanzen und meinen Wunden erfahre ich heute eine fabelhafte Genugtuung! Zu einer Zeit, in der ich schlicht vor mich hinstricken könnte, werde ich auf den Markt der Träume geworfen... Ich steige aus dem Bad; die Wirklichkeit ist auch nicht so übel, zumal sie im Augenblick mit Illusionen gepflastert ist. Was soll ich zum Abendessen anziehen? Wirkt der schwarze Smoking der Pariser Diners in Rom nicht *overdressed?* Und das Trapezkleidchen von Courrèges, wird es nicht zu architektonisch, zu wenig *sexy* erscheinen?... Ich ziehe nervös an meiner Zigarette und entscheide mich schließlich für ein Ensemble, das zwar kein berühmtes Etikett trägt, das ich aber sehr gern habe: in Schiaparelli-Rosa, der Rock aus grober Brochéseide, und dazu ein tailliertes Oberteil, das vielversprechend bis zum Äquator der Hüften reicht. Gewiß, ich bin kein Teenager, aber ich bin auch sonst niemand außer ich selbst, und meine mexikanische Schlange, die sich um meinen gebräunten Arm rollt, kann als verwirrende Signatur gelten. Auf in den Kampf um Rom und um seine Filmstadt Cinecittà!

Die Filmleute drängen sich um die Freiluftbar, ich wappne mich mit meiner Ungezwungenheit der Dame von Welt, um ihnen gegenüberzutreten, doch schon eilt Ottavio Alessì mir entgegen, ich fasse auf den ersten Blick Vertrauen zu ihm. Er flüstert in tadellosem Französisch: »Madame, mit Ihrer Erscheinung und Ihrer Klasse werden Sie alle in die Tasche stecken. Keine Sorge, Sie sind haargenau meine Mudy...«

Wir lächeln einander wie alte Vertraute zu, doch mein lieber Ottavio mustert mein Gesicht, das die Schmeichelei entspannt, und beunruhigt sich: »Da ist nur eine Kleinigkeit...«

»Und die wäre? Ich habe bereits angefangen, in die Haut Ihrer Mudy zu schlüpfen.«

»Sie wirken zu jung. Sie sehen ganz und gar nicht aus wie eine Frau von neununddreißig Jahren.«

Ich lache schallend. »Zum erstenmal tut es mir leid, daß man mir mein Alter nicht ansieht. Möchten Sie in meinen Paß Einblick nehmen?«

»Nein, nein! Sie gefallen mir über alle Maßen – als Schauspielerin. Seien Sie ganz beruhigt, ich vermische nie Berufliches und Privates. Außerdem hat Franco (der Produzent), der im allgemeinen mit Lobsprüchen geizt, Sie hinreißend gefunden.«

»Der Teufel soll Sie beim Wort nehmen. Wann machen wir die Probeaufnahmen?«

»Morgen um sechs Uhr, auf der Südterrasse.«

Ein letztes Wort des Dottore Alessi ging mir zu Herzen: »Wissen Sie, Mudy – erlauben Sie, daß ich Sie so nenne? –, ich habe kunstgeschichtliche Dokumentarfilme gedreht; das hier ist mein erster großer Spielfilm, genau wie bei Ihnen, also nur Mut, wir werden's schon schaffen!« Plötzlich spürte ich Angst in mir aufsteigen.

Unglücklicherweise stellte die Angst sich auch am nächsten Morgen wieder ein. Wer von uns hat noch nie von Probeaufnahmen geträumt? Ich war im Strudel des Mahlstroms, wo die barocken Visionen Erich von Stroheims sich in Orson Welles' Spiegelpalast mit den Traumpassagen mischten... Bilder ohne Worte, Formen ohne Text, Concerto des vierzigjährigen Starletts – es galt, sich gegen Geister und Richter durchzusetzen.

Mein letzter Liebhaber ist fünfundzwanzig, und der nennt mich ›Schönste‹; es fällt mir so leicht, mit ihm zu sprechen: wieso dann diese Papageienstimme, die das Lampenfieber lähmt? Und dieser Schluckauf bei der ängstlichen Erwartung des Urteils? Wohl weil ich die Luzidität kultiviere, wie andere Rosen züchten. Ich bin nicht vom Bau, und *sie* wissen es. Mein wohlgepflegter und wohlgeliebter Corpus steht im krassen Gegensatz zu den sylphidenhaften Leinwanderscheinungen. »*Tanto piacere.*« Ich schüttele reihum alle Hände. Es wird sofort gedreht.

Der Playboy, der mir als Partner dient, steht vor mir. Er ist dreißig und hat bis jetzt nur auf dem wirklichen Leintuch Karriere gemacht. Ich kenne dieses professionelle Auge, das meine Reize gegen meine literarische und mondäne Popularität abwägt. Die Prüfung scheint günstig ausgefallen zu sein, denn er küßt mir die Hand und sabbert dabei ein bißchen. Der Funke springt nicht über. Der Playboy ist nur ein eitler Laffe. Das ist ein schlechter Anfang. Ich fühle mich dumm und linkisch. »Er will Sie küssen. Sie lassen ihn gewähren. Er will unbedingt mit in Ihre Kabine, Sie ohrfeigen ihn und erwidern: ›Schluß jetzt! Hier führe ich das Kommando!‹« Und das auf italienisch, das ich gerade genügend beherrsche, um eine *pasta asciutta* zu bestellen, aber nicht, um einem eingebildeten Hanswurst Abfuhren zu erteilen.

Einmal, zweimal, dreimal. Zuerst die goldenen Regeln lernen:

»Niemals der Kamera den Rücken zuwenden.«

»Niemals ausholende Bewegungen machen.«

»Niemals aus dem Bildfeld laufen.«

Natürlich habe ich alle drei Fehler begangen. Mein Herz krampfte sich zusammen. Ich möchte davonlaufen, wie an jenem schrecklichen Tag des mündlichen Abiturs, als der Prüfer um jeden Preis von mir verlangte, ich solle eine geheimnisvolle Anwendung eines Lehrsatzes erklären, den ich ihm aus dem Gedächtnis gesagt hatte und mit dem er sich hätte zufriedengeben müssen. Doch in stoischem Mut stehe ich vor der menschenfressenden Kamera wie damals vor der Schultafel, und zum zweitenmal geschieht das Wunder. Die vierte Aufnahme ist gut. Uff! Ich bin engagiert. Übergangslos bin ich auf den schwindelerregenden Planeten der großen Gefühle und der kleinen Widerwärtigkeiten geschossen worden.

Der Regisseur: ein Intellektueller, ein Dichter – »wie Sie«, fügt er höflich hinzu. Er hat mich haben wollen, hat mich genommen, er atmet Wohlwollen, Uneigennützigkeit, er lehrt mich alles. Das beruhigt und beunruhigt mich zugleich: Kann er wirklich mein gütiger Mentor sein, inmitten dieser reißenden Wölfe?

Der Produzent: Er hat Vertrauen zu mir gehabt – aber das gehört zu seinem Beruf.

Die Starletts: drei Teenager auf meinem Schiff. Rosalba, ein sportlicher und einheitlich gebräunter Rotschopf, meine Filmgeliebte, die bereits in italienischen Western zu sehen war. Ein gebildetes, unverbildetes Mädchen, das mir, der Anfängerin, in den Szenen hilft, in denen ich sie quälen muß. Brav und achtbar. Edwige dagegen ist ein charmanter Pummel, der überzeugend die Schwachsinnige spielt. Alle paar Tage entflammt sie für einen neuen Schauspieler (zufällig wurde im benachbarten Atelier ein Kriegsdrama aus dem Pazifik gedreht). Eva, die Dritte im Bunde, eine blonde Schwedin, die für den avantgardistischen Film schwärmt, sucht sich ihre Favoriten lieber unter den festverzinslichen Werten. Sie wird es zu etwas bringen, diese ehrgeizige Person, die, wie ich, zwischen zwei Einstellungen eifrig italienische Literatur studiert.

Und obwohl sie alle drei jung und hinreißend waren und bereits Filmerfahrung hatten, mich also in jeder Hinsicht hätten an die Wand spielen können, hat keine von ihnen es getan. Das verdient hervorgehoben zu werden.

Was den jugendlichen Liebhaber anlangt (es ist nicht der Schönling von den Probeaufnahmen), so ist er zart wie ein Insekt, mit einer kultivierten und sympathischen Schauspielerin verheiratet, die er lustvoll betrügt. Ich verspüre keinerlei Neigung für die unschuldigen Kindlein. Sie sind mir zu knochig. Vielleicht habe ich unrecht.

Der einfache Fischer wird von einem höflichen und zuvorkommenden Theaterschauspieler dargestellt, dem vornehmsten von allen, doch ärgerlicherweise trägt er einen acht Tage alten Bart, den er aus beruflichen Gründen wachsen lassen muß und den man als eine Art sexuelles Verbotsschild betrachten kann.

Mein ›Sohn‹ ist ein hinreißender dunkler junger Mann, ein guter Schauspieler obendrein, doch neben ihm würde ich mich wie eine Hundertjährige fühlen. Bis dahin möchte ich es wenigstens zum Weltstar gebracht haben!

Der alte gebeugte Requisiteur strahlt trotz seiner über sechzig Jahre die Freude an seinem Beruf aus. Er steht als erster auf, gegen fünf Uhr, und geht als letzter zu Bett... allein. Sein Berufsethos ist bewundernswert. Das gleiche gilt für Liliane, das Scriptgirl, deren grüne Augen nicht von mir ablassen und der ich Französisch beibringe.

Marie, die Garderobiere, war von einem englischen Produzenten zu Mary geadelt worden. Für sie dreht sich alles um ihre Tochter, ihre einzige Liebe, eine schöne junge Frau; die Mutter bedauert, daß sie nicht beim Film Karriere gemacht hat, anstatt zu heiraten. Ich schenke ihr zwei Kleider für das geliebte Kind, und sogleich fliegt Marys Herz mir zu.

Anchise, der Maskenbildner, ist der König des *trucco*. Er verkleistert mich mit Wonne, putzt mich mit zwei Paar falschen Wimpern heraus, die mich kitzeln, pudert mich wieder und wieder vor jeder Szene mit seiner *cipria*. Er hat ein steifes Bein, was ihn nicht hindert, leichtfüßig von einer Schauspielerin zur anderen zu wirbeln. *Una, due, tre*, schließlich gibt er die drei Klopfzeichen!

Und aus dem Schwarm der Techniker, die um uns herumschwirren, hat einer, der auf den gewichtigen Vornamen Othello hört, sich zu meinem Sklaven erklärt. Kaum fröstle ich auch nur das kleinste bißchen, schon legt er mir seinen Pullover um die Schultern. Und in der Pause, während alles sich auf die kalte und unverdauliche *pasta asciutta* stürzt, bietet er mir seinen Weißwein an. Und auch den herrlichen italienischen Kaffee, den er eigens für mich in seiner Thermoskanne mitbringt – ungezuckert, weil ich diesen barbarischen Geschmack habe. Hinzu kommt, daß kein anderer als er mir die Zigaretten anzünden darf. Der eifersüchtige Othello!

Der Held Othello. Denn bei den Dreharbeiten zu meinem ›Tod‹ hat er mir das Leben gerettet. Ich werde von meinem wahnsinnigen Sohn ermordet und muß, Kopf voraus, aus meiner Kapitänskajüte fallen; beim dritten Versuch habe ich den

Fallwind nicht gekriegt und hätte mir an der Türfüllung des Laufgangs den Schädel zerschmettert, wenn mein Schutzengel, der zur Stelle war, mich nicht wie eine Feder aufgefangen hätte.

Und als letztes Bild in meiner Galerie: Sandro, der griechische Athlet, der vierzigjährige Kameramann, der mich zu köstlichen Diners einlädt und mir in seinem mangelhaften Französisch erklärt (die anderen brauchen uns nicht zu verstehen!), daß ich göttlich sei und daß die Götter dürsteten. Wenn ich nicht fürchtete, meinem Regisseur Kummer zu machen, der insgeheim ob der Kreuz- und Querverhältnisse seufzt, so würde ich mich gern von den Talenten dieses Lampen-Jupiter überzeugen, der furchtlos versichert, daß er nicht kleinzukriegen sei. Doch auch mein Mißtrauen erwacht: Es mag ja sein, daß es stimmt, es kann aber auch sein, daß er nur Sprüche macht, dieser Bursche, und außerdem würden die Ringe um meine Augen nach einer schlaflosen Nacht eine Katastrophe sein für den Geliebten, der dann wieder zum Kameramann geworden ist. Also, warum etwas überstürzen? Zum Teufel! Sollte ich vorsichtig geworden sein?

In Lamicks Welt*

Oder: Hier irrt Gobineau

Leben gibt es nur im Widerspruch.
LUPASCO

Wir waren etwa zwanzig auserwählte Gäste beim Festmahl des *American Club* von Tirrenia. Wenn man vier Filme im gleichen *stabilimento* dreht, so ist es Brauch, wenn nicht Vorschrift, mit den Verantwortlichen der benachbarten *pellicula* zu fraternisieren. Dies ist um so leichter, als die Begegnungen von Film zu Film zahllos sind, von sechs Uhr dreißig morgens an, wenn die Gesichter noch schlafgedunsen sind (man versteckt sich, so gut es geht!), bis neunzehn Uhr, wenn das zwanzigmal erneuerte Make-up die erschöpften Züge der Athleten der Siebenten Kunst verklebt. Zwischendurch kann es geschehen, daß man nach der zwölften Schminksitzung, mit falschen Wimpern und silbernen Schatten kokettierend, seinen Charme in den Augen der Männer oder den plötzlich eifersüchtigen Blicken einer Kollegin überprüft.

Wie dem auch immer sei, Lächeln ist oberste Pflicht – vor allem dann, wenn man dem anderen am liebsten an die Kehle springen möchte.

An jenem Abend also, in Tirrenia, zog das Essen sich endlos hin. Ich war von einem langen Drehtag bereits erschöpft gewesen und plauderte nur noch matt, halb auf italienisch, halb auf amerikanisch, mit dem Regisseur eines Kriegsfilms über filmtechnische Fragen, mit denen ich noch immer nicht besonders vertraut bin. Endlich wurde die Tafel aufgehoben, der unterhaltende Teil des Abends sollte beginnen, und ich beschloß, mich auf französisch zu empfehlen.

Um Mitternacht sind die Straßen in Tirrenia stockdunkel, und

* M I B C S L

die fünfhundert Meter vom Klub bis zum *Continental Albergo* waren nicht recht geheuer. Um so weniger, als ich hinter mir einen rhythmischen Schritt hörte, der immer näher kam. Ich beschleunigte meine Gangart, ohne mich umzudrehen, doch schon hatte der Schatten mich eingeholt. Das Lampenfieber und die seit Tagen aufgespeicherte Müdigkeit hatten mein gewohntes Phlegma außer Kraft gesetzt, und ich fühlte mein Herz wie rasend hämmern.

*»It is dangerous to be alone, Madam, may I come with you to our hotel?«** Ich sah den Mann nicht, doch das *our* beruhigte mich ein wenig. Bin ich wirklich ein Snob? Sicher ist jedenfalls, daß meinem von Alkohol und Schlaflosigkeit umnebelten Hirn ein Unbekannter, der in meinem Palasthotel wohnte, im Grunde als kein ganz Unbekannter erschien. Ich faßte mir also ein Herz. *»All right, we'll go together.«*** Dann sah ich, daß mein Begleiter schwarz war.

Mein erster Impuls war Ablehnung. Allerhand Geschichten von Vergewaltigungen und Morden spukten mir im Kopf herum. Ich ging meines Weges weiter, doch es war wie in einem Alptraum. Spürte der Mann meine Angst? Er bemühte sich, seine langen Schritte meinen kürzeren anzupassen, und sagte, noch immer auf englisch: »Sie haben offenbar auch genug gehabt von diesem Familienabend. Ich saß neben der Frau eines Produzenten, die mir während des Menüs ihre letzte Entbindung geschildert hat. Als ich dann sah, daß Sie sich verdrückten, habe ich es Ihnen nachgetan.«

Ich konnte ein Lächeln nicht unterdrücken. Er lächelte ebenfalls, es war wie ein Mondstrahl in dieser dunklen Masse, die er zusammen mit der Landschaft bildete. Dann summte er ›Stranger in the Night‹, mit dem verzauberten Timbre der Farbigen,

* »Es ist gefährlich für Sie, allein hier zu gehen, darf ich Sie zu unserem Hotel begleiten?«

** »Also gut, gehen wir zusammen.«

und ich versöhnte mich langsam mit den Phantasmen dieser Nacht.

Ich ließ zu, daß er meinen Ellbogen faßte, und so wanderten wir dahin, mehr tanzend als gehend, ließen das Hotel links liegen und strandeten schließlich in einem der zahlreichen Nachtlokale dieser seltsamen Filmstadt.

Zum erstenmal in meinem Leben betrat ich ein öffentliches Lokal in Begleitung eines Farbigen. Trotzdem war mir diese Art von Stilbruch nicht peinlich. Mein Hang zur Herausforderung war stärker, und mit hocherhobenem Kinn durchschritt ich ein Spalier angetrunkener Nachtbummler. Auch ich hatte im Klub bereits einiges konsumiert und betrachtete staunend eine mir unbekannte Maud, die in den Armen eines olympiareifen Athleten Blues tanzte. Er begehrte mich ohne jede Prüderie, und ich, die ich es zu meiner eigenen Verwunderung fertiggebracht hatte, eine harte Drehwoche lang Enthaltsamkeit zu üben, überließ mich jetzt diesem Spiel von Instinkt und Zufall, das aus der Begegnung mit einem neuen Partner entspringt.

»Es kommt vom langen Fasten«, dachte ich, um mich zu beschwichtigen. Schließlich hatte ich den gesamten ex-belgischen Kongo von Albertville über Stanleyville bis Elisabethville durchreist, um Tausenden von Schwarzen die Schönheiten von Versailles zu zeigen und zu erklären, ohne daß ein einziger mich in Verwirrung versetzt hätte. Warum also machte die Nähe dieses einen mir so zu schaffen? Ich wehrte mich dagegen. »Ich bin durstig«, sagte ich, »und mir ist so heiß. Hören wir auf.«

Er gehorchte, doch sein Blick in dem ägyptisch geschnittenen Gesicht mit der keineswegs platten Nase wurde starr wie der Blick einer Statue. »Möchten Sie Wodka?« fragte er freundlich. »Ich trinke am Abend nie etwas anderes.«

Es gibt nur ein Getränk, das mich betrunken machen kann, und das ist ausgerechnet Wodka! Ich mag ihn ganz gern, er aber mag mich offenbar gar nicht. Dennoch entschloß ich mich, alle meine Vorurteile über Bord zu werfen. Und der große Arm legte sich um meine Schulter, während der feindliche Alkohol mich wie Feuer durchlief.

Ich schloß halb die Lider, ich genoß die Umarmung einer Pythonschlange, die ihre Wogen von meinen Brüsten zu meinen Hüften rollen ließ, sie nur zart mit den langen goldbraunen Fingern streifte, von denen die dunkellila Nägel wie Inselblumen abstachen. Der Wodka, der bereits einen Feuervogel aus mir gemacht hatte, verwandelte mich nun in eine Schlangenbeschwörerin: Ich wollte die Liebe mit einem Neger kennenlernen.

Wir gingen ins Hotel zurück, der Portier reichte mir den Schlüssel zu Nummer 122, Lamick den von 238. Im *Continental* herrscht »Ordnung und Schönheit, Luxus, Ruhe und Üppigkeit«. Lamick folgte mir in mein Zimmer, wo mich wie überall meine Halsbänder, meine Fotos, meine Lieblingsbücher tröstlich umgaben, und küßte auf klassische Weise meinen Mund, mit der antiken Schlichtheit der Männer seiner Rasse; dann entließ er mich ins Badezimmer, wohin man sich manchmal, trunken von Begehren, zurückzieht, um hygienisch ausgenüchtert wieder zum Vorschein zu kommen.

O weh! Meine Ungeschicklichkeit, der übermäßige Genuß von Wodka und meine Eile, die Operation Reinlichkeit so schnell wie möglich hinter mich zu bringen, ließen mich auf den Fliesen ausrutschen, und zwar so gründlich, daß ich mit dem Auge am Schwenkhahn des Waschbeckens aufschlug. Der Aufprall war so heftig, daß ich zunächst glaubte, mein Auge sei kaputt. Blut schoß heraus, ich bekam es mit der Angst zu tun und rief um Hilfe. Lamick lief herbei, hob mich auf, trug mich zum Bett und wusch die Wunde mit warmem Wasser. »Rufen Sie einen Arzt und geben Sie mir einen Spiegel«, sagte ich. Ich hatte meinen natürlichen Befehlston wiedergefunden.

Er reichte mir das Telefon, ohne ärgerlich zu scheinen, und ich erklärte dem Portier kurz, was mir passiert war. Um drei Uhr morgens! Lamick zog sich schleunigst wieder an und erneuerte die Umschläge auf meiner Wunde. Ich hatte eine mehrere Zentimeter lange Platzwunde, und die Vorstellung, ich könnte für lange Zeit entstellt bleiben – genau zu dem Zeitpunkt, da die tagtäglichen Nahaufnahmen die geringste Unvollkommenheit verraten! –, quälte mich furchtbar. Ich war außer mir. Mein Gefährte tröstete mich. Er zündete mir Zigaretten an, brachte mir mein Negligé, küßte mich auf die Stirn. Und trotz meiner trüben Gedanken freute mich seine Fürsorglichkeit.

Endlich kam der Arzt. Er preßte die Wunde zusammen, wusch sie mit Alkohol und verband sie. Er versicherte mir, daß ich nicht einäugig bleiben würde, wenn ich auch im Moment aussähe wie Filochard, doch er machte mich darauf aufmerksam, daß mein Auge anschwellen könne und wahrscheinlich in sämtlichen Farben des Regenbogens erstrahlen werde. Eine traurige Aussicht für eine Schauspielerin, vor allem für eine Debütantin! Wenn ich vier Tage lang nicht arbeiten könnte, so würde die Produktion durch meine Schuld Millionen verlieren; und ich bin – zumindest in solchen Dingen – äußerst gewissenhaft. Ich war entsetzt. Aber es würde mir nichts anderes übrigbleiben, als dem Regisseur am Morgen so früh wie möglich Bescheid zu geben, damit er entsprechend umdisponieren konnte.

Lamick, der große Lamick, machte sich ganz klein. Ja, nachgerade unsichtbar. Doch seine Gegenwart war tröstlich für mich. Er hatte einen Gedichtband herausgesucht und träufelte mir die Verse mit seiner ernsten Tragödienstimme ins Blut. So las er eine Zeitlang vor, doch da er mich dabei auch streichelte und ich nicht gefühllos bin, fiel das Buch schließlich vom Bett und wurde ersetzt durch den Riesen mit dem weichen Herzen und dem harten Geschlecht.

Ich habe die Liebe mit diesem Mann aus der Nacht sofort geliebt. Sein Rhythmus, seine Maße waren eindrucksvoll; und sein Instinkt war unfehlbar. Doch das Handicap meines Unfalls machte mich zu einer wenig begehrenswerten Partnerin. Ich folgte seiner Führung, doch ich war zu erschöpft von allem, was hinter mir lag, als daß ich auch nur die geringste eigene Initiative entwickelt hätte. Nachdem ich lange Minuten am Rand eines Genusses verweilt hatte, von dem ich nicht mehr wußte, ob ich ihn freiwillig oder unfreiwillig hinausschob, entlud sich die Spannung, bei Lamick ebenfalls, und unser gemeinsamer Schrei einte uns noch mehr als die Umarmung. Danach bat ich ihn, mich allein schlafen zu lassen, ich brauchte Ruhe. Am nächsten Tag, das war abgemacht, würden wir Florenz besichtigen.

Rote Samthose, weißer Pullover, Seeräuberklappe. Maud, die Einäugige, ist bereit für ihren zweiten Liebestest in Technicolor. Zum erstenmal werde ich Lamick am hellen Tag sehen, und ich kann eine leichte Unruhe nicht unterdrücken. Doch er ist von einem hellen Schokoladenbraun wie der Tut-ench-Amon der XVIII. Dynastie, von dem ich, ich gestehe es ohne Scheu, mehrere Nächte nacheinander geträumt habe. Die Schönen Künste werden noch mein Untergang sein! Doch warum eigentlich sollten die vortragsreisenden Kunsthistorikerinnen sich nicht von sitzengebliebenen alten Jungfern mit grauen Lebensgewohnheiten zu wollüstigen Bacchantinnen mausern können? Es würde weit besser zum Thema ihrer Ausführungen passen!

Lamick hält auch der Betrachtung bei Tageslicht stand, und seine Freundlichkeit hat nicht abgenommen. Ich steuere meinen MG leichten Herzens über die Autostrada Pisa–Florenz, das Radio plärrt auf französisch und italienisch, und auf englisch zu Ehren meines Fahrgastes, der seine Hand lässig auf meinem Schenkel ruhen läßt. Es ist Sonntag, ich sprühe vor Lebensfreude, die Eiben der Toskana ragen auf den Hügeln wie schwarze Phallen, und mir steigt Röte in die Wangen.

Wir beschließen, uns einen Spaziergang in der florentinischen Sonne zu genehmigen, ehe wir die Uffizien erstürmen. Wir bummeln den Arno mit seinen terrakottafarbenen Wellen entlang, ich schleppe Lamick bis zum Ponte Vecchio, diesem Brückenkopf der streitbaren Medici, den zur Linken der Palazzo

Pitti und die Festung des Belvedere mit allen seinen koketten Hügelchen flankieren, zur Rechten das herrliche Stadtbild aus der Zeit Michelangelos und Brunelleschis im Schmuck seiner Kuppeln und Campanile. »Ach Lamick! Ich möchte so gern die Gegensätze versöhnen, der Liebe eine Falle stellen!« Er küßt mich stürmisch. Es ist seine einzige Antwort auf mein Gerede und meine Abschweifungen: Aber sie genügt mir. Ist der Partner nicht auch einfach ein Vorwand für Entrückungen und Entzückungen? Und ein Weißer hätte mich gewiß nicht besser verstanden; zumal Lamicks göttlicher Körperbau sich vollendet in meinen augenblicklichen ästhetischen Horizont einfügt. Michelangelo schrieb so manches erlesene Sonett an seinen Cavalieri... Natürlich bin ich nicht Michelangelo, aber ich könnte, in aller Bescheidenheit, meinem Jamaikaner doch meine gefühlvollsten Strophen widmen.

In den Uffizien stimmt sein angeborener Schönheitssinn mit meinem Geschmack überein, und zwischen den Sonntagsbesuchern tanzen wir die ekstatischen Farandola von einem Botticelli zum nächsten. Plötzlich wird der Druck seiner Finger um meinen Nacken härter. »Chérie«, sagt er, »die dürften nicht hier sein, diese beiden...« Diese beiden, das waren zwei unglückselige, grinsende Gnomen, die sich ebenfalls an Botticellis ›Primavera‹ labten. Einen Augenblick zögere ich. Ist das Mitleid stärker? Nein, vielleicht habe ich in zu jungen Jahren Nietzsche gelesen. *»You are right. I Want beauty everywhere. Only beauty.«* *

Und furchtlos, ehrfurchtsvoll stürzen wir uns in einen Wirbel von Empfindungen: küssen uns vor einer Heiligen Jungfrau des Filippo Lippi, deren langen Hals ich, auch wenn Lamick es noch so hartnäckig behauptet, leider nicht besitze, schwärmen von einer Zeichnung Leonardos, auf der die Toskana in menschlicher Zerbrechlichkeit vibriert; laufen schließlich zur Bacchus-

* »Du hast recht. Es sollte nur Schönheit geben, Schönheit überall. Nur Schönheit.«

Grotte, die in den Boboli-Gärten ihre barocke und köstliche Höhle öffnet. Artig wie zwei Schulkinder hören wir dem mechanischen Führer zu, doch als er schweigt, lüpft Lamick meinen Pullover, um die Brust zu berühren, die seit dem Morgen schlummert. Diese einfache Berührung versetzt mich in Aufruhr, und ich will mir selber beweisen, daß ich ihn in Verwirrung setzen kann: Die Samt-Jeans sind so stramm, daß ich atemlos meine Handfläche darauf lege. Begehren steht gegen Begehren, mein dunkler Geliebter stellt sich hinter mich und preßt die Schenkel an meinen Popo, während seine Hände meine Brüste härten. Seine Liebkosungen sind so elektrisch geladen, daß der Stein um uns magnetisch wird. Ich wünsche mir, er möge mich auf der Stelle nehmen, hier, vor dieser Menge, die ganz nah an unserem Versteck zu hören ist; ich wünsche mir, die Grotte würde sich über uns schließen, über dieser seltsamen Hölle des wahllosen und zeitlosen Strebens nach Erfüllung, das sich paradoxerweise in der flüchtigen Wahl eines einzigen Gegenstandes verewigt; ich wünsche mir... Zwei schwarze Vögel mit lila Schnäbeln flattern zum Reißverschluß meiner Hose. Sie öffnen ihn, schlüpfen hinein; die Frucht bricht auf... Mein Leib weint Tränen der Lust.

Glocken tönen, tönen, tönen, während wir außerhalb der Zeit treiben.

In Florenz war es zwei Uhr nachmittags.

So habe ich drei Wochen lang dem schwarzen Eros gehuldigt. Doch die Verpflichtungen der Schauspielerin zügelten die ungebärdigen Instinkte der Liebenden. Ich entschloß mich also, wie der Dichter den unpaarigen Reim zu verwenden. Ich will damit sagen, daß Lamick sich nur jeden zweiten Abend mit mir paaren durfte, der andere Abend war der Pflege meines Haares und dem Soloschlaf vorbehalten. Doch auch allein schlief ich viel zu wenig, um in Form zu sein. Mein Maskenbildner, bei dem ich mich beklagte, daß ich um sechs und manchmal sogar schon um fünf Uhr aufstehen müsse, erklärte mir unermüdlich immer wieder, Sophia Loren stehe an den Drehtagen um drei Uhr nachts auf, um ihre Vorbereitungen ohne Hast treffen zu können. Und welche Vorbereitungen: Kräutermasken, Haarwäsche, Wasserwellen, Ausziehen der Mandelaugen (eine Geheimprozedur), Gala-Make-up... Ich protestierte nicht mehr, doch ich war nun überzeugt, daß ich nie den Grad von Heiligkeit erreichen würde, der nötig zu sein scheint, wenn man ein Star werden will.

Auch Lamick, der ganze Tage in den Sümpfen drehte, schonte sich nicht. Da seine natürliche Hautfarbe alle Kunstmittel überflüssig machte, hätte er nicht vor acht Uhr aufzustehen brauchen, aber nein, sobald er sich aus meinen Armen gerissen hatte, machte dieser Sportsmann sich auf die Beine und leistete sich kilometerlange Morgenläufe. »Damit ich in Form bleibe«, sagte er. Ich war fast ärgerlich, daß ich ihn nicht mehr ermüdet hatte. Aber es hätte mindestens eines Jazy bedurft, um ihn in seiner bevorzugten Disziplin zu schlagen – ich spreche vom Langlauf, versteht sich.

Sklaverei ist mir in jeder Form unerträglich, die Versklavung der Sinne wie die der Gefühle. Ein Schwarzer war zu meinem Sinn-Bild geworden. Im Bett wog er zehn Weiße auf. Er gefiel mir zu gut: Also mußte ich ihn in die Wüste schicken.

dem Staub gemacht. Was sollte ich tun: Sie wollte den Paletot nicht wechseln!«

»Mit Recht. Sie hätten doch nur die ganze Zeit aufeinander eingehackt. Aber Sie sind ein Hitzkopf, Sébastien, wenn Sie sich wegen einer solchen Kleinigkeit so ärgern, vor allem, wenn die Dame nicht in jeder Lebenslage ein Frosch war.«

»Sie wurde mir mit der Zeit zu teuer. Sie, Maud, die Sie sich so fabelhaft selber durchbringen, Sie können sich nicht vorstellen, was diese blöden, kleinen Nutten für Ansprüche stellen...«

»Sagen Sie lieber: Freudenmädchen. Ich hasse das Wort Nutte. Freudenmädchen klingt soviel teurer, Sébastien – um auf Ihrer Linie zu bleiben. Doch ein Freudenmädchen, das einem keine Freude mehr macht, soll man wegschicken, da gebe ich Ihnen recht.«

»Ja, Sie verstehen mich. Ach, wie gut das tut, eine verwandte Seele...«

Diese unverbindliche Plauderei ging so weiter bis *Templiers*, einem Milliardärs-Restaurant. Sébastien versteht es, ein dionysisches Mahl zusammenzustellen, ich beglückwünsche ihn dazu. Taittinger *brut*, numerierter Abzug – ich werde mich erkenntlich zeigen!

»Sébastien«, sage ich träumerisch, »ich habe soeben eine Entdeckung gemacht.«

»Sagen Sie mir rasch, welche, mein Engel, damit ich sie sogleich auswerten kann.«

»Sie sind toll hinter Ihren Brillengläsern. Ganz dünn, ganz schwarz, ganz unbewegt. Ich mag sonst keine Brillenmänner, aber Sie finde ich beinahe schön.«

»Geständnis für Geständnis, Maud. Ich muß Ihnen gestehen, daß Ihr Charme mich, trotz meiner Kurzsichtigkeit, stets fasziniert hat...«

Wir sind in dem weichgepolsterten Mercedes weitergefahren. Erlaubte Küsse, nicht geraubte Küsse.

Der Sommermond weist uns den Weg zum Schloß unseres

Gastgebers. Ich glätte mein Gefieder, kühle meinen Nacken. Dem teuren Kollegen will ich in voller Schönheit gegenübertreten.

Gemäuer aus dem 10. Jahrhundert – darunter noch einiges von Foulques-le-noir, dem Corbusier von Val-de-Loire –, aber es sind nur noch Bruchstücke von mittelalterlicher Strenge erhalten. Eine knirschende Zugbrücke erweist sich als wenig sinnvoll für die schweren Wagen. Schmal, holprig, abweisend sträubt sie sich noch immer gegen die Invasion der Barbaren. Ich flüstere meinem Chauffeur zu: »Sébastien, gleich werden wir siedendes Pech auf die Köpfe kriegen...« Doch es ist nur der Gastgeber, der uns mit brennender Fackel in der Hand empfängt und mir antwortet: »Verzeihen Sie, teure Freundin, dieses Haus ist Ihrer noch nicht würdig. Doch ich hoffe, daß es das eines Tages sein wird!«

Ich plustere mich auf, denn ich sehe einen alten Taubenschlag, und das Turteln ist für mich an solcher Stätte die natürlichste Sache der Welt.

Der Waffensaal mit seinen mächtigen Balken, seinen Kasten und Seeräubertruhen ist nicht sehr einladend. Dafür sprudelt die Bibliothek von Liebenswürdigkeit. Man spürt hier den Habitué der Nationalbibliothek, überall dicke Folianten und historische Dokumente. Die hufeisenförmige Sitzbank versammelt die ganze Gesellschaft um ein Kaminfeuer.

Mir gegenüber sitzt der Bruder eines bekannten Schauspielers. Die Ähnlichkeit ist frappant und beschränkt sich nicht nur auf das Äußere. Dieses Double aus dem Familienalbum besitzt auch den Geist, die Klasse und die Einfachheit des großen Mimen, den ich im engeren Kreise in der Ferme d'Augustin in Saint-Tropez kennengelernt hatte. Seine Begleiterin verschlingt ihn mit ihren Schlangenaugen. Sie sind beide in Mohair gekleidet und strahlen komplizenhaftes Einverständnis aus. Sie sind schön, sie sind zusammen keine sechzig Jahre alt – aber ich schweife ab. In Flammenhöhe, zwischen dem aufmerksamen dunklen Sébastien und Yves, dem blonden Schloßherrn in Leggins und gelber Weste, throne ich...

Wir sprechen von Brasillach*, dem Idol meiner strebsamen Jugend, dem Märtyrer, den ich nie vergessen werde, und das Gedicht über die Ketten des zum Tode Verurteilten rückt die Mauern auseinander, stimmt uns ernst. Auch die Schallplatte leidet, als hätte sie sich zu oft schon gedreht. Ich zerdrücke eine Träne. Jean-Loup, der Respektlose, meine erste Liebe, der im Gefängnishof Sonnenbäder nahm, um braungebrannt erschossen zu werden... Ludovic, mein zweiter Ehemann, der lebenslänglich politischer Flüchtling bleiben mußte, weil er nach seiner Fasson hatte leben wollen... Robert Brasillach, ihr gemeinsamer Freund... Ein Engel fliegt durch den Raum. Doch lassen wir's gut sein. Traurigkeit ist nicht mein Fall, und Grau steht mir nicht zu Gesicht. Ich möchte mit einem Mann ins Bett gehen, nicht mit meinen Erinnerungen.

Ich stehe auf. Das Paar verabschiedet sich. Sébastien legt den Arm um mich und verkündet, daß ›wir‹ im hinteren Zimmer sehr gut untergebracht sein würden. Es ist ein riesiger Raum mit schrägen Wänden und Kerzenbeleuchtung und vom Badezimmer durch einen gewundenen Korridor von zwanzig Meter Länge getrennt!

Yves belauert meinen Blick. Enttäuscht ihn mein Schweigen? Doch er verbeugt sich, küßt mir die Hand, und die beiden Männer streiten sich um die Ehre und die Mühe, meinen Koffer heraufzubringen. Sébastien bleibt Sieger. Ich breite mein orangefarbenes Negligé auf dem Bett aus und mache mich auf den Weg zu den Wasserstellen, nicht ohne meinen Ritter darauf aufmerksam gemacht zu haben, daß ein derartiges Verfügen über meine Person mir wenig ritterlich erscheine. Er führt sein Begehren ins Treffen... und seine Unschuld.

* *Robert Brasillach*, geb. 1909, frz. Romanschriftsteller, Essayist und Journalist, wurde 1945 wegen Kollaboration mit den Deutschen hingerichtet.

Ich verlasse das Badezimmer und pralle gegen einen Schatten, der sich auf meinen ungeschminkten Mund stürzt und ihn buchstäblich absaugt. »Sébastien! Was soll das! Wir werden uns eine Lungenentzündung holen in dieser Ahnengalerie, und zur Kameliendame fühle ich mich nicht berufen.«

»Aber Maud, ich bin nicht Sébastien, ich bin Yves...! Was sagen Sie nun?«

»Zum Teufel! In Ihrem Schloß spukt es. Sollte ich in die Höhle des modernen Blaubart geraten sein?«

Er leckte noch immer meine blankgeschrubbten Wangen. Seine Hände hatten meine Brüste unter dem Pullover aufgestöbert, und ich spürte, daß ihre Spitzen sich aufrichteten wie Türmchen. Wen sollte ich nun wählen? Den Finanzier oder den Schloßherrn? Denn eines stand außer Zweifel, wen ich auch wählen würde, diese Nacht würde den Spielen der Liebe geweiht sein. »Das *jus primae noctis* steht von alters her dem Grundherrn zu«, sagte ich ein wenig nachdenklich, »heute sind also Sie an der Reihe, Yves.«

Er läßt es sich nicht zweimal sagen, und ich lerne ein Zimmer kennen, das rot ist wie das meine und dessen erotische Atmosphäre mir zusagt. Wir stellen uns Sébastien vor, meinen potentiellen Liebhaber, und seine Ungeduld. Wir lachen, nicht boshaft, sondern grausam. Yves, Sébastien und ich praktizieren jene köstliche Libertinage, bei der man das Unerwartete liebt, den Partner tauscht nach Lust und Liebe...

Von allen meinen Liebhabern ist Yves unbestreitbar derjenige, der den Rekord für die größte Dauerleistung hält. Sapphischer als meine zärtlichen Freundinnen schmiegt er sich zwischen meine Schenkel, um hingerissen Honig zu saugen. Doch er ist durchaus imstande, sich auch mannhaft zu schlagen: Er absolviert redlich seinen Part, um flugs wieder zu seinen, sagen wir, submarinen Lieblingsbeschäftigungen zurückzutauchen. So hat er es fertiggebracht, mich mit seiner Schocktherapie zu erschöpfen. Zu meiner Überraschung, denn seine beinah zierliche Brummel-Erscheinung ließ keineswegs auf starke Männlichkeit schließen.

Endlich mußte ich, um mir eine Atempause zu verschaffen, mit diesem unersättlichen Höhlenforscher energisch werden. Er spielte die Sklavenrolle mit viel Grazie, und ich empfand es nicht als unangenehm, ihm meinen Willen aufzuzwingen, ihm meine Forderungen zu diktieren. Es machte mir Spaß, diesen Intellektuellen zu beherrschen, der die ländliche, telefonlose Einsamkeit vielleicht nur gewählt hatte, um die tumultuöse Zwiesprache mit schönen und wenig menschenscheuen Besucherinnen um so mehr genießen zu können.

Der Morgen fand uns geistesabwesend und müde vor dem munteren und brillenbewehrten boshaften Auge unseres Sébastien. »Ihr habt euch ja einiges geleistet, ihr beide«, grollte er lächelnd.

»Ja, lieber Sébastien«, gestand ich, »das stimmt, aber wir haben viel von Ihnen gesprochen. Wir haben bei jeder neuen Runde Ihrer gedacht – werden Sie mir verzeihen? Übrigens – aufgeschoben ist nicht aufgehoben...«

Yves wurde dunkel vor Ärger, während Sébastiens Miene sich strahlend erhellte. »Maud, Sie sind mir diese Revanche schuldig. Wissen Sie, mit wem ich mich über Ihre Fahnenflucht hinweggetröstet habe?«

»Mit einem Gespenst! Das ist hier das einzig Richtige!«

»Beinah. Ich hielt die ganze Nacht Ihr orangefarbenes Negligé im Arm. Ich habe Sie eingeatmet... Ich habe damit geschlafen, ich habe es angezogen etc....«

Er sprach nicht weiter. Ich lächelte, denn mir fiel ein, daß jemand mir berichtet hatte, der Generaldirektor habe die Angewohnheit, sich an manchen Tagen als Frau zu kleiden und dem Aufsichtsrat in schwarzen Seidenstrümpfen unter einem tadellosen Cardin-Kostüm vorzusitzen. Nanon, die gar nicht so dumme Nanon, habe ihn zuweilen mit eleganten Pumps ausstaffiert, und dann hätten sie beide mit Bleistiftabsätzen ›Käfer zertreten‹ gespielt. Ich vollendete also seinen Satz: »Dann sind Sie doch nicht so schlecht weggekommen, Sébastien. Das Orange muß Ihnen sogar noch besser stehen als mir.«

Yves lachte schallend, und da sah ich, o Grausen, daß die Zähne dieses Dandy, die mich so herzhaft bearbeitet hatten, chromgelb waren. Ich schwor, wenn auch ein wenig zu spät, daß ich in Zukunft meinen Anwärtern genauer auf den Zahn fühlen würde.

Das Fest

oder die Anti-Orgie

Der Mensch ist ein untröstliches und vergnügtes Tier.
Jean Anouilh

»Man muß einen Menschen nach dem beurteilen, was er verborgen hält«, schreibt Marcel Arland. Wäre demnach die Fastnacht, der Tag, an dem alles erlaubt ist, der rechte Zeitpunkt für das Jüngste Gericht? Wenn die Transvestiten sich gefahrlos verraten dürfen, die Gesellschaft der Umkehrung aller Ordnungen zustimmt... Ich bin zu einer Party eingeladen, deren Motto dazu angetan ist, mir Spaß zu machen: Frauen als Männer, Männer als Frauen... Gastgeber ist Sébastien, der Vielseitige.

Die Idee, als Fräulein aufzutreten, amüsiert besonders meinen Sohn: Für einen Berufsoffizier fehlt es ihm nicht an Humor, das muß man wohl sagen. Hier erkenne ich mein Rebellenblut wieder. Noël, mein junger Liebhaber, lacht. Ich schlage ihm also vor, er solle uns begleiten. Und schon lassen sich diese beiden jungen, gutgebauten Mannsbilder, die plötzlich so frivol geworden sind, von mir meine allerweiblichsten Kleider geben.

Zuerst putze ich meinen Sohn heraus. Ich habe keinen Familiensinn, aber dieses Kind ist nach meinem Herzen: Ein Etuikleid aus Silberlamé paßt ihm gerade als Mini; und der taillierte Mantel aus dem gleichen Metallgewebe wird meinen schönen Gleichgültigen eng umhüllen. Auf den kurzen Barras-Haarschnitt meine allerschönste Hippie-Perücke, um die Stirn ein Türkisband, an den Armen zwei mexikanische Sklavenarmreifen: Der Sex ist geswitcht! Für Noël wählte ich ein schwarzes, mit Goldwicken durchzogenes Musselinkleid – und schon ist mein Page in eine Riesenblume verwandelt. Gekrönt mit einer platinblonden Perücke und das Schmollmündchen rosig betont, wird er sogar zur fleischfressenden Blume.

Ich sehe mit meinem kurzgeschnittenen Haar und im Samtsmoking wie ein sehr kleiner Macker aus, zumal zwischen diesen beiden Schönen, die in ihren zu kleinen Pumps im Takt daherschwänzeln.

So marschieren wir die Avenue Montaigne hinunter, und die erstaunten Passanten drehen sich nach meiner seltsamen Begleitmannschaft um. Wirklich anständige Leute lassen es auch am Fastnachtstag beim Krapfenessen bewenden.

Übrigens scheinen die Jünger des Doktors Magnus Hirschfeld, der zu Anfang des Jahrhunderts eine Vereinigung zum Schutze der mit Geschlechtsanomalien und Perversionen behafteten Individuen gründete, nicht sehr zahlreich zu sein; oder sie haben heute keinen Ausgang! Wie dem auch sei, die Zurufe der Passanten lassen uns kalt.

In der vierten Etage eines stattlichen Wohnhauses öffnet uns eine Zofe – eine echte – die Tür nicht ohne Mißtrauen; auch sie versucht nicht, ihre Mißbilligung zu verbergen. Schließlich ist sie im Schoß der spanischen Kirche herangewachsen.

Im Salon stöckelt Sébastien herum, oder vielmehr Sébastienne. Auf der Straße hätte ich ihn niemals erkannt, in seinem weißen Vinyl-Ensemble, dem Make-up von Carita, der kastanienbraunen Perücke und den aufreizenden Brüsten. Doch seine Ehehälfte ist in ihren Torero-Hosen nicht weniger anziehend. »Ich habe einen Homo-Hintern«, gesteht dieser weibliche Eintags-Gigolo maliziös.

Ein Riesentrampel in roten Strümpfen küßt mir die Hand. Ein Elefantenweib schwankt neben seinem Porzellanfigürchen von Ehemann einher, der winzigen Reproduktion eines Pariser Vorstadtjungen. Eine recht männlich wirkende Nonne mit gemeißelten Zügen ist schuld daran, daß ich einen Augenblick lang auf den Brennesseln meiner Kindheit treibe... Schnell! Einen Champagner-Orange, und dann soll das Fest beginnen...

Eine Wahrsagerin, deren ungeheure und asymmetrische Brüste mich faszinieren, sagt mir die üblichen Fadaisen. Ein Weilchen beherrsche ich mich, dann erliege ich der Versuchung, gegen den Vorbau der Gauklerin zu klopfen. »Nicky de Saint-Phalle würde Sie liebend gern als Modell für ihre Busenköniginnen nehmen«, sage ich.

»Und ich würde sie liebend gern an meinen Busen nehmen«, erwidert die schnurrbärtige Zigeunerin.

Die anderen Gäste marschieren auf, die meisten sehr bemerkenswert ›umgesext‹, doch wenn ich von Eric und Noël absehe, die beide am Anfang ihrer gesellschaftlichen Laufbahn stehen, und von mir, die ich mich stets in Hochspannung befinde, so langweilen sich alle diese blasierten Leute hier, diese Parforcejäger des Vergnügens, die allzu fest im Wohlstandssattel sitzen. Um ihnen zu imponieren, muß man die raffiniertesten Zerstreuungen ersinnen, wie sie dereinst in Versailles geboten wurden – und jeder weiß, daß die Sinne am schwersten in einen Begeisterungstaumel zu versetzen sind. Sollten die Herren Generaldirektoren den Rat des Demosthenes vergessen haben: »Wir haben Gattinnen zur Verewigung unseres Namens, Konkubinen zu unserer Pflege und Kurtisanen zu unserer Zerstreuung«? Sie wollen zugleich die Gattin-Konkubine-Kurtisane. Und dann möchten sie noch eine Dienstmagd zu ermäßigtem Preis dazu. Daher werde ich, wenn nicht Resignation oder finanzieller Ehrgeiz mich erfassen sollten, nie wieder heiraten, aus Furcht, Witwe durch eigene Hand zu werden!

Fürs erste träume ich am Herzen der Nonne von den frischgestärkten Hauben und den verstohlenen Küssen meiner Mädchenjahre. Dann wechsle ich über in die Arme eines geschmeidigen Geschöpfs im schwarzen Seidenkleid, an dem überall goldene Kettchen klimpern. Ich rufe aus: »Aber Aljuscha, Sie sind gar nicht verkleidet!«

»O doch, heute nacht habe ich beschlossen, als Frau zu gehen!«

Hierzu muß gesagt werden, daß diese junge Frau den allerweiblichsten Nachtklub von Paris leitet.

Mitternacht. Ich wandere in Begleitung des Hausherrn zum Badezimmer. »Das ist ja ein wahres Schwimmbad, Sébastien. Oder vielmehr: Es sind römische Thermen.«

»Wir sind bestimmt die einzigen in ganz Paris«, erwidert der Industrielle, dessen Bart sich allmählich unter der Puderschicht bemerkbar macht, »die bequem eine Badewannen-Orgie für zwölf Personen abziehen können.«

Der Boden schwankt. Mein Herzblättchen streckt mit Besitzermiene den Kopf durch die Tür und nimmt mich bei der Hand. Nichts zu machen! An diesem Abend sind die Kulissen vergeblich aufgebaut worden. Was im übrigen nicht der Ironie entbehrt, den Sébastien-Sébastienne, der Computer-Verhökerer, hatte sein Fest sorgfältig programmiert. Vielleicht zu sorgfältig! Die viel zu früh losgelassene Ankündigung, daß die ganze Gesellschaft um vier Uhr morgens geschlossen bei Castel einfallen werde, wurde schnell wieder vergessen. Und daß die Männer große Mühe haben, auf hohen Absätzen zu gehen oder sich zu setzen und dabei graziös die behaarten Beine überzuschlagen, ist ein weiteres Handicap. So kommt es, daß nach einer kurzen, aufs entzückendste mit Van Moppesschen Perversitäten gepflasterten Höllenfahrt in die sapphischen Gefilde der Mikrothek und trotz Aljuschas Reizen gegen zwei Uhr morgens jedes Männlein sich wieder zu seinem Weiblein gesellt, nachdem aus jedem Weiblein wieder ein Männlein geworden ist.

Noël*

oder der Aufstieg Benjamins

Die Jugend ist töricht, weil sie nicht müßig gewesen ist.

Radiguet

Er ist noch nicht ganz zwanzig, und vielleicht wird er es nie werden, dieser blonde und rosige Knabe mit der Statur eines Olympiakämpfers.

Ich lerne ihn bei einer Vernissage von Louis de Wet kennen, in der Galerie ›3+3‹, wo die Ästheten den Athleten zahlenmäßig weit überlegen sind. Doch zunächst plaudere ich mit dem Maler, diesem in unser Jahrhundert verschlagenen Dürer. Er ist ernst und angeberisch, höflich und unverschämt, kurz, ein Mann nach meinem Geschmack. Seine Fantasiegebilde indessen deprimieren mich, so talentiert sie auch gemalt sein mögen, und seine Sammlung versklavter Frauen flößt mir eher Mitleid mit ihm ein als mit ihnen. Er ist eine wunderliche Erscheinung, aber nichts für mich. Unsere Bestrebungen weichen zu sehr voneinander ab. Ich mustere ihn ... und mustere ihn aus. Das blonde Kind hinwiederum betrachtet mich viel eingehender als die Gemälde. Das Geschiebe und Gedränge wirft uns einander in die Arme.

»Verzeihung«, sagt er. »Habe ich Ihnen weh getan?« Ich lache. Wie könnte die Berührung mit diesem Cherubino einer Messalina weh tun? Rasch eine Antwort: »Weh getan? Nein, im Gegenteil, wohlgetan.«

Sein leidenschaftliches Erstaunen bezaubert mich. Am liebsten möchte ich mich im Seeblau seiner Augen tummeln. Zumal hier eine Affenhitze herrscht. Die einen durstig macht. Man müßte ihm sagen, daß die Göttinnen und die Engel dürsten. Ge-

* J F C S T' V' L

wiß, ich bin eine merkwürdige Göttin, er aber sieht aus, als wäre er von einem Murillo-Himmel herabgestiegen. Ich möchte schwören, daß er Blei unter den Flügeln braucht.

So kommt es, daß wir uns in der *Rhumerie Martiniquaise* wiederfinden.

Saint-Germain-des-Près ist das einzige Stadtviertel in Paris, wo ein Paar wie wir beide nicht auffällt. Hier gibt es keine Vorschriften. Weder was das Alter noch was die Klasse anbelangt. Man ist, wer man ist. Unter Gleichgesinnten. Alles übrige kann einem egal sein. Ich habe nie in dieser Gegend gewohnt, aber ich habe mir hier immer ein Freigehege reserviert. Es ist mein allwöchentliches Refugium. Das Gegengift zu meinen gesellschaftlichen Verpflichtungen.

Der Punsch in der *Rhumerie* ist ein voller Erfolg. Beim zweiten Glas rückt Cherubino heraus. Er heißt Noël, natürlich APO. Student? Arbeiter? Er bringt alles durcheinander. Ich versuche übrigens gar nicht, ihn zu verstehen. Ich interessiere mich für seine appetitliche Jugend, nicht für seine wirren Theorien.

Seine oft unpassende Ausdrucksweise stimuliert mich. Will er sich in höhere Regionen aufschwingen, indem er die sozialen Schranken niederreißt? Gut. Heute abend bin ich von brüderlichen Gefühlen erfüllt. »Mein Kind, mein Bruder...«, ich denke mir aus, wie süß die Berührung mit seinem Körper sein wird. Doch ich bin wütend über seine Ungeschicklichkeiten, über die Eile, mit der er sein Ziel erreichen will. Er stürmt so schnell voran, daß meine Erzählung ihm nicht zu folgen vermag: Denn wir sind bereits bei mir zu Hause in Neuilly, und der Eilmarsch seiner Instinkte trampelt alles nieder. Die Liebe im Hopsasa-Tempo liegt mir nicht, nicht einmal mit einem Halbgott. Man erwartet die Götterdämmerung und bekommt den Holzhackermarsch...

Werde ich ihn die schwere Kunst des Wartens lehren, des Abwartens...? Es würde wohl viel Geduld erfordern. Trotzdem versuche ich, führe, befehle. Doch er kümmert sich nicht darum und schickt sich an zu neuen – wie er glaubt, ach, die schreckliche Arglosigkeit der Ungeschickten! – Heldentaten. Schließlich falle ich in Schlaf, voll Ärger darüber, daß ich ein so schönes Instrument so schlecht gewählt habe.

Am Morgen steht er ohne Eile auf und räkelt sich; erwartet er, daß ich ihn zurückhalte, diesen Schnellsprung-Rekordler? Er trödelt herum, und ich werde ungeduldig. Ich möchte wieder allein sein, arbeiten, die Übersetzungen meines Buches durchsehen. Und plötzlich schmilzt mein Groll dahin. Diese hohe Gestalt mit den breiten Schultern und der Mädchentaille, die Sonne, die ihre Kringel auf ihn wirft, der Mund, der fragt: »Noch einmal?«

Plötzlich fühle ich mich wohl, ja, ich fühle mich wohl, weil es diesen Augenblick gibt, einen Augenblick, in dem ich nach meinem Willen handeln kann, weil ich versuchen kann, aus diesem Knaben einen Geliebten zu machen – für andere, aber was tut's? Werde ich nachgeben? Nein, es ist zu spät. Seine Stunde ist vorbei. Ich betrachte das weiße Hemd und den blauen, fast malvenfarbenen Blick. »Nein, wirklich nicht. Du bist zu schön, wenn du gehst, Liebster... Du wirst wieder Noël.«

Und reich beschenkt von seinem Bedauern habe ich der fliehenden Jugend nachgeblickt, die so gern noch geblieben wäre.

Und doch ist Noël, trotz meines Entschlusses, hinter ein allzu Stendhalsches Fiasko endgültig einen Punkt zu setzen, zu mir zurückgekehrt. Wofür hat er mich eingetauscht? Für Hongkong – ganz einfache Sache! Auf die gefühlvolle Tour hat er mich rumgekriegt, dieses empfindsame Bambino.

Richard, der alte Freund aus meiner Kindheit, hat den Kleinen am Vortag seiner Abreise nach Asien getroffen. Da ich indiskret bin und ein Fehlschlag mir immer eher komisch als tragisch erscheint, hatte ich Richard lachend von der wenig ruhmreichen Probepartie des Pausback-Engelchens erzählt. Die Liebe als Tennismatch, meinetwegen. Doch von Zeit zu Zeit muß man einen Satz gewinnen.

Und Richard hatte den Jungen, grausam wie nur ein Vierziger es einem Grünschnabel gegenüber sein kann, scheinheilig gefragt: »Sag mal, Noël, wenn du wählen dürftest zwischen Hongkong und einer weiteren Probepartie mit der Baronin, wofür würdest du dich entscheiden?«

»Für eine weitere Nacht mit ihr, natürlich.«

Richard hatte nichts Eiligeres zu tun gehabt, als mir diese so schmeichelhaften Worte zu hinterbringen, und ich ließ mich von dem süßen Gefühl befriedigter Eitelkeit beschwatzen. Man appelliert nie ungestraft an meine Eigenliebe: Im Grunde bin ich ein schwacher Charakter, und ich weiß es nur zu gut.

Herzblättchen kam also an, eine lange dunkle Rose in der Hand, ein strahlendes Lächeln in den Augenwinkeln, eine ganz neue Entschlossenheit auf den Lippen. Ich öffnete seiner Jünglingsbegeisterung die Tür, ich, die Veteranin, die nichts weiter verlangte, als von dieser Glut angefacht zu werden. Um so mehr, als ich mich nachsichtig fühlte wie in den besten Tagen. Eine Nacht mit mir stand also bei der Jugend höher im Kurs als eine Reise nach Hongkong... Jeder läßt sich auf seine Art erweichen. Ich schmolz bereits dahin im Vorgefühl der Lust.

Er kam. Entschlossen. Sogar brutal. Fegte alle Komplexe in einem brüllenden Sturmwind hinweg. Mein rotes Zimmer hallte wider von ungeschminkten Urlauten. Was zählen daneben seine sprachlichen Unbeholfenheiten: »Weißt du, ich kenne keine Zwanzigjährige, die einen so prachtvollen Körper hätte wie du.« Oh! Immerhin besser als gar nichts, dieses zweischneidige Kompliment – denn die Kehrseite seiner Bewunderungsadresse kannte ich seit langem: Der Kopf ist eben leider der einer Vierzigjährigen, die vor gar nicht so langer Zeit einmal schön gewesen ist!

Jetzt aber Schluß mit den trübseligen Überlegungen. Die Nacht ist lang, lang, und sie ist die wärmste Nacht des Dezembers, denn er ist noch nicht zwanzig und findet mich prachtvoll.

Wir wollen sie genießen, diese Nacht! In Lust genießen, mein

Porzellanengel. Gemeinsam den Gipfel der Lust erreichen. Ich werde dich lehren, mir zu gefallen, mich zu liebkosen. Ich werde dich die Lippen und den Schoß lehren, die Schlucht und den Tau. Trink, trink aus dem Kelch deiner Geliebten. Trink aus dem Gral der ewigen Eva, trink auf die Gesundheit derer, die nach ihr kommen werden, all derer, in denen du ihr Andenken ehren wirst...

Ah! Meine Freude, mein Fieber, mein Stolz, mein strahlendes Mysterium. Niemals wird mein Mund schön genug sein, um dich zu bewundern und anzubeten, meine Wonne; doch der andere Mund erfährt deine junge Kraft und deine Glut...

Jetzt lasse ich meine Hände auf seinen harten Popo klatschen. »Wie, zum Teufel, hast du dich damals so jämmerlich, so tolpatschig anstellen können? Du mußt bestraft werden, kleiner Dummkopf, weil du es nicht verstanden hast, deinen Vorteil zu nutzen. Ich werde dir die Tracht Prügel verabreichen, die deine Blödigkeit verdient hat. Die Strafe von der Hand einer Geliebten, die ihrem Zorn Luft macht, weil sie um ihren Lohn betrogen wurde – ein stimulierender Verweis!«

Schlagen kann für mich gleichbedeutend mit physischer Leidenschaft sein, und wenn Nietzsche sagt, daß der Mann, der zum Weibe geht, die Peitsche nicht vergessen dürfe, so behaupte ich, kraft schlagender Beweise, daß auch das Gegenteil wahr ist. Denn in fast jedem verliebten jungen Mann schlummert ein Masochist, der sich nichts Besseres wünscht, als körperlich zu leiden, um noch mehr zu lieben.

Doch die Schmerzenspenderin, an die dieser ›Aufschrei des Herzens‹ sich richtet, muß wissen, bis wohin sie gehen darf. Gewiß sind die anregenden Qualitäten der Züchtigung unbestreitbar – saftige religiöse Geständnisse aus allen Jahrhunderten bezeugen es –, ein Übermaß an Schmerz indessen scheint mir die Wollust zu ersticken, sie ins Repertoire der Entarteten zu verbannen: eine Frage der Ästhetik.

Es gehört zur Tradition, daß man sich nach der Liebe an irdischer Nahrung gütlich tut, und mein junger Wolf mißachtete diese Grundregel nicht. Geschlagen, aber nicht gesättigt, läßt er sich eine Apfeltorte schmecken und erzählt dabei mit vollem Mund sein Leben. Was kümmern mich seine schlechten Manieren! Schließlich bin ich nicht seine Mutter, obwohl ich es dem Alter nach sein könnte. Lassen wir die Studenten hochleben! Hören wir uns das tortensüße Lied dieses Scholaren an, seine Geständnisse: »Damals, wie ich von dir weg bin, zur Uni, war ich ganz verzweifelt. Ich bin durch die Gänge gelaufen und habe den Schwanz eingezogen wie ein geprügelter Hund. Ich komme zum Lift und stehe direkt vor zwei Leichenträgern, die einen Sarg daherschaukeln. Gräßlich! Hat mich fast umgehauen. Paßte alles so gut zusammen! Ein einziges Trauerspiel, der arme Kerl in seiner Kiste, die Familie hinterher, ich und mein Fiasko, deine Verachtung und deine eisige Miene, die dir so gut steht wie die ›lange dunkle Dame‹ der Barbara ... verstehst du?« Das Ganze aufgesagt im Tonfall eines Kindes, das sich an ganz neuen Freuden satt gegessen hat, so theatralisch schmollend, daß ich laut lachen muß.

Er sitzt da, in köstlicher Nacktheit, seinen Kuchen in der Hand, und möchte wissen, ob ich mich über seine Mißgeschicke lustig mache. Aber nein! Und er verzeiht mir meinen Lachanfall und platzt jetzt selber heraus, verpaßt mir einen zuckergußverschmierten Kuß, der in einem neuen leidenschaftlichen und klebrigen Liebesbeweis endet.

Ich werde nie wieder sagen, daß man die Arten nicht mischen dürfe: rosige Hinterbacken, Pausbacken, schwarzes Vlies. Immer mehr brauche ich die Gewalttätigkeit, die sich vor allem in Worten äußert. Ich kenne nichts Schlagenderes als ein bissiges Wort inmitten des Deliriums: Es zeichnet mit glühendem Eisen. Es fegt alles Schlappe hinweg, aber es entfacht auch den nur noch müde schwelenden Brand. Und daher kommt es wohl auch, daß meine Partner in jedem Sommer um einige Lenze weniger zählen. Diese jungen Löwen, die zu erlesenen Festen geladen sind, können wohl ein paar Züchtigungen in Kauf nehmen. Im Dienste der Wollust die Podeste erklimmen, auf die die Dompteuse sie mit knallender Peitsche treibt. Von den Leidenschaften angestachelt durch Feuerreifen springen, um dann, plötzlich, die Belohnung dahinschmelzen zu sehen. Der Kopf der Lehrmeisterin ruht im Rachen des Lieblingslöwen – er soll zubeißen, wenn er kann!

In der Blüte der Jahre

Man soll niemals seine Zukunft betrauern.
BACHELARD

»Jede Nacht muß ihre Speise haben«, behauptet Balzac, nicht ohne Bosheit. Ich habe von Jugend auf seine Überzeugung geteilt und seine Ratschläge nicht in den Wind geschlagen. Und ich habe so manche Nacht in gutem ländlichen Schlummer verbracht und nur während der schmerzensreichen Genesung von einem gebrochenen Bein mich dieser modischen ›Schlafspender‹ bedient. Der qualvolle Gedanke an eine Verstümmelung, der ich nur durch ein Wunder entgangen war, rechtfertigte für kurze Zeit alle diese Immenoctal, Supponeryl und andere Willensgifte. Doch sobald ich wieder auf zwei Beinen stehen konnte, bin ich auf Skiern über die Vallée Blanche abgefahren und habe anstatt der Schlaftabletten wieder Schlafgenossen zu mir genommen.

Jede Liebesgeschichte kann und muß ein Freudenelixier sein, wenn man sich nur ein wenig Mühe gibt, sie zu transzendieren, das Vergnügen aus ihr herauszudestillieren. Aus dem Liebesspiel die Liebe verbannen heißt den Gewinn einstreichen, ohne den Einsatz zu zahlen, so willkürlich er auch festgesetzt sein mag.

Eine Amazone kämpft ohne Visier. Daß sie bei ihren ersten Waffengängen eine oder mehrere Liebesniederlagen hinnehmen muß, daß sie dabei leidet und weint und bitter fleht – sei's drum. Aber laufend rückfällig werden, wie die Mehrzahl meiner schönen Freundinnen, die in jedem Weekend-Lustobjekt den ›Mann fürs Leben‹ sehen – nein! Ich protestiere.

Der Sexus ist der Motor des weiblichen Instinkts, und eine Frau ohne Sex ist in meinen Augen eine Frau ohne Leben. Die zärtliche Berührung läßt unsere Haut glänzen wie Sonnenöl – die zärtliche Berührung und vieles andere, was ich nicht in aller

Ehrsamkeit aussprechen kann. Bin ich nicht die vierzigjährige Kriegerin mit der Liebesrüstung aus Fleisch und Blut? »Ein solider Körper hält sich lange«, bleibt der Grundsatz einer jeden Léa, die das Glück hat, einen Chérie zu besitzen.

Und mit dem Mann, der erst am 21. März dieses Jahres zwanzig Jahre alt sein wird, fühle ich mich verteufelt jung. Ich habe eine Vorliebe für Zufälle wie für andere Tugenden oder für kostbare Steine. Diese Frische berauscht mich wie eine Droge. Ich atme ihn ein, ich trinke ihn. Ich sammle seine Worte; ich wähle daraus die blonden Perlen und verflechte sie zu einem Dekamerone.

Diese Junge, der meinen Nächten saftvollen Schwung gibt, rührt und amüsiert mich. Und um Miles Davis' Musik zu genießen, gibt es nichts Besseres als auf dem Bett zu liegen, einen wirren blonden Lockenkopf im Schoß, der das ›Concerto d'Aranjuez‹ skandiert.

Was bindet mich eigentlich so leidenschaftlich an ihn? Andere haben mir, lange vor ihm, vollständigere Genüsse geschenkt, auch raffiniertere... Doch was er mir schenkt, das habe ich selber ihn gelehrt. Hier liegt der Schlüssel zu unserem Glück; und zu dem Aufruhr der Empfindungen, der jede unserer Umarmungen begleitet.

Vor mir kannte er nicht den Preis der Worte, die verletzen, den Geschmack der Küsse – der französischen, italienischen oder englischen.

Vor mir wußte er nicht, was es heißt, unter dem Joch einer Amazone zu leben, die Zärtlichkeit und Peitsche gleichermaßen parat hält. Er kannte keine anderen Umarmungen als die Knutschereien mit kleinen Mädchen im Kino, mit den Minderjahrigen an der Sorbonne. Und aus Jungen machte er sich nichts. Er war also reif für eine große Leidenschaft; und ich war da, mit meiner Aureole der Großen Liebenden! Ich habe es ihm ohne Umschweife gesagt, und wir haben zusammen gelacht, ein herzhaftes Lachen, bis uns die Tränen in den Augen standen und wir uns auf dem Boden rollten. »Du wirst niemals erwachsen werden«, sagte er zu mir. Gäbe es ein artigeres Kompliment?

Nein, ich bin nicht erwachsen, was immer die Kalender dazu sagen mögen, denn meine Neugier, meine Fröhlichkeit, meine Spontaneität, meine Begeisterungsfähigkeit sind ungebrochen. Doch ich habe auch meine schulmeisterliche Seite. Ich triefe geradezu von guten Ratschlägen, bestehe auf Diplomen, auf Pflichtlektüre – mit wechselndem Erfolg.

Ich habe Hervé geholfen, seine Eignungstests glorreich zu bestehen. Ich habe Lionel zumindest die moderne Kunst und die alten Steine nahegebracht. Und ich habe sogar versucht, Franck, dem bornierten Mediziner, gute Manieren beizubringen. Und Hugues, der mit jener brillanten und oberflächlichen Bildung jonglierte, die er einer guten Erziehung und einem angeborenen Schönheitssinn verdankte, habe ich in ein gewisses Tout-Paris eingeführt.

Mit Noël seziere ich die zeitgenössische Literatur. Er will alles, und alles sofort, Sartre und Peyrefitte, die Sagan und Camus. Er hält sie für Götter, und den Umgang mit ihnen für unbezahlbar. Was er übrigens auch ist. Ich füge hinzu, daß dieser literarische Heißhunger mich nötigenfalls auch über seine Empfindungen meiner Person gegenüber beruhigen könnte: Mein junger Ruhm verleiht mir in seinen Augen unaussprechlichen Wert.

Und schließlich habe ich, wie ich glaube, alle diese jungen Wölfe die Frau kennen gelehrt: nicht vulgär und nicht dumm, nicht eigennützig, nicht gutmütig, nicht weichlich, nicht spießig, nicht weinerlich, nicht passiv – die wache Frau.

Indem ich sie liebte und mich ihnen nackter als nackt zeigte, doch nicht wehrlos, habe ich sie auf ihre Zukunft als Männer vorbereitet. Ich habe sie die Jagd auf Diana gelehrt und bin dabei zu meiner Beute gekommen.

Und die Frauen? Vinca und Nanon haben sich gern beherrschen und vor meinen Wagen spannen lassen – ich werde sie bestimmt niemals völlig verlieren –, Valérie hingegen, die mir, auch durch den sehr persönlichen Ausdruck ihrer Erotik, mehr Schwester als Geliebte, hat auch schon vor mir existiert. Ich kann nur hoffen, ihr ein Jota hinzugefügt zu haben.

»Das Fleisch kennt nicht Vernunft.« Wie recht hatte Shakespeare, dies in so prägnanter Form anzuerkennen, und ich werde mich hüten, einen so alten und illustren Gedanken Lügen zu strafen, und werde meinem Fleisch noch viel Unvernünftiges zugute kommen lassen.

Und dann...

Glücklich sein ist eine Tugend,
die mächtigste aller Tugenden.
GOBINEAU

»Letztlich liebt man nur seine Neigungen, und nicht das, wozu man neigt.« Nietzsche hat mir schon in meiner Jugend diese entschieden egozentrische Verhaltensweise eingegeben...

»Und du hast sie dir mit einer Härte zu eigen gemacht, die eine ernste Herzdeformation befürchten läßt.«

»Leben wir nicht im Zeitalter Professor Barnards? Sollte sich herausstellen, daß mein Herz in allzu gefährlicher Weise angegriffen ist, so wird man es hoffentlich durch ein nagelneues Organ ersetzen können...«

»Du nimmst nichts ernst, weder den Fortschritt noch die Wissenschaft...«

»Vor allem nicht die Wissenschaft! Weißt du, mich würde vor allem eines interessieren, nämlich die Auswirkung der Herzverpflanzung auf das amouröse Verhalten des Helden.«

»Was willst du damit sagen?«

»Ich will sagen, daß der Ruhm Professor Barnard zu Recht mit einem Glorienschein umgibt, jedoch seinen Lebensstil umgestülpt hat. Auf dem Gipfel der Popularität wiegt er sich im Tanze mit Gina Lollobrigida oder Sophia Loren, vergißt sein Eheweib in der Gepäckaufbewahrung, jagt von einer Pressekonferenz zur anderen, präsentiert den Fotografen seine fotogenste Seite...«

»Konnte er sich denn den Verpflichtungen des Berühmtseins entziehen?«

»Darum handelt es sich nicht. Ich sage nicht, daß er sich danach gedrängt hat, ich sage nur, daß er sich dabei wohl fühlt.«

»Na schön. Und?«

»Und eine schlichte Berühmtheit, das schlichte Bewußtsein,

auf irgendeinem Gebiet etwas gewagt und fertiggebracht zu haben, führt unweigerlich ins Räderwerk der ichbezogenen Euphorie.«

»Sagen wir lieber: zur Selbstzufriedenheit. Aber wir wollen jetzt von dir sprechen.«

»Um so lieber, als du meine größte Sünde kennst: Kein anderes Thema hat mich je leidenschaftlicher interessiert! Für mich, die Französin mit einem Tropfen spanischen Bluts, ist das Leben ein Stierkampf, bei dem es gilt, sich in Gedanken und Taten auf die Instinkte des Partners, den man liebt, einzustellen – für die Dauer einer Corrida! Denn ich liebe das strenge Ritual, das keinerlei Abweichung zuläßt. Wenn man unter Liebe versteht, den ›Gegner‹ zu erraten, dann ist sie mehr als ein Spiel, dann ist sie eine Kunst: vollkommene innere Ruhe erreichen, die eine bei aller Heftigkeit harmonische Entwicklung der verschiedenen Phasen des Kampfes erlaubt; dem Drama der *faena*, diesem Aufeinanderprallen der Kräfte, einen tiefen Sinn verleihen; und dann, wenn der Sieg errungen ist, alles vergessen, um sich mit neuem Elan ins nächste Treffen zu werfen.«

»Ein Treffen von kurzer Dauer! Du liebst dein Opfer nur im Augenblick des Angriffs...«

»Ich habe nur Sinn für den Augenblick, für den Mythos...«

»Welchen Mythos?«

»Den zweigesichtigen Mythos des Menschseins, der das Opfer voraussetzt und rechtfertigt.«

»Hm! Du verwandelst die Leidenschaften in Vorwände; fürchtest du nicht, daß du auf diese Weise selber zum Mythos werden könntest?«

»Warum nicht? Ich habe keine Komplexe: Ob ich nun auf dem Olymp als Göttin throne oder nicht, ich weiß sehr wohl, daß man immer nur die Diener hat, die man sich schafft. Warum gleichen meine Partner der letzten beiden Jahre einander wie die Fliegen? Weil die Menschenfresserin am liebsten rosiges Fleisch und junge Männer mag – du siehst, es ist ganz einfach.«

»Für dich ist alles nur ein Spiel...«

»Ja! Wenn du nichts dagegen hast... An einem Campingabend in der Normandie hat Hervé erklärt, ich sei eine fleischfressende Pflanze. Warum soll ich nicht die Spiele spielen, für die ich geschaffen bin?«

»Reinster Determinismus! Aber warum eigentlich nicht...«

»Und sind diese Spiele denn nicht köstlich? Denn sie sind nicht nur Corrida, sie sind auch hohe Jagd. In Venedig, auf dem Campo San Polo, fand einst beides zugleich statt; die Hunde, die Meute, das wesentliche Element der Hetzjagd, ersetzten dabei die Picadores.«

»Es wundert mich, daß du nicht auf das Ritual des Kostüms zu sprechen kommst, beim Matador wie beim Jäger und beim Geliebten.«

»Du hast recht: Es ist wichtig, sich in Licht und Farbe zu kleiden, das Grau in Grau des Alltags strahlend herauszufordern. Man muß sich schmücken für das Fest, und jeder Kampf wird geadelt durch die Vorbereitungen, die seinem Ablauf vorangehen. Ein blonder Geliebter von zwanzig Jahren soll sich in Tücher von schwarzer Seide schlagen, so wie der Torero von Gold, von Seide und Silber blitzen soll, die Amazone sich mit Rubinen oder Smaragden schmückt und mein zimtfarbener Körper aus weißen Pelzen auftaucht.«

»Hättest du gern, daß andere dich nachahmen?«

»Einige ja, unbedingt. Allerdings sehr wenige. Sagt nicht Roger Vailland in seiner Skizze über das Einhorn-Weib: ›Es gibt Frauen, die sich durch ihre einmalige Natur ebenso sehr von allen anderen unterscheiden, wie ein Einhorn sich von der Rasse der Ziegen unterscheidet.‹ Ich werde niemals eine Ziege sein!«

»Liegt darin deine ganze Philosophie?«

»Warum diese Beschränkung? Ich muß mir dauernd Beweise liefern, um meine Unabhängigkeit zu rechtfertigen, meine Herrschsucht. Ein gefährliches Spiel: Du vergißt, daß ich dreimal um ein Haar die Zügel einem anderen überlassen hätte.«

»Ist dieser Verzicht dir denn nicht wie die Vorstufe zum Glücklichsein erschienen?«

»Ich verabscheue das Glücklichsein, dieses Hausmeisterinnen-Argument, das ein obskures und mittelmäßiges Geschick rechtfertigen soll. Ich liebe die Freude, diesen unvergleichlichen und flüchtigen Augenblick. Die Freude und den Genuß: diese explosive Mischung.«

»Und die Jugend. Aber fürchtest du nicht, daß deine Liebe zu Freude, Genuß und Jugend dich geradewegs in eine Katastrophe führen könnte?«

»Ganz im Gegenteil! Ich bediene mich der männlichen und weiblichen Jugend und werde mich ihrer bedienen, jedenfalls solange auch sie mich begehrt. So wie ich Sport treibe und treiben werde, solange ein Atemzug in mir ist. Wenn ich voll Schwung und Lebensfreude schwimme, skifahre, reite, den Meeresgrund erforsche, zusammen mit meinem Sohn und seinen Altersgenossen, ist es dann erstaunlich, daß ich aus ihrer Mitte meine Bettgefährten wähle? Manche Leser schreiben mir, die ›Geständnisse‹ seien ein Brevier – gut so, ich bin stolz darauf...«

»Ich habe geglaubt, du würdest die anderen verachten, dich den Teufel um sie scheren.«

»Die anderen, ja, aber nicht die wahren Liebhaber, die man nicht vergißt.«

»Lassen wir also diese amouröse Rangerhöhung gelten. Aber du, wann wirst du wohl abdanken?«

»Abdanken? Was für ein häßliches Wort! Ich? Niemals! Ich werde mich anpassen... in einem Monat oder in zehn Jahren. Wenn mir zum Bewußtsein kommen wird, daß ich alt bin. Ich weiß aus Erfahrung, daß man sich physisch in eine Sechzigjährige verlieben kann – Angelika zum Beispiel. Ihrem Charme war ich rettungslos verfallen. Sobald ich die Zeit der zweiten Jugend überstanden habe, die mich zur Schmetterlingssammlerin macht, werde ich ohne Bitterkeit zu meinen Folianten in der Nationalbibliothek zurückkehren; und da ich keine privaten Geschichten mehr haben werde, will ich mich der Weltgeschichte widmen und ihren Zauberkunststücken. Und ich werde mein Haar weiß lassen, schneeweiß, und weiß auch die Seite, aus der die Freundschaft hervorlächelt. Und zur weiteren Anreicherung dieses radioaktiven Niederschlags eines Lebens, das so köstlich gewürzt war mit Pfeffer, mit Muskat, mit Schwefel, mit Nelken, mit Kräutern, mit Algen und, sagen wir es ruhig, mit Sperma, werde ich mir ein rauschendes Fest des Lachens leisten.

Das Lachen, dieses olympische Laster. Dieses Lachen, das bei den Philosophen so schlecht angeschrieben ist: ›Das Lachen ist ein Laster der menschlichen Natur, und jeder denkende Geist wird sich bemühen, es zu überwinden‹, sagte Hobbes.

Ich werde meine fröhlichen Erinnerungen zu Gast laden, meine gewagtesten Unternehmungen, meine naivsten Anbeter, meine boshaftesten Vorträge, meine gekonntesten Küsse, meine Geldsorgen und meine Gewalttätigkeiten und sie den kleinen Interessen und den großen Sorgen der Mehrzahl der Frauen von Welt gegenübersetzen.«

»Der Frauen deiner Welt?«

»Aber ich bin stolz darauf! Die Unabhängigkeit ist Sache einer verschwindend kleinen Minderheit von Frauen – das Privileg der Starken. Und ich bin Frau und stark zugleich. Wenn ich Anstoß errege, so hauptsächlich deshalb, weil man mich fürchtet; doch wer meine Absage an den Konformismus unseres Standes versteht, dessen Privilegien ich übrigens nicht abgeschafft wissen möchte, der weiß genau, daß eine schöne, intelligente und originelle Frau alle Geburtsrechte besitzt und daß es normal und natürlich ist, wenn sie über das Reich der Männer herrscht.

Sie ist mit ihren Gaben geschmückt wie andere mit Juwelen, gewährt ihre Gunst nur der Schönheit, der Macht, der Grazie, erstrahlt in einem Lachen, dem Lachen der Eroberer und der Amazonen – man muß sie einfach anbeten. Und ich, die ich nicht an den Gott meiner Kindheit glaube, ich genieße in vollem dionysischem Bewußtsein die heidnischen Tugenden, die mich das allergöttlichste Lachen gelehrt haben: das goldene Lachen.«

Wolfgang Fienhold

Die flambierte Frau

1

Das kleine Mädchen sprang fröhlich durch den Garten des elterlichen Anwesens. Plötzlich fielen ihm die schönen Bilder in Vaters Bibliothek ein. Es lief auf die gepflegte Villa zu, hüpfte die breite Steintreppe hinauf und öffnete scheinbar mühelos die mächtige Eingangstür. Ihre trippelnden Schritte klangen etwas verloren in der großen Halle. Die blonden Löckchen umrahmten das leicht gerötete Gesicht. Das Mädchen blieb vor den Regalen an der Wand stehen und zog einige Bücher heraus. Hinter den Büchern befand sich ein flaches Kistchen. Das Mädchen griff danach, holte es hervor und setzte sich damit auf den Boden. Mit einem Ausdruck spannungsvoller, freudiger Erwartung öffnete das Mädchen den Deckel. Das kleine Kästchen war prall gefüllt mit Fotografien und Postkarten, und alle zeigten erotische Bilder und Motive. Doch die Motive faszinierten Eva lange nicht so wie die Menge der glänzenden Bilder, sie warf sie, immer erneut zupackend, in die Luft, daß sie auseinanderfielen und rings umher niederregneten. Nachdem sie dies mit großem Spaß einige Male wiederholt hatte, verlor das Spiel seinen Reiz. Eva eilte auf ihr eigenes Zimmer, um sich über ihre Bauklötze herzumachen.

Was sie nicht wußte, nicht ahnte, nicht fühlte, was sie erst sehr spät zu verwundern begann: Die Schönheit war es, die sie erregte. Entweder die Schönheit, die sie fürchtete zu entbehren, woraufhin sie feindselig reagierte – oder die Schönheit, die sie besaß als eine Macht, mit der sich arbeiten ließ. Wer diese Schönheit begehrte, den unterwarf sie nicht weniger den vielfältigen Praktiken ihrer Feindschaft.

2

»Du hast schon wieder meinen Rasierapparat benutzt. Du hast dir wieder die Beine damit rasiert!«

Der Vorwurf, nebensächlich hingesprochen, verriet kaum die Wut, die viel Energie brauchte, verdeckt zu werden. Wenn Markus so zu ihr sprach, in diesem gebändigten Ton, wurde sie angesteckt von seiner Erregung.

Sie ignorierte den Vorwurf. Ja, es war ihre Schuld. Sie nahm jedesmal den Apparat, der ihr zuerst in die Hände fiel.

Markus kontrollierte den Eßtisch.

»Du mußt dich noch umziehen«, sagte er.

Sie blickte an sich herab. Karierter Rock, weiße Bluse und Pullover, was paßte davon nicht zu den Gästen, die sie erwarteten? Sie gab sich gern ein wenig brav, manchmal, wenn es angebracht war und wenn sie sich so fühlte. Es war der nötige seelische Ausgleich.

Markus, den Rasierapparat in der Hand, stand unzufrieden neben dem Eßtisch.

»Wo hast du den Wein hingestellt?«

»Den Wein hab' ich vergessen.«

»Vergessen? Was soll ich denn da anbieten?«

»Es ist doch noch genug von anderen Getränken da. Sonst sind nachher bloß wieder alle betrunken.«

Markus verzichtete auf die Zuspitzung der Situation. Entgegen seiner Devise, wonach eine Kontroverse die Luft reinige und eine Beziehung festige, legte er Eva flüchtig die Hand auf die Schulter.

Es wirkte vertraut und beschwichtigend. Ganz anders als seine Worte, als er fragte:

»Was hast du tagsüber eigentlich getan?«

Sie rückte auf ihrem Stuhl hin und her, es sah aus, als wolle sie nur bequem sitzen.

»Ungefähr dasselbe wie jeden Tag... Platten gehört... gelesen... mit Marion telefoniert... und nachgedacht.«

Das Wort ›nachgedacht‹ hätte ihn normalerweise zur Explosion gebracht. Aber er deckte nur den Tisch fertig. Eva entschloß sich, ihm dabei zu helfen. Zum Schluß zündete sie die Kerzen des großen Leuchters an, ihrer letzten Neuanschaffung.

Als die Kerzen brannten, blieb sie stehen und hielt eine für ihre Verhältnisse reichlich seltsame und lange Rede.

»Ich verstehe nicht, was du eigentlich noch von mir willst. Ich bin das glatte Gegenteil der Frau, die du brauchst. Du weißt, ich kann nicht mal richtig kochen. Ich kann den Tisch nicht decken, wie es sich gehört. Ich bin eine schlechte Partnerin beim Tanzen, weil ich den Takt nicht halten kann. Ich kann nicht Auto fahren. Den Führerschein schaffte ich nicht, weil ich jedesmal in eine Einbahnstraße reingefahren bin, in der verbotenen Richtung. Das hast du sicher nicht vergessen, du hast es ja bezahlt. Ich bin auch nicht gerade sprachbegabt. Ich kann nicht rechnen, das konnte ich noch nie. In der Schule versuchte ich ein ärztliches Attest zu bekommen, das mir bescheinigte, daß ich nicht in der Lage bin, am Mathematikunterricht teilzunehmen, weil die Zahlen und Formeln mich schwindelig machten. Ich kann nichts. Jede andere Frau hat dir mehr zu bieten.«

Während sie sprach, sah sie zu Markus hin, der ihr den Rükken wandte und die Musik etwas lauter stellte.

Immerhin waren es seine Worte, die er nicht hören wollte.

Zumindest nicht aus ihrem Mund und nicht ironisch vorgetragen.

Er nahm diese Dinge sehr ernst.

Manchmal hatte sie das Gefühl, daß sie alle Eigenschaften besaß, die Markus an Frauen haßte. Er bemerkte es nur nicht, weil er beschlossen hatte, daß sie sich liebten.

Die Türglocke ertönte.

Keine Zeit für Analysen, Erörterungen und Streit.

Markus wandte sich endlich zu Eva um und musterte sie. Sie

stand starr und stumm vor ihm. Er hob die Schultern und wußte nicht, wohin mit dem Rasierapparat. Er steckte ihn schnell in seine Hosentasche und federte dann in elastischen Schritten zur Tür, die Gäste gebührend zu empfangen.

Eva hörte die Begrüßungsfloskeln, wandte sich weg und eilte auf ihr Zimmer, wo sie den Koffer, den sie vor fünf Jahren mitgebracht hatte, vom Schrank hob, den Deckel aufklappte und rasch das Notwendigste hineinwarf: etwas Unterwäsche, Pullis, Hosen, Bücher, Schuhe, Kosmetika und ihre Lieblingsplatten.

Sie wollte schon durch die Tür, als sie zögerte, sich umwandte und auf einen Zettel schrieb: »Ich liebe dich nicht mehr – Kuß – Eva.«

Sie zog ihren grauen Trenchcoat an, ergriff den Koffer und schlich vorsichtig witternd zur Wohnungstür.

Ungesehen entkommen, verließ sie das Haus und betrat mit einem Gefühl plötzlich aufbrechender Freude die von einer Unzahl geparkter Autos gesäumte Straße.

Sie ging nicht einfach fort, sie lief mit schnellen, kurzen Schritten, den Koffer mal in der einen, dann in der anderen Hand. Sie lief, solange es nur anging, und der Atem reichte, mehrere Straßenzüge hin, bis sie sich weit genug entfernt wähnte von Markus und ihrer gemeinsamen Wohnung und den vergangenen Jahren, die sie als Mann und Frau miteinander verbracht hatten.

3

Bevor Eva zur Schule kam, lebte sie in stolzer Einsamkeit. Allerdings wußte sie davon nichts. Manchmal hörte sie die Eltern von ihrem Wunschkind sprechen. Irgendwann begriff sie, daß sie das war, doch es langweilte sie.

Für ihren Vater, einen vielbeschäftigten, angesehenen praktischen Arzt, stand fest, daß seine Tochter einmal Medizinerin werden würde. Der Einfachheit halber schloß die Mutter sich den Vorstellungen ihres Mannes an. Die Eltern erwarteten von ihrem Wunschkind, daß es keine eigenen Wünsche und Sehnsüchte entwickelte. Eva aber hatte sich in den Jahren des Alleinseins darin trainiert, eigenen Vorstellungen zu folgen. Sie konnte stundenlang still dasitzen, ganz gebannt und ohne zu ermüden.

Der Vater, der so viel zu tun hatte, erlebte das nie. Die Mutter wunderte sich manchmal, hielt ein, strich das Kleid über den straffen Oberschenkeln glatt und rief aus: »Kind, was ist mit dir?« Eine Antwort wartete die Mutter nicht ab. Eva gab auch nie eine Antwort darauf. Allerdings empfand sie den Ausruf der Mutter als störend. Eva hatte sich ein inneres Kino aufgebaut, ein Wunschkino. Sie war wirklich ein Wunschkind geworden, ein Kind, das seine eigenen Wünsche so stark und deutlich empfand, daß die Wünsche zu Bildern wurden. Eva konnte diese Bilder so genau sehen wie die Bilder auf dem Bildschirm. Schon morgens und an den Vormittagen, wenn noch kein Fernsehprogramm lief, saß Eva in ihrer Lieblingsecke.

So allein und einsam blieb sie auch während der Schulzeit. Die andern in der Klasse waren nur so vorhanden wie die Eltern, sie kamen und gingen und es wurde untereinander gesprochen und miteinander gelebt, doch Eva blieb unter den andern das, was sie vor der Schulzeit schon geworden war: ein auf sich selbst zurückgezogenes Wesen. In der Klasse galt sie als stolz und eingebildet. Sie wußte es und reagierte kaum darauf. In Wirklichkeit war sie weder stolz noch eingebildet. Sie brachte es fertig, jemandem die Hand zu geben und ihn freundlich anzulächeln, und dabei war sie dem andern fern, als sähe sie ihn nicht.

Das Wunschkind enttäuschte den Vater abermals, als es eine Abiturnote von 2,3 nach Hause brachte. Damit war weder Staat zu machen noch ein Medizinstudium zu beginnen. Eva genoß die Enttäuschung der Eltern, ohne es zu zeigen. Ungerührt entschied sie sich für Germanistik und Theaterwissenschaften, es hätte aber auch Ornithologie oder Sinologie sein können. Das Studienfach war ihr vollkommen gleichgültig, sie studierte nur, weil die andern studierten. Im übrigen war sie zu dieser Zeit nervös, gereizt und so widerspenstig, daß die Jungs ihr in ganzen Rudeln verfielen und nachliefen, was sie ihrerseits wiederum dazu brachte, mit provozierender Ablehnung zu reagieren. »Mein Gott, Kind, nimm dich doch zusammen!« sagte die Mama. Der Papa bemerkte verdrießlich: »Mädchen in diesem Alter –« Er beendete den Satz nicht. Schließlich beendete er in seiner Praxis auch viele Sätze nicht. Wollte ein vielbeschäftigter Arzt alle begonnenen Sätze beenden, müßte der Tag 48 Stunden haben.

Die ewigen kleinen Spannungen und Streitigkeiten mit den Eltern verletzten die Tochter nicht. Das hatte sich in den Jahren so ergeben und wäre auszuhalten gewesen. Ihre Unfähigkeit, eine Tochter im Haus und Umkreis der Eltern zu bleiben, resultierte mehr aus ihren körperlichen Bedrängnissen. Diese unklare wütende Heftigkeit, die Eva in sich spürte, hinderte sie daran, noch wie vordem in der zurückliegenden Kindheit stillzusitzen und das innere Fantasiekino zu genießen. Wenn sie es doch geschafft hatte und daheim in ihrem Zimmer im elterlichen Bungalow saß, auf ihrem angestammten Lieblingssessel, und wenn dann ihre Wünsche und Sehnsüchte Gestalt annahmen, dann hielt sie es nicht aus, sprang auf, lief gehetzt umher und war bald auf und davon. Die Mutter, wenn sie daheim war und es bemerkte, rief der Tochter mit schriller, bebender Stimme nach:

»Ev – wo willst du hin?«

Als die Mutter es tausendmal gerufen hatte, kehrte Eva nicht zurück. Das geschah einen Monat nach ihrer Volljährigkeit. Mit achtzehn Jahren und einem Monat hatte sie die Nabelschnur der Erziehung durchtrennt. Die Geborgenheit daheim kotzte sie an, das hatte sie schon mehrere Dutzend Male laut gesagt. Zu oft, als daß es ihre Mutter noch ernst genommen hätte. Ein Grund mehr für Eva, es ernst zu nehmen und auf und davon zu gehen.

4

Zwei Frauen, die ein 1-Zimmer-Apartment bewohnen, sind auf ihre bewährte Freundschaft angewiesen, damit es nicht zu eng werde im Schneckenhaus. Eva, die bei Markus aus- und bei der Freundin eingezogen ist, liegt auf dem Bett und betrachtet Gisela, die Freundin, die seit Wochen an ihrer Doktorarbeit tippt. Mit dieser Energie könnten Berge versetzt werden, denkt Eva.

»Du siehst so verändert aus. Bist du anders geschminkt?« fragte sie die angehende promovierte Akademikerin.

Gisela blickte lachend von der Maschine auf. Es sind diese Gespräche, die sie zugleich in der Arbeit bremsen und beflügeln. Sie hat sich noch nicht entschieden, ob die Anwesenheit der Freundin als gut oder schlecht zu bewerten sei. Ihre neugewonnene Gefährtin läßt den verlorenen Gefährten leichter verschmerzen. »Als Andreas mich verlassen hat, kam ich mir plötzlich häßlich vor«, sagt sie im Ton jener Vertraulichkeit, der an längstvergangene Tage erinnern soll. Und fügt schnell hinzu:

»Ich ließ mir die Nase beschneiden. Siehst du? Sie ist jetzt ganz gerade. Sie hat zweieinhalbtausend Mark gekostet, meine gerade Nase, und es hat nichts genützt. Andreas hat seine alte Freundin geheiratet. Deren Nase ist fast doppelt so groß. Und ich sitze hier und komme mit meiner Doktorarbeit nicht weiter.«

»Wer studiert, darf sich nicht wundern, wenn er auf der Stelle tritt. Als ich merkte, daß es in der Literaturwissenschaft streng verboten ist, eigene Gedanken zu formulieren, gab ich es auf.«

»Und geht es dir seitdem besser, Eva?«

»Nein. Das heißt, ich weiß nicht so recht. Vielleicht solltest du deine Arbeit am Frauenbild von Leonce in Büchners ›Leonce und Lena‹ orientieren. Erinnerst du dich an die Textstelle, wo es heißt: ›Ich habe das Ideal eines Frauenzimmers in mir und muß es suchen. Sie ist unendlich schön und unendlich geistlos... Es ist ein köstlicher Kontrast: diese himmlisch stupiden Augen, dieser göttlich einfältige Mund... dieses schafnasige griechische Profil, dieser geistige Tod in diesem geistlosen Leib.‹ Wär' das nicht ein prachtvolles Motto für deine Doktorarbeit?«

Ihrer beider Gelächter verknotet sich zur altvertrauten Nähe. Die jüngst zwischen ihnen aufgebrochene Distanz ist weggewischt. Sie blicken einander an und begreifen, ihre Lebenswege führen aneinander vorbei und in völlig verschiedene Richtungen. Die eine ist auf das Leben der andern neugierig und möchte es doch nicht riskieren. Es ist leichter und sicherer, an den dürren Zitzen der Wissenschaften zu saugen, als das Wagnis des unbekannten und ungewohnten Weges auf sich zu nehmen. Sie stehen und umarmen sich. Eva schiebt die Freundin sanft fort, setzt sich an die Schreibmaschine und sagt:

»Ich schreibe dir das zu Ende, und du kochst mir was dafür.«

Gisela geht in die Küche, diesen Engpaß mit Platz für anderthalb abgemagerte Personen.

»Du kannst dir aussuchen, was du möchtest. Es gibt allerdings nur Ölsardinen, Kartoffeln und Bangkok-Salat.«

Da sie keine Antwort erhält und statt dessen das Klappern der Schreibmaschine hört, gibt sie sich zufrieden und stellt das reichhaltige Menü einer einsamen Studentin für sich selbst und die aufgenommene abtrünnige Freundin zusammen.

Als sie ins Zimmer tritt und, hinter Eva stehend, deren Niederschrift liest, die Giselas Doktorarbeit inzwischen um zweieinhalb Seiten weitergeführt hat, sagt sie:

»Ich werde nie begreifen, wie du dein Studium aufgeben konntest, wo es dir doch so leicht fällt.«

»Es fällt mir nicht leicht, Gisela.«

»Doch, es fällt dir leicht, viel leichter als mir und den anderen, und darum habe ich dich früher gehaßt.«

»Gehaßt? Wirklich – es ist Haß gewesen?«

»Vielleicht nicht so ganz großer und richtiger Haß, vielleicht mehr Neid und bloße Feindschaft –«

5

Es sind Sekunden und Minuten und Stunden oder doch nur Sekunden, die vergehen, und Eva sagt:

»Darf ich mal kurz telefonieren? Nur ein Stadtgespräch.«

Sie verschwindet mit dem Telefon ins Bad. Verschließt die Tür hinter sich, was sie sonst voreinander nicht tun.

Da sitzt sie auf dem Wannenrand und wählt die Nummer, die auf einem zerknitterten Zettel steht.

Die Stimme, die sich meldet, ist voll von routiniertem Charme: »Yvonne –«

Eva zögert.

Legt auf.

Sitzt unschlüssig, unbequem, unsicher.

Wählt erneut.

Wieder die Frauenstimme mit dem dick aufgetragenen Charme.

Eva antwortet ein wenig zu eilends und heftig:

»Hier ist Eva. Hoffentlich störe ich nicht. Ich habe Ihre Telefonnummer von Sylvia. Sylvia, Sie erinnern sich, sie studiert Literatur und Theaterwissenschaften. Ja, es ist schon länger her, ich habe Ihre Nummer auch schon länger, seit einem Jahr. Ich würde Sie gerne treffen und sprechen, bitte – ja...«

6

Sie treffen sich in Yvonnes Stamm-Café ›Espresso‹. Das Publikum ist Halbwelt, Eva meint: halb oberhalb, halb unterhalb. Die Moderne entsendet ihren letzten Schrei, der kopuliert mit der bewährten Tradition, damit ein konventionelles Geschäft herauskomme.

Yvonne, die aufreizende, nur wenig angealterte Schöne, taucht aus einer Gruppe von schräg an der Theke hängenden Männern auf. Eva traut sich nicht, auf sie zuzugehen, und nimmt an einem Tisch beiseite Platz. Yvonne kommt auf sie zu, und ihr entgegenblickend, spürt Eva eine leichte Anwandlung von Unsicherheit.

»Du wolltest mich sprechen?«

Yvonnes Stimme verzichtet jetzt auf den Kunden-Charme. Auch eine Begrüßung ist nicht vorgesehen. Die andere will was von ihr, nicht sie von der andern. Die Machtverhältnisse müssen klargestellt werden, soll alles gutgehen. Yvonne duzt Eva. Eva bleibt beim Sie:

»Darf ich uns etwas zu trinken bestellen? Sie tun mir doch den Gefallen? Ich möchte Sie zu einem Drink einladen, Yvonne!«

Sie einigen sich auf Campari-Soda. Der Ober betreibt seine Geschäfte mit dem Gleichmut des gutgeölten Automaten, da sind sie schon mitten in der Verhandlung, denn Yvonne gibt nicht nach, bleibt beim Du und geht sofort auf Kurs:

»Also, womit kann ich dir helfen?«

Eva schweigt unschlüssig. Fühlt jetzt Angst und verdoppelte Unsicherheit.

»Du brauchst Geld, stimmt's? Entweder hast du das Geld für die Miete, dann reicht es nicht für den Friseur. Oder du gehst mal aus, dann weißt du nicht, wovon du dir neue Schuhe kaufen sollst. Wenn du dir aber die Schuhe kaufst, dann kannst du damit nicht ausgehen.«

Eva war erleichtert, daß Yvonne sich mit dieser Erklärung zufriedengab. Sie hatte neugierige Fragen erwartet oder sogar eine Art Prüfung. Interessierte es Yvonne gar nicht, warum eine Frau wie Eva, die sich so offensichtlich von ihr selbst unterschied, beschließt, ihren ›Lebenslauf‹ zu wechseln?

Yvonne wartete auf Bestätigung. Eva gab sie ihr.

»Ich habe es satt, ohne Geld zu sein. Ich will verreisen können, wenn ich verreisen will. Ich will tun können, was ich tun will und wenn ich Lust dazu habe.«

Yvonne blickt Eva mit beinahe übertriebener Neugier in die Augen. Sie beugt sich dazu vor, als gäbe es sonst was zu beobachten.

7

Eva war damals nicht weit weggegangen, nur fort von daheim und auf die Universität. Sie wohnte nicht mehr bei den Eltern, sondern in ihrem eigenen kleinen gemieteten Zimmer, allerdings bezahlt von Papas Geld, doch schon unter sich verändernden Umständen.

Eva war es, die sich am meisten veränderte.

In der Schule hatte sie gelernt, weil alle lernten und gelernt werden mußte.

Aber es langweilte sie. Manchmal saß sie nur einfach da und atmete aus. Halt an, atme nicht wieder ein, rief sie sich innerlich zu. Durch einfaches bloßes Luftanhalten zu sterben ist eine große Kunst. Nur Götter meistern diese Kunst.

Bevor Eva wegstarb, mußte sie erneut einatmen. Sie tat es, beleidigt, ihres Ungeschicks wegen.

An der Universität lernte Eva, weil sie dabei Freude empfand. Das Wissen war keine Pflicht, es flog ihr jäh zu, sie nahm es leicht an.

Sie begann, Menschen um sich herum zu entdecken. Es war nicht wie vorher daheim. Es war anders. Keine befreundeten oder verfeindeten Nachbarsfamilien.

An einem Abend lernte sie Markus kennen. Das war nicht geplant und beabsichtigt. Es war unvorbereitet und plötzlich. Eva nahm neue Bekanntschaften an wie den Wissensstoff der Herren Professoren.

Markus trat aus der Menge der anderen Kommilitonen heraus. Ihr war auch, als hätte sie ihn schon mal gesehen, und sie vernahm seine Worte, es war eine besondere Stimmlage und Sprechweise, die Markus eigen war, der sich nie erregte und nie erregt klang.

8

Sie hatten beide getrunken, und die Fahrt in Markus' Wagen schaukelte Eva in einen kurzen traumlosen Schlaf. Eine zu heftige Bremsung weckte sie auf.

Markus machte in der Wohnung Licht, drehte wortlos zur Seite ab und entschwand. Sie vernahm von nebenan Badezimmergeräusche, ließ sich in einen Sessel fallen und schlief wieder halb ein.

Als sie die Augen öffnete, stand Markus dicht vor ihr.

»Du kannst jetzt ins Bad gehen«, meinte Markus und wies mit dem Kopf die Richtung.

Sie folgte seiner Anweisung, und so wurden fünf Jahre Zusammenleben daraus, was sie beide anfangs ›Liebe‹ nannten, so wie das Wort eben gesprochen wird, in unendlich vielen Tonlagen, Tonarten, Dehnungen, Bedeutungen, Andeutungen, endlich mit leicht gehemmter Zunge und verkniffenen Lippen.

Bevor das Wort nicht mehr ausgesprochen wird, bedeutet es schon das ganz und gar Entgegengesetzte.

9

»Was ist? Was haben Sie?« fragte Eva.

»Sprich dich aus, sag alles, was dir einfällt, da gibt es zwischen uns keine Mißverständnisse, und das ist bestimmt nützlich.« Yvonne wendet sich der anderen voll zu. Vertraulichkeit ist in ihren Worten und in ihrem Blick. Nähe.

Eva schluckt und sagt:

»Bei Markus, mit dem ich ein paar Jahre zusammenlebte, kannte ich schon alle Antworten. Jetzt möchte ich es einfach mal mit dem Unerwarteten versuchen.«

Sie verstummt, die Erklärung erscheint ihr ausreichend.

Yvonne erwidert nichts, hat aber aufmerksam zugehört. Dann sieht sie zu den Männern hin, die noch immer behaglich plaudernd an der Bar stehen.

»Das Schlimmste, was dir passieren kann, ist, daß du was empfindest bei einem Kunden. Dann geht's dir ganz dreckig. Hast du Erfahrungen im Geschäft?«

»Erfahrung ja, aber nicht im Geschäft.«

»Gut. Punkt eins: Eva solltest du nicht heißen. Nenn dich lieber Chantal oder Carmen, das macht mehr her. Mein Name ist auch nicht Yvonne, sondern Karin.«

10

Es folgte die wirkliche Einführungslektion. Ein Tempo war angeschlagen worden, dabei blieben sie, denn Zeit ist Geld, unter Schwestern, die es den Brüdern abnehmen wollen. Irgendwann haben die gemächlichen Schwestern den flinkeren Brüdern die Geschwindigkeit abgelauscht, ihr Geheimnis, seither trainieren sie mit Fleiß, Umsicht und Härte.

Im Lokal schwirrt es von Stimmen, geflüsterten Versprechungen und Kasse machen. In den Toiletten rauschen die Anlagen, eine heisere Frauenstimme singt vom Band.

Yvonne sagt:

»Ich arbeitete zuerst nur an den Wochenenden oder nach Feierabend, die typische Doppelverdienerin. Ich bin von Beruf Arzthelferin. Doch immer nur mit Kranken zusammen sein, dafür sind zwölfhundert Mark im Monat kein Ausgleich. Jetzt bin ich Gesellschafterin. Das ist, sage ich dir, auch kein Traumberuf. Ob du es schaffen wirst, weiß ich nicht. Ich rate dir sogar ab davon, du solltest lieber dein Studium richtig beenden – ein akademischer Grad kann nicht schaden.«

Das aus Yvonnes Mund zu hören, amüsiert Eva. Yvonne mag es nicht, wenn man über sie lacht, und sie hat ein feines Gespür dafür.

Noch ist sie die Überlegene.

»Zeig dich mal!«

Eva stehend, sich um sich selbst drehend, kreiselnd, das geschieht noch nicht mit dem notwendigen Können, doch es ist ein Versprechen.

Yvonnes Stimme klingt geschäftlich, als sie feststellt:

»Ich bekomme für jede Vermittlung 25% Provision. Das ist üblich bei uns.«

»Ich brauche nur soviel Geld, daß ich damit keine Probleme mehr habe. Meine 75% sollten so hoch liegen, daß ich auf Ihre 25% mit Leichtigkeit verzichten kann.«

Der Anflug eines Lächelns auf Yvonnes gelackten Lippen verschwindet fast schneller, als er gekommen ist.

»Du mußt die Pille durchgehend nehmen«, ordnet sie an, »damit die Blutung wegbleibt. Dann hast du keine Ausfallzeiten. Die normale Arbeit sieht so aus: Du liegst, Beine breit, auf dem Bett. Ohne Bewegung. Alles andere kostet extra. Das Übliche bringt dir einen Hunderter. Mit Gummi. Ohne hundertfünfzig. Mit Ausziehen zweihundert. Beine hoch plus zwanzig.

Handentspannung fünfzig. Französisch total einhundertfünfzig. Die ganze Nacht durch fünfhundert. Über fünfhundert solltest du nie hochgehen, selbst wenn es angeboten wird. Nachher fühlen sie sich betrogen, reagieren sauer und bereiten dir mehr Ärger, als du vertragen kannst. Nachher fühlen sich zwar sowieso alle betrogen, aber anal lehnst du rigoros ab, obwohl sie alle davon träumen. Ihre Frauen daheim wagen sie nicht einmal danach zu fragen. Laß dir sagen, es ist nicht ungefährlich, ein zu arges Risiko, manche werden dabei wild, du mußt danach zum Arzt gehen, das kostet Geld und bringt Ausfallzeiten. Und, ich sagte es schon, keine Gefühle, wenn du bei einem Gefühle kriegst und nachgibst, wird es dir dreckig ergehen. Und noch eins: Laß dich nie auf den Mund küssen, der ist tabu.«

»Ich besitze ein gutes Gedächtnis, aber lieber wär' mir, ich hätte es schriftlich.«

»Okay, dann schreib's dir auf!«

11

Da ein Küken nicht allein und schutzlos unter hundert Gockel gelassen wird, begleitet Yvonne ihre neue Schülerin in den Privat-Club, der meist von älteren, wohlhabenden, höchst distinguiert wirkenden Herren bevölkert wird, die aus den verschiedensten Branchen kommen und die Nacht in der einzig wirklichen und abenteuerlich-interessanten Branche verbringen, wonach sie am Morgen danach ein so schales Gefühl der Ernüchterung verspüren, daß sie den ganzen langen Arbeitstag nichts anderes als den brennenden Wunsch nächtlicher Wiederholung haben.

Immerhin sind sie am Abend beinahe wirklich so distinguiert, wie sie es im Geschäft tagsüber weder sind noch sein dürften, denn das wäre geschäftsschädigend, weil Ellbogenfreiheit und

Distinktion nicht recht aufeinanderpassen. Nachts aber sind sie freudvoller und also auch netter als vordem.

Die Frauen im Privat-Club setzen sich zusammen aus arbeitslosen Fotomodellen, Hostessen und anderen Semi-Professionellen. Meist sehen sie so gelangweilt aus, daß es zum Fürchten ist. Das kommt von der harten Tagesarbeit, wenn sie lange genug in der Sonne liegen oder in Bräunungsstudios, weil gebräunte Haut zum Erfolg gehört in der Branche, die Schönheit verkauft, das Versprechen der Lust, ihre Außenhaut, das Image des Vergnügens für den Mann von Welt. Zunächst wirkt der Privat-Club wie eine übliche Party. Das ist normal, weil alles so normal ist, langweilig, zäh und teuer. Die Gespräche summen, das kalte Büfett wird geleert, die ersten Tänze könnten bei Hofe stattfinden, doch den haben nur die Holländer, Engländer, Schweden zu bieten. Yvonne und Eva-Carmen sind frühzeitig erschienen, um die größte Auswahl vorzufinden. Das männliche Publikum wird gnadenlos unter rein geschäftlichen Interessen inspiziert. Wo wächst der Baum, den Eva als ersten fällen wird. Yvonne weist ihre Schülerin in die Mysterien der Männerwelt ein.

»Das ist einer von denen, die im Bett die ganze Zeit quatschen und dich dauernd fragen, ob es dir auch gefallen hat. Hinterher reut ihn sein Geld, und er möchte es am liebsten zurückverlangen, weil er sich einbildet, du hättest die größten Genüsse mit ihm erlebt. Der dort an der Bar kippt gerade sein drittes Glas. Wenn er es austrinken sollte und das vierte bestellt, ist er für dich passé. Schnelle Trinker machen nur Ärger. Der kleine Dickliche daneben scheidet vollkommen aus, ein Spanner, solche schleichen sich öfter ein, wegen der Atmosphäre, sie geben nie was aus, haben keinen Fünfzigmarkschein in der Tasche. Dort drüben, der mit dem Jesus-Gesicht, das ist einer, der will dich erlösen und unbedingt hier herausholen, der liegt dir dauernd damit in den Ohren, daß du zu gut bist für dieses Leben! Was du brauchst, ist ein zahlungsfähiger Zielbewußter mit keinerlei Nebenabsichten. Er muß nur scharf drauf sein!«

Eva sagt verträumt: »Es fällt mir immer schwer, mir Leute zusammen im Bett vorzustellen.«

Yvonne reagiert gereizt: »Du sollst dir das nicht vorstellen, du sollst dir die Männer ins Bett holen. Dann hängt es von dir ab, wie die Geschichte läuft.«

Die beiden Frauen wenden sich zwei Herren in mittleren Jahren zu, die sich gedämpft miteinander unterhalten.

»Die nehmen wir uns vor!« flüstert Yvonne, »sie sind seriös genug, nett und kultiviert.«

12

Eva gab sich alle Mühe, so ruhig zu erscheinen, wie sie hätte sein müssen. Sie fühlte mehr Angst vor Yvonne und dem Eindruck, den sie auf ihre Lehrmeisterin machte, als vor der Feuerprobe mit den beiden Kunden.

Die Herren stellten sich ganz konventionell vor, mit korrekter Verbeugung, dann alberten sie: »Herr Johnny – Herr Walker!« und auf die Damen deutend: »Frau Moët – Frau Chandon!«

Eva fand das nicht sehr witzig, aber sie lächelte, weder dieser Ebert noch sein Freund Güntzel konnten sie mehr ängstigen. Die beiden boten Zigaretten an. Eva lehnte ab. Güntzel wandte sich an sie: »Kommen Sie öfter zum Jour Fix?«

Eva antwortete: »Ich bin zum ersten Mal hier.«

Ebert investierte ein paar Schmeicheleinheiten: »So ein hübsches Mädchen wäre uns auch sicher schon aufgefallen.«

Sie wußte, es war eine Floskel. Dennoch freute sie sich. Es lief alles so glatt, als wäre es vorher geprobt worden.

Yvonne brachte sich energischer ins Gespräch: »Ich bin jede Woche hier!« Damit hatte sie wieder die Führung übernommen, und es konnte keinen Zweifel über den professionellen Hintergrund geben.

»Champagner?« fragte Herr Ebert.

Im Club wurde man nicht bedient, die beiden Freunde machten sich auf, eine Flasche zu holen. Eva blickte ihnen nach.

»Der eine ist ganz schön lang. Können wir uns nicht nach der Größe zusammentun? Wenn ich mit großen Männern zusammen bin, fühle ich mich so unsicher. Ich versuche dann immer, auf Zehenspitzen zu gehen.«

Yvonne warf ihr einen prüfenden Blick zu. Kein Erstaunen in den grauen Kältetod-Augen, nur die kurze Frage, was an Evas Poesien ernst gemeint sein könnte. Geschäftsgefährdende Ideen mußten zurückgewiesen werden.

Yvonne entschied, Eva habe es nicht so ganz ernst gemeint. Die Herren erschienen mit dem Champagner. Kurze Zeit später fragte Herr Güntzel:

»Wollen wir nicht ein bißchen nach hinten gehen?«

Eva reagierte zu schnell, als sie antwortete:

»Ich komme nur mit, wenn Yvonne dabei ist.«

Yvonne wartete eine Zeit. Dann sagte sie:

»Ihr habt es aber eilig.«

Die kleine Zurückweisung wirkte. Danach ließ es sich leichter arrangieren, Yvonne hatte den Abend in der Hand. Ihre entspannte Miene zeigte an, jetzt mußte es sich entscheiden. Sie standen auf, schlenderten quer durch den Raum, in dem die Party lief, und betraten den Gang zu den Schlafzimmern.

Yvonnes Freundin Ilona kam ihnen entgegen, flüsterte im Vorbeigehen: »Seid ihr schon komplett?« Yvonne nickte. Die beiden Frauen zwinkerten sich zu. Herr Güntzel bemerkte etwas und sagte spöttisch:

»Das ist eine für drei Uhr morgens!«

Eva begann nervös an ihrer Kleidung zu zupfen. Yvonne wandte sich zu ihr zurück, warf einen leicht besorgten Blick in ihr Gesicht und nickte aufmunternd. Hoffentlich war Eva der Situation gewachsen.

13

»Bist du unten blond oder braun?«

»Schwarz. Ich bin siebenundzwanzig Jahre alt. Meine Augen sind blau. Meine Maße sind: 87/65/93, BH Gr. 5 –«

Eva antwortete mit leiernder Stimme. Eine andere Stimme, die nur sie selbst vernimmt, ruft ihr zu: Lauf fort – lauf fort! Sie überhört die Stimme. Das Chaos konnte sie jetzt nicht gebrauchen. Es gab auch eine dritte Stimme neben der, mit der sie den Männern antwortete und der zweiten, die ihr die Flucht empfahl, diese dritte Stimme kam ebenfalls aus ihr, klang aber nicht so nervös.

Eva rief sich selbst zur Ordnung. Es ist nur am Anfang so schwer, sagte sie sich, es ist der Beginn, bald wirst du soviel Geld einnehmen, daß du zu den freiesten Frauen der Welt zählst.

Yvonne nahm beide Kunden mit unerwarteter Diskretion beiseite und verhandelte leise. Die Herren neigten die Köpfe und flüsterten miteinander. Herr Ebert blickte auf Eva und trat zu ihr hin.

»Zahlst du für deinen Freund mit?« fragte Yvonne ruhig Herrn Güntzel, der bei ihr stand.

»Leg mal aus!« rief Herr Ebert seinem Bekannten über die Schulter zu.

»Ich lade dich ein!«

Herr Ebert stand vor Eva.

»He«, sagte er, »lach doch mal. Du guckst so traurig. Wichtiger als Geld ist, daß man lacht.«

Yvonne nimmt Geldscheine entgegen.

Sie fragt: »Welches Sternzeichen hast du?«

»Widder.«

»Schön – Widder sind sehr anschmiegsam.«

»Und du? Was bist du?«

Yvonne, die Scheine in Händen, lächelt brav. »Waage bin ich. Waagen sind treu.«

»Hast du auch ein Sternzeichen?« fragt Evas Kunde leicht ungehalten, die Signale der Unsicherheit, die von Eva ausgingen, als Signale der Zurücksetzung mißverstehend. Yvonne greift helfend ein. Ihre Stimme klingt aufreizend, als sie ruft:

»Nicht so stürmisch. Ihr habt wohl eine Wette abgeschlossen, wer von euch beiden zuerst kommt...«

14

Die Angst, die in Eva saß, war Versagensangst. Ihr Drang, vom Bett aufzuspringen und davonzulaufen, wurde überwältigend. Als sie meinte, ihr nachgeben zu müssen, sah sie Yvonne in der Umarmung mit ihrem Kunden. Der Mann war ganz mit sich selbst beschäftigt, Yvonne schielte aus den Augenwinkeln auf Eva. Ohne es zu wollen, begann Eva ihr Vorbild nachzuahmen, ihre Arme umschlangen den Kunden, sie drückte sich an den Mann, mit dem sie nichts verband, ausgenommen die Gefahr des Versagens, und dann stünde sie wieder so mittellos und chancenlos da wie vordem, denn Yvonne würde die Geduld mit ihr verlieren. Sie spürte nicht unerstaunt, wie ihre Hände zugriffen, ihre Finger sich krümmten, ihre Schultern sich bewegten, sie umfaßte und umschlang den sie begehrenden Mann, um ihn zu bezwingen mit der dafür bereiten eigenen Gefügigkeit.

Sie wandte den Kopf, als die Lippen des Kunden ihre Wangen streifen. Nie auf den Mund küssen lassen! Ihre ganze Energie richtete sich darauf, den Lippenkuß zu vermeiden. Eine gehorsame, gefügige, eine gute Schülerin zu sein war ihr einziger Wille, ihre Augen wanderten immer wieder zu den beiden anderen daneben, und es war, als blickte Eva in einen Spiegel und ahmte alles nach, was sie darin sah. Es war mit einer kurzen Verzögerung die Wiederholung all dessen, was Yvonne ihr zeigte und vorführte. Bis sie des Vorbildes nicht mehr bedurfte. Das war ein Moment in diesen Stunden, den niemand genau festhielt, nur sie selbst wußte, als es geschah, daß sie es geschafft hatte. Von da an blickte sie nicht mehr auf das andere Paar. Sie hatte gelernt, etwas zu spielen, was sie vordem auch schon gespielt hatte, aus anderen Gründen.

Yvonne, auf dem Rücken liegend, ihren Kunden neben sich, richtete sich ein wenig auf und warf Eva eine Kußhand zu.

15

Chris, der das Gras wachsen hört und, von vorn gesehen, einen engelhaften Eindruck macht, während er von der Seite, im Profil, die auswuchtende Härte eines Boxprofis zeigt, kam im ›Espresso‹ auf Yvonne zu und erkundigte sich mit sonor schwingender Stimme: »Deine neue Freundin, ist das eine Dame oder eine Professionelle?«

»Geh doch hin und frag sie. Beleidige sie! Wenn sie eine Nutte ist, wird sie dich beschimpfen. Wenn sie lacht, ist sie eine Dame.«

Chris bedankte sich für den artigen Rat, schlenderte durch den Raum und setzte sich an den Tisch, an dem Eva Kaffee trank. Sie blickte ihn fragend an.

»Wissen Sie, sagte er, »daß ich Sie kenne? Ich kenne Sie sogar sehr gut!«

»Ich wüßte nicht woher –«

»Ich sah Sie schon öfter.«

»Das kann ich mir nicht vorstellen.«

»Meist waren Sie in Begleitung. So mit Männern um die Vierzig.«

»Das kann sein.«

»Warum leugnen Sie es dann erst? Sie reden so herum wie alle Frauen. Ich finde Sie ziemlich ordinär.«

Eva blickte ihn unsicher an.

Er wurde noch heftiger.

»Was starren Sie mich so an... Ich finde Sie ordinär und schlecht geschminkt.«

Eva blickt ihm genau in die zornigen Augen. Ohne es zu beabsichtigen, beginnt sie zu lächeln.

16

Eva verknüpft, ohne es zu wissen und zu wollen, die auseinandergerissenen Teile einer Absurdität zu einem sie beide vereinigenden Band, und sie lacht.

Chris wehrt sich dagegen, dann lacht er ebenfalls, beugt sich nieder zu Eva, sie umarmend und ihr einen freundschaftlichen Kuß auf die Stirn drückend.

Yvonne, Getränke in der Hand, kommt hinzu. Als sie sitzt, sagt Yvonne:

»Eva ist erfolgreich. Ihr Studentinnen-Appeal scheint für die Freier was ganz Besonderes zu sein.«

Die Frauen lächeln sich zu.

Chris sagt:

»Du mußt neu eingekleidet werden!«

Yvonne betrachtet Chris erstaunt.

»Interesse daran, Chris?«

Die wortlose Verständigung funktioniert.

»Klug ausgesuchte Arbeitskleidung ist nötig!« erläutert der junge Mann von Halbwelt. Er entstammt, wie sich zeigt, soliden Oberschichten und hat Geschmack, einen scharfen Verstand sowie die gut geölte Intelligenz eines ausgeruhten Arrangeurs.

»Arbeitskleidung?« fragt Eva, sich an beide wendend, ihre neuen Freunde, Kenner des unbekannten Landes, in das sie einreist.

»Eva braucht Schuhe«, sagt Yvonne, »nicht zu hoch, sonst tun ihr die Füße weh vom Animieren. Ein paar Röcke, nicht zu eng, sie sollen sich leicht hochschieben lassen. Blusen mit handlichen Knöpfen und einen BH, der nach vorn aufgeht.«

Chris schüttelt den Kopf mit gewohnter Entschlossenheit. Er hat längst seinen Plan gemacht und ist sich sicher.

Er blickt Eva voll von vorn an. Sie soll seine engelhafte Schönheit genießen, denn er hat ihr einen Himmel zu eröffnen. »Eva, du brauchst dezente Sachen. Am besten hochgeschlossen, das regt die Fantasie an. Keine zu kurzen Röcke, auch wenn das jetzt alle tragen. Es darf nicht im geringsten gewöhnlich wirken. Die Mode ist nur für die andern da. Du brauchst deine eigene Mode. Und nie Pelze, sie schaden deinem Ruf. Ein wenig Schmuck, ja, aber wirklich nur ein wenig, und sehr dezent.«

Yvonne hat Chris beobachtet, während er sprach. Sie scheint ihn jetzt richtig zu verstehen. Ihr Gesicht zuckt. Die Bewegungen ihrer Finger verraten einen Anflug von Nervosität.

»Sie sind wohl Spezialist für Frauenfragen?« sagt Eva zu Chris.

Er lächelt sie unverwandt an.

»Chris wird mit dir einkaufen gehen«, sagt Yvonne erklärend.

Chris sagt: »Ich habe viel Zeit damit verbracht, Frauen genau zu studieren. Früher saß ich oft stundenlang im Café, weil ich die fixe Idee hatte, die Frau meiner Träume zu treffen. Von morgens bis abends saß ich und habe gewartet. Bin nicht mehr zur Uni gegangen und war am Abend so betrunken, daß ich die Frau meiner Träume nicht einmal mehr hätte ansprechen können, wäre sie endlich erschienen.«

»Ist er nicht rührend romantisch, unser Freund?« fragt Yvonne, als Chris schweigt.

Erstaunt bemerkt sie eine feine Röte in Evas Gesicht, sie zieht sich, von kaum sichtbaren Grenzlinien umgeben, über die Stirn herab in die hohen Wangen.

Schlecht fürs Geschäft oder gut fürs Geschäft, denkt Yvonne, nicht ganz frei von Neid.

17

Yvonnes Freundin Ilona setzt sich zu den beiden in der Hotelhalle. Es ist Zeit für die Teestunde. Yvonne liebt diese Rituale, sie geben dem Tag ein festes Gerüst.

Ilona ist unzufrieden mit Gott, der Welt und den Marktverhältnissen. Sie beginnt, auf das Hotel zu schimpfen, das nur noch mit unteren Lohngruppen belegt sei. Demnächst müßten sie, stehe zu befürchten, mit den Tarifen runtergehen. Unwirsch ihren Tee umrührend, gibt sie ihre Preise preis, hat heute noch keinen einzigen Freier gefangen, hat im ›Tegernseer Tönnchen‹ gesessen und nichts erreicht.

Yvonne ist das Lamento nicht recht. Zwar stimmt, was Ilona sagt, und die Marktverhältnisse verschlechtern sich rapide, doch Yvonne ist ein optimistischer Charakter. Die Mittagszeit im ›Tegernseer Tönnchen‹ sei ungünstig, meint sie, nach der Kalbshaxe werden die Herren träge. Im ›Ciao‹ dagegen ist das Essen leichter, weshalb sich immer ein Geschäftsmann finde, der als Nachtisch einen kleinen Geschlechtsverkehr ordere. Und danach kehrt er mit Schwung an die Arbeit zurück.

Yvonne lacht, und weil Ilona nicht mitlachen kann, beschließt Yvonne, an die schwesterlichen Instinkte der alten Freundin zu appellieren.

»Du nimmst Eva allen Mut!«

Ilona, derart zur Pflicht ermahnt, wendet sich an Eva:

»Du hast studiert?«

»Ich hab' aufgehört damit.«

»Für immer?«

»Weiß noch nicht.«

»An deiner Stelle würde ich fertig studieren und meinen Doktor machen. Die Promotion hebt das Selbstbewußtsein. Das brauchst du, wenn dich ein Kunde schäbig behandelt. Vor allem die *besseren* Kunden neigen hin und wieder dazu, einem auf den Kopf zu steigen.«

Eva blickt Ilona zweifelnd an. Falls es ernst gemeint ist, was Ilona sagt, ist es zugleich naiv und scharfsinnig.

Eva sagt:

»Gestern wollte mich einer in die Karibik mitnehmen, Club Mediterranée. Seine Frau sollte auch mitfahren. Das ist sicher ein modernes liberales Ehepaar, das Abwechslung braucht. Markus, mein Ex-Mann, wollte das auch immer ausprobieren. Nicht aus Lust, er ist eher ein verklemmter Typ. Aber es gehörte in den letzten Jahren wohl einfach dazu.«

»Wozu gehörte es?«

»Zum progressiven Anstrich. Die Kollektive wuchsen wie Pilze nach dem Regen: Anwaltskollektive, Schülerkollektive, freie Liebeskollektive. Markus gab eine Anzeige in einem Kontaktmagazin auf: Exklusives junges Paar, er sehr ausdauernd, sucht zwecks Freizeitgestaltung gleichgesinnte Dame. Wer hat Lust, mit uns zu naschen? – Wir konnten uns vor Zuschriften kaum retten.«

»Schau mal dort hinüber!« Yvonne deutet mit dem Kinn die Richtung an.

Der zielangesprochene Herr wirft mit allen Anzeichen des suchenden Kunden um sich.

»Dem Himmel sei Dank, die Geschäftslage bessert sich. Die Mittagskrisenträgheit ist überwunden.«

Yvonne und Eva verständigen sich ohne Worte. Eva steht ruhig auf, schlendert zum Tisch des Zielobjekts, fragt freundlich:

»Stört es Sie sehr, wenn ich Sie anschaue?«

»Nein.«

»Stört es Sie, wenn ich mich zu Ihnen setze?«

»Nicht im geringsten.«

Sie nimmt Platz, schlägt ohne besondere Bedeutsamkeit die Beine übereinander, lächelt höflich, fragt:

»Wohnen Sie hier im Hotel?«

Der Kunde nickt.

»Was machen Sie?« fragt Eva.

»Ich verbringe hier meine Kaffeepause.«

Eva sondiert das weitläufige Gelände seiner Augen und entschließt sich:

»Soll ich zu Ihnen aufs Zimmer kommen?«

Der Kunde betrachtet das Angebot nachdenklich. Er ist einer, der Bescheid weiß. Und er ist einer, der nicht ganz genau abgeschätzt werden kann. Es ist Reserve zu argwöhnen. Hintergründe können erahnt werden. Wenigstens ging nicht viel Zeit bei den Präliminarien verloren, denkt Eva.

Außerdem kann es durchaus noch gutgehen.

»Was machst du alles?« fragt der Herr sachlich.

»Alles!« antwortet Eva.

Der Kunde überlegt.

»Gut so. Komm in drei Minuten nach. Zimmer 618.«

Sie trennen sich, um zusammenzukommen. Erst erhebt Eva sich. Schlendert zu den Freundinnen zurück. Bleibt kurz bei ihnen stehen. Geht dann weiter.

Zurückblickend sieht sie, wie ihr Mann sich ebenfalls erhoben hat und dem Lift zustrebt.

18

Ohne das geringste Herzklopfen steht Eva vor der Tür von 618 und tritt, als geöffnet wird, ein. Der argwöhnische Blick des Herrn auf dem Gang entgeht ihr nicht und läßt sie nicht weniger kalt.

Sie bleibt im Zimmer stehen, wendet sich um und fragt:

»Wollen wir etwas trinken?«

»Nein.«

»Darf ich etwas trinken?«

»Wenn es nicht zu teuer ist.«

Eva entnimmt dem Kühlschrank einen Piccolo. Sie wird dabei beobachtet. Es soll nicht zu teuer sein. Sie registriert die Beobachtung, blickt auf, lächelt und sagt:

»Unterhalte dich etwas mit mir.«

Nach einem kaum merklichen Zögern antwortet der Mann:

»Ich bin nicht hier, um dich zu unterhalten.«

Eva steht unschlüssig da, die kleine Flasche Piccolo in der Hand.

»Zeig dich mal, wie du aussiehst!« sagt der Mann.

»Ja«, sagt Eva, stellt den Piccolo auf den Tisch, geht wortlos zur Tür und verläßt das Zimmer, einen verblüfften Herrn in den besten Jahren zurücklassend, der die Welt nun nicht mehr versteht.

Darf man denn nicht einmal mehr so kleine Wünsche äußern? Welche Gesetze der Gastfreundschaft hat er ungewollt verletzt? Muß man jetzt sogar den Prostituierten gegenüber höflich, aufmerksam, menschlich sein? Da entschlösse er sich lieber zu einer Tariferhöhung. Obwohl er die Preise lieber drückt.

19

Yvonne blickt erstaunt auf, als Eva vor ihr steht.

Ihre Pupillen verengen sich. Sie fragt:

»Ein so schneller Schuß?«

Eva lacht.

»Ich hab' ihn einfach stehen lassen. Der hat geguckt!«

Yvonne, mit engen Pupillen, wie Stecknadeln, und Stahl in der Stimme:

»Oberste Regel: Wir nehmen in unserem Beruf jeden, den wir akzeptiert haben.«

»Ich nicht. Zu dieser Sorte mußte ich lange genug freundlich sein. Rechtsanwälte, Ärzte, Lehrer, Beamte. Ich suche mir meine Freier selbst aus.«

»Das ist unprofessionell. Damit kommst du nie zu etwas.«

»Wenn es nur darum ginge, hätte ich bei meinem Mann bleiben können. Die oberste Regel bei mir lautet: Ich mache, was ich will!«

»Und meine Provision?«

»Du kriegst sie.«

Es sieht so aus, als herrschte Kriegszustand. Ilona sucht zu vermitteln:

»Am Anfang ist man noch wählerisch. Das gibt sich mit der Zeit. Trotzdem schicke auch ich noch ab und zu einen weg.«

»Wann denn?«

»Wenn einer sich weigert, sich zu waschen.«

Yvonne unterdrückt, was sie Ilona antworten will. Sie blickt Eva aufmerksam an. Die Strenge aus ihren Zügen verschwindet.

»Hör mal, Eva, du stellst dich doch nur so an, weil du dich in Chris verknallt hast!« Still für sich überlegt Yvonne, ob Eva in Chris das ›Unerwartete‹ gefunden zu haben meint, von dem sie in ihrem ersten Gespräch fantasiert hatte.

Eva zeigt in eine Richtung. »Schaut mal, wer da kommt!«

Ihr sitzengelassener Freier kehrt in die Halle zurück und blickt unsicher auf die Frauenrunde.

Eva schlendert Richtung Toilette. Der Mann folgt ihr.

Als Eva den Waschraum verläßt, versperrt ihr der Mann den Weg. »Haben Sie was gegen mich? Wenn ich bezahle, müssen Sie mich auch nehmen. Das Wesen einer Prostituierten besteht in ihrer Verfügbarkeit.«

»Willst du mit mir darüber diskutieren?«

»Eine Prostituierte ist für jeden zugänglich. Das ist ihre gesellschaftliche Funktion. Das besagt auch das deutsche Wort von der ›Liebesdienerin‹. Sie sind käuflich, und ich will Sie kaufen.«

»An dich verkaufe ich nichts. Nicht mal ein kurzes Lächeln!«

»Sie sind reichlich streng zu mir. Warum sind Sie so streng?«

Eva musterte ihn jetzt zum ersten Male genauer, mit dem Argwohn des Verdachts.

»Macht es dich etwa an?«

»Verraten Sie mir, ob Sie gern bestrafen?«

»Dir verkaufe ich nichts. Ist das nicht Bestrafung genug?«

»Sprechen Sie weiter. Ich möchte nur, daß Sie weitersprechen.«

»Du bist noch nicht einmal wert, daß man mit dir spricht!«

»Bitte verraten Sie mir, was Sie von mir denken! Bitte schonen Sie mich nicht! Seien Sie bitte streng mit mir. Mir darf man einfach nichts durchgehen lassen, verstehen Sie? Ich belästige und beleidige Sie, bitte bestrafen Sie mich dafür. Ich belästige Sie wirklich, das steht doch fest, wie?«

»Du bist nicht einmal das!«

»Was bin ich nicht?«

»Nicht einmal lästig!«

Eva geht um den Bittsteller herum und entfernt sich langsam. Klagend verklingt hinter ihr seine Stimme:

»Was mache ich falsch? Irgendwas mache ich immer falsch. Sagen Sie mir doch bitte, was ich falsch mache!«

20

Yvonne, ganz auf dem Posten, zu Eva:

»Ist dir was passiert?«

»Er ist mir hinterhergestiegen. Ich sehe nicht ganz klar.«

Yvonne steht eilig auf.

»Laß uns weggehen, bevor es Ärger gibt.«

21

Beim Verlassen des Hotels, als die Freundinnen zum Taxistand gingen, eskortierte sie ein Kraftwagen. Der Fahrer machte sich durch animierende Zischlaute bemerkbar.

»Du bist wohl vom Straßenstrich?« fuhr Yvonne ihn an, »kauf dir erst mal ein anständiges Auto, bevor du Frauen anmachst!«

Der Fahrer schrak zusammen.

»Mich versuchte gestern ein Radfahrer anzumachen!« sagte Ilona.

Der Fahrer faßte erneut Mut und zockelte ganz langsam hinter ihnen her. Es war keine Wut in Eva, sondern ein Gefühl von wachsender scharfer Lust, das sie bewog, an die Bordsteinkante zu treten.

Sie ging ganz langsam neben dem Fahrer her und behielt ihn fest im Auge. Der Mann sah unsicher zu ihr herüber. In ihrem Gesicht regte sich nichts. So blieben sie eine Weile nebeneinander, schweigend. Dann sagte Eva ganz ruhig zu dem Mann:

»So, jetzt verschwinde.«

Staunend sahen ihre beiden Freundinnen, daß der abgewiesene Freier Eva gehorchte.

22

Die beiden nahmen ein Taxi.

Eva besann sich und blieb zurück. Dann nahm sie ein anderes Taxi.

Gab dem Fahrer ihre Adresse.

Ersetzte sie durch eine andere Adresse.

»Sie werden schon noch wissen, wo Sie wirklich hinwollen«, brummte der Fahrer gutmütig.

Chris hatte schon geschlafen. Es geschah das erstemal, daß sie ihn besuchte. Sie tat so, als sei das ganz normal.

»Du gehst früh schlafen, Chris?«

»Manchmal.«

»Ich gehe nie früh schlafen. Ich liebe die Nächte. Das Leben ist schöner nachts!«

»Die Frauen sind schöner nachts.«

»Früher wäre ich am liebsten 24 Stunden am Tag wachgeblieben, um ja nichts vom Leben zu versäumen. Nur erlebte ich selten etwas. Deshalb blieb ich tagelang im Bett liegen. Das Aufstehen brachte ja doch nur lauter Enttäuschungen näher.«

Sie musterte, während sie sprach, die Wohnung. Chris geleitete sie ins Wohnzimmer, dessen sparsam-konventionelle Möblierung ihr wohltat. Das Zimmer übte eine beruhigende Wirkung auf sie aus. Die ungezügelte Wut auf den Autofahrer, der sie hatte anmachen wollen, war noch nicht ganz verebbt. Sie spürte die wütende Unruhe in sich, ohne zu begreifen, was mit ihr geschah. Sie genoß es, bei Chris zu sitzen, und stellte erfreut fest, daß er es ebenfalls genoß. Seine Müdigkeit war verflogen, die anfängliche Unsicherheit überwunden.

»Was zu trinken, bitte?«

»Ja –«

Die freundliche Routine des geübten Gastgebers setzte ein. An der Stirnwand des Wohnraums befand sich eine kleine, reichhaltig sortierte Bar mit Zigaretten, Konfekt, Käsegebäck, Obst und Getränken. Schallplattenregale schlossen sich an, in denen Übersicht herrschte, was auf den Ordnungssinn des Bewohners schließen ließ und die Bandbreite seines Geschmacks signalisierte.

»Ich habe anzubieten einen Cocktail, Sidecar, Swimmingpool, Planters Punsch oder einen Gimlet. Von Sidecar wird man am schnellsten erfaßt, na sagen wir: innerlich besetzt, was zum völligen Verlust der Willenskraft führt. Sidecar ist das Getränk, das ich immer dann zuerst anbiete, wenn ich mich über jemandes Besuch freue.« Chris lächelte nach der eindringlich-zudringlichen Rede dezent. Sein Vermögen, in Gegensätzen zu leben, schien beträchtlich entwickelt, und seine Zerrissenheit zeigte sich in den Spuren der Nervosität.

»Dann möchte ich einen Sidecar!« gab Eva Bescheid.

Es klang, als überlegte er, als er sagte:

»Soll ich Musik machen? Vielleicht ist es besser, wenn es ruhig bleibt. Ich denke, du möchtest nach der Arbeit erst einmal baden. Ich werde dir Wasser einlassen.«

Er wartete ihre Antwort nicht ab, ging ins Bad. Eva folgte ihm, blieb in der geöffneten Badezimmertür stehen und beobachtete, was er tat.

»Dort liegen die Handtücher. Willst du ein Schaumbad?« Er wandte sich zu ihr um.

Sie nickte. Ihr Blick fiel auf ein Regal mit Doppelreihen von Parfümflaschen.

Sie begann laut zu lesen: »Mitsouko, Cinneba, Shalimar, Crescend, Arprége, Scandal – das sind ja alles Damenparfüms –«

Sie sah ihn verwundert an, ein wenig mißtrauisch aus den Augenwinkeln heraus, begreifend, daß sie verdammt wenig wußte von ihm und all dem, was ihn betraf.

»Möchtest du duschen? Da ist Bodylotion, Duschgel, neue Zahnbürsten und eine Duschhaube. Alles, was du benötigst. Ich mach' inzwischen Kaffee.«

Er ließ sie allein im Bad, doch die Tür blieb offen.

Nebenan in der winzigen Küchenkabine hantierte er hörbar, während sie badete, und sie unterhielten sich durch die beiden offengebliebenen Türen hindurch.

»Wie war es heute?« fragte er.

»Ich habe den ganzen Tag an dich gedacht!« rief sie, »da ist die Zeit schnell vergangen.«

Er tauchte in der Badezimmertür auf, lehnte sich gegen den Pfosten und erklärte:

»Ich habe geschlafen und geträumt und das Kopfkissen umarmt.«

»Wovon geträumt?«

»Von einer ganz neuen Gesellschaft, in der nur Männer leben. Die Liebe unter Männern gilt als normal, die Liebe zu Frauen ist verboten und wird verfolgt. Es gibt auch kaum noch Frauen. Ich hatte gerade das Verbrechen begangen, mich in eine Frau zu verlieben, da wachte ich auf, weil du klingeltest.«

Er holte eine Tasse. Seine Nervosität ließ Tasse und Untertasse scheppern, während er ins Bad trat.

Eva nahm die Tasse und trank in kleinen Schlucken.

Als sie sich in der Wanne aufrichtete, umhüllte er sie mit einem großen Laken und rieb sie trocken. Dann reichte er ihr seinen Bademantel, und sie wanderten durch die Wohnung, wobei Eva sich neugierig umsah und mit den Dingen Bekanntschaft machte, um die Fremdheit auszutreiben.

Eva sagte:

»Eigentlich wollte ich ein paar Tage warten, ehe ich zu dir komme. Als wir uns kennenlernten, nahm ich mir fest vor, nein zu sagen, wenn du mich fragst, ob ich mit dir schlafen möchte. Ich wollte nicht, daß du denkst, ich sei leicht zu kriegen.«

»Und ich fragte dich gar nicht.«

»Es war nicht nötig.«

»Warum nicht nötig?«

Sie trat auf ihn zu. In ihren Blicken lag keine Verlegenheit. Sie umarmte ihn fest, er drückte sie an sich, sie hatten seit der ersten Minute ihres Kennenlernens nichts anderes gedacht, gefühlt, geantwortet.

23

Die Summe aller Details ergibt noch lange keinen Sinn. Die Sicherheit einer Existenz mal zwei ergibt nicht unbedingt ein Resultat. Das weiche Bett, in dem sie lagen, hallte wider von den vielen ungesagten Worten, Sätzen und Erklärungen.

Eva streckte die eine Hand flach gegen Chris' Schulter.

»Nein, nicht sofort. Ich möchte erst mit dir reden.«

»Ich wollte dir auch gerade etwas erzählen. Der Akt der Verführung ist unwichtig gegenüber dem Akt des Kennenlernens.« Er lachte zu dem Zitat, beugte sich vor und begann ihr ins Ohr zu flüstern. Sie lauschte und lächelte, näherte ihre Lippen seinem Ohr und flüsterte.

Das Spiel gefiel ihnen, bis Eva ihre anderen Gesprächsvorsätze vergaß. Sie fühlte sich wohl und entspannt und wie am Ziel langgehegter Wünsche angekommen. Es war auch ein Quantum Wildheit in ihr verborgen, das immer verleugnet werden mußte. Zu ihrer Verwunderung erwies sich, daß Chris nicht genauso in Stimmung kam.

»Ich bin wohl doch schon zu müde«, murmelte er.

Sie vermied es, ihre Enttäuschung zu zeigen.

»Vielleicht mußt du dich erst noch an mich gewöhnen!«

Sie umfing ihn ohne jede sinnliche Zudringlichkeit, nur ihr Gefühl der Zufriedenheit sollte ihm antworten und ihn beruhigen.

Er blickte unzufrieden drein, und es war ihm peinlich, so zu versagen. Als sie zwei Zigaretten ansteckte und ihm eine reichte, erklärte er überflüssigerweise sein Versagen mit Überarbeitung. Es störte sie mehr als die Entbehrung. Was er mit der Überarbeitung meinte, erfährt Eva erst später.

24

Am Morgen, als sie in der Küche sitzen und essen, erklärt er ihr seinen gewöhnlichen, normalen Frühstücksablauf, bei dem jeder einzelne Handgriff fest geplant ist, das typische 10-Minuten-Single-Frühstück, ein reiner Zweckvorgang, ganz im Gegensatz zu heute. Sie sitzen sich gegenüber und machen den Eindruck eines glücklich verliebten Paares, das sie ebenso sind wie nicht sind. Chris steht auf und tritt hinter Evas Stuhl.

Zwölf Stunden später kommt alles wie von selbst ins Lot, denkt sie.

25

Die Zigarette danach wird von Chris angesteckt. Es sind zwei. Eine reicht er, ein wenig zitternd, an Eva.

Sie raucht, ruhig auf dem Bett liegend, und sinniert: »Ich bin ein wenig verwirrt. Ich habe mir gewünscht, verwirrt zu sein, und jetzt, wo ich es bin, frage ich mich, warum ich es bin.«

Chris springt plötzlich auf und beginnt, die ringsum verstreuten Kleidungsstücke aufzusammeln.

»Ich vergaß ganz, ich habe einen dringenden Termin und bin schon viel zu spät dran.«

Eva will sich dem Aufbruch anschließen, kann aber mit seiner Heftigkeit und Eile nicht mithalten. Er ist schon fertig angekleidet, als sie endlich in ihr Kleid schlüpft. Er zieht den Reißverschluß ihres Kleides eilig hoch, und sie küssen sich nur flüchtig.

»Du mußt jetzt gehen!« drängt Chris.

»Ich denke, du mußt gehen?« fragt sie erstaunt.

»Nein. Du mußt jetzt gehen. Mein Termin ist hier in meiner Wohnung.«

Er bringt sie zur Tür. Sie verabschieden sich. Er sagt:

»Laß mich nicht solange allein.«

Der Satz stürzt sie in Verwirrung und Verwunderung. Aufgefordert davonzugehen, aber zugleich darum gebeten, Chris nicht zu lange allein zu lassen, fühlt Eva sich hin- und hergerissen.

Ein wenig von dem bohrenden, wütend-aggressiven Gefühl des Vorabends erwacht erneut in ihr, als sie den zudringlichen Autofahrer abgewiesen hatte.

Na wenn schon, dachte sie dann, mit Chris ist es anders.

26

Es ist anders mit ihm, ganz und gar anders, ebenso einfach wie kompliziert anders.

Die Frau, die seine Wohnung betritt, kurze Zeit nachdem Eva gegangen ist, wirkt verklemmt und verschüchtert, ihre Bewegungen sind ein wenig ungesteuert und verlangsamt. Hilflos blickt sie sich im Zimmer um.

»Wollen Sie etwas trinken?« fragt Chris. »Whisky mit Eis, Whisky ohne Eis, Champagner oder einen Cocktail: Sidecar, Swimmingpool, Planters Punsch oder vielleicht einen Gimlet?«

»Nein danke. Lieber eine Coca-Cola.«

»Zigarette?«

Die Frau nimmt dankbar an.

»Möchten Sie Musik?«

»Ja bitte.«

»Was möchten Sie gern hören? Etwas Bestimmtes?«

Die Frau sieht Chris, sicherer geworden, an, öffnet ihre Handtasche, sagt:

»Regeln wir zuerst das Finanzielle.«

Sie entnimmt der Tasche einige Scheine und legt sie auf den Tisch.

Chris greift danach und steckt das Geld weg. Er bietet der Frau Platz an und setzt sich neben sie.

Die Frau sagt leise:

»Ich habe mir vorgenommen, meinen Mann auch einmal zu betrügen.«

Chris neigt zustimmend den Kopf.

»Gut, dann zeige ich Ihnen am besten gleich das Schlafzimmer.«

Ohne ihre Antwort abzuwarten, erhebt er sich, und nicht die geringste Nervosität ist in seinem Verhalten. Kein Zittern der Hände, kein Flackern der Augen, seine Lippen glänzen ein wenig eingespeichelt, denn er beherrscht die Usancen des Jobs.

»Bitte folgen Sie mir. Ich gehe vor.«

Über die Schulter zurück fragt er leichthin:

»Wie heißen Sie?«

»Brigitte.«

Er öffnet die Schlafzimmertür und weist hinein:

»Bitte, Brigitte!«

Sie tritt ein, sich an ihm vorbei durch die Tür schiebend, ihn mit einem Hauch berührend, ihr Blick gleitet über sein Gesicht, das beinahe schön zu nennen wäre, in diesem Winkel und Licht.

27

In der Buchhandlung Wendler & Co. hat Eva während ihrer Studienzeit alle ihre Bücher gekauft. Da sie vorbeikommt, bleibt sie gewohnheitsmäßig stehen und tritt dann ein.

Die Begegnung mit der eigenen Vergangenheit stimmt sie nicht melancholisch. Im Gespräch mit dem Buchhändler fühlt sie sich fröhlich. Als sie gehen will, steht sie vor Markus, der vor Überraschung kaum die Tür hinter sich schließen kann. Als er sich gefangen hat, mustert er sie von Kopf bis Fuß. Sein mißbilligender Blick umschließt alles, was ihm zuwider ist: Kleidung, Frisur, Make-up.

»Wenn ich dir nicht gefalle, kannst du es wenigstens für dich behalten!« spricht Eva ihren früheren Mann an.

Dann, mit plötzlicher Frechheit:

»Spionierst du mir etwa nach?«

»Du könntest ja mal fragen, wie es mir geht –«

»Wie geht es dir?«

»Anfangs hast du mir sehr gefehlt. Ich war wie tot in der leeren Wohnung. Jetzt hab' ich was Neues. Nicht so attraktiv wie du, aber zuverlässig. Sie war schon mal verheiratet und heißt Marianne, ja ich weiß, kein besonders schöner Name.«

Er steht und blickt Eva erwartungsvoll an, als müßte sie nun antworten. Sie steht und wartet.

Er beugt sich vor und liest die Titel der Bücher, die sie gekauft hat.

»Die hast du doch schon mal gelesen? Wiederholst du dich jetzt?«

»Die Bücher sind für meinen neuen Freund.«

»Er hat wohl einiges nachzuholen?«

Da sie nicht antwortet, fragt er:

»Was macht deine Doktorarbeit?«

»Ich bin fast fertig damit.«

»Wirklich? Trotz deiner anderen – Betätigungen? Was ich dich fragen wollte: Schläfst du noch mal mit mir, ja?«

Sie blickt ihn ein wenig amüsiert an.

»Ja?« drängt er.

Sie schüttelt kaum merkbar den Kopf.

»Du bist doch sonst nicht mehr so kleinlich!«

Sie schweigt ihn noch nachdrücklicher an.

»Da war ich also fünf Jahre mit einer Hure zusammen und merkte es nicht.«

Das preßt er lauter heraus, als er es beabsichtigt.

Eva ist einen Moment ratlos und bereit zur Flucht. Die Panik wird überwunden. Nimm dich zusammen, den Mann hast du fünf Jahre lang ausgehalten. Du hältst ihn auch jetzt aus.

Sie sagt kalt:

»Ich bin jetzt eine Frau, die Männern wie dir einen Gefallen tut. Eine Frau, die verheiratet ist, nimmt kein Geld dafür, denn sie wird im Ganzen bezahlt. Unverheiratete Frauen, die von Männern leben, sind Flittchen. Wer es aber beruflich tut, ist eine Hure. Ich werde, das schwöre ich dir nach unseren fünf Jahren gemeinsamer Ehe hoch und heilig: ich werde die bestbezahlte Hure sein, die den Männern dafür am wenigsten bietet!«

Markus blickt erschrocken auf, sein Blick weicht ab und zur Seite weg. Eva wendet sich halb um und erkennt, der Buchhändler hat sie beobachtet und ihnen zugehört. Markus verläßt in höchster Panik den Laden.

Eva sagt leicht und freundlich:

»Auf Wiedersehen bis zum nächsten Mal!«

Sie geht nach draußen auf die Straße, mit ihren Büchern im Arm, und fast ist es wie früher, als sie noch studierte. Nur fühlt sie sich jetzt besser und stärker, und auch ein wenig trauriger und erwachsener. Doch das bestärkt sie noch mehr und macht sie fast ein ganz klein wenig mörderisch.

28

Der Tag ist ihr Job, und die Tage verfliegen wie Kinoszenen, im Moment gewaltig und groß, als wäre es alles, und kurz darauf vergangen und vergessen.

Eva macht Außendienst. Der Mann, der auf ihr Klingeln hin öffnet, starrt sie verblüfft an.

»Yvonne schickt mich«, sagt sie erklärend.

»Kommen Sie herein. Bitte hier entlang.«

Die Wohnung, gehoben-bürgerlich eingerichtet, steckt aber voller erstaunlicher Einzelheiten. Eva weiß von Yvonne, die Frau des Mannes arbeitet außer Haus.

Der Kunde blickt Eva unsicher an, seine Stimme klingt vorwurfsvoll:

»Es ist das erstemal seit fünf Jahren, daß Yvonne nicht selbst kommt.«

Der Mann spielt den enttäuschten Liebhaber. Vielleicht kann er sich tatsächlich schwer auf eine Neue einstellen. Manche der besten Kunden sind Gewohnheitstiere. Sie halten sich eine Nutte wie ihre Frau und legen Wert auf Dauer, die Stellvertretung der Treue.

»Wie heißen Sie?«

»Carmen«, sagt Eva.

Der Mann gewinnt seine Fassung zurück.

»Sie sehen aber gut aus!« sagt er mit verwunderter Anerkennung.

»Oh!« antwortet Eva, »wissen Sie, ich bin verliebt, zum erstenmal in meinem Leben richtig verliebt. Ich wußte gar nicht mehr, wie das ist. Ich war selten verliebt, und meistens war es ganz schnell vorbei.«

»Setzen Sie sich doch. Tasse Kaffee?«

»Gern, danke.«

Er bringt den Kaffee.

»Mit Milch und Zucker?«

Er blickt Eva fragend und treuherzig-aufmerksam ins Gesicht.

»Wissen Sie, Yvonne nimmt nämlich immer Süßstoff.«

Eva akzeptiert Milch und Zucker und betrachtet die Familienfotos auf der Anrichte.

Der Mann sieht es mit Freuden, weist auf ein Foto, erläutert: »Mein Ältester – und hier, das ist meine Frau!«

Eva besieht das Bildnis der Frau.

»Sie haben eine sehr attraktive Frau!«

»Ja. Es ist nur so, wenn ich meine Frau ansehe, werde ich immer müde.«

Er seufzt. Dann holt er ein Fotoalbum herbei und blättert darin.

»Hier – das war auf einer Reise – vor zwei Jahren –«

Das Foto zeigt den Mann zusammen mit zwei Thaimädchen.

Der Mann erhebt sich, läßt das Fotoalbum aufgeblättert auf dem Tisch liegen, hat Geld und eine Schürze in Händen.

Er steckt Eva das Geld ganz nebenbei zu und zeigt auf die Schürze:

»Hoffentlich paßt sie. Meine Frau, müssen Sie wissen, ist etwas voller als Sie.«

Er bekommt einen vor Sorge geschwollenen Blick, die Augen treten aus den Höhlen hervor, der Mann ist ganz und gar die besorgte Anstrengung, die er offenbar gut genug beherrscht und auf Kommando vorführt.

29

Die Obsession des Kunden ist auf Küchenarbeiten gerichtet, die er von Eva verlangt, die die Schürze umgebunden und Gummihandschuhe übergezogen hat, während der Hausherr ihr beim

Geschirrspülen interessiert zuschaut und genau kontrolliert, ob die Gläser sauber poliert sind, wozu er jedes Glas einzeln gegen das Licht hält.

Nörgelnd bemerkt er:

»Ich habe dir doch gesagt, du sollst die Gläser zweimal abspülen. Hier sind lauter Flecken drauf.«

Das Glas zur erneuten Säuberung hinstellend, entfernt sich der Kontrolleur ein wenig und befiehlt:

»Komm mal her zu mir!«

Eva will die Handschuhe abstreifen und wird angeherrscht:

»Laß sie an!«

Sie geht zu dem Mann, der ihr versonnen übern Rock streicht und kurz anordnet, sie solle auf und abgehen, was sie mechanisch befolgt.

»Zieh die Schürze hoch!«

Eva zieht die Schürze und den Rock hoch.

»Schön. Zeig die Brüste!«

Sie schiebt den Pullover hoch.

»Schön. Knie dich hin und sieh mich an.«

Eva blickt dem Befehlshaber ins Gesicht und wieder weg.

»Du sollst mich ansehen! Du sollst mich die ganze Zeit über ansehen!«

Er beginnt an seiner Hose herumzunesteln, seine Stimme nimmt einen vor Erregung heiseren Unterton an, als er fragt:

»Willst du mal sehen, ja? Was empfindest du? Zeig, was du fühlst. Zeig, daß du ihn magst!«

Eva verharrt reglos.

»Was empfindest du jetzt?«

»Nichts.«

»Nichts?«

Der Mann blickt verblüfft, aus der Orgie seines Selbstgefühls gerissen, auf Eva, die aufsteht vom Boden und nicht die geringste Regung vorführt. Es ist, als wäre sie maskiert, so starr steht sie da und sagt:

»Ich muß mal telefonieren!«

An dem erstaunten Mann vorbeigehend, tritt sie zum Telefon im Wohnzimmer, und weil der Mann ihr nachfolgt, herrscht sie ihn an:

»Laß mich allein. Hast du nicht gehört? Ich muß telefonieren, und du sollst rausgehen!«

»Das ist aber meine Wohnung!«

»Du sollst mich jetzt allein lassen.«

Der Mann verläßt sein Wohnzimmer, seine Stimme vergeht in einem ärgerlichen, protestierenden Brummen und Quetschen, sein Gang ist schleppend, seine Schultern hängen herab.

Als Chris sich meldet, fragt Eva:

»Liebst du mich noch?«

Sie wartet die Antwort nicht ab, legt lachend auf, öffnet die Tür und sieht den Wohnungsinhaber in der Diele stehen.

»Komm rein!« herrscht sie ihn an.

Folgsam trottet der Mann herein. Eva streift sich die Gummihandschuhe von den Händen und reicht sie ihm.

»Dir stehen sie viel besser als mir!«

Irritiert, wo nicht schockiert starrt der Mann auf die gekaufte Frau.

»Na mach schon, zieh sie an!«

Er streift die Handschuhe über. Eva lächelt ihm ermunternd zu und bindet ihm die Schürze um. Der Mann beginnt zu kichern. Eva holt ihren Lippenstift und schminkt dem Mann die fahlen, verkniffenen Lippen. Der Mann schmatzt leise, die Szene gefällt ihm, er wußte gar nicht, wie gut ihm die Veränderung täte.

»Schön!« sagt er, in den Spiegel blickend, »wirklich heiter!«

Das Leben, das in ihm stockte und staute, floß mit einem Male in einem kräftigeren, loseren Rhythmus dahin, der Atem ging leichter und schneller, die Wangen röteten sich, als wäre der Lippenstift dahin abgerutscht und hätte auch sie mit einem Anhauch versehen.

»Ich möchte, daß Sie wiederkommen«, haucht der Mann glücklich.

30

Eva sitzt in Chris' Badezimmer auf dem Wannenrand und macht Tagebucheintragungen. Die Badezimmertür ist verschlossen. Die Intimität der Eintragungen bedarf der Intimität des Raums. Sie schreibt:

»Zum ersten Male fühle ich, daß ich glücklich sein kann. Bei der Arbeit fürchte ich manchmal, daß mich die Kraft verläßt, doch erfinde ich mir Abenteuer von einem Augenblick zum andern, und das verleiht mir einen Zuwachs an neuen Kräften. Ich habe Verständnis für die Wünsche der andern. Es gibt keine Männer ohne heimliche Wünsche. Ich erfülle ihnen Wünsche oder führe sie zur Entdeckung neuer Wünsche. Sie sind leicht und bald zufriedenzustellen, wie Kinder, denen sich jemand widmet. Ich spüre die Schwächen der Männer, ohne sie deshalb zu verachten, wie ich es früher tat. Ich stelle mir die Frauen der Männer vor, und ich lerne, auch ihre Frauen nicht mehr zu verachten.«

Eva klappt das Tagebuch zu und schiebt es in ihre Handtasche. Sie geht ins Schlafzimmer und legt sich zu Chris ins Bett. Das Telefon klingelt. Chris hebt nicht ab. Als es wieder und wieder klingelt, stellen sie es leise. Um auch das leise Schnarren nicht zu hören, decken sie ein Kissen darüber.

Sie liegen und können nicht einschlafen. Leise summend sendet das Telefon seine Signale aus.

»Da ist aber einer besonders ausdauernd und hartnäckig!« flüstert Eva.

Chris zieht das Kissen vom Telefon, hebt ab und hört, nachdem er seinen Namen gemurmelt hat, zu.

»Ja«, sagt er, »ich bin es selbst, hundert Mark die Stunde, ich begleite Sie auch zum Essen, wenn Sie es wünschen. Das macht die Taxe hin und zurück, das Essen geht natürlich auf Ihre Rechnung, ich zahle im Restaurant, Sie erstatten mir die Auslagen, nein, ein Foto vorher ansehen, das machen wir nicht, nein, ich trage keinen Bart, ja gut, dann überlegen Sie es sich noch mal.«

Er legt auf und erstarrt wieder zur schlafenden Figur neben Eva.

»Ich dachte«, sagt sie, »du studierst Betriebswirtschaft?«

»Das hab' ich nach fünf Semestern aufgegeben.«

Eva betrachtet Chris mit gemischten Gefühlen. Sie hat ihre eigene Art, mit den Dingen umzugehen. So hat sie sich ihren ›Beruf‹ ausgewählt. Die Neugierde, das Gefühl, etwas Verbotenes zu tun, die Herausforderungen, das Überschreiten der eigenen Grenzen ... das alles gehörte dazu. Aber Chris?

31

Eva setzt sich mit einem Ruck auf, es hat fast den Anschein, als leide sie an Krämpfen, doch ihr Gesicht verzieht sich zum Lachen.

Plötzlich amüsiert sie ihr Geschick, mit dem sie sich ihren neuen Freund ausgesucht hat.

Sie lacht und lacht immer heftiger, und weil Chris sich aufrichtet und keineswegs ernst bleiben kann, umarmen sie einander im Gelächter, werfen sich hin und her, können ihrer gemeinsamen Heiterkeit durchaus nicht Herr werden und erstikken fast an ihren Lachanfällen, bis Eva ihn, plötzlich wieder ganz ernst, fragt:

»Und was machst du mit den anderen Frauen?«

32

Während er erzählte, wunderte sie sich über die Leichtigkeit, mit der sie es nahm. Vielleicht lag es an ihrem vorherigen Lachen, daß sie beide sich so befreit und beschwingt fühlten, fast als wären sie betrunken, und sie waren nicht betrunken, vielleicht trunken. Sie dachte kurz: Jetzt ist er genauso wie du, und der Gedanke, obwohl nur ganz kurz aufblitzend, bestärkte ihr Vergnügen, das sie empfand. Nur hielt es nicht gleichmäßig an, denn was Chris ihr mitteilte, war neu für sie und auch ein wenig schockierend, wie sie sich eingestand. »Diese Frauen wollen immer vergessen, daß sie mich bezahlt haben«, berichtete er, »und wenn ich mich erkundige, was ihnen besonders gefällt, wünschen sie sich ganz normale Sachen, etwas Zärtlichkeit, daß ich sie anfasse, mir ist dann, als müßten sie daheim bei sich Perversionen ertragen, weshalb sie zu mir flüchten und von mir alles andere als tolle Stellungen und schicke Leistungen erwarten. Bei mir suchen sie die Normalität, denke ich oft, und meist macht es mich ganz traurig. Einer jeden sage ich, wie schön und gut sie sei, und wenn es nicht stimmt, lege ich noch mehr Wert drauf, es zu versichern. Manchmal sind sie so unattraktiv, da muß ich mir viel Mühe geben, meine wahre Meinung nicht nur zu verbergen, sondern auch noch das Gegenteil meiner wirklichen Meinung vorzulügen, und manchmal gelingt mir das Lügen so voll und leicht, daß ich vor mir zurückschrecke und denke, was bist du doch für ein Falschspieler. Oder ich vergesse, eine Frau zu loben und zu rühmen, dann werde ich bald danach gefragt, als ob sich alle, bevor sie mich aufsuchen, dazu verabredeten. Sie fragen: Wie wirke ich auf dich? Dann lege ich also los, nicht zu stark auftragen, rufe ich mir heimlich zu, denn da könnten sie stutzig und mißtrauisch werden, denke ich, doch fast glaube ich, sie werden nie mißtrauisch, sie wollen von mir nur ihr Loblied gesungen kriegen, und oft fragt eine: Was meinst du, warum mein Mann mich hintergeht? Dann sage ich immer dasselbe, was sie für schöne Haare habe, für schöne traurige Augen und wie lieb sie sei.«

Er wandte sich Eva abrupt zu, sagte: »Was hast du für schöne Augen – ich liebe deine Augen, weil ich nicht lügen muß und weil dein Blick so hart sein kann, daß es einem eisig ans Herz greift.«

Bei dem Wort ›Herz‹ zuckte sie leicht zusammen, fing sich schnell und lächelte.

»Es sind die Rituale des Geschäfts!« sagte sie leise, ohne eine winzige Schwingung in ihrer Stimme ganz verleugnen zu können.

Sie griff Chris an die Nase und sagte:

»Ich liebe deine Nase, weil sie zu groß ist, deine Augen, weil sie zu blau sind, deine Lippen, weil sie die einzigen sind, die ich küsse und von denen ich mich küssen lassen will.«

»Keine Rituale?« sagte er.

»Doch Rituale«, antwortete sie nachdenklich und sich von ihm halb abwendend, »und andere, ganz andere, sie müssen erst erfunden, erforscht und gewonnen werden.«

Sie drängten sich aneinander, und eine beinahe tierische Wärme entstand zwischen ihnen, besetzte die Haut, fügte sie zusammen in Formen lang entbehrter Vertrautheit.

33

Chris, in einem höchst eigenwilligen Rausch des guten Menschen von Westberlin, wohin er gehörte wie die Wasserrose auf den begrenzten Teich, mietete eine geräumige Maisonettewohnung, richtete sie ein, und sein Geschmack stammte wie er selbst von soignierten Eltern ab, die ihm vieles mitgaben und nur weniges verweigerten; dann leistete er sich die Kühnheit, seine kleine teure Gefährtin beschwingt auf die Arme zu nehmen und über die Schwelle zu tragen, wie es Brauch war und ist in jenen Kreisen, die noch daran glauben.

Er trug sie durch die Zimmer und zeigte ihr all die vielen angesammelten Kleinigkeiten, die er mit Fleiß, Geld und Kunstverstand erworben hatte.

Die Türen stieß er mit dem Fuß auf, die Lichtschalter knipste er mit dem Ellbogen an. Im Wohnzimmer setzte er Eva ab, damit sie seine persönliche Note angemessen bewunderte; sparsamste Möblierung, doch was da stand, war antik und kaum erschwinglich.

»Gefällt es dir?«

Die Parodie, die vielleicht keine war, vollendete sich in Evas Worten:

»Wunderschön, Chris!«

Sie betrachtete die Bilder an den Wänden. Ihr Bedürfnis nach kritischen Anmerkungen obsiegte.

»Es wirkt ein wenig wie eine Gemäldeausstellung!«

»Wenn du willst, hängen wir die Bilder sofort ab!«

Er war die vollendete Freundlichkeit, wo nicht Beflissenheit. Noch bevor sie einen Wunsch formulierte, war er bereits erraten und erfüllt.

34

Neidlos erkannte sie, noch nie hatte sie so gut und ›hoch oben‹ gewohnt, in Geschmack, Stil, Preislage. Selbst ihre vermögenden Eltern waren daheim nicht derart eingerichtet.

Sie schweifte durch die Wohnung und entdeckte ein Zimmer, das Chris beim ersten Rundgang, als er sie auf Händen trug, ausgelassen hatte.

Sie öffnete die Tür und sah ein breites französisches Bett mit goldenen Zierleisten und schweren Brokatvorhängen. Palmen verdeckten die mit Seidentapeten beklebten Wände, daß nur bizarre Fragmente durchschienen. Aus einer verdeckten Stereoanlage erklang gedämpfte Musik, ein Videorecorder mit Kassetten stand bereit.

»Das ist, ich hoffe er gefällt dir, dein neuer Arbeitsplatz!« erklärte Chris im leichten und zugleich ein wenig schwärmenden Ton des jung Verliebten. Er ließ keine Pause eintreten und fuhr fort:

»Gib immer ein paar Tropfen Parfüm auf die kalte Glühbirne. Wenn du dann das Licht einschaltest, verteilt sich der Duft durch die Wärme im ganzen Raum. Das regt die Männer an.«

Eva wandte sich im Zimmer nach allen Seiten und blieb vor Chris stehen.

Eva war von all dem merkwürdig berührt. Doch nahm sie sich ein Beispiel an seiner Selbstverständlichkeit.

»Und wo ist dein Arbeitszimmer?«

»Unten.«

Er wies mit der Hand zur Treppe der Maisonette.

»Wir zweckentfremden die Wohnung ein wenig und nutzen sie teilgewerblich. Der andere Teil bleibt privat für uns. Es ist, erlaube ich mir noch zu bemerken, eine zugleich rationale und emotionale Entscheidung gewesen.«

35

Während er seine Pläne entwickelte, betrachtete sie ihn kühl abwägend, doch mit jener Zärtlichkeit, die niemand zeigen sollte, will er sich nicht verletzbar machen. Das erstemal, seit sie sich kannten, fiel ihr auf, daß seine Nervosität es war, die ihn in seinen Bewegungen, seiner Gestalt und in seinem Gesicht am stärksten kennzeichnete. Die Harmonie dieses Gesichts war zugleich vorhanden und nicht vorhanden, die Linien störten einander. Man sah jetzt einen ruhigen, freundlichen jungen Mann, kurz darauf ein leidendes Nervenbündel, und zu dieser Veränderung trug gar nicht sein verändertes Verhalten bei, es lag nur am Blickwinkel und Lichteinfall, sein Gesicht war wie eine afrikanische Maske, hinter der sich jemand verbarg. Oder nein, sein Gesicht war eben das Kennzeichen seiner Natur, und nichts verbarg sich dahinter. Immerhin, dachte Eva, ist es möglich, mit ihm zusammenzuleben trotz aller Risiken, denn er begreift, daß der andere Freiheit braucht und nicht erdrückt werden darf von der Liebe. Eva dachte so ernsthaft darüber nach, daß es Chris endlich auffiel, weil sie reichlich abwesend blieb, während er ihr noch die neue Wohnung erläuterte. Als er sie fragte, legte sie ihm den Zeigefinger über die Lippen. Sie dachte: Er ist ganz anders als Markus; ich bin nicht seine Gefangene, und ich werde es nie sein. Sie sagte: »Hör auf zu reden. Küß mich.« Er befolgte den Rat mit innerem Widerstreben. Es waren noch so viele einzelne Dinge zu erläutern. Das tat er gern. Er war voll von den vielen ungesprochenen Worten und Sätzen. Er hatte endlich einen Menschen gefunden, dem er alles mitteilen konnte. Er brannte darauf, es zu tun. Er war ein Botschafter seiner lang unterdrückten Regungen, und während er seine Botschaften vortrug, glänzten seine großen schönen Augen von jenem irren inneren Feuer, das ihn verzehrte. Er gehörte zur Rasse der ganz und gar Ungeduldigen, und er war es längst überdrüssig, sich noch länger zu verleugnen. Weil die Frau es von ihm verlangte, küßte er sie. Sein Lächeln geschah unter geschlossenen Augen. Noch während er ihre Lippen berührte, brannte er schon darauf, weiterreden zu können.

36

Nie wieder hatte sie mit einem Manne ein gemeinsames Schlafzimmer haben wollen.

Jetzt standen sie in ihrem gemeinsamen Schlafzimmer, und Eva empfand nichts, was sie hätte dagegen einnehmen können. Sie kehrte ihre jahrealten Abneigungen in Zuneigungen um, als hätte sie den Wechsel trainiert. Sie fragte sich nicht, wie es dazu käme. Sie dachte: Ich schäme mich fast, so glücklich zu sein. Sie erschrak über diese Gedanken, weil sie ihr zu einfach und naiv erschienen, und dann wieder war sie froh über die neu errungene Naivität.

Na wenn schon, sagte sie sich, wird schon schiefgehen, oder auch nicht. Wir werden es erleben. Oder auch nicht.

Mit dem Schwung der ersten Jugend, die ihnen längst nicht mehr gegeben war, begannen sie die Betten auszuprobieren, und es konnte keine Rede sein von Müdigkeit oder Versagen.

37

Kurt kam auf Besuch, der souveräne Herr der mittleren Jahre, hochgebildet und gutsituiert, das langerprobte Vorbild für Chris, der stets hilfsbereite Ratgeber in normalen wie anomalen Lebenslagen, der Mann mit der sonnengebräunten, gutdurchbluteten, immer frischrasierten Gesichtshaut, der ein ganz klein wenig nach Werbung und Reklame für irgendeine Männlichkeitswahnware aussieht, selbst aber gar nichts tut, die verräterische Nähe zu akzentuieren, denn für Klischees hat Kurt nur die geübte Verachtung des in der Wolle gefärbten Intellektuellen übrig.

Kurt kam und betrachtete alles, gab gute Ratschläge, hörte

zu, schätzte Chris' neue Freundin ein, nickte auch zu dieser Neuerwerbung und blieb bei allem doch so verständnisvoll freundlich und dezent, daß Eva sich schuldig fühlte, weil ihr schien, sie karikiere Kurt nur, weil sie sich zurückgesetzt fühlte. Die beiden Männer verkehrten miteinander in der Andeutungssprache, wie sie sich in langen Jahren der Freundschaft entwikkelt. Dazu bedurfte es weniger der Intuition als der erprobten Nähe.

Sie begriff, ihr Verhältnis zu Chris schrumpfte auf einen kurzen Zeitabschnitt ein, sobald Kurt auftauchte, und in der beinahe zärtlichen Zuwendung zu Kurt, mit der Chris den alten Freund begrüßte, lag für sie eine zu weite Entfernung von ihr selbst, als daß sie darauf nicht hätte mit Feindseligkeit reagieren müssen.

Kurt brachte sein Einzugsgeschenk mit, eine Grafik von Johannes Grützke, sagte: »Mal nichts Praktisches« und suchte einen geeigneten Platz dafür, wobei er sich mit provozierender Selbstverständlichkeit in den Zimmern bewegte.

Eva argwöhnte, Kurt sei nicht, wie er vorgab, das erste Mal in der Wohnung, vielleicht waren Maisonette und Einrichtung sogar mehr auf seinen Einfluß zurückzuführen als auf Chris selbst. Kurt und Chris gaben ein Paar ab, sobald Kurt auftauchte, und dann war Eva von Chris abgeschieden.

»Ein neues Parfüm?« Kurt schnupperte und blickte Chris an.

»Es ist nicht meins«, antwortete Chris.

Als Eva in der Küche Kaffee kochte, kam Chris zu ihr und stand ein wenig verlegen in der Tür. Er hatte das Gefühl, ihr etwas mehr über seine alte Freundschaft mit Kurt erklären zu müssen. Ihre abwehrende Haltung entging ihm nicht, obwohl sie versuchte, es nicht zu zeigen.

Er sagte: »Kurt ist Dozent für Wirtschaftswissenschaften und mein treuester Kunde. In meine vorige Wohnung hat er sich nicht mehr getraut, seit du da warst. Er meinte, die Wohnung sei für so große Massen von Menschen zu klein. Er ist zu sensibel für das Leben. Und zu sensibel für seinen Beruf. Wenn er zur Vorlesung geht, bekommt er rote Flecken auf den Armen und Schultern, eine Allergie aus Scheu vor den Menschen, unter die er sich begeben muß.«

Sie war mit dem Geschirr beschäftigt und blickte Chris nicht an.

Sie antwortete ohne aufzublicken:

»Hat er sich noch nie überlegt, daß es besser ist, sein Geld in Aktien anzulegen?«

Chris half ihr, stellte das Kaffeegeschirr aufs Tablett, fragte:

»Trinkst du eine Tasse mit?«

Sie stutzte und sah, er hatte nur zwei Gedecke auf dem Tablett. Sie hatte es als selbstverständlich angesehen, bei den beiden zu sitzen und mit ihnen Kaffee zu trinken.

Sie nickte.

»Ja.«

Er nahm die dritte Kaffeetasse, sie goß ein und ging dann hinter Chris, der Kurt servierte, ins Wohnzimmer, sich alle Mühe gebend, den schmerzlichen Eindruck zu verbergen, den die Enttäuschung hinterlassen hatte.

Kurt empfing sie mit den Worten:

»Ich war schon lange drauf neugierig, Sie kennenzulernen, weil ich so viel von Ihnen gehört habe.«

Sie lächelte ihm freundlich zu und dachte: Die beiden haben über mich gesprochen, und schon die ganze Zeit, seit Chris und ich uns kennen. Sie empfand es als eine Indiskretion, so schwerwiegend wie einen Verrat. Um so mehr Mühe gab sie sich, ihre feindseligen Gefühle zu verbergen. Selbst ihren Blick regierte sie mit der Vollendung einer Schauspielerin, die sie inzwischen auch geworden war.

38

Danach, als sie endlich den passenden Platz für die Grafik gefunden hatten, begann die Prozedur des Aufhängens. Chris und Kurt gingen gemeinsam ans Werk, und Eva beobachtete das einträchtige Team bei seinen künstlerischen Anstrengungen. Offenbar gehörte der Akt des Hängens noch zur Gesamtheit der Bildenden Kunst, denn ohne daß das Bild hing, kam es nicht voll zur Geltung und konnte nicht als vollendet angesehen werden. Eva dachte, wenn Chris sich in seinem Traum-Restaurant später mit der Repräsentation der Speisen genauso anstellte wie jetzt bei diesem Augenschmaus, würde man wohl das Mittagsmahl zur Abendzeit servieren müssen. Schon heute garnierte er ewig an ihrer beider Mahlzeiten, ein Ästhet in der Küche, und sie hatte ihn mehrmals an Marilyn Monroe erinnert, die am liebsten Möhren und Erbsen auftischte, weil sich das Gemüse in Rot und Grün so hübsch auf einem weißen Teller ausnahm. Unterdessen gab Kurt ununterbrochen Erläuterungen zum Maler und seinem Werk ab, und von da an mochte Eva weder die Grafik noch deren Schöpfer, und auch die ganze Bildende Kunst konnte ihr so langsam gestohlen bleiben.

Eine nochmalige Inspektion der perfekten Räume bestätigte Evas Verdacht, daß Kurt der Arrangeur gewesen war. Sein besonderer Stolz galt einer Spiegelkommode aus den zwanziger Jahren, die für gutes Geld allein nicht zu beschaffen war, wie er betonte, nein, dazu bedurfte es allerbester Beziehungen. Sie standen vor einer Figur, die Eva bisher entgangen war. Kurt erläuterte, sie sähe an diesem Platz optimal aus, weil sie eine freie Wand brauche, um richtig zu wirken. Chris akzeptierte, wandte aber ein, das Objekt sei ein bißchen zu groß und gehöre eigentlich in einen riesigen Saal. Dann redeten sie lang und breit von einer kleineren Figur, die Kurt bei sich daheim stehen habe. Der Freund schwärmte: »Eine Gelegenheit!«

Die beiden befanden sich in manischer männlicher Zweisamkeit und Eva beschloß, das teure Kunstwerk künftig konsequent zu übersehen. Ausgeschlossen und beiseite geschoben hatte sie sich bei Markus oft genug gefühlt, auf eine Neuauflage dieser Erfahrung konnte sie verzichten. Sie würde so tun, als wäre die kostbare Figur gar nicht vorhanden. Sie übte sich nun im Übersehen von unbelebten Gegenständen, nachdem sie einen Teil der belebten Gegenstände, ihre Kundschaft, schon gut zu ignorieren gelernt hatte.

Es ließ sich, bedachte man es genau, so am besten leben. Man vermochte so mancherlei und mit der Zeit immer mehr aus der eigenen Wahrnehmung und dem eigenen Leben auszuknipsen.

Sie empfand Befriedigung bei dem Gedanken und ein kaum wahrnehmbares, lustvolles Ziehen im Inneren.

So erweiterten sich ihre Möglichkeiten. Auch diese kleine Entdeckung bereitete ihr Genugtuung. Eva begann zu ahnen, wie groß die Bereiche seien, aus denen wichtige und mächtige Leute, Politiker, Strategen, Wirtschaftskapitäne, Befriedigung bezögen. Das war der Moment, in dem sie sich beinah begierig danach sehnte, ihren neuen Arbeitsplatz einzuweihen. Den Auftritt ihres ersten Kunden im eigenen neuen Arbeitszimmer glaubte sie kaum noch erwarten zu können.

So eilig hatte sie es jetzt, angestachelt von einer Vielzahl unterschiedlichster Emotionen. Allerdings hatte sie inzwischen gelernt, aus mehreren verschiedenen Gefühlen das eine Gefühl hervorzukehren, das ihr am liebsten war und die größte Sicherheit eingab. Sie hatte sich anfangs ganz unwillentlich und unbewußt dafür entschieden, spontan aus der Situation heraus, in der sie lebte. Solange sie sich gefügig zeigte und unterwürfig, verfuhren die Kunden herrisch mit ihr. Sobald sie sich aber auflehnte und den Männern zusetzte, geschah eine seltsame Verwandlung mit den Herren, sie stutzten, probierten ein wenig herum und unterwarfen sich mit einer lustvollen Eile, daß es Eva meist überraschte, wie perfekt der Trick funktionierte.

Dabei entdeckte sie, daß der Akt der Unterwerfung, den die Kunden anstrebten und mit dem sie die Frau zur Domina wählten, ihr selbst ein sonderbares Gefühl von Rach-Lust schenkte. Es war nicht die einzige Regung, die sie verspürte, und sie füllte sie auch nicht aus, sondern zählte zu einer ganzen Palette sinnlicher Empfindungen. Da sie aber erkannte, wie sehr sie als Frau in der beherrschenden Rolle gewünscht wurde, favorisierte sie ihren Straf-Trieb und Hang zur rächenden Exekution, und als sie sich soweit durchgerungen hatte, war sie konsequent und cool genug, sich ganz und gar zur Domina umzuformen. Wenn die Sehnsüchte der Kunden in diese Richtung gingen, dann mußte ihnen das Angebot aus dieser Richtung entgegenkommen. Also vertiefte sie sich ein wenig in die SM-Literatur, befragte Kolleginnen und erstand über einen Spezialversand aus einem Kölner Unternehmen ein prunkvolles schwarzes Fantasiekostüm, ganz aus Leder und vervollständigt durch das Sortiment an Peitschen und anderen gewünschten diversen Folterwerkzeugen, nach deren Wirkung viele Kunden gierten, weil offenbar das Durchschnittsleben des geschäftlichen Herrenmenschen nach jenen feinen Schmerzen verlangt, die von den Untergebenen in der vorhandenen Hierarchie nicht mehr geleistet werden können, weil jeglicher Widerstand als unschicklich gilt und mit harten Disziplinarmaßnahmen bis hin zur Entlassung geahndet wird.

39

Die Einweihung des neuen Arbeitszimmers geschah mit einem gutgekleideten Herrn im mittleren Alter, der den Eindruck machte, daß er eben aus dem Büro käme und eine Aktentasche als Standeszeichen trüge.

Er wollte sie nicht hergeben und weglegen. Er hing Mantel

und Hut an die Garderobe, aber er bestand darauf, die Mappe bei sich zu behalten. Trug sie in der einen, dann der anderen Hand, lehnte sie im Sitzen gegen sein Bein.

»Wie heißen Sie?« fragte er und blätterte Geldscheine auf den Tisch. »Carmen«, antwortete Eva, nahm das Geld diskret auf und barg es in einem Schrankfach, dessen geöffnete Tür die Einsicht versperrte.

Sie musterte ihn schweigend mit kalten Augen, ging an ihm vorbei und legte eine Platte auf. Hinter ihr zog der Kunde heimlich den Ehering vom Finger, was ihm einen Zuwachs an Sicherheit brachte. Er setzte sich aufs Bett und machte Eva ein ängstliches Kompliment.

»Sie sehen aber gut aus! Sie wirken so streng.«

Das hätte er vordem vermieden zu sagen, doch war schon gezahlt worden, der Preis stand fest, das Entzücken konnte die Ware nicht noch verteuern. Eva trug die für die Anfangsszene extra angeschaffte Ledercorsage, darüber einen schwarzen Chiffonumhang.

»Du«, fuhr sie den außerordentlich seriös ausstaffierten Besucher an, »sprichst doch am liebsten Frauen an der Haltestelle an und flüsterst ihnen zu, wie geil du sie findest, redest sie voll mit deinen Träumen, bedrängst sie, daß ihnen die Röte ins Gesicht steigt, du wartest doch darauf, daß mal eine zuschlägt. Oder du rufst nachts wildfremde Frauen an, um ihnen Obszönitäten zu sagen.«

Der Kunde, eine Hand am Krawattenknoten, den zu lösen ihm ganz und gar nicht gelingen wollte, sieht Eva fast verschüchtert an, zugleich liegt in der Demütigung durch die hochaufgerichtete Frau vor ihm, die in ihrer Haltung etwas Statuarisches angenommen hat, ein Teil Wohlbehagen, dem er sich beflissen hingibt. Eva spielt ihre lockende Bedrohlichkeit noch einen Moment aus, dann ändert sie die Taktik. Fast zärtlich und sehr einfühlsam flüstert sie: »Erzähl mir jetzt, wovon du träumst, was dich erregt...«

Langsam zieht sie ihren schwarzen Umhang aus und geht bedrohlich auf den Kunden zu. Sie umkreist ihn mit genau berechneten Schritten und Bewegungen, wobei sie ihn fixiert. Wie nebenbei hält sie die Peitsche in der Hand.

Der Mann vor ihr nestelte sich frei, in seinem Gesicht bewegte es sich, und seine Augen glänzten wie zwei kleine runde Spiegel, in die ein Licht leuchtete. Dann verlangsamte er sein Tempo, gewann etwas die Oberhand und kam zu sich. Es wirkte, als wolle er von Eva etwas, doch sie wies ihn mit unerbittlicher Härte ab.

»Von mir kriegst du nichts, gar nichts! Eine Frau wie mich wirst du nie besitzen! Wenn du hier rausgehst, hast du mich nicht einmal angefaßt!«

Die kalte, harte Art, in der sie ihn anherrschte, versprach ihm etwas, was er begehrte wie sonst nichts.

Der Kunde war nun ganz seiner inneren Automatik hingegeben und arbeitete sich daran ab, während Eva aufatmete, denn sie empfand die Anstrengung des Bösen als Zumutung, der sie sich nur unterwarf, weil es sie entlastete. Und weil sie zu ihrem Erstaunen eine winzige Befriedigung dabei empfand.

Der Wechsel von Strenge, Beschimpfung und Animieren hatte das gewünschte Ergebnis gebracht, alle Hemmnisse fielen von dem Kunden ab:

»In München«, schwärmte er, »auf dem Oktoberfest sah ich eine Kellnerin, die stemmte zwanzig Maßkrüge auf einmal. Ich starrte sie solange an, bis sie auf mich aufmerksam wurde.«

Sein Blick heftet sich fest auf Eva, während er sich weiter in seinem Oktoberfest-Traum ergeht. »Es hätte nicht viel gefehlt und sie hätte mich hinter den Tresen beordert. Ich wäre unter die Zapfanlage gekrochen, wo man vor Hitze fast vergeht, weil dahinter die dicken Heizungsrohre verlaufen ...« Eva sieht den Kunden sich seinen Kaschmirpullover über den Kopf streifen, Schweiß steht ihm auf der Stirn, dann kniet er sich auf den Boden, krümmt den Rücken, kriecht unter den rotsamtenen Hokker, seine Fantasien werden ihm mit jeder Sekunde wirklicher, die Enge unter der Zapfanlage und die heißen Leitungsrohre setzen ihm zu, schwitzend und gekrümmt träumt er beglückt weiter: »Immer wenn die Kellnerin neues Bier zapft, muß ich meinen Kopf blitzschnell unter ihren Rock stecken und sie mit der Zunge befriedigen, dabei tritt sie mir mit ihren schweren Holzpantinen auf die Hände...«

Eva, den Mann aufmerksam fixierend, betrachtet diesen Satz als Stichwort, mit ihren hohen schwarzen Pumps läuft sie über seine auf den Boden aufgestützten Hände, er seufzt und stöhnt, dann stößt er einen Schmerzensschrei aus.

Sie entfernt sich von ihm. Während er seine ersehnte Schmerzlust genießt, bemüht sich Eva, den Schrei aus ihrem Gedächtnis auszulöschen. Ganz und gar fremd und unbeteiligt wirkend, zündete sie sich eine Zigarette an, es war ein Ritual, in das sie sich flüchtete, wobei ihre Finger kaum merklich flatterten und zitterten. Sie merkte es.

40

Da die Geschäfte sich gut und immer besser anließen, begann Chris Buch zu führen über die täglichen Einnahmen.

In seinem Wohnzimmer sitzend, das schöne großflächige, zerrissene Männergesicht über die weißen Seiten des Notizbuchs gebeugt, vernahm er von oben über die Treppe der Maisonettewohnung herab Stimmen, Geräusche und Gelächter, dann einen Schrei.

Er gab sich alle Mühe mit seinen Zahlen, die er addierte und dann unterteilte in tägliche Ausgaben und bleibende Ersparnisse, die der Verwirklichung größerer Pläne zu dienen hätten, und da er es nicht fertigbrachte, seine Ohren zuzusperren, schlich er die Treppe hoch, um an der Tür zu lauschen.

Mehrmals blickte er auf die Uhr, dann kehrte er über sein Geschäftsbuch mit den Eintragungen zurück und blieb starr so sitzen, doch die Zeit verlief ihm nicht schnell genug, und mit seinen Gedanken weilte er hinter der Tür in Evas Arbeitszimmer. Er war am Ziel seiner kleinen Wünsche angelangt. Die Wohnung, ihre Einrichtung, seine Gemeinsamkeit mit Eva, all dies entsprach seinen Vorstellungen und Absichten, und dennoch fühlte er sich nicht wohl; die Laute, die er von oben vernahm, peinigten ihn.

Als stünde er unter einer schweren Spannung, so krümmte er sich, und unter dem Tisch stießen seine Füße mit den Fersen gegen den Teppichboden, daß es dumpf hallte.

Endlich stand er auf und eilte ins Bad, wo er sich hastig auskleidete und unter die Dusche stellte. Das Wasser heiß aufdrehend, bis er es nicht mehr aushielt, fühlte er sich doch ein wenig besser, und nun duschte er eiskalt, weil er den körperlichen Schock benötigte, und er lächelte mit verzerrter Miene in den prasselnden Druck des sprühenden eisigen Strahls, den er bündelte, daß es wie ein harter Schlag auf ihn niederfuhr.

41

Als Chris zu einem Essen im Restaurant seinen Freund Kurt einlädt, bittet Eva ihre Lehrmeisterin Yvonne mit dazu. Sie sitzen in einem der drei Dutzend Lokale, die jeweils gerade ›in‹ sind, und bieten das Bild einer heiteren Gesellschaft, bis Kurt, ohne es im geringsten zu wollen, eine kleine Schärfe ins Gespräch bringt.

Kurt, nachdem er als Vorspeise Soup de poisson beim Ober bestellt hat, fügt hinzu:

»Ich hoffe, Sie entschwefeln die Fische hier!«

Das war eine winzige Spur zu blasiert gesprochen, der Ober

zeigte keine Wirkung, abgesehen von einem kaum wahrnehmbaren Zucken des rechten Augenlids.

Chris wirft ein:

»Die kochen hier inzwischen so geschmackstreu, daß man fast die Hormone durchschmeckt.«

Das Ping-Pong-Spiel geht weiter.

Kurt, mit treuherzigem Blick in die Runde:

»Die Transis vom ›Chez-Nous‹ essen nur noch im Wienerwald, um sich die Hormonspritze zu sparen.«

Der anregende Abend verläuft in Zwiegesprächen: Kurt und Chris – Eva und Yvonne. Sie ordern Wein, Kurt läßt eine Flasche zurückgehen, wegen Korkengeschmack, der Ober nimmt es ohne jedes Widerwort hin, ein exzellentes Lokal, nicht grundlos ›in‹, nun kommt ein Paar vorbei, Kurt erhebt sich zur höflichfreundlichsten Begrüßung.

Die beiden werden gebeten, am Tische Platz zu nehmen. Kurt stellt vor: »Herr und Frau Koslowsky. Dieter ist Professor an unserm Institut. Gabi ist Übersetzerin. Das ist Chris, er arbeitet freiberuflich ... als Fotograf ... Eva schreibt gerade an ihrer Doktorarbeit in Literaturwissenschaft. Yvonne kennt ihr vielleicht, sie arbeitet im KADEWE in der Kosmetikabteilung.«

Die Worte sind klug gewählt und glänzend vorgetragen, mit den genau plazierten zufälligen Stockungen, man hat doch nicht alle Details parat im Gedächtnis.

Yvonne wirft Kurt einen wütenden Blick zu. Dieter fragt unschuldig, sich an Chris wendend:

»Sie wollen mit Kurt ein Restaurant eröffnen?«

Chris gibt sich offen:

»Ja. Und wir wollen einen kleinen Galerieraum anschließen.«

Kurt, die Gelegenheit nutzend:

»Chris ist leider noch so unentschlossen.«

»Dabei sammelt er schon seit 5 Jahren die passenden Bilder«, wirft Yvonne ein, von Kurt mit einem Blick diskret zurückgewiesen.

Yvonne gibt den Blick zurück.

Kurt entschließt sich zur nächsten leisen Provokation:

»Das richtige Publikum weiß das zu schätzen.«

»Oh«, sagt Yvonne, »dann weiß ich doch endlich, wohin ich mit meinen Freiern stilvoll essen gehen kann.«

42

Die gutbürgerlichen Koslowskys haben sich ein ganz klein wenig distanziert auf ihren Stühlen zurückgelehnt und betrachten die schöne komische Frau, die Yvonne genannt wird, mit Vorsicht. Ihre Worte können ein Witz gewesen sein, was aber, wenn nicht? Chris springt ein, den Fauxpas wettzumachen. Mit weltmännischer Miene erklärt er seine Pläne:

»Ursprünglich wollte ich eine Galerie eröffnen, finde es jedoch deprimierend, von der Kreativität anderer zu leben. Nun werde ich ein Lokal aufmachen, da kann ich mich dann um die Kunst und um die Küche kümmern.« Die Worte des Kunstinteressenten verfehlen ihre Wirkung nicht, man bleibt dennoch reserviert. Yvonne im Bestreben, wieder gutartig zu sein, wirft ein: »Ihr solltet darauf achten, daß die Beleuchtung günstig ist, nicht so grell wie hier, wo man jede Falte sieht.«

Das war gut gemeint von Yvonne, und gut daneben getroffen. Sie bemerkt es sofort selbst und hebt die Schultern.

Gabi wendet sich an Eva: »Welches Thema hat Ihre Arbeit?«

»Melancholie und Langeweile.«

»Dabei ist sie weder melancholisch noch langweilt sie sich«, setzt Kurt hinzu, eine Spur zu eilig.

Gabi bemerkt es, geht darüber hinweg und sagt:

»Ich übersetze gerade Cayrol. Sein Französisch ist besonders kompliziert, weil man bei ihm nie gewiß sein kann, ob er die Jugend oder die Kindheit meint.«

Eva hört Gabi aufmerksam zu. Sie lächelt und beginnt zu zitieren: »Zärtlich drücke ich meine Wange an die schönen Wangen des Kopfkissens –«

Chris fällt ihr ins Wort und zitiert weiter:

»... die in ihrer schönen Fülle und Kühle wie die Wangen unserer Kindheit sind.«

»Cayrol meint immer die Kindheit«, sagt Eva.

»Eva und ich lieben dieselben Bücher, dieselben Filme, dieselbe Musik. Wir denken und fühlen stets dasselbe.« Chris, der wieder ein wenig zu heftig gesprochen hat, lacht entschuldigend, und es wird zuletzt ein mehr ironisches Lachen, unter den kühlen Beobachteraugen von Kurt.

Der Blick, den Chris Eva zuwirft, gerät ebenso eine Spur übertrieben.

»Wir sind das ideale Liebespaar!« verkündet Chris.

Kurt bleibt sehr ernst.

Eva begreift ihre günstige Situation. Auf den Ton von Chris eingehend, ruft sie aus:

»Wir wollen kein Lokal eröffnen, wir werfen unser Geld zum Fenster hinaus: für Luxus, Schönheit, Abenteuer!«

»Eva ist die einzige Frau auf der ganzen Welt, die keinen Wert auf Sicherheit legt.« Chris hat das fast anerkennend gesagt. Eva antwortet:

»Zum Glück hast du Kurt als Fachmann für Sicherheit.«

Kurt sitzt zwischen ihnen und kann immer noch nicht lachen oder auch nur lächeln. Keine Spur davon in seinem dezenten Kulturgesicht mit den ein ganz klein wenig traurigen Augen.

Gabi, die ein wenig unzufrieden ist, weil sie nichts Genaues erfahren kann, wendet sich an Chris:

»Sie sind Fotograf? Auf welche Art Fotos sind Sie denn spezialisiert?«

Die Frage hinterläßt eine kurze kleine Spur, fast wie eine Wunde, die zur Narbe wird.

Chris fragt nach dem Moment der Verblüffung zurück:

»Mein Spezialgebiet?«

Und unerschrocken fügt er hinzu: »Mein Spezialgebiet sind Paßfotos!«

In das Kichern Evas und Yvonnes hinein klingt das sonore Organ Kurts:

»Endlich kommt hier Stimmung auf. Darauf laßt uns anstoßen!«

43

Als Eva einen Kunden verabschiedet, wird sie von Chris beobachtet, der sich dabei vorsichtig zurückhält.

Nachdem der Mann die Wohnung verlassen hat, tritt Chris aus seiner Deckung hervor.

Seine Stirn zuckt, während er schreit:

»Du hältst dich immer viel zu lange mit der Kundschaft auf. Man könnte denken, es macht dir Spaß. Wieso bezahlen sie dich so gut?«

Eva blickt den Freund prüfend an.

Ärgerlich wechselt Chris ins Wohnzimmer hinter den großen Tisch, auf dem das Geschäftsbuch liegt. Eva überfliegt die akribischen Aufzeichnungen: »Dienstag: 5 Kunden à 200,–; 3mal Sonderwünsche à 60,–; 50,– Trinkgeld ... Ausgaben: Miete für Videokassetten, Wäsche anteilig, Kleenex ...«

Eva hebt den Kopf und blickt mit übertriebener Verwunderung zu Chris. »Ist das das Ergebnis deines Studiums als Betriebswirt? Eine Überschußrechnung? Du mußt die Aufzeichnungen gut verstecken, falls das Finanzamt mal kommt. Und hier steckt ein gravierender Rechenfehler drin: 3mal 2,50 DM für Bewirtung aus meinem Zimmerkühlschrank macht zusammen 7,50 und nicht 7,– DM, wie du notierst –«

Sie will noch mehr vorbringen, doch Chris hält sich die Ohren verschlossen vor Wut, seine Augen sind erweitert und starr, er hat nichts vernommen und ist voll und ganz mit dem vorhin Gesehenen beschäftigt. Er hebt stoßweise den Kopf, während er spricht: »Du kannst mir nicht erzählen, daß die Kerle dich so gut bezahlen für etwas, das sie überall kriegen können!«

Er schnauft vor atemloser Empörung.

»Seit wann stört es dich, daß ich gut verdiene?«

»Wissen will ich, was du dafür machst!«

»Nichts, worauf du eifersüchtig sein müßtest, Chris.«

Er tritt einen Schritt zurück, seine Wut kompensiert sich in vergrößerter Distanz. Seine Worte klingen jetzt leise und beherrscht, als er sagt:

»Die spüren was bei dir!«

Da sie nicht darauf eingeht, fügt er noch leiser und beherrschter hinzu:

»Die merken ganz genau, wenn eine nur so tut. Und wenn eine nicht so zu tun braucht!«

»Ich behandle sie ganz einfach schlecht, und je schlechter ich sie behandle, um so mehr bezahlen sie dafür.«

Er mißtraut ihren Worten. Ihm kommt eine Einsicht.

»Du verachtest deine Kunden? Du läßt dich dafür bezahlen, daß du sie verachtest?«

Kluger Junge, denkt Eva, in deiner wütenden Verwirrung bist du jetzt auf der anderen Seite angelangt, bei den Männern, die als Kunden sich hier die Klinke in die Hand geben.

Nein, denkt sie, ist er wirklich so verwirrt, daß er sich weniger mit mir und mehr mit meinen Kunden identifiziert? Dafür ist er doch viel zu intelligent. Oder etwa nicht? Da spricht er seinen naiven Wunsch aus:

»Ich möchte das nicht, Eva!«

»Was möchtest du nicht, Chris?«

»Daß du die Männer schlecht behandelst!«

Sie steht vor ihm, an der gegenüberliegenden Seite des Tisches, und das Buch mit den Einnahmen und Ausgaben liegt zwischen ihnen. Sie sind bei ihrem Gespräch, in die Auseinandersetzung vertieft, um den Tisch herumgegangen, und es ist immer mehr wie ein Duell geworden, sie treiben einander an mit scharfen Worten. Sie haben sich aufgeschwungen, ein jeder, um den andern in die Tiefe zu stürzen.

Eva blinzelt aus verengten Augenschlitzen. Sie will nicht erkannt werden von einem, der so sehr ihr Feind ist in diesen Minuten. Chris blickt sie arglos an. Seine Wut ist verraucht. Sein Unwille geblieben.

44

Eva sucht die kurzen Spannen der Erholung und findet sie an verschiedenen Orten, wo man sich gut zurückziehen kann. Im Schallplattenladen nimmt sie zwei Platten von Jacques Brel und Django Reinhard und legt sie sich nacheinander in der Kabine auf, lehnt sich entspannt zurück, schließt die Augen.

Sie ist bald in Schreib-Stimmung, entnimmt ihrer Handtasche das Tagebuch und beginnt mit neuen Eintragungen:

»Chris ist so überlegt. Ich begreife ihn und verstehe zugleich nicht, wie er zwischen seinen Gefühlen und Gedanken so streng trennen kann. Ich lebe für den Augenblick und lehne jede Trennung von Gefühl und Denken ab. Manchmal wünsche ich mir, die Kontrolle zu verlieren, und ich verliere sie ohne jede Angst. Angst macht mir nur, daß ich fürchten muß, zu allem fähig zu sein. Wozu bin ich wirklich fähig? Kenne ich keine Grenzen? Und weshalb sollte ich Grenzen kennen? Ich lese wieder viel, aber keine Liebesromane. Sie stimmen mich meist traurig. Es gefällt mir nicht, daß es so ist. Doch wenn ich Liebesromane gern lesen würde, wäre ich noch weniger zufrieden mit mir. Ich argwöhnte dann, ein naives Geschöpf zu sein. Ich habe erkannt, es ist falsch, naiv durch das Leben zu gehen. So falsch wie die ständige Intellektualität. Oft schützt auch das eine nicht vor dem andern. Chris ist von Natur mit einem schneidenden Intellekt begabt, doch wenn er eifersüchtig wird, verwandelt er sich in einen ganz und gar naiven Jungen.«

45

Es ist ein Abend mit feinem Sprühregen. Kurt und Chris stören sich nicht daran. Dicht nebeneinander gehen sie die dunkle Straße entlang, dann betreten sie eine Bar. Das Publikum besteht nur aus Männern. Zwischen den beiden Freunden fällt kein Wort. Als sie sich auf die hohen Hocker geschwungen haben, legt Kurt besitzergreifend seine Hand auf das Knie von Chris, was Kurt jedoch nicht hindert, aufmerksam einen jungen Mann zu mustern, der ihm zur Rechten sitzt. Chris nimmt das eine Weile hin, dann sagt er ärgerlich: »Heute sind wieder nur Stricher unterwegs.« Der Freund erwidert ihm nichts, statt dessen wirft er dem Objekt seiner Aufmerksamkeit eine Kußhand zu. Der Mann rutscht von seinem Hocker und baut sich vor den beiden auf. Kurt lächelt erfreut, doch trotz aller Blicke und Gesten fordert der Mann Chris zum Tanzen auf. Darüber ist Kurt nicht eben erfreut, versucht aber seine Souveränität beizubehalten. Während das Paar sich auf der von farbigen Lichtern flimmernden Tanzfläche bewegt, breitet sich in ihm Bitternis aus. Dann nimmt er alle seine Selbstironie zusammen. Eva, denkt er, hätte ihre helle Freude an dieser kleinen Szene gehabt. Weil das Verhältnis zwischen Chris und mir im Augenblick alles andere als harmonisch ist, will ich meinen Freund, neu ist das Verfahren ja nun wahrhaftig nicht, ein wenig eifersüchtig machen. Das aber, scheint es, ist mir gründlich vorbeigelungen. Kurt sieht dem zurückkehrenden Chris entspannt lächelnd entgegen, aber seine Überlegenheit fällt ihm verdammt schwer.

46

Eva hat eingekauft und beginnt in der Küche das Essen zuzubereiten. Sie ist einige Stunden lang weggewesen und beeilt sich, denn das Ritual des Abendbrotes soll keinen Schaden nehmen. Chris und sie haben sich ein kleines Gerüst gebaut, das ihnen die Tage ordnet und erträglicher werden läßt. Wenn sie nicht abends zum Essen ausgehen, versuchen sie es daheim, indem sie sich Zeit nehmen und ein wenig Abstand und einen Hauch von Festlichkeit aufbringen. Eva hat angenommen, sie sei allein in der Wohnung, sie erstarrt beim Geräusch einer sich öffnenden Tür. Kurt und Chris treten aus dem Schlafzimmer. Sie sind korrekt gekleidet, nur ihren Gesichtern ist die Liebe anzusehen, die sie hinter sich gebracht haben. Sie heben die Nasen und schnuppern. Sie sind in bester Stimmung.

Kurt sagt: »Hier duftet es so gut, ich wette, es wird japanisch gekocht. Vor kurzem war es noch chinesisch, davor französisch. Jetzt ist es japanisch. Komisch, daß selbst der Appetit mit der Mode geht.«

Eva, inmitten der Küche, steht starr, in ihren Gedanken ist das ganze Fremde enthalten, das besiegt werden muß, soll nicht bittere Feindschaft daraus werden.

Eva sagt beinahe heiter, so mit lächelnden Grübchen in Kinn und Wangen und einem beinahe liebenden Blick:

»Entschuldige bitte, Chris, wenn ich etwas laut gewesen bin, ich wußte nicht, daß du noch arbeitest.«

Sie setzt, was sie in Händen hält, ab und geht an den beiden Männern vorbei in ihr Zimmer. Dort schließt sie die Tür und bleibt stehen. Ihre Bewegungsenergien sind erschöpft. Die gelungene Schärfe der Formulierung hat Eva entzückt. Hinter der Tür in ihrem Zimmer ist es, als schneide ihr die Schärfe ins eigene Fleisch. Der Panzer des Jobs, den sie sich angeschafft hat, reicht nicht auch noch aus fürs Private.

Chris ist zu clever, aber auch zu verletzlich, als daß er die kleine Grausamkeit seines und Kurts Verhaltens nicht bedauerte. Er geht zu Eva, umarmt sie weich und drückt sie an sich, um die Vereinbarkeit des Unvereinbaren zu erreichen.

Er berichtet ihr, was sie ahnt, aber bisher nicht in klaren Worten erfahren hat.

»Kurt ist mein bester Freund seit vielen Jahren. Das hat doch nichts mit dir und mir zu tun. Es sind keine Gefühle im Spiel. Keine solchen Gefühle wie zwischen uns. Ich bitte dich, die Freundschaft zwischen Kurt und mir mit anderen Augen zu sehen.« Er will weitersprechen, stockt, wartet auf ihr Entgegenkommen. Sie steift in seinen Armen.

»Hat er wenigstens bezahlt?«

Chris lächelt, obwohl er nicht lächeln will. Es ist eine Reaktion der gewohnten Disziplin, der er sich unterwirft, geht es ums Geldverdienen. Er ist im tiefsten Inneren seines Herzens stolz auf sein gutes Funktionieren. Er will aber nicht Eva gegenüber so funktionieren.

»Kurt ist meine treueste Goldader«, beschwichtigt er im beinahe zärtlichen Tonfall. »Ich bin mit Kurt nicht nur befreundet, er ist auch mein bester Kunde. Begreife doch bitte, ich komme langsam in das Alter meiner Kundschaft, da wird es schwieriger. Oder hältst du mich aus, wenn ich zu alt bin?«

Chris hatte ausgesprochen, was ihn seit langem ängstigte. Jeder Blick in den Spiegel bestätigte es ihm: er war in den Jahren, die man noch die besten nennen konnte, aber es waren schon lange nicht mehr die allerbesten. Zu Kurt hatte er einmal scherzhaft gesagt, er beginne jetzt schon, seine Falten zu zählen, und Kurt hatte ihn daraufhin so ernsthaft gemustert, daß er sie abends vor dem Spiegel wirklich zählte. Aber Eva war zu sehr mit ihren Problemen beschäftigt, sie merkte nicht, wie ernst es Chris war. Sie nahm es als einen Versuch von Chris, seiner Beziehung zu Kurt die existentielle Grundlage zu verschaffen, um sie damit von der absoluten Notwendigkeit dieser Beziehung zu überzeugen.

Sie stand auf und verließ den Raum, wortlos. Zurück blieb ein wirklich verzweifelter Chris, der in seiner Not begann, das Zimmer aufzuräumen.

47

Eva und Yvonne sitzen im ›Espresso‹, gießen einen Gin Tonic nach dem andern ein und bewerten das Phänomen ›Chris‹, seine Einmaligkeit und Gefährlichkeit.

Yvonne ist vor längerer Zeit mit Chris befreundet gewesen. Ihre Ratschläge besitzen die Schärfe intimer Kennerschaft. Außerdem empfindet Yvonne für Eva Zuneigung. Ihre Zuneigung für Chris ist veraltet.

Eva erfährt, Kurt sei ein ebenso raffinierter wie beharrlicher Typ, der Chris noch vom Klappenstrich her kenne. »Kurt war von Anfang an in Chris verliebt, das ist bei den Kerlen noch schlimmer als bei den Frauen. Kurt ruiniert sich für Chris, wenn es sein muß. Du darfst denen so was gar nicht erst durchgehen lassen.«

»Was soll ich tun?«

»Nimm ein Messer und trenne die beiden auseinander.«

»Aber es gehört Feindschaft dazu, hart zu handeln.«

»Wenn du die beiden tun läßt, was sie wollen, wirst du Chris verlieren.«

»Es ist das erste Mal, daß mir ein Mann soviel bedeutet.«

»Das kenne ich auch. Als ich Chris kennenlernte, damals, habe ich mich gleich in ihn verliebt.«

Sie blicken einander in die Augen, und die Romantik von heute verschlingt sich mit der Romantik von gestern zu einer einzigen Glitzerkette von Illuminationen.

»Er war zu mir richtig lieb und zärtlich«, erinnert Yvonne sich gern, »stundenlang hat er sich mit mir unterhalten. Wir haben über alles gesprochen, man kann wirklich über alles mit ihm reden. Und er hat eingekauft und gekocht. Ich war vorher so lange allein. Er hat mir sogar die Röcke gebügelt.«

»Und du willst ihn wirklich nicht wiederhaben?« ruft Eva aus.

»Ich trage keine Röcke mehr, die gebügelt werden müssen.«

»Dann gib ihm was anderes zum Bügeln.«

Sie lächeln einander ein wenig feindlich an, es ist aber mehr Mache und Spiel, wenn auch nicht ganz und gar.

»Ein Kerl mit dem Beruf, das hat keinen Sinn.«

»Mag sein. Aber eine Frau mit einem Beruf wie dem unsern, das ist auch nicht gerade leicht für einen Mann.«

»Vielleicht ist es eine Frage der Gewohnheit. Bei unserm Job hatten die Männer seit langem Gelegenheit, sich dran zu gewöhnen. Nur für uns ist es neu, wenn ein Mann dasselbe tut.«

Wieder lächeln sie sich an, und diesmal hat alle Ironie dem offenen Einverständnis ihrer Gemeinsamkeit Platz gemacht.

Eva überlegt einen Moment, ob sie Yvonne anvertrauen kann, was sie so sehr beschäftigt.

»Vorgestern hatte ich einen von diesen Typen, die sich fesseln und schlagen lassen«, berichtet Eva. »Er gehört zu denen, die dir zeigen, daß sie dich verachten, weil du ja diejenige bist, zu der sie kommen, um sich zu erniedrigen. Anfangs verstand ich es nicht ganz. Es dauerte seine Zeit, bis ich begriff, wie sehr sie den Schmerz brauchen, um dich verachten zu können, und wie scharf sie darauf aus sind, dich zu verachten, wofür sie sich um so lieber prügeln lassen. Chris ist beunruhigt, weil er meint, ich ziehe solche Typen besonders an, weil sie etwas bei mir spüren. Also ich habe dem von vorgestern gegeben, was er haben wollte, aber dann konnte ich nicht aufhören damit. Es war wie ein fremder Zwang. Ich schlug ihn halbtot. Es war furchtbar. Hast du schon mal einen Schrecken vor dir selbst gekriegt?«

»Ich nehme keine Masochisten mehr.«

Sie blicken einander in die Augen, verwundert und kühl, so als wären da Botschaften zu lesen.

Eva hat, nachdem soviel von ihrem Freund die Rede gewesen ist, Appetit auf ihn bekommen und sehnt sich nach seiner Anwesenheit. Sie geht zum Telefon und ruft ihn an, um ihn zu bitten, sich gleich mit ihm im ›Espresso‹ zu treffen. Als sie zu Yvonne an den Tisch zurückkehrt, setzt die Freundin das Gespräch übergangslos fort, als sei es nicht unterbrochen worden. »Ich würde an deiner Stelle darauf bestehen, daß Chris Kurt wie einen ganz normalen Kunden behandelt!«

»Normale Kunden lieben einander nicht, Yvonne!«

Sie verlieren sich in langen Gesprächen, die Schwierigkeiten betreffend, die ihre Situation kennzeichnen, wo Job und Gefühle auseinandergehalten werden müssen und doch nicht auseinanderzuhalten sind.

Chris kommt hinzu. Eva küßt ihn mit leicht alkoholisierter Ausgelassenheit.

»Yvonne hat mich davon überzeugt, daß man dich einfach lieben muß!«

Chris umfängt die beiden Freundinnen mit einem Blick liebevollen Verständnisses. Seine Eitelkeit ist geschmeichelt, die Gefahr wird ebenfalls registriert. Er begreift, sie haben nicht nur gut von ihm gesprochen. Er versteht, sie planen keinen Aufstand.

Er reagiert mit Klugheit: »Laßt ein Geheimnis bleiben, daß man mich lieben muß. Ein Geheimnis ist so schön, weil es im Dunkeln liegt. Bei Lichte betrachtet gibt es keinen einzigen vernünftigen Grund, mich zu lieben.«

Er ist vollkommen offen und ehrlich, als er das sagt. Er sieht es selbst so, in solchen ungetrübten Augenblicken. Sein Intellekt funktioniert dann so klar und scharf, daß es ihm Wahrheiten abnötigt. Doch hält er es nicht lange im kalten Licht des Verstandes aus. Chris wendet sich an Yvonne:

»Was macht deine letzte Liebe?« Und zu Eva gewandt, erläutert er:

»Yvonne ist eine große Liebhaberin. Sie hat immer irgendeine große Liebe, und es erfüllt mich mit dem Gift der Eifersucht zu wissen, daß ich es schon lange nicht mehr bin.«

»Oh«, sagte Yvonne verschämt und offen, »es ist zu Ende, Ich habe ihn betrogen. Ich erwarte immer zuviel und bin dann enttäuscht.«

48

Das romantische Geständnis der flotten Yvonne, die mit jedem vergangenen Jahr ein Pfund mehr an Wonnefleisch angesetzt hat und endlich zu den rundlichen Professionellen zählt, die einen ganz speziellen Kreis von Liebhabern animieren, veranlaßt ein Gelächter, dessen Einverständnis der Zärtlichkeit nicht ganz entbehrt.

Eva und Chris trinken einander zu.

Chris erhebt sich, schlendert zur Musikbox und drückt ein Lied. Zu den Freundinnen zurückgeschlendert, zieht er Eva an sich, und nach einem Moment der Unentschlossenheit beginnen sie zu tanzen. Nach einigen Drehungen nähern sie sich wieder dem Tisch, und Chris zieht Yvonne dazu.

Sie tanzen zu dritt, den Ort kaum verlassend, sich leise wiegend und haltend, und die Musik aus der Box wirkt ein wenig zu laut dazu.

49

In den folgenden Tagen wächst ihrer beider Gegenwille, die Situationen spitzen sich zu. Sie bemerken einen ständigen Verlust von Vertrauen, wehren sich dagegen, es einzusehen, und wissen es dennoch. Für Eva ist die Lage beschwerlicher als für

Chris, obwohl er ebenfalls daran leidet. Doch Evas schwindendes Vertrauen Chris gegenüber schwächt auch ihr Selbstvertrauen. Wo Chris wütend auffahren kann, kann Eva nur traurig werden. Wenn sie Trauer empfindet, spürt sie die Angst, die der Trauer nachfolgt. Gegen ihre Abmachung, daß ein jeder tagsüber das Geschäft an die erste Stelle rückt, weil sie viel Geld benötigen für die Verwirklichung ihrer hochfliegenden Pläne, gegen ihre Abmachung und die bessere Einsicht schlägt Chris, wenn ein Kunde für Eva angesagt ist, vor, ihn, wenn er an der Tür klingelt, nicht einzulassen. Da Eva darauf besteht, an die Arbeit zu gehen, führt Chris verfängliche Situationen herbei und beginnt Eva sinnlich zu erregen. Einige Male verteidigt er seine Geliebte damit gegen die Kundschaft, die angesagt und terminiert ist. Das erste Mal, als es geschieht, weist Eva ihn lachend zurecht: »Das ist unprofessionell!«

Er triumphiert.

Sie lächelt noch immer, obwohl es ihr schwerer fällt. »Du hast mir doch beigebracht, Chris, daß es eine Arbeitsdisziplin gibt. Spricht sich meine Unzuverlässigkeit erst herum, bin ich schnell aus dem Geschäft.«

Er antwortet kurzum: »Doch nicht wegen einem Mal.«

Es werden mehrere Male.

Bis Eva ihn abweist, wenn er es wieder versucht. Sie läßt ihn einfach stehen und entschwindet ins Bad, um zu duschen, wie sie es immer hält, vor jedem Kunden und danach, sie duscht eiskalt, daß es schmerzt. Manchmal denkt sie, es ist eine Selbstbestrafung, sie weiß aber nicht wofür. Es sind so Gedanken, die sich selbständig machen. Wie die Gefühle, die sich auch immer mehr verselbständigen wollen, ganz als hätten Gefühle einen eigenen Willen.

50

Den heutigen Kunden belauscht Chris durch die Wechselsprechanlage, die die Räume miteinander verbindet. Er hat es so einrichten lassen, daß er nach Tastendruck die Gespräche in Evas Arbeitszimmer mithören kann.

Chris sitzt in seinem Sessel, blättert in einem Magazin, stellt die Musik ganz leise und drückt die Mithörtaste.

Er vernimmt, wie Eva zu dem Kunden sagt:

»Mach Platz für mich.«

Evas Stimme ist stark und herrisch.

»Ich kenne keine, die sich zu bewegen versteht wie Sie. Sie bewegen sich ganz wunderbar, und Sie sind schlanker geworden...«

Chris lauscht verstört.

»Gefalle ich dir besser so?« hört er Eva fragen.

»Ja. Sie wirken jetzt trotzdem kräftiger und so trainiert. Treiben Sie Sport?«

Mit einer heftigen Bewegung schaltet Chris die Anlage aus. Er möchte hören und möchte nicht hören. Er hatte erwartet, etwas anderes erlauschen zu können. Was er hörte, nahm ihn ein für die Freundin. Dennoch fühlt er sich jetzt nicht froh und leicht. Am liebsten würde er die Taste erneut drücken. Sein Selbstwertgefühl steht dagegen.

Chris kann nicht widerstehen.

Er schaltet sich wieder ein.

»Wir müssen uns heute etwas zurückhalten«, sagt der Kunde.

Eva lacht auf. »Glaubt dir deine Frau nicht mehr, daß du so oft die Treppe herunterfällst?«

»Aber Sie wissen doch, meine Frau toleriert meine Neigung.«

»Wie schön für Sie beide.«

»Letzte Woche habe ich Sie betrogen. Es geschah in Wien auf

einer Geschäftsreise. Doch mußte ich immer an Sie denken, dabei.«

»Knie dich hin!« Evas Stimme klang herrisch, und ganz mühelos hart und befehlend.

Der Kunde stöhnte auf.

»Jetzt beweise mir deine Männlichkeit!«

Wieder ein Stöhnen.

»Zu Hause mußt du immer stark und vorbildlich sein. Nun komm und erfülle deine Pflichten...«

51

Am nächsten Nachmittag kleidet Eva sich sorgfältig an und legt viel Wert auf ein dezentes Make-up. Chris lehnt in der offenen Badezimmertür und beobachtet sie mißtrauisch, bis sie seinen Blick bemerkt. Sie erläutert ihm, daß sie zu Gisela eingeladen sei. »Sie hat endlich ihren Doktor gemacht und um dezente Aufmachung gebeten, wegen der Gäste, ihr Doktorvater ist auch angesagt.«

»Seltsame Entwicklungen sind das«, bemerkt Chris trocken, »zu meiner Zeit trug man gerade bei solchen Gelegenheiten Jeans, lange Haare, Bart und eine linke Gesinnung.«

»Ach, zu deiner Zeit, du meinst – während der Revolution?«

Chris stimmt in Evas Gelächter ein, holt ihr den Mantel aus dem Schrank und ein paar passende Pumps. Er legt ihr den Mantel fürsorglich um die Schultern, kniet sich dann hin und zieht ihr die Schuhe an.

Eva blickt überrascht auf ihn nieder.

»Weißt du was?« sagt er, »wir gehen miteinander aus.«

»Aber ich habe Gisela fest versprochen zu kommen.«

»Heißt das, du schlägst mir den Wunsch ab?«

Sie möchte es tun. Sie tut es nicht. Sein Lächeln ist so erwartungsvoll und bittend, sie möchte verhindern, daß es bitter wird.

Sie widerspricht nicht, sie widersteht nicht.

Sie fügt sich. Und will es nicht tun.

Er spürt ihren Zwiespalt und schlägt einen Einkaufsbummel vor. Seine Begeisterung ist keineswegs unecht, er kauft gern ein, besonders für Eva, die nacheinander das schwarzweiß gestreifte Oberteil eines Abendkleides mit tiefem Rückenausschnitt, ein bunt gemustertes Sportkostüm, pelzbesetzte Stiefeletten und einen kleinen schwarzen Hut mit Schleier probiert.

Da sie alles um sich herum deponiert haben, beginnen sie wie auf geheime Verabredung mit einer Maskerade, indem sie alles durch- und übereinander anziehen.

Die Verkäuferin ist verblüfft.

Sie protestiert zaghaft: »Das können Sie nicht zusammen tragen.«

»Warum nicht?« fragt Eva mit gutgespieltem Ernst.

»Weil – weil es nicht harmoniert.«

»Hauptsache, es ist teuer!« sagt Chris. Und zu Eva gewandt:

»Schwarze Strümpfe solltest du dazu tragen, damit die Beine richtig zur Geltung kommen!«

Die Verkäuferin blickt ratlos von einem zum anderen.

Chris erklärt liebenswürdig: »Wir nehmen alles!«

»Ich behalte es gleich an!« setzt Eva hinzu. Sie wendet sich an Chris und sagt laut: »Ich habe mir mal schwarze Netzstrümpfe gekauft und dann nicht getraut, sie zu tragen. Es sieht so unseriös aus.«

»Blicken Sie mich nicht so streng an«, sagt Chris zur Verkäuferin. »Das letztemal kaufte ich eine zu lange Jacke und eine zu enge Hose, nur weil der Verkäufer mich so fixierte.«

Die Verkäuferin, halb indigniert, halb ratlos, wendet sich ab. Sie kommen zufällig an der Pelzabteilung vorbei, probieren ein paar Mäntel und finden ein auffallend rauchgraues Stück.

»Und was dann, wenn die Tierschutzverbände protestieren?«

fragt Chris. Der Verkäufer winkt ab. »Wir führen selbstverständlich nur Felle von Tieren, die nicht auf dem Index stehen. Geschützte Arten bringen nur Ärger. Das hier ist Blaufuchs, davon gibt's genug, doch handelt es sich um ein seltenes Stück.«

»Sophia Loren, Zsa Zsa Gabor und Jacqueline Kennedy mußten ihre Pelze wegen heftiger öffentlicher Proteste einmotten lassen. Das darf uns nicht passieren!« Chris fixiert den Verkäufer nicht ohne Strenge.

Dann entscheidet er generös:

»Wir kaufen!«

Mit deutlichem Bedauern in der Stimme sagt Chris auf dem Weg zur Kasse zu Eva:

»Den mußt du immer anbehalten, weil er sonst sofort geklaut wird.«

»Wir werden jemanden anstellen, der den Pelz bewacht, falls ich ihn mal ausziehen sollte.«

Nach dem Kauf durchqueren sie die Parfümerieabteilung. Eva trägt den Pelz. Sie bleibt stehen, greift nach einem Lippenstift, zieht sich probeweise leicht die Lippen nach und fragt die Verkäuferin nach dem Preis.

»Zwanzig Mark.«

»Nein«, sagt Eva und legt den Stift ins Fach zurück, »das ist für uns zu teuer.«

Während sie den Stift offensichtlich ins Fach gelegt hat, hat sie ihn in der gekrümmten Handfläche behalten, dann mit der Hand in der Tasche des Pelzes vergraben. Draußen auf der Straße holt sie den Stift heraus, bleibt vor dem Schaufenster stehen und zieht sich die Lippen stark nach.

Rabatt muß sein bei einem 20-Mille-Pelz. Abgesehen davon leben sie seit längerem über ihre Verhältnisse.

52

Kurt hat lange darauf gewartet, Chris wieder besser an die Leine nehmen zu können, und endlich gelingt es ihm, mit Chris zusammen die Ausstellung zu besuchen, die seit Wochen vom Publikum fleißig frequentiert wird, weil es genau die richtige Zeit dafür ist, ›Die Neue Sachlichkeit‹ wieder in den Blickpunkt zu rücken.

Kurt, ein ausgezeichneter Kenner der Neuen Sachlichkeit, die seinem Kunstverständnis und seinen ästhetischen Gefühlen am nächsten kommt, schildert während des Gangs durch die Ausstellung die Entstehungsgeschichte der Kunstströmung und einzelner ausgestellter Werke. Chris erlebt den Freund als souveränen Fachmann, es ist wie in alten Zeiten, und er schätzt Kurts Freundlichkeit, seine Bildung, sein Feingefühl. Chris gesteht sich nicht ein, daß sein Bedürfnis nach Kunst und geistiger Nahrung sich enorm erhöht hat, seit er als Dressman arbeitet. Er ist in seinem ganzen Wesen zu weit entwickelt und zu stark differenziert, als daß er nicht zugleich darunter litte. Er verachtet seinen Job nicht, im Gegenteil, er fühlt sich dabei wohl, denn er schätzt die Tätigkeit als freiberuflicher Freier hoch und sagt, wenn ihm doch einmal Zweifel kommen, es sei dies die ›am wenigsten entfremdete Tätigkeit‹. Zugleich fühlt er sich unterbewertet, ganz so, als sei ihm diese Tätigkeit von jemand anderem aufgezwungen worden und nicht selbstgewählt. Es scheint dann so, als sei Chris von jemandem als Dressman bestimmt worden, obwohl er doch auch Manager, Wissenschaftler oder Künstler hätte werden können. In seinen klaren Momenten ist Chris sich allerdings bewußt, daß er selbst und niemand sonst derjenige war und ist, der die Liebe zur Profession erhoben hat, und gerade diese kalte und ein wenig bittere Einsicht bringt Chris wiederum dazu, einen seelisch-intellektuellen Ausgleich zu suchen. Das ist einer der Gründe, weshalb er Kurt bei dessen künstlerischen Exkursen zuhört, als würden ihm hehre Geheimnisse mitgeteilt. Er benötigt Kurts Wissen ebenso wie seinen ironischen Vortragsstil, und wenn Kurt aus den sich ständig vergrößernden Formaten moderner Bilder schlußfolgert, die Künstler ließen sich wohl nach Quadratmetern bezahlen und arbeiteten deshalb alle mit der Spritzpistole, so bereitet es Chris eine besondere Freude, kann er mit einem Hinweis auf seine Erfahrungen mit einem Bild von Gerhard März antworten. Er hat das Bild erst vor kurzem gekauft und eine dunkle Stelle für einen Schmutzfleck gehalten. »Du kennst doch meinen Putzfimmel«, erläutert er Kurt die Situation, »ich kann ohne Staubtuch nicht leben. Also bin ich den Schmutzfleck auf dem Blick mit einem Putzmittel angegangen, und dann hat sich das ganze Bild aufgelöst.«

Sie reden und halten mit den Schultern beim Gehen Kontakt zueinander. Kurt ist das Eingeständnis von Chris ein wenig peinlich, Chris durchsetzt die intellektuellen Höhenflüge gern mit seinen Hausmanns-Stories, und er lächelt dabei ein ganz klein wenig schadenfroh, als empfinde er selbst das Deplazierte seiner kleinlichen Schilderungen. Hausfrauen-Masochismus nennt Kurt derlei insgeheim. Chris weiß es, und es animiert ihn noch mehr dazu.

In der kleinen Cafeteria, wo sie etwas trinken, fragt Kurt Chris, wie es denn nun weitergehen solle. Chris sucht auszuweichen, Kurt bleibt beim Thema und lächelt amüsiert. »Eva hat dich ganz schön fest im Griff, wie? Von mir wolltest du unabhängig sein, wie unabhängig bist du von ihr? Ist sie nicht deine größte Wertanlage? Sie fertigt im Jahr, sagen wir, 1600 Kunden ab. Im Schnitt fünf pro Tag. Das bringt bei einem Bruttopreis von 200 DM eine Rücklage von 100 DM, macht also 180000 DM im Jahr. Davon gehen noch 30 Tage Urlaub ab und vielleicht die Sonn- und Feiertage. Verbleiben also, sagen wir, runde 130000 DM pro Jahr als wirkliche Einnahmen. Das rechnet sich, bis sie 38 Jahre alt ist, auf 1,3 Millionen Rücklagen für euch beide. Doch ich vergaß, daß ihr Doppelverdiener seid, du arbeitest ja auch und verdienst nicht schlecht, welche Summe hinzuzuaddieren ist –«

»Willst du mich mit Kopfrechnen beeindrucken, Kurt?«

»Ich spreche nur mal aus, was du insgeheim denkst und dir ausrechnest, Chris. Eva hat dich nichts gekostet, keinen Abstand und keine Übernahmegelder. Sie ist dir regelrecht zugelaufen, mein Freund.«

»Ich gestehe, ich bewertete deine Kunst des Zynismus schon immer hoch. Da du aber Eva so als reine Wertanlage einschätzen willst, kommt mir die Idee, daß es vielleicht am besten wäre, du übernimmst Eva von mir? Als Wirtschaftsfachmann kannst du mit so hohen Werten und Summen sicher noch besser umgehen als ich –«

Kurt winkt den Kellner, um zu zahlen. Wäre er von Chris wirklich zu beleidigen, wäre er jetzt beleidigt. Doch ist er in Chris verliebt, seit vielen Jahren schon, und so antwortet er mit einem leidenden Gesicht und geht davon.

53

Chris übt sich in die weiten Gebiete der Eifersucht ein mit der Leidenschaftlichkeit des Entdeckers. Das neue Gefühl berauscht seine Sinne und hält ihn wach.

Sie haben ein paar Freunde in die Wohnung eingeladen, und Eva tanzt mit einem Bekannten, bis Chris sie aggressiv trennt und Eva heftig an sich reißt.

»Du brauchst nicht so übertrieben zu lächeln, schließlich ist er keiner deiner Kunden!«

»Er ist nur ein alter Bekannter.«

»Deshalb mußt du noch lange nicht so herausfordernd lächeln. Sei freundlich, ohne herausfordernd zu sein!«

»Ich habe ganz normal gelächelt, ich lächle immer so.«

»Es war ein herausforderndes Lächeln.«

»Dann lächle ich immer herausfordernd.«

Sie blicken einander während des Tanzes an wie Feinde. Es ist aber so, daß Chris der Schwächere sein wird in diesem Duell, denn er macht sich zur Beute seiner Eifersucht, und da er es erkennen, wenn auch nicht ändern kann, entschließt er sich zu einem schmerzlichen Schnitt.

Als Kurt erscheint und ein Geschenk mitbringt, nimmt Chris ihn beiseite und bittet ihn mit dürren Worten, daß sie sich eine Weile nicht sehen sollten.

Kurt blickt Chris ruhig an. Er akzeptiert den Wunsch, doch wird er sich niemals abfinden damit.

54

Nicht abfinden wird sich auch Chris, der einen männlichen Kunden empfängt und dahin bringt, den Wunsch nach einem Dreier zu äußern, woraufhin Chris höflichst seine ›Kollegin‹ hinzubitten kann, die erscheint in ihrer neuen Aufmachungsausrüstung, im lackglänzenden Lederkostüm mit Gesichtsmaske und entblößten Brüsten, nun gib deine Befehle, o Herrin, der Kunde ist einer von der dafür dankbaren Sorte, wohlerzogen, immer scharf auf neue Wohlerzogenheiten, denn wer im Geschäftsleben immer anordnen muß, befehlen, aktiv sein, der giert danach, passiv sein zu dürfen, hinnehmen zu können, gepeinigt zu werden, statt zu peinigen, die Gerechtigkeit besteht im Ausgleich. Chris belauert während der Stunde die Handlungen und Haltungen Evas mit dem Argwohn des Feindes, und da er erfährt, was geschieht, diese Feindschaft, die Eva austeilt, die nichts enthält, wie sie oft schon darlegte, was ihm wirklich Anlaß geben könnte, eifersüchtig zu sein, ist Chris beruhigt, für eine kurze Spanne. Tags drauf belauscht er erneut das Gespräch im Arbeitszimmer zwischen Eva und einem Kunden, und es ist ihm zuviel anderes zwischen den beiden, das er nicht mag, und das empört ihn. Als der Kunde geht, eilt er ihm ins Treppenhaus nach, packt zu, greift ihm an die Kehle und würgt.

Schreit den erschrockenen, erschöpften Mann mörderisch an:

»Lassen Sie sich nie wieder hier sehen!«

So reduziert er Evas Kundschaft, ihrer beider schönes florierendes Geschäft schädigend, ganz gegen Logik und Übereinkunft, und nur weil ihm seine Gefühle dazwischengeraten.

55

Kurt hat sich nicht mehr blicken lassen seit der Bitte um eine Pause der Beziehung zwischen ihm und Chris.

Es sind die Tage mit den langgestreckten grauen Wolken. Es ist ein Tag mit Blei auf der Zunge.

Eva klingelt bei einem Kunden, der neu ist. Die Villa, an deren Portal Eva klingelt, steht in einem Viertel, wo nur wohnt, wer es sich leisten kann. Aber auch in den Vierteln der Wohlsituierten werfen die Wolken Schatten.

Die Tür wird geöffnet. Eva blickt verblüfft auf den Herrn, der sie bittet, einzutreten. Sie tritt ein und steht mit Kurt in dessen Wohnraum, wohin sie noch nie hatte kommen dürfen.

Sie sagt: »Normalerweise wird mir was zu trinken angeboten!«

Die fünf Minuten, die sie gewinnt, während Kurt sich ums Getränk bemüht, mit der Leichtigkeit, die gleichwohl nichts zu leicht nimmt, damit es nicht etwa zu leichtgewichtig erscheine, was der Höflichkeit Abbruch täte, also vermieden werden muß, diese fünf Minuten genügen Eva, ihre Sicherheit zurückzugewinnen.

»Eine schöne Wohnung hast du, Kurt. Warum triffst du dich nicht hier mit Chris?«

»Wir hatten bisher niemals Grund zu Heimlichkeiten. Ich bat dich hierher, weil ich finde, es ist an der Zeit, daß wir beide uns einmal ausführlich unterhalten.«

Er zieht Geld aus der Tasche.

»Was kriegst du? 100? 200?«

»Dafür brauchst du dich nur mit mir zu unterhalten, verstehst du?« Das fügt er eilig an die vorangegangene Frage.

»Laß das, Kurt!«

»Ich habe dich bestellt. Du sollst deine Zeit nicht verschenken!«

Er beugt sich vor und steckt ihr die Scheine in die Handtasche. Eva läßt die Demütigung reglos geschehen. Ihr Gesicht arbeitet. Ihr Atem geht hörbar.

»Gut. Dann ziehe ich mich aus. Das ist, verstehe mich bitte, die übliche Gegenleistung.«

Sie legt die Tasche weg und zieht die Bluse über den Kopf. Sie steigt aus dem Rock.

»Laß doch den Unsinn, Eva!«

»Wieso Unsinn? Du hast doch dafür bezahlt. Für 200 ziehe ich mich immer aus. Das ist im Preis enthalten.«

Kurt wendet sich leicht ab. Es ist ihm peinlich, Eva zuzusehen, wie sie sich entkleidet.

»Ware für Geld, Kurt, das ist doch das Gesetz unserer Wirtschaft? Und das ist dein Gebiet, wenn ich nicht irre?«

»Bitte, Eva«, Kurt wendet sich ab. »Zieh dich wieder an.«

Sie lächelt beruhigend und zieht sich in aller Gelassenheit wieder an. Sie war verwirrt gewesen, beinahe erschrocken, als sie Kurt in der Tür stehen sah vorhin, jetzt hat sie sich wieder vollkommen in der Gewalt, es ist jetzt Kurt, der ängstlich reagiert.

Sie streicht ihren Rock glatt, geht langsam auf Kurt zu und steckt ihm das Geld in seine Jackentasche.

»Du weißt, was mir meine Freundschaft mit Chris bedeutet. Wir kennen uns seit vielen Jahren. Ich habe mich noch nie mit einem Menschen so eng verbunden gefühlt. Chris hat eine Art, die man selten findet, seine Sensibilität ist einmalig, wenn man bedenkt, wo er herkommt. Kennst du seine Eltern? Der Vater ein kleiner Beamter beim Einwohnermeldeamt in Osnabrück. Chris hat sich immer geschämt wegen seiner Herkunft –«

»Willst du mich dafür bezahlen, daß du mir die Geschichte von Chris' Elternhaus erzählst?«

»Ich möchte nur, daß du die Lage begreifst, in der Chris sich befindet. Seine Schwierigkeiten daheim, seine Einsamkeit, und je sensibler einer sich entwickelt, um so einsamer wird er in seinem Leben. Für den Beruf wird Chris langsam zu alt. Er hat nur eine Perspektive – ein gutes Lokal zu eröffnen. Das haben wir schon lange geplant und vorbereitet, und du darfst ihm diese Zukunft nicht kaputtmachen, indem du dich weigerst.«

Er stockt und blickt Eva prüfend an.

Da er nichts erkennen kann, setzt er hinzu:

»Ich verlange doch nicht viel, aber Chris braucht mich!«

Er spürt, er hat sich mit seiner Bitte etwas vergeben. Schärfer werdend, sagt er:

»Chris ist ein Vernunftsmensch. Wenn er sich entscheiden muß, kann er sich nur für seine Zukunft entscheiden, und das bist nicht du, wenn du dich gegen ihn stellst.«

Eva blickt Kurt eisig an, ohne jede Gesichtsregung, die Verschlüsselung ihrer Gefühle ist lang genug erprobt worden.

»Chris ist nicht auf deine Zukunftspläne angewiesen, Kurt!«

Sie geht an ihm vorüber zur Ausgangstür. Es ist ein in seiner strengen Gelassenheit eindrucksvoller Abgang. Das hat Eva gelernt, wie eine Frau abzugehen hat, wobei der andere zurückbleibt als Geschlagener.

56

Die Vorliebe für Kerzenlicht und teure Leuchter teilt Chris mit seinem Vorgänger Markus.

Eva weiß nicht, soll sie die Liebe zu den brennenden Kerzen dem kirchlichen oder dem rein luxuriösen Bereich zuordnen. In ihrem Elternhaus wurden Kerzen nur zur Weihnachtszeit angezündet. Markus ließ die Kerzen zu seiner Selbstbestätigung brennen. Chris ordnet sie kalt und berechnend unter die Stimmungsmacher ein, und er gefällt sich selbst darin, ein schönes Gefühl zu empfinden.

An diesem Abend, als sie daheim speisen und er den Tisch hergerichtet hat, nach dem Anzünden der Kerzen, rückt er mit seinem sehnlichsten Wunsch heraus:

»Ich möchte gern ein Kind von dir.«

Sie hört es und hält es zuerst für eine Überspanntheit des Mannes, mit dem sie zusammenlebt.

Dann findet sie seinen Wunsch recht verständlich.

Sie rollt mit den Augen. Das Kerzenlicht irrt mit Dutzenden leuchtender Pünktchen durch ihre Pupillen, die sich weiten und verengen und weiten und irisieren wie kostbarer China-Brokat.

Das Kino hinter ihren Augen hat geöffnet. Die uralten Filme aus Kindheit und Jugendzeit laufen ab und finden ihr Publikum.

Eva gesteht: »Ich möchte eine Tochter, die genauso aussieht wie ich als Kind. Als Kind war ich blond.«

Der Mann, ihr Feind, der zugleich ihr Freund ist, murmelt wie unter Zwang:

»Ich möchte gern heiraten.«

Sie antwortet jäh:

»Eine Frau wie mich heiratet man nicht!«

Um es gutzumachen, beugt sie sich vor und küßt seine Lippen. Sie sind einander so vertraut, als wären sie von einem

Fleisch. Sie hängen mit den Lippen aneinander wie verwachsen und so, als gäbe es noch beseelte Wesen. Sie kommen sich kurz darauf reichlich komisch vor, so mit klebenden Lippen, und sie lächeln wie auf Kommando, aber ohne Kommando.

Die Kerzen glänzen weiß, ihr Licht ist beinern, eine sanfte Luftbewegung läßt die Flammen schwanken. Danach stehen sie wieder kerzengerade über ihren Kerzen.

57

Das Abendessen verläuft schweigend.

Eva erinnert sich an einen Traum.

Sie sagt, ohne aufzublicken:

»Ich habe geträumt, daß ich dich schlug.«

Er speist, den Kopf leicht nach vorn gebeugt, weiter.

Er fragt: »Und wie reagierte ich?«

»Es hat dir gefallen, Chris.«

58

Die treueste Stammkundin besucht Chris, diese gutaussehende, straff-elastische und selbstbewußte Dame um die Vierzig, deren Selbstbewußtsein jeden überzeugt, der ihr nicht ins Herz zu blicken vermag.

Sie ist kaum erschienen, als sie sich sofort auszieht. Ihre gelassenen Bewegungen verraten Kaufkraft. Die Dame entkleidet sich vor ihrem Liebhaber, und daß sie dafür zahlt, haben beide einverständig sofort wieder vergessen, hat das Geld den Besitzer gewechselt. Sie wartet ein wenig mit dem Bezahlen.

»Die frische Bräune steht dir gut!« lobt der Liebhaber.

Die Dame ist fertig mit dem Entkleidungsakt. Auf dem Weg zum Bett sagt sie in einem fast ein wenig schnippischen Ton:

»Du könntest es dir auch leisten, Urlaub zu machen. Oder hast du zuviel Arbeit? Es ist nicht einfach, bei dir einen Termin zu kriegen.«

Chris bestätigt und korrigiert zugleich:

»Für dich habe ich noch immer Zeit.«

Sie hält vor dem aufgeschlagenen Bett, die Scheine in der Hand.

»Wo steht heute dein Sparschwein?«

Er weist diskret die Richtung, und die Dame steckt die Scheine in die chinesische Vase, die als Kasse dient.

Chris sucht eine Videokassette.

»Was möchtest du sehen? Ich habe ein paar neue Kassetten gekauft –«

Die Dame, mit dem Rücken auf dem Bett liegend, ein Bein angezogen, das andere lang ausgestreckt, lacht, und da es ein wenig anzüglich wirkt, wird Chris nervös.

Er legt sich neben die Kundin, wendet sich ihr zu und beginnt, sie leicht zu streicheln. Mit einem Nachdruck, der ihm nicht recht ist, drückt sie sich seinen Händen und seinem Körper entgegen. Er streicht ihr über die Brüste und den Bauch hinab zum Schoß, und zugleich suchen ihre Hände den Weg bei ihm. Er merkt, wie sie erstarrt, dann erschlafft, ihr Blick geht herum, er hält die Augen niedergeschlagen.

Er gesteht: »Ich bin wohl wirklich urlaubsreif.«

Er spürt, wie die Frau unter seinen Händen erzittert. Sie löst sich aus seinen hilflosen Griffen, steht aufrecht neben dem Bett.

Er hält den Blick gesenkt, in Höhe des Nabels bewegen sich die Hände der Frau nach der chinesischen Vase. Das gezahlte Geld wird zurückgenommen. Leistungsverweigerungen haben keinen Preis in ihrer Welt, und es ist ja auch seine Welt.

Die Stimme der Frau erklingt, ihm scheint es fast stählern, so mit einem zu metallischen Ton:

»Die Expansion der Firma ist dir nicht gut bekommen. Du solltest öfter mal ein Tête-à-tête auslassen, mein Lieber.«

59

»Die Männer, das Unglück, die Schreie, der Schmerz, wo stehe ich? Es fällt mir immer schwerer, Chris' Zärtlichkeiten zu erwidern, dabei wünsche ich sie mir so sehr. Ich liebe Chris, doch er schränkt mich ein. Ich frage mich, ob ich noch glücklich sein kann.«

Sie sitzt auf dem Bett während der Eintragungen in ihr Tagebuch. Neben ihr, im Kimono, liegt Chris auf dem Bett. Es ist der weiße Kimono, in dem er seine Kundschaft empfängt. Die Trennung zwischen Job und Privatleben mißlingt ihnen beiden. Chris schläft. Eva notiert ihre Gedanken, unterbricht das Schreiben, betrachtet den schlafenden Chris und macht eine kleine erschreckte Bewegung. Der Mann wacht auf.

»Im Schlaf siehst du so friedlich aus. Ich sehe dir gern beim Schlafen zu.«

Er beugt sich zu ihr herüber und versucht, ihre Notizen zu lesen. Sie läßt es geschehen. Soll er ihre Gefühlswelt erkennen und entziffern.

Sie wartet und hält das Buch offen. Sie klappt es zu und übergibt es Chris.

60

Yvonne ist bei Reisevorbereitungen. Sie und Ilona, mit der sie zusammenwohnt, sitzen in der Küche inmitten jener kunstvoll errichteten Unordnung, die sie beide lieben.

Das Unaufgeräumte und Halbfertige ist die Architektur ihres Lebens. Hundert Prozent ergeben den Tod. Wir halten spätestens bei siebzig ein und gehen zurück auf Null.

Eva hat sich angesagt und wird zwischen Kleidern, Wäschestößen und wild gruppierten Schuhen empfangen. Yvonne trägt noch Spuren vom Kaufrausch, der ihr ein neues rotes Samsonite-Set mit zwei unterschiedlich großen Koffern und einem Beauty-Case eingebracht hat.

»Chris rief schon an«, empfängt Yvonne Eva, »du sollst dich bei ihm melden, wenn du hier bist.«

»Er will nur kontrollieren, ob ich zu euch gegangen bin.«

»So streng sind die Bräuche bei euch beiden?«

Yvonne holt Konfekt herbei:

»Die Reste von meinem letzten großen Schwarm. Einer von der Sorte, die dich anbeten. Mit Konfekt! Als ob sie einen nicht auch mit Schmuck, Pelzen und Parfüm anbeten könnten!«

»Seit wann nimmst du dir die Freiheit, Süßigkeiten zu naschen?«

»Zwischen zwei großen Lieben sind Süßigkeiten einfach süß!«

»Nein«, sagt Ilona, »Yvonne hat eine neue Diät. Sie kotzt nach dem Essen alles wieder aus.«

Das Telefon klingelt.

»Das ist bestimmt Chris!«

Es ist Chris. Eva spricht mit ihm im Ton offensichtlicher Ungeduld.

Erregt ruft sie ins Telefon:

»Du kannst es nicht ertragen, wenn ich weg bin. Nicht einmal für eine Nacht. Du willst nicht verstehen, daß ich mal allein sein muß.«

Sie legt auf, hat Tränen in den Augen.

»Ich weiß nicht, wie es weitergehen soll. Es ist nicht nur seine Schuld. Ich habe mich in mein Ideal von einem Mann verliebt. Wie soll ein wirklicher, lebender Mann so was aushalten.«

Yvonne und Ilona werfen sich bezeichnende Blicke zu. Heulende Weiber können sie nicht ausstehen, sie heulen selbst oft genug. Ilona serviert Tee, mit Whisky versetzt, blättert in Illustrierten und versucht, Eva aufzumuntern. Sie liest Horoskope vor. Yvonne berichtet vom Erfolg ihrer Annonce: »Französin verkauft getragene Wäsche. Unter Chiffre...« Yvonne liest Magazin-Anzeigen vor: »Top-Mann, 55, Unternehmer, neu in Berlin, sucht das außerordentliche Klasseweib, elegant, gebildet, stilvoll, aber versaut...« – »Drei 19jährige Soldaten suchen feuchtwarme Lagerräume für ihre Kanonen. Ständig mehrere Schüsse im Rohr. Welche Pussys bis 35 wollen uns den Marsch blasen?« – »Dringend Natursektquelle gesucht. Welche niveauvolle Dame macht mich naß? Taschengeldaufbesserung für Schülerin. Weihnachtsmann mit großem Schlitten, vollem Sack und langer Rute sucht geilen Engel bis dreißig.«

»Hör auf«, sagt Eva.

»Ja, hör auf«, stimmt Yvonne zu, »es ist einfach zu schmutzig.«

»Nein, es ist zu grau und fantasielos.«

61

Das Restaurant ›Le Cave‹ ist von Chris und Kurt gekauft und neu eingerichtet worden. Die beiden Männer haben das Lokal perfekt durchgestylt, ganz nach ihren Wünschen, und es ist ihnen gelungen, vor Eva alles geheimzuhalten. Chris fühlt sich nicht ganz wohl bei dem Überraschungs-Coup, doch hofft er, daß es gutgehen wird und Eva schließlich ›Le Cave‹ so akzeptiert wie damals die Maisonette.

»Die beiden glücklichen Umbaumeister prosten sich zu! Bleibt die Dritte im Bunde, die von ihrer Beteiligung so gar nichts weiß. Chris ermannt sich: »Ich werde Eva jetzt holen.«

»Ich werde vorher gehen. Schließlich will ich ihr die Überraschung nicht verderben.«

War das wirklich so beiläufig-großzügig gemeint wie es klang, oder hatten Kurts Worte eine leicht ironische Färbung? Chris will sich nicht in seiner Euphorie stören lassen, er macht keinen Versuch, den Freund zurückzuhalten. Dem fällt es nicht schwer, sich generös zu geben, insgeheim weiß er, daß Eva sich nie mit den vollendeten Tatsachen abfinden wird.

Voller Elan und außer Atem langt Chris daheim an. So voller Freude steckt er, daß es ihm ein Kinderspiel erscheint, die Gefährtin in seinen Begeisterungstaumel zu ziehen. In der Maisonette brennt kein Licht. Sitzt Eva im Dunkeln? Macht nichts, Chris spürt soviel Energie in sich, er könnte die Welt illuminieren. Chris schaltet die Deckenlampe ein, Eva hält sich die Hände vors Gesicht, hat sie verweinte Augen?

»Mach dich schön«, ruft der frischgebackene Restaurantbesitzer, »ich habe eine Überraschung für dich! Wir haben heute Grund zu feiern.«

Mal wieder das berühmte Unerwartete, denkt Eva, nun genau dies habe ich mir doch gewünscht.

Chris ist geschäftig dabei, ihr ein Kleid auszuwählen.

»Zieh mal wieder das Schwarze an, es steht dir besonders gut.«

Tatsächlich läßt sie sich von seinem Schwung mitreißen, von seiner Freude, sie vertraut Chris, argwöhnt nichts, wird zum ›Le Cave‹ gefahren und mit Stolz eingeführt.

Es ist der große Tag der Eröffnung. Wenige Stunden davor. Ein sonorer Oberkellner erscheint, Champagner steht gekühlt bereit, wird eingeschenkt, Chris hebt den Kelch, sehr bemüht, Evas Befremden zu überspielen, sie hebt ihr Glas nicht vom Tisch, sieht Chris schweigend in die Augen, seine gute Laune vergeht, er sagt mit leiser Stimme: »Ich habe das Restaurant gekauft...«

Eva reagiert nicht.

»Ich habe das Restaurant gekauft, damit du aufhören kannst...«

Es ist totenstill. »Umbau und Renovierung sind abgeschlossen, es soll nun alles neu beginnen.«

»Wovon hast du das bezahlt?«

Nun ist es an Chris, Unverständnis zu bekunden. »Mit unserm Geld.«

»Mein Geld ist auch weg?«

»Aber es ist doch für uns –«

»Obwohl ich dir immer wieder sagte, ich will das Lokal nicht?«

Er weicht ihrem Blick aus. Es ist ihm sehr unangenehm, doch er folgt seiner vorgezeichneten Lebensbahn. Er hat sie sich selbst vorgezeichnet. Und von Kurt ein wenig vorzeichnen lassen. Das ist es, was Eva am meisten empört. Er will nicht daran denken. Er hat gehandelt, zusammen mit seinem Freund, und jetzt muß Eva es hinnehmen.

Er bettelt:

»Eva, schau, alles was ich besitze, ist Charme, alles was ich gelernt habe, ist Flirten. Meine einzige seriöse Begabung ist das Kochen. Was bleibt mir also zu tun übrig?«

Er lächelt schwach, als Bitte um Vergebung.

Eva sagt, was sie fühlt:

»Ich lernte einen Studenten mit Vorliebe für Damenmoden kennen. Ich wachte auf neben einem Gigolo. Ich will nicht mit einem Restaurantbesitzer alt werden. Auch wenn niemand es begreift, ich habe den Gigolo geliebt.«

Sie steht kurz vor einem Zusammenbruch. Sie sieht sich zurückversetzt ins schöne trauliche Elternhaus. Sie sieht sich in der Schule büffeln, in der Universität sitzen, sie durchlebt in einer einzigen Sekunde die traulich-gräßliche Häuslichkeit mit Markus, und unerahnbare Energien der Wildheit und des Abscheus sammeln sich in ihr, daß sie zu bersten fürchtet.

Dann steigen ihr Tränen in die Augen.

»Sag etwas!« schreit sie den Mann an, der schuldbewußt vor ihr sitzt.

Eva hebt die Hände und wirft aus Versehen das Glas mit dem verschmähten Einweihungs-Champagner um. Chris bleibt stumm.

»Sag etwas, sonst fange ich an zu weinen!«

Da weint sie bereits. Steht auf, wird flüchtig. Er sitzt am Tisch, reglos, das personifizierte Unglück.

Er hat sich eingebildet, beides zu bekommen, die Frau, die er liebt, und das Lokal, von dem er leben will, weil er von seiner und ihrer Liebe Lohn nicht weiter leben möchte.

62

Daheim hat er sich wieder in der Gewalt, trumpft gewaltig auf, als einer, der stark ist und auf den man setzen kann. Chris fühlt Luft in der Lunge und Blut in den Adern, Zorn klopft in seinen Schlägen, die Fäuste ballt er, den Kußmund zieht er breit, daß es ganz kriegerisch anmutet, was da als Bild aufscheint.

Eva, ihre Kleider vom Bügel streifend, wendet ihm den Rükken.

Er spricht nicht, schreit nicht, er brüllt. Dann dämpft seine Stimme sich ins Vertrauliche: »Du kannst nicht einfach gehen. Liebst du mich nicht mehr? (Das bringt er glatt über die Lippen, es kam auch immer an bei der Frau ...) Wenn du jetzt gehst, hast du mich nie geliebt! (Es ist ihm ernst mit dem, was er sagt, er kann jetzt weder überlegt sein noch originell.) Du kannst doch nicht vergessen, was zwischen uns gewesen ist! (Wieso eigentlich nicht? Vergessen können ist Überleben.) Eva, sieh mich an, bitte! (Bitten kann er plötzlich.) Du sollst mich ansehen, Eva! Versprich mir, daß du wiederkommst! Ich warte auf dich!«

Während er hoch und heilig zu warten verspricht, packt sie

ihre Siebensachen zusammen, und ihr ist zumute wie beim Auszug aus Markus' Wohnung. Zeit zum Davongehen. Und sie weiß nicht wohin. Nur fort, das weiß sie.

Er tritt ihr in den Weg.

»Willst du was trinken?«

Als ob sie sich nicht selber etwas zu trinken nehmen könnte, wollte sie trinken. Sie will aber nicht trinken. Sie will weggehen. Sie packt ihre Kleider, wirft sie eilig übereinander und in den Koffer.

Er ergreift ihre Handgelenke.

»Versprich mir, daß du zurückkommst!«

Sie will nichts antworten und antwortet doch. Sie sagt:

»Ich kann nicht mehr.«

Das nun ist am allerwenigsten gelogen von allen Worten, die jetzt ausgesprochen werden.

Er stampft mit einem Fuß auf, schreit:

»Ich kann es nicht ertragen, wenn du so wie jetzt bist!«

Sie denkt still: Ich kann dich nicht ertragen, wie du bist und bleiben willst. Sie meint ihn, Chris, und andere und vieles.

Da serviert er ihr und sich Kirschwasser. Nimmt sein Glas in die Hand, will ihr das zweite Glas aufzwingen. Sie reißt sich los, und greift in den Schrank und hat den Pelzmantel in Händen. Das Chris-Geschenk, das schöne, teure.

Er brüllt sie an:

»Der Mantel bleibt hier!«

Sie schlüpft in den Pelz, der sie umschließt, eine Hülle, ein Schutz, ein Panzer.

Er schnappt nach Luft. Seine Wangen blasen sich auf. Seine Augen treten hervor. An seinem Hals, gleich neben der Gurgel, klopft etwas.

»Zieh den Mantel aus!«

Sie versucht einige Schritte, er hält den Mantel in zupackenden Händen fest, sie steigt aus dem Pelz, Chris wirft den Mantel beiseite, sinkt aufs Bett, springt auf, nimmt Evas Tagebuch vom

Tisch, schlägt es blind und wahllos auf und beginnt daraus vorzulesen.

Wo er auch zufällig hinblickt und vorliest, es ist stimmig:

»Ich bin neugierig, wie weit ich gehen kann... Ich bin zu allem bereit... Manchmal wünsche ich mir, die Kontrolle zu verlieren... Es fällt mir immer schwerer, Chris' Zärtlichkeiten zu erwidern, dabei wünsche ich es mir so sehr...«

Er schlägt das Buch zu und wirft es zu Boden.

»Jetzt kannst du alle meine Zärtlichkeiten erwidern! Jetzt hast du Gelegenheit dazu! Küß mich! Ich möchte, daß du mich küßt! Ich werde dich dafür bezahlen, Eva!«

Sie hat gestanden, hat sich gesetzt und wieder erhoben und in den Sessel niedergelassen, vor Erschöpfung, Angst, Scham. Sie starren einander schweigend an. Es ist alles gesagt worden. Er preßt sich an sie und legt den Arm um ihre Schultern. Die zärtliche Geste ist leicht. Eva denkt, wir müssen am Ende versachlichen, es sollte gelingen, Kurt und Chris lieben die Kunstrichtung der Neuen Sachlichkeit, weshalb sollten wir außerstande sein, die allerneueste Sachlichkeit zuwege zu bringen? Es muß kein Mord sein, ist die Liebe gestorben. Chris streicht ihr leicht übers Haar, beugt sich vor, versucht sie auf die Lippen zu küssen. Sie dreht ihr Gesicht fort.

Das versteift er am ganzen Körper.

Das ist jetzt keine Zeit mehr, die verrinnt. Das steht und stockt und bleibt wie eine in der Sekunde gesperrte Ewigkeit. Er dreht ihr den Kopf gewaltsam herum und erzwingt sich ihr Gesicht herbei. Er ist außer sich, daß er Gewalt anwenden muß, und außer sich, daß er Gewalt anwendet.

Sie blicken einander zielend in die Augen. Es sind Augen und keine Augen, es sind Gewehre, über die sie blicken und den andern als Ziel nehmen über Kimme und Korn und den Finger am Abzug gekrümmt. Er begreift plötzlich, sie wird nie mehr zurückkehren zu ihm, und er begreift jetzt alle Männer vor ihm, die Jahre, Jahrzehnte, Jahrhunderte hindurch, da holt er weit aus und beginnt zu prügeln und zu schlagen. Es ist alle Kraft des gestauten Zorns in seinen Fäusten, Eva fällt und liegt am Boden, hilflos, den Mund aufgerissen, ohne Schrei. Er steht über ihr, aufragend, seine Hand findet die Flasche mit hochprozentigem Kirschwasser, damit überschüttet er die Liegende, sein goldenes Feuerzeug, dieses besondere Geschenk von Eva, klickt eine kleine Flamme drauf.

Er zündet die Frau an. Die bläuliche Stichflamme schießt mit Evas Schrei zusammen. Der Brandstifter steht gelähmt über der Geliebten, die da flammt, und mit seiner Tat ist ihm, als wiche alles Leben in die Leblosigkeit zurück.

63

Falls es ein Überleben gibt, hat Eva überlebt, denn es gibt mancherlei Sterben. Vor der Polizei sagt Chris aus, es sei ein Unglücksfall gewesen.

Eva bestätigt die falsche Version, und sie verspürt Lust, eine Spur Lust dabei. Ihr Schmerz macht diesen Mann kaputt bis an sein Irgendwann-Ende. Es hat gewiß jede Größe ihre Kleinheit und jeder Schmerz sein äffendes Echo. Chris, den Eva nie mehr anblickt, weil sich übersehen läßt, was unabsehbar geworden ist, übt sich in kleinen beleidigenden Sticheleien.

Als sie soweit wiederhergestellt ist, daß sie ihre Schritte setzt, als sei nichts geschehen, als sie ihre Haut nicht mehr spannen spürt und ihren Gang wieder hat, ein leichtes Schwingen, so schwebend, andeutend, mit fügsamen Rhythmen, betritt sie das ›Espresso‹, schaut sich erstaunt um, hier wurde renoviert und neu dekoriert.

Sie setzt sich an einen der Tische, wartet auf Yvonne, ist mit der Freundin verabredet, wird nicht beachtet, nicht bedient, der Ober macht einen Bogen um ihren Tisch.

Bis sie ihm entgegenruft:

»Einen Campari-Soda bitte!«

Er, im Weitergehen:

»Sie haben hier Hausverbot. Bitte verlassen Sie das Café!«

Sie erhebt sich und tritt vor die Tür auf die Straße, wo sie wartet, bis Yvonne kommt.

Yvonne, sich nähernd, umfaßt mit einem Blick, was sich verändert hat an Eva.

»Augenblick mal –« Yvonne hält ein: »Laß es mich ausdrükken, es gibt Veränderungen, ich stelle fest: Schlanker geworden, schlichter gekleidet, nur andeutend geschminkt. Der glatte Gegensatz zu mir, schau mich an: ein wenig zu grell, wie immer, mein Stil, Yvonnes Außenhaut. Wie geht es dir?«

»Ich zögere zu sagen, daß es mir gut gehe. Es geht mir besser. Ich bin ein gebranntes Kind –«

»Die flambierte Frau –«

»Die alleinstehende Frau. Neugierig, geschockt, auf dem Wege der Besserung, vielleicht, aber noch immer naiv und voller Illusionen und auf der Suche nach dem Weg ins Glück.«

»Schlagen und geschlagen werden«, murmelt Yvonne undeutlich. Sie umfängt Eva noch einmal mit einem taxierenden Blick und erinnert an die Worte, die Chris damals gesprochen hat, als sie sich kennenlernten: »Die Kleidung figurbetont, am besten vorn hochgeschlossen, das regt die Fantasie an. Der Rock nicht zu kurz, das sieht ordinär aus. Trägst du auch einen BH, der nach vorne aufgeht?«

»Vielleicht einen, der gar nicht aufgeht, oder ich trage keinen BH –« Sie gehen Arm in Arm ins Café.

»Ich bin grad rausgeflogen«, teilt Eva nebenhin mit.

»Sie werden es nicht wagen, uns beide zu schneiden.« Yvonne führt Eva durch die Tür. Sie setzen sich provokativ in den illustren Glasvorbau. Im Hintergrund Geflüster, die Kellner beraten. Die beiden Freundinnen sitzen und werden nicht bedient. Sie erheben sich, treten hinter die Theke und beginnen, sich selbst zu bedienen. Mit den gefüllten Gläsern streben sie zu ihrem Tisch zurück. Als sie sich gesetzt haben, kommen zwei kräftige Kellner an den Tisch und fordern zum Verlassen des Lokals auf. Eva und Yvonne tun so, als sähen und hörten sie nichts. Die Kellner packen von zwei Seiten den Stuhl mit Eva und tragen sie vor die Tür auf die Straße. Sie setzen die Last ab, verschwinden durch den Eingang und schleppen kurz darauf Yvonne heraus. Die beiden Frauen sitzen auf ihren Stühlen. Die Stühle stehen auf dem Bürgersteig vor dem Lokal. Die Passanten gehen vorüber und staunen ein ganz klein wenig. Es geht manchmal fast sonderbar zu auf der Welt. Die zwei Frauen lächeln, erheben eine jede ihr Glas und trinken sich zu, als wär' alles in bester Ordnung.